文化経済学

理論と実際を学ぶ

Cultural Economics

後藤和子・勝浦正樹 編

有斐閣

はしがき

　近年，文化と経済の関係に対する関心が高まっている。文化庁も，「文化経済戦略」を打ち出し，文化と経済の好循環を実現することをめざしている。文化庁は，また，中国やシンガポールに大きく立ち遅れた，日本の現代アート市場を活性化する方策も模索し始めた。映画やアニメーションの舞台となった土地を訪れるコンテンツ・ツーリズムや，文化遺産を面的につないで「日本遺産」のストーリーを作る等，文化をさまざまに活用する動きも広がってきた。
　こうした動きは，企業においてもみられる。企業のオフィス空間も，そこで働く人たちの創造性を喚起するよう，アートを取り入れ始めている。企業家が収集した美術品を展示する美術館や，民間の庭園は高く評価され，たとえば，島根県の足立美術館や，岡山県の大原美術館と倉敷美観地区，瀬戸内海の自然景観と融合したベネッセアートサイト直島のような場所が，国内外からの旅行者を惹きつけている。さらに，チームラボのように，アート，サイエンス，テクノロジー，デザイン，そして自然界の融合をめざす学際的集団の作品が注目を集めている。
　こうした流れの中で，2000年代に入り，文化は経済成長の源泉であると考えられるようになった。クリエイティブ産業の成長は，他のセクターの成長より速いため，経済成長を牽引し，雇用や輸出に貢献する。クリエイティブ産業は，産業連関を通じて他の産業に波及するため，地域経済の発展にも寄与する。また，クリエイティブ産業の創造的な人材が，他の産業に移動して新しいアイデアを生みだす。このように，経済成長の源泉としての文化という見方は，文化支援の論理を文化投資の論理へと転換する。つまり，文化は経済的に採算がとれないから，それを守るために支援するという論理から，文化は観光や経済成長の源泉なのだから，積極的に投資するという論理への転換である。
　また，新しい価値を創り出す創造性やイノベーションが重要になり，経済や経営にアートや文化は不可欠なものとなった。知識経済化に伴い，デザインやブランド価値等の知的財産も，その重要性を増している。しかし，その反面で，さまざまな問題も起きている。人・モノ・資本の移動は，国際貿易という観点からは経済問題であるが，他方で，ハリウッド映画が世界の映画市場を独占すれば文化多様性が損なわれるといった文化政策上の問題を引き起こす。観光に

おいても，旅行者数の急増により，地価高騰や景観・文化の破壊といった現象も起きている。この20年間に進行したグローバル化やデジタル化は，文化と経済の表裏一体性を強めるとともに，新たな問題を引き起こしているのである。

　文化経済学は，文化イベントの経済効果を測るということだけを問題にしてきたわけではない。文化経済学には2つの側面がある。1つは，環境経済学や医療経済学等と同様に，文化独自の特徴や問題を考慮して，文化を経済学の視点から分析する応用経済学という側面である。2つめは，文化に関わる現象について，社会学，法学等の社会科学や，心理学，美学等の人文科学，そして自然科学等との学際的な議論を通じて，新しい研究を切り開くという側面である。

　近年では，文化経済学において，行動経済学や心理学等の知見を用いながら，「人はなぜアートをするのか」，「文化と幸福は関係があるのか」，「アーティストはなぜ新しいものを生み出すのか」等の疑問に答える試みも始まっている。それらは，人間の感情や，価値と意思決定に焦点を当てている。アートや文化は，社会的にはどのような意味をもつのかについて，経済社会現象と結びつけて明らかにすることは，文化経済学の役割であろう。

　ここで，文化経済学の誕生と歴史について，簡単に紹介しよう。現代の文化経済学は，ボウモルとボウエンによる『舞台芸術——芸術と経済のジレンマ』（1966年）に始まり，1973年に学術誌 Journal of Cultural Economics が創刊された。1979年には，エジンバラで文化経済学に関する国際学会が開催され，その後 Association for Cultural Economics International（ACEI：国際文化経済学会）が創設され，現在に至っている。国際学会は隔年で開催されており，2012年には，京都において，アジア初の国際学会が開催された。

　文化経済学会〈日本〉が誕生したのは，1992年である。そして，日本で初めての文化経済学のテキストである池上惇・植木浩・福原義春編『文化経済学』（有斐閣，1998年）が創刊されてから，すでに20年が経過した。この間，グローバル化やデジタル化が進み，文化産業・クリエイティブ産業が発展するとともに，文化的財やサービスの国際貿易も増加し，文化と経済の関連が大きく変化したことは，前述のとおりである。

　また，この間，知識経済化を反映して，国の法制度も整備された。IT基本法（2000年），文化芸術振興基本法（2001年），知的財産基本法（2002年），コンテンツ振興法（2004年），歴史まちづくり法（2008年）等が制定され，経済

産業省にクリエイティブ産業課も創設（2011年）された。

　上記『文化経済学』は，文化ホールの建設，芸術文化振興基金や企業メセナ協議会の設立等，文化支援が盛んになる中で刊行された。文化庁予算は2003年以降1000億円を超える規模になるとともに，文化の活用が多様な分野に浸透した。文化による地域活性化や，文化による社会包摂，観光庁の創設（2008年）と文化遺産の観光への活用等である。

　こうした時代の変化に対応するために，本書は，芸術団体等の非営利活動だけでなく，文化産業や美術市場等の文化の営利的側面にも重きを置き，国際的な研究動向を反映した文化経済学のテキストをめざした。本書の編者たちが，文化経済学会〈日本〉の会長職とともに，国際文化経済学会の理事を相次いで務め（後藤：2006～12年，勝浦：2012～18年），海外の研究に接する機会が多いのも幸運であった。

　近年，卒業論文や修士論文でも，文化に関わる現象が取り上げられることが多くなっている。しかし，そうした現象を，経済学等の基礎理論といかに結びつけ，どこでどのようなデータを入手し，どのような分析ができるのか，ほとんど手がかりがないのが実情ではないだろうか。本書は，こうしたニーズに応え，文化と経済をめぐるさまざまな現象の分析に役立つように構成されている。

　本書を編集するにあたって，念頭に置いたことがいくつかある。1つは，文化政策の範囲の広がりを反映した幅広いテーマに対応できるテキストにすることである。2つめは，経済と文化の結びつきが強くなっているため，経済の原動力としての文化や創造性に関するテーマや理論を多く取り上げたことである。3つめは，文化やアートに関心のある人や，経済学を学んでいる人たちに対して，文化に関わる問題について，エビデンスに基づく分析を行う糸口を提供することである。本書が，学部学生・大学院生，政策に携わる方々にとって，フィールドワークや研究，政策立案の手引きとなれば幸いである。

　本書の構成は，以下のとおりである。

　序章，第1章，第2章はこの本の基礎となる部分である。第3章は文化の需要面，第4章と第5章は，文化の供給面を取り上げる。第6章から第13章では，文化経済学の幅広いテーマを取り上げた。第14章は，フィールドワークの手引きである。

　序章では，文化と経済の関わりについて，多角的に解き明かしている。

第1章では，文化経済学への応用を念頭に，経済学の基礎的な考え方や理論を解説する。経済学を知らない人も，文化経済学の初歩的な概念について，理解できるように書かれている。

　第2章では，文化の事例をもとに，統計学や計量経済学の基礎的な方法を説明し，文化経済学で使われているデータ分析について学習する。今日，ビッグデータやパネルデータ（同一の対象を継続的に観察・記録したデータ）を使ってさまざまな分析が行われているが，文化経済学でも，データを使った分析が必要である。そのため，文化に関するデータはどこにあるのか，どうやって入手するのか等を伝えるコラムを設け活用できるようにした。

　第3章では，文化の需要面について説明する。所得や学歴，職業，年齢や世代と文化の需要（文化参加）は関係があるのか，文化施設が多い（文化の供給が多い）と文化参加の頻度は増えるのか等，文化的活動への参加・鑑賞に影響を与える要因の分析方法や理論について説明する。

　第4章は，政府の文化予算の現状と，なぜ，政府が文化を支援するのかを，経済学の理論で説明する。支援には，法制度の整備，公共財の直接的供給，市場を活用した支援があるが，この章では，文化産業を念頭に，産業政策の側面からも，政府支援のロジックを明らかにする。

　第5章は，舞台芸術団体の側からみたマネジメント論である。舞台芸術団体は，市場や政府と関わりながら，どのように経営を行っているのだろうか。

　第6章では，クリエイティブ産業の現状，定義，理論について説明する。第5章が非営利の文化活動を中心としているのに対し，第6章は，営利的な文化活動に力点を置いている。理論とともに，音楽，映画，出版産業の現状を描く。

　クリエイティブ産業において，知的財産権は，芸術家やクリエイターの重要な収入源である。第7章では，著作権の役割について，経済学的な見方を説明する。著作権収入の仕組み，著作権管理団体の役割，著作権市場の現状もみていく。

　第8章は，美術市場を歴史・制度・経済理論などの側面からみていく。近年，アジアの美術市場の成長は目覚ましいが，日本の美術市場規模が，アジアの他国に比べて小さいのはなぜだろうか。美術市場は，いつ，どのように生まれたのか，美術市場の仕組み（制度や，画商・キュレーター・コレクター等の役割）はどうなっているのか，美術品の価格を決定する要因は何か，などの疑問に答

えていく。

　第9章は，芸術家の労働とその他の労働の違いや，芸術家の労働市場の特性について説明する。芸術家はなぜ，貧乏なのか。芸術家の所得格差は，他の労働市場の所得格差より大きいのか。さらに，日本の伝統芸能の労働市場についても取り上げ，今日の創造的な労働の実態に迫っていく。

　第10章では，文化が地域経済にどのような影響を与えるかを，説明する。アートを使った地域活性化の経済効果は，大きいのだろうか。産業連関分析を使った経済波及効果の考え方や分析方法と，それらの問題点を示す。

　第11章では，観光に関する経済分析を取り上げる。観光の需要と供給，観光の動機としての文化，文化観光がもたらす効果等について説明する。

　第12章は，文化的財とサービスの国際貿易に関する章である。グローバル化とインターネットの発展は，文化的財の貿易にどのような影響を与えているのか，文化的共感は，一般的な貿易にも影響を与えるのかなどについて，考えていく。

　第13章と第14章では，ミュージアムの文化経済学と，ミュージアムのフィールドワークについて説明する。第13章では，ミュージアムの現状，ミュージアムの機能，価値の測定，政策提言について，理論的・実証的に説明する。第14章は，ゼミや卒業研究でフィールドワークを行う際の手ほどきとして活用してほしい。事前調査や分析手法を詳しく説明する。

　さらに巻末には，リーディング・リストを付し，文化経済学についてより深く学びたい読者に有益な文献を提示している。文化と経済に関する研究は盛んに行われており，今後の研究や勉強に役立てば幸いである。

　本書は，文化経済学会〈日本〉や国際文化経済学会，文化に関わる現場や仕事に携わる方々から学ばせていただいたことが基礎となっている。非常に多くの方々なのでお名前を挙げることができないことをご容赦いただきたい。また，有斐閣の柴田守氏には，本書の企画段階から常に温かい励ましの言葉を頂戴し，本書の完成にご尽力いただいた。記して謝意を表したい。

　2019年1月

後藤　和子
勝浦　正樹

執筆者紹介

後藤　和子（ごとう　かずこ）
　　　　　担当：編集，序章，第1章，第4章第3節3.6，第6章，第7章，第8章
　摂南大学経済学部教授（専攻：文化経済学，財政学，文化政策）

勝浦　正樹（かつうら　まさき）
　　　　　　　　　　担当：編集，第2章，第3章，第8章，第12章
　名城大学経済学部教授（専攻：経済統計，応用計量経済学）

阪本　崇（さかもと　たかし）　　　　担当：第4章（第3節3.6以外）
　京都橘大学現代ビジネス学部教授（専攻：文化経済学，財政学）

片山　泰輔（かたやま　たいすけ）　　　　　　　　担当：第5章
　静岡文化芸術大学文化政策学部教授（専攻：芸術文化政策，財政・公共経済）

八木　匡（やぎ　ただし）　　　　　　　　　　担当：第9章
　同志社大学経済学部教授（専攻：文化経済学，公共経済学）

澤村　明（さわむら　あきら）　　　　　　　担当：第10章
　新潟大学経済学部教授（専攻：NPO論，文化経済学，まちづくり論）

山本　史門（やまもと　ふみかど）　　　　　担当：第11章
　野村総合研究所上級コンサルタント（専攻：観光経済，観光統計，計量経済分析）

市川　哲郎（いちかわ　てつろう）　　　　　担当：第12章
　駿河台大学経済経営学部教授（2019年4月以降，拓殖大学経済学部教授）
　（専攻：国際経済学）

佐々木　亨（ささき　とおる）　　　　　担当：第13章，第14章
　北海道大学大学院文学研究院教授（専攻：博物館学）

林　勇貴（はやし　ゆうき）　　　　　　担当：第13章，第14章
　大分大学経済学部准教授（専攻：財政学）

目　次

序　章　文化経済学とは何か ―――――――――――――1
――文化と経済のつながり

はじめに　1

1　文化的財，文化の価値，文化資本 …………………………3
1.1　文化，文化的財とは何か――文化政策の広がり　3
1.2　文化の価値――文化的価値と経済的価値　6
1.3　文化資本　7

2　文化と経済のつながり――市場と非市場 ………………8
2.1　文化と経済の表裏一体性　8
2.2　文化需要と文化生産のメカニズム　11

第1章　文化経済学の基礎理論 ――――――――――15

はじめに　15

1　文化の需要 ……………………………………………………16
1.1　需要とは　16
1.2　需要に関わる重要な概念　17
1.3　需要曲線のシフト　21
1.4　文化需要の特殊性　22

2　文化の供給 ……………………………………………………23
2.1　供給曲線　23
2.2　供給に関する重要な概念――総費用，平均費用，限界費用　24
2.3　舞台芸術の費用と公演期間・公演回数　26
2.4　埋没費用（サンクコスト）　26
2.5　完全競争市場と価格づけ　27
2.6　営利企業と非営利組織の違い　28

3　市場均衡――無差別曲線，予算線と最適化 ………………31
3.1　均衡価格と価格メカニズム　31
3.2　需要曲線と供給曲線のシフト　32
3.3　予算制約線と無差別曲線　32
3.4　生産可能性曲線　35
3.5　市場均衡と余剰　36

4　市場の失敗，政府の介入 ……………………………………38

    4.1　市場の失敗のさまざまなケース　38
    4.2　政府の介入　40
    4.3　再分配　42
 5　マクロでみる文化経済 ……………………………………… 42
    5.1　文化の経済波及効果　43
    5.2　文化のサテライト勘定　43

第2章　文化のデータ分析―――――――――――――――47
    はじめに　47
 1　度数分布とヒストグラム ………………………………………… 48
 2　代表値と散らばりの尺度 ………………………………………… 50
 3　相関と回帰 ……………………………………………………… 51
    3.1　散布図と相関係数　51
    3.2　回帰分析　53
    3.3　重回帰分析　55
 4　仮説検定 ………………………………………………………… 56
    4.1　回帰係数の検定　56
    4.2　比率の検定　58
    4.3　比率の差の検定　58
    4.4　独立性の検定　59
    コラム②-1　Excelによるデータ分析の実際　61
    コラム②-2　文化芸術に関する統計　62

第3章　文化的活動への参加―――――――――――――――65
　　　　――需要面からみた文化
    はじめに　65
 1　文化的活動への参加の捉え方 ……………………………… 66
    1.1　参加率　66
    1.2　参加の頻度と活動の分類　69
    1.3　文化需要と支出　70
 2　文化的活動への参加に何が影響を与えるのか ……………… 71
    2.1　年　齢　71
    2.2　所得水準　73
    2.3　学　歴　74

  2.4　地　域　75
  2.5　その他の要因　75
 3　文化的活動への参加の時系列変化……………………………………………76
  3.1　時系列分析とクロスセクション分析　76
  3.2　世代（コーホート）効果　79
 4　文化的活動への参加の実証分析……………………………………………79
  4.1　仮説の設定　79
  4.2　集計表による分析　80
  4.3　回帰分析　80
  4.4　ミクロ・データの利用　81

第4章　文化政策─────────────────83
──政府はどのように文化を支援するのか

 はじめに　83
 1　政府活動の現実………………………………………………………………84
  1.1　文化庁の予算　84
  1.2　地方の文化関係経費　85
  1.3　芸術・文化と法制度　88
 2　政府による芸術・文化の直接的供給………………………………………88
  2.1　財政の3機能と芸術・文化　88
  2.2　芸術・文化の直接的な供給　89
  2.3　準公共財としての芸術・文化　90
  2.4　地方公共財としての芸術・文化　91
  2.5　クラブ財としての文化施設　91
  2.6　価値財と文化的価値　92
 3　市場を活用した間接的な芸術・文化の供給………………………………93
  3.1　政府による民間の主体のコントロール　93
  3.2　インフラストラクチャーとしての法制度　93
  3.3　芸術・文化への補助金の支出　94
  3.4　アームズ・レングスの原則　96
  3.5　バウチャー制度　97
  3.6　租税制度の活用　98
 4　産業政策としての文化政策………………………………………………104
  4.1　経済のエンジンとしての芸術・文化　104
  4.2　産業政策の考え方　104
  4.3　営利企業に対する補助金の支出　105

    4.4 芸術・文化の手段化は望ましいか　106
  5 市場の失敗と政府の失敗 ……………………………………………107
    5.1 政府による支援の現実　107
    5.2 政策の実行に伴う費用　107
    5.3 芸術・文化生産の複雑さ　109
    5.4 政府は政策の効果を予測できるか　109
    5.5 政府の失敗　110

第5章　舞台芸術とアーツ・マネジメント ———————113
  はじめに　113
1 舞台芸術を経済学的に捉えると ……………………………………113
    1.1 舞台芸術創造のさまざまな形態　113
    1.2 舞台芸術創造の経済分析　117
    1.3 アーツ・マネジメントとしての舞台芸術　121
2 アーツ・マネジメントと非営利組織の経済学 ……………………122
    2.1 非営利組織とは何か　122
    2.2 非営利組織の経済分析　125
3 日本の舞台芸術分野におけるアーツ・マネジメント ……………129
    3.1 オーケストラの収入構造における日米比較　129
    3.2 日本のオーケストラの収入構造の特徴　130

第6章　クリエイティブ産業 ———————————————135
  はじめに　135
1 クリエイティブ産業の背景，定義，経済への貢献度 ……………136
    1.1 クリエイティブ産業の背景　136
    1.2 クリエイティブ産業の多様な定義と本書における定義　138
    1.3 クリエイティブ産業の経済への貢献度　141
    1.4 クリエイティブ産業の貢献度を測る　143
    1.5 地域経済，観光とクリエイティブ産業　144
2 クリエイティブ産業の理論 …………………………………………145
    2.1 クリエイティブ産業と著作権　145
    2.2 産業組織論——クリエイティブ産業の市場構造　145
    コラム⑥-1　営利のクリエイティブ企業の特徴　148
    2.3 インセンティブと契約理論　149

3 分野別にクリエイティブ産業を捉える ……………………………… 152
  3.1 音楽産業　152
  3.2 映画産業　158
  3.3 出版産業　163

第7章　著作権の経済学 ―――――――――――――――――― 169
はじめに　169

1 著作権とは何か――著作権の定義，目的，歴史 ……………………… 169
  1.1 著作権・知的財産権の定義と目的　169
  1.2 著作権の歴史――技術革新と国際化への対応　172

2 著作権の経済的側面――経済的インセンティブとしての著作権 ……… 174
  2.1 著作権の経済学的根拠　174
  2.2 市場における著作権収入の仕組み　177
  2.3 著作権管理団体　180

3 著作権の市場 ………………………………………………………… 182
  3.1 マクロでみた著作権使用料　182
  3.2 ミクロでみる著作権使用料の諸問題　183
  3.3 インターネットと著作権――呪いか祝福か　184
  おわりに――新たな問題　185

第8章　美術市場 ―――――――――――――――――――――― 187
はじめに　187

1 美術市場の歴史 ……………………………………………………… 189
  1.1 美術市場はどのように発展してきたか　189
  1.2 美術市場の中心地の変遷　190

2 美術市場の制度 ……………………………………………………… 192
  2.1 美術市場に関わるプレイヤー　192
  2.2 画商と一次市場――ゲートキーパーとしての画商　194
  2.3 画商と二次市場（オークション）　196

3 美術品価格の決定理論 ……………………………………………… 197
  3.1 美術品の価格は何によって決まるか　197
  3.2 取引における売り手と買い手の関係　198
  3.3 オークションでの美術品の取引　198
  3.4 オークションでの美術品の価格決定　199

4 美術品の価格変動の実証分析 ……………………………… 201
　4.1 美術品の価格指数の算出　201
　4.2 美術品の収益率の分析　203
5 美術市場と税制 …………………………………………………… 206
　5.1 現代アートへの減税　206
　5.2 文化遺産への税制インセンティブ　207
　5.3 美術品への付加価値税や関税の減税　207
　5.4 フリーポート（無税港）　207
　5.5 政府主導の美術市場　208

第9章　芸術家と労働 ―――― 211
――伝統芸能から現代アートまで
　はじめに――なぜ芸術家の平均所得は低く，所得格差が大きいのか　211
1 芸術家の労働市場の特徴 ……………………………………… 212
　1.1 芸術家の労働市場　212
　1.2 労働供給行動の基礎モデル　215
　1.3 金銭的報酬と創作活動の喜び――低い賃金率が成立する理由　217
　1.4 フリーランスで働く芸術家　219
　1.5 細分化された労働市場と非弾力的価格調整メカニズム　220
2 芸術家の所得格差拡大のメカニズム ………………………… 221
　2.1 スーパースター・モデル　221
　2.2 非専業芸術家の悪循環　224
3 伝統の継承と伝統文化の現代的創造 ………………………… 225
　3.1 伝統芸能の所得源泉　225
　3.2 伝統文化に従事する芸術家の新たなる労働市場　227

第10章　文化と地域経済 ―――― 233
　はじめに　233
1 地域の定義と地域経済学 ……………………………………… 233
2 地域経済効果の理論と分析手法 ……………………………… 235
　2.1 経済波及効果　235
　2.2 産業連関分析の概要と問題点　239
　　コラム⑩-1　経済波及効果の用語法　241
　2.3 経済価値の算出　242

3 文化の経済波及効果を計算する ……………………………… 244
　3.1 経済波及効果を計算してみよう　244
　　コラム⑩-2　経済波及効果計算ツールの使用　248
　3.2 調査実施上の留意点　248
　3.3 観光統計上の問題　249
　3.4 地域経済分析とフィールドワーク　250
4 経済波及効果の事例 ……………………………………………… 251
　4.1 「越後妻有大地の芸術祭」の経済波及効果　251
　4.2 その他の事例　252
5 地域経済が文化に及ぼす影響 ………………………………… 253
　おわりに　253

第11章　観光と文化 ——————————————————257

　はじめに　257
1 観光の定義 ………………………………………………………… 258
2 観光需要の経済分析 …………………………………………… 259
　2.1 地域間の環境の違いが生む需要　259
　2.2 旅行者・旅行先による傾向の違い　261
　2.3 情報の非対称性とプロモーション　262
　2.4 消費選好による経済分析　265
　　コラム⑪-1　観光消費のSNA，産業連関表における扱い　271
3 観光供給の経済分析 …………………………………………… 271
　3.1 観光関連産業の構造　271
　3.2 仲介機能と双方向型プラットフォームの出現　273
　3.3 双方向型プラットフォームの特徴　275
　3.4 観光の形態の違いによる景気変動への影響　276
4 文化と観光 ………………………………………………………… 278
　4.1 観光の稼ぐ力　278
　4.2 観光消費を増大させるための課題　279
　4.3 観光の動機としての文化　279
　4.4 文化観光がもたらす効果　280

第12章　文化と国際貿易 ——————————————————285

　はじめに　285

1　国際貿易における文化的財の特徴 ……………………………………286
2　文化的財の国際貿易の経済理論 ………………………………………288
　2.1　一般的な財の貿易理論の枠組み　288
　2.2　機会費用と比較優位　288
　2.3　一般的な財の貿易理論とその進展　290
　2.4　文化的財の特殊性と国際貿易の理論　290
　2.5　実証分析　292
3　文化的財の貿易の動向 …………………………………………………293
　3.1　国際収支統計からみる日本の文化サービスの輸出入　293
　3.2　世界の文化的財の輸出入額の推移　297
　3.3　世界の文化的財別の輸出入の推移　299
4　文化的財のデジタル化，ネットの普及と国際貿易 …………………301
　4.1　文化的財の制作と頒布のデジタル化とインターネット　301
　4.2　ハリウッド効果とその変移　302
　4.3　文化的財の国際貿易への影響　303

第13章　ミュージアムの文化経済学 ———————307

　はじめに　307

1　ミュージアムの定義と基本的な活動 ……………………………308
　1.1　ミュージアムの定義と5つの機能　308
　1.2　フロント・ヤードを支えるバック・ヤード　308

2　ミュージアムのデータと役割の変遷 ……………………………309
　2.1　データでみるミュージアムの現況　309
　2.2　「望ましい基準」からみるミュージアムの役割　311

3　ミュージアム建設とリニューアルにおけるビジョン作成 ……312
　3.1　現在のミュージアム建設と新たなビジョン　312
　3.2　大阪市ミュージアムビジョンが意味するもの　312

4　新たな評価の必要性 ………………………………………………313
　4.1　これまでのミュージアム評価　313
　4.2　静岡県立美術館からみた「第2の交換」の評価　314

5　経済学の視点からみたミュージアム ……………………………316
　5.1　非競合性と非排除性　316
　5.2　正の外部性　316

6　ミュージアムに関する政府の役割 ………………………………317

    6.1 ピグーの理論からみた政府の介入の必要性　317
    6.2 政府の介入──補助金　318
  7 ミュージアムの便益 ……………………………………………319
    7.1 ミュージアムの便益の体系化　319
    7.2 ミュージアムのスピル・オーバー　323
  8 供給面の効率性 ……………………………………………………324
  9 今後のミュージアム政策 ………………………………………324
    9.1 求められるミュージアムの効率性　324
    9.2 ミュージアム評価の必要性　325

第14章　フィールドワークに出かけよう──329

  はじめに　329
  1 公立ミュージアムに関する研究テーマとフィールドワーク ………330
    1.1 公立ミュージアムを対象とした研究テーマ　330
    1.2 調査方法とフィールドワーク　331
  2 事前調査 ……………………………………………………………333
    2.1 進め方と仮の研究テーマ設定　334
    2.2 課題・話題・主題　335
  3 事前調査の際に活用できる主な情報源 ……………………………336
    3.1 ミュージアムの概要がわかる印刷物　336
    3.2 ミュージアムに関する学術雑誌・事典類　338
    3.3 ミュージアムに関する各種組織・団体　339
    3.4 ミュージアムに関する資料集　340
  4 予備調査と本調査の実際と調査方法 ………………………………342
    4.1 予備調査の実施　342
    4.2 本調査の計画書　344
    4.3 各調査段階で用いた調査方法と調査時の留意点　345
  5 ミュージアム調査の活用例──どれほどの便益を与えているか ………347
    5.1 便益の計測方法　348
    5.2 便益の決定要因　350

  リーディング・リスト　355

  索　引　358

本書のコピー,スキャン,デジタル化等の無断複製は著作権法上での例外を除き禁じられています。本書を代行業者等の第三者に依頼してスキャンやデジタル化することは,たとえ個人や家庭内での利用でも著作権法違反です。

序章

文化経済学とは何か
―― 文化と経済のつながり ――

はじめに

　文化経済学とは何だろうか。国際的な文化経済学のテキスト（Towse, 2010）の中で，著者のタウス教授は，10の質問を例として挙げ，これらの質問に対して，経済分析を使って答えるのが文化経済学だと述べている。
　例として挙げられた質問は以下となる。ポップ・コンサートやオペラの価格は，何によって決まるのか。芸術の世界では，なぜ，一握りのスターが多くを稼ぐのか。なぜ，大多数の芸術家は貧乏なのか。なぜ，ハリウッドが映画産業の市場を独占しているのか。われわれは，映画やレコードの成功を予測することができるか。違法ダウンロードは，音楽産業にダメージを与えるか。ミュージアム（博物館・美術館）の入館料を無料にすると，入場者数は増えるか。なぜ，政府は芸術を支援するのか。文化遺産を守るために，われわれはいくら支払う意思があるのか。なぜ，公共放送局があるのか。
　文化経済学は，文化的財やサービスの生産と消費に関する上のような疑問に対して，答えていく学問である。しかし，それだけだと，経済学という学問で事足りるわけで，わざわざ，「文化経済学」と名乗る必要はない。文化経済学は，芸術や文化という世界を，社会学や経営学（マネジメント）等，他の分野の知見を取り入れながら観察するという側面をもっている。文化セクターについての理解を抜きにして，文化経済学を正しく理解することはできない。
　たとえば，なぜ，大多数の芸術家は貧乏なのかといった問題を考える場合，創造性や，芸術家の労働の動機を無視できない。あるいは，美術品の価格は，その文化的価値の評価と無関係ではない。また，文化遺産を観光に活用し経済的価値を最大化したとしても，肝心の文化的価値が損なわれては，本末転倒で

ある。

　つまり,「文化」については,社会学や法学,経営学等の社会科学や,美学,芸術学等の人文科学などと学際的な交流をもち,他方では経済学の一分野でもあるのが,文化経済学といえる。しかし,文化経済学が認知された時代や,その時の社会状況によって,各国の文化経済学は,異なる特徴をもっている。日本では,文化ホール等の公演と鑑賞の場や,欧米の文化予算に匹敵する文化支援を求める機運が高まった1980年代以降に,文化経済学が紹介された。そのため,経済学だけでなく,建築学や行政学,美術,舞台芸術関係者など,多くの学問分野が集まり,学際的な学会として文化経済学会が立ち上がったという経緯がある。文化の社会・経済的側面を分析するために,法学や社会学,人文科学,建築学等と経済学との学際的融合をめざしたともいえる。文化経済学会〈日本〉の20周年記念の書として刊行された『文化経済学――軌跡と展望』には,そうした学際性が反映されている。

　他方,国際文化経済学会の方は,社会学やマネジメントを含むとはいえ,文化セクターの経済分析という色彩が濃い。本書では,日本で文化経済学を学んだ人たちが,国際学会の場でも活躍できるように,国際文化経済学会の方向性を意識している。しかし,本書は欧米のテキストの単なる翻訳ではない。日本の文化経済現象を反映したテキストとして編集されている。また,後述するように,近年,文化や文化政策の定義が変化・拡大しているため,それに対応する新しいテキストをめざした。

　この序章では,「文化と経済」にはどのような関係があるのかについて,説明する。今日では,過去の製造業のような大量生産型の労働ではなく,多様な製品やサービス,ビジネスモデルを生み出す創造労働の比重が高まっており,創造的なアイデアやイメージの重要性が増している。後に説明する「クリエイティブ・エコノミー」もそうした流れに沿ったものである。日本でも,オフィスにアート作品を飾る,あるいはオフィス空間そのものの質を変えて,従業員の創造性を喚起する企業も出てきた。文化と経済の結びつきは,より強くなっている。

1　文化的財，文化の価値，文化資本

1.1　文化，文化的財とは何か──文化政策の広がり
(1)　文化の定義の拡大傾向

　文化の価値について説明する前に，文化とは何か，とくに，文化経済学が対象とする文化とは何かについて説明する。文化とは，人類学や社会学で用いるときには，ある集団に共有される態度や信念，慣習，習慣，価値観，風習などを指す。文化政策では，アート（art）という言葉が使われることも多いが，英語のアートは，古フランス語を経由してラテン語の ars に由来し，ラテン語の ars は，ギリシャ語のテクネーと同じく，ネイチャー（自然）の対概念として，人の技術全般を意味した。つまり，高尚な大芸術も，工芸等の小芸術も，もともとは，同じアートであった。

　現代の文化経済学は，1966 に出版されたボウモル゠ボウエン（Baumol and Bowen, 1966）が端緒となり，発展したが，ボウモルらが対象としたのは，舞台芸術である。ボウモルらの研究は，舞台芸術に対して政府が補助金等で支援する理由があるのかを示したものであり，アメリカの文化政策の礎となった。それ以来，文化経済学は，現実の文化政策に関係するテーマについて，その根拠を与え，政策効果を分析するなど，現実的な役割を果たしてきたといえる。

　そのため，文化政策が対象とする文化が，文化経済学の対象であったともいえる。端的にいうと，それは，芸術と文化遺産であった。国際的には，美術館・博物館等も，過去の美術品を保存・研究し展示するという意味で，文化遺産の範疇に入る。ところが，近年，文化政策の範囲が拡大してきた。芸術と文化遺産は，多くの場合，非営利（利益を分配しない）の活動であるが，近年は，文化産業（クリエイティブ産業）等の営利的活動も文化政策の対象となった。

　また，文化を社会政策に応用し，障害をもつ人々や社会的困難を抱える人々を支援する（社会的包摂という）ようになり，生活様式も，文化政策の対象となった。また，営利的な文化活動が文化政策の対象になることで，高尚な芸術（ハイ・アート）と，ポピュラー・カルチャーの区別もなくなりつつある。文化政策の対象は，今や，映画と放送，出版，ファッション，デザイン，建築等の文化産業へ，さらに，観光や，都市開発，地域開発，国際貿易，外交等まで広

がっている（Throsby, 2010）。

(2) 創造性は，経済の原動力となった——クリエイティブ・エコノミーの台頭

　文化経済学も，芸術の経済分析から出発したが，今では，文化産業を含めた，いわば文化と経済が渾然一体となった現象を分析することになったのである。グローバル化とデジタル化も，文化の生産・流通・消費に大きな影響を与えた。デジタル技術によって，芸術家の創作方法も変化し，作品は，インターネットによって世界中に伝達できるようになった。

　文化的シンボルが創り出すイメージが，貿易や観光にも影響を及ぼし，外交や経済に対する文化の影響力も大きくなった（第11章，第12章参照）。また，経済の中で，新しいアイデアやイメージを創り出す創造性に光が当てられるようになったことは，重要な変化である。国連貿易開発会議（UNCTAD）は，クリエイティブ・エコノミーという概念を打ち出し，創造性の重要性を強調する（UNCTAD, 2008）。UNCTADは，3つのレベルの創造性を挙げる。

- 芸術的創造性——想像力，独創的アイデア，世界を解釈する新しい方法
- 科学的創造性——好奇心，問題解決のために新たな実験や関連づけを行う
- 経済的創造性——技術革新，ビジネス，マーケティングに向けたダイナミックなプロセス，これらは，経済における競争優位と関係する

　今や，ヒットする新製品を生み出すためには，科学的・経済的創造性だけではうまくいかない。新しいイメージを表現する独創的アイデアや，世界を解釈する新しい方法といったものが，ヒット商品の開発に必要になっている。UNCTADは，今日，イノベーションの概念も，機能的・科学的・技術的性格を超えて，審美的・芸術的変化を反映するようになったという。創造性は，まさに，今日の経済を牽引する原動力であり，経済にとって不可欠なものになった。

(3) 日本の文化政策における文化の定義

　日本の文化政策では，文化はどのように定義されているのだろうか。第2次世界大戦後，それまでの文化財保護に関する法律を包括した文化財保護法が制定された。日本の文化財保護法は，ユネスコより50年以上も早く，無形文化遺産の保護を明確にした法律である。日本の文化財（文化遺産）は，以下のも

のを指す。
 (1) 有形文化財
    建造物，絵画，彫刻，工芸品，書跡，典籍，古文書その他の有形の文化的所産で，日本にとって歴史上または芸術上価値の高いもの，ならびに考古資料およびその他の学術上価値の高い歴史資料
 (2) 無形文化財
    演劇，音楽，工芸技術その他の無形の文化的所産で，日本にとって歴史上または芸術上価値の高いもの
 (3) 民俗文化財
    衣食住，生業，信仰，年中行事等に関する風俗慣習，民俗芸能，民俗技術およびこれらに用いられる衣服，器具，家屋その他の物件で，日本国民の生活の推移の理解のため欠くことのできないもの
 (4) 記念物（史跡，名勝，天然記念物）
 (5) 文化的景観
 (6) 伝統的建造物群

　日本では，長らく，これらの文化財保護と，芸術文化の振興を軸に文化行政が行われてきた。ここでの芸術文化とは，オペラやバレエ等のハイ・アートを意味する。日本の文化財の定義をよく見ると，工芸や，民俗文化，自然も対象となっている。工芸は産業，民俗文化は生活であるから，もともと，産業や生活も文化政策の範疇に入っていたともいえるが，それらは，歴史的，芸術的，学術的に価値が高いと認められたものに限られていた。
　しかし，近年では，文化庁の政策も，メディア芸術（アニメーションやマンガを含む），文化産業，生活文化，食文化，まちづくり，障害者の芸術活動，観光，外交から国際貿易等まで，広がってきている。

 (4) 文化的財・サービスとは
　文化経済学では，文化的財という言葉がよく使われる。財というのは，経済学の用語で「モノ」という意味であるから，文化的財は文化的なモノ全般を指す。日本で文化財という場合は，文化遺産のことを指すので，文化的財は，それよりもっと広い概念である。
　文化的財とは，どんな財かを考えるとき，文化は社会の中でどのように機能

する(作用する)のか考え,定義づけすると有用である。Throsby (2001) は,文化的財を次のように定義する。
・関係する活動は,それらの生産において何らかの創造性を含んでいる
・象徴的な意味の生産やコミュニケーションに関係する
・それらの生産物は,少なくとも,潜在的には,ある種の知的財産を含む

文化経済学では,スロスビーの文化的財のこの定義が最もよく使われている。

文化的財は,文化的価値と経済的価値を含んでいる。また,文化的財は,経験財ともいわれ,経験すればするほど,後の消費量が増える依存症(中毒性,アディクション)という現象が知られている。また,文化的財に対する選好(好み)は,家庭環境や教育,子どもの頃の経験,他の人々の選好や選択,その時代の価値観等,さまざまな要因の影響を受けて変化する。これについては,後にまた触れる。

1.2 文化の価値——文化的価値と経済的価値

前項で,文化経済学は,現実の文化政策の根拠や効果を検証する役割を果たしてきたと述べた。そのため,文化の価値についても,現実の文化政策を参照しながら,説明することにする。文化の価値について,現実の政策では,どのように扱っているだろうか。

文化庁は,『平成30年度 我が国の文化政策』の中で,文化が,芸術と文化財だけではなく,文化産業や食文化等を含む広いものであること,文化は,観光やまちづくり,国際交流,福祉,教育等と結びつき,さまざまなサービスを生み出すという見方を示している。さらに,文化の多面的価値として,本質的価値,社会的価値,経済的価値を挙げている。

そして,これらの価値を実現するために,2017年度から5年間の戦略として,6つのものが挙げられている。本質的価値に関連するものとして,文化芸術の創造や教育,専門的人材の育成,地域におけるプラットフォームの形成,社会的価値に関連するものとして,障害者や在留外国人等への文化による社会的包摂や文化多様性,経済的価値に関連するものとして,文化によるイノベーション(衣食住等の生活文化の振興,文化芸術を生かした観光,文化芸術に関連する産業や市場の育成)と,国家ブランディング等がある。

文化経済学は,文化の経済的価値の分析をするが,文化の価値のすべてにつ

いて金銭評価ができるとか，経済的価値で置き換えることができると考えているわけではない。Throsby (2001) は，個人が文化的財に支払う価格や，文化遺産等（価格がない財）への支払意思額では，文化の価値を表すには不完全だという。そして，経済的価値とは別に，文化的価値を定義する。スロスビーの分類では，社会的価値は文化的価値の中に含まれている。文化は，ある集団を他の集団から区別する行動様式だから，もともと社会的側面をもつという理由からである。

文化の文化的価値には以下のものがある。
- 美学的価値
- 精神的価値
- 社会的価値
- 歴史的価値
- 象徴的価値
- 本物の価値（真正性）

これらの価値は，マッピング（各要素の位置づけを示す地図をつくること），厚い記述，態度分析，内容分析，専門的鑑定などによって，測定される (Throsby, 2001)。

文化の経済的価値には，以下のものがある。
- 市場で取引される私的な文化的財の場合——市場価格
- 公共的な文化的財の場合——消費者に支払意思額を質問して得られる価格（仮想評価法），トラベル・コスト法やヘドニック・アプローチなどで得られる価格（詳しくは，第14章を参照）
- 外部性——美術館等がそこにあることによって波及する雇用や所得，地域経済における経済波及効果など（詳しくは，第10章を参照）

SNA（国民経済計算体系）の中で，文化の大きさを示すための文化サテライト勘定や文化GDPも，文化の経済的価値を表すものといえる。

1.3 文化資本

文化経済学では，文化資本という言葉が使われる。文化資本は，経済的価値と文化的価値の両方を生み出す。文化資本は，建物や芸術作品などの有形物として，あるいは，音楽や文学などの無形物として存在する。文化を資本として

捉えることにより，文化の長期的側面や持続可能性について考えることができる。

文化資本について考えるとき，ストックとフローを区別する必要がある。ストックは，ある時点（たとえば，2019年1月1日）における量，フローは，一定期間（たとえば2019年1月1～31日）に計測される量の合計である。2019年1月31日の貯金額はストックであり，2019年1月1日から31日までの所得の合計はフローである。文化遺産には，文化資本が蓄えられており，そこからフローとしての文化遺産サービスを生み出す。バスタブに蓄えられた水をストック，バスタブから流れ出る水をフローと考えると，フローをどんどん増やすと，やがてストックがなくなってしまうことがわかる。ストックを維持するには，新たな投資が必要である。

文化資本の文化的価値と経済的価値の間には，次のような関係がある。文化資本が歴史的建造物のような有形物の場合，経済的価値は，文化的価値によって高められる。音楽や言語等の無形の文化資本は，文化的価値は高いが，そのままでは経済的価値はない。サービスのフローとして取り出して初めて経済的価値をもつ。

文化資本には，これらとは異なる定義もある。社会学で使われるP.ブルデューの文化資本の定義のうち最も重要な，個人の心や体に身体化された状態（たとえば，高尚な芸術を理解する能力など）は，上で述べた文化資本とは異なり，経済学の人的資本に近い。

2 文化と経済のつながり——市場と非市場

2.1 文化と経済の表裏一体性

(1) 市と美術市場の始まり

歴史的に見ると，文化は，経済や流通システムと密接な関係にあったことがわかる。中世には，ヨーロッパでも日本でも，市が定期的に開かれ，さまざまな取引が行われたが，芸能者や美術品の交換も，市と無関係ではない。第8章で詳しく紹介するが，美術市場の草創期に関する研究で，面白い事実が指摘されている。ベルギーのアントワープで，美術市場が生まれたのは，1480年頃であり，それは，アントワープが国際貿易拠点として発展しつつあった歴史と

重なり合っている。1540年頃には，アントワープの証券取引所の最上階に「画家のパント」と呼ばれるギャラリーが創設された。このパントは，ヨーロッパで最初の常設の美術品見本市である。芸術家たちは，アントワープの商業インフラストラクチャーに引き付けられるように集まり工房を開いた（フェルメイレン，2016）。アントワープでは，美術製作に必要な材料の入手や作品の貿易が盛んであったことに加え，芸術家や，美術商，収集家の集積によって，情報や知識の交換も頻繁になり，芸術上の革新も起こった。

(2) 日本における座の誕生

日本でも，中世の市庭（いちば）には，市日になると，全国を遍歴する行商人や宗教者，芸能者，遊女などが集った（石井，2003，23頁）。同じく，中世には，人々が集まって行う連歌や茶の湯が発達するが，それらは「文芸の座」と呼ばれている。座の起源は12世紀に遡ることができるとされる。京都や奈良で，朝廷や公家，寺社に奉仕していた人々が集団で商工業を起こし，座を結成して，通行税や市場税等の免税特権をもつようになった（石井，2003，30頁）。

座は，商工業を担う商人や職人の座（ギルド）から，村落内の祭祀組織である宮座，猿楽や能役者の劇団にまで及んだ。芸能者の座は，寺社や天皇等の庇護を受け，さまざまな奉仕を行い，その見返りに独占的営業権を得ていたといわれる。この座によって，平安時代には宮廷世界で行われた文化的社交が，宮廷の外に広がり，多様な社会勢力やネットワークの中に文化的蓄積が行われるようになった（池上，2005，111〜118頁）。文芸の座によって担われた連歌や茶の湯，さまざまな芸能は，中世の経済的発展や社会制度と密接なつながりをもっていたのである。16世紀になると，全国的な商品流通の自由を促進するために，市場税や通行税が撤廃され，座も特権を失っていく。

(3) 17世紀以降の文化需要の高まり

座が衰退し，近世初期には，文化は，再び，大名や上級武士，宮廷貴族，特権的町人や寺社の高位聖職者等の上位階級によって担われるようになったが，17世紀後半以降，経済力をもつようになった町人たちの文化需要が高まり，出版産業の発展により，全国的な文化市場が出現した。一般民衆による遊芸習得への関心が高まり，さまざまな遊芸の教授者が現れた（池上，2005，190〜

191頁)。連歌，俳諧，生け花，書道，謡曲，浄瑠璃，茶の湯，碁・将棋等を習得したいという情熱は，その稽古に加わることによって，社会的ネットワークを広げたいという実利的理由に裏打ちされていた。経済力を蓄えた庶民にとって，自分が育った社会階層より上の人たちに仲間入りをするためにも，遊芸の習得は欠かせないものだった。文化市場の拡大に果たした出版の役割も，忘れてはならない。近世後期の出版ブームは，茶の湯や生け花等の入門書によって起こったという。

同時に，商品作物の販売で富を蓄積した農民たちは，共有林の木を使って神社の境内に農村舞台を建設し，祭礼時に，自分たちで歌舞伎や人形浄瑠璃を上演し奉納した。農村舞台は，調査されただけでも，1777カ所にのぼる。農村舞台での上演は1897年頃（明治30年頃）まで盛んに行われ，現在でも上演が行われている舞台は少なくない（後藤，1998)。

(4) 文化のパトロン，家元制度，市場経済

しかし，こうした遊芸の師匠は，それを習う武士等より身分の低い人たちであった。そのため，教授者は芸能の世界における権威を確立する必要があった。芸能者が，その権威を増す方法の1つは，高位のパトロンと結びつき，経済的にもその庇護を受けることである。しかし，個人的庇護は，パトロンに依存する面もあるため，危うさももっている。

近世のヨーロッパ諸国では，芸術家の社会的地位を高める装置として，王立アカデミー制度がつくられた。王立アカデミーの会員として迎えられた芸術家は，権威をもち，新人の芸術家に対しては，その資質を評価する「ゲートキーパー」(門番)になった。日本には，こうした制度は育たなかったとされる（池上，2005，215頁)。

日本では，その代わりに，遊芸を習得したいと望む人々への教授システムが普及し，芸能者の経済基盤と社会的地位を確立させた。そうした制度の1つが家元制度である。家元制度では，家元－中間的師匠－アマチュア，という上下関係の明確なつながりがある。家元の権威を高めるために，免許状の発行権は家元が独占し，アマチュアの弟子は，中間的師匠に稽古料を払うとともに，1段階進歩するごとに家元に認定してもらう認定料を払う。中間的師匠というシステムを通じて，家元は全国に弟子をもつことができた。

家元制度は，美の基準を管理して伝統を守る。しかし，他方，標準化された稽古システムにより，芸の即興性や融通性が失われるという欠点もある。1段階ごとに設けられた認定料等が高ければ，文化需要の阻害要因ともなりうる。

王立アカデミーや家元などの社会制度は，各国で歴史的に形成され，今日の文化生産システムの一部となっている。また，歴史的に見れば，文化市場の発展が，庶民の経済力の蓄積＝文化需要の高まりと相関しているのも見てとれる。

2.2 文化需要と文化生産のメカニズム
(1) 文化需要のメカニズム

前項では，文化生産と文化消費が，経済と密接に関連しながら生成された歴史を見た。文化経済学では，文化の需要（消費）と生産は，大きなテーマである。人は，なぜ，コンサートに行くという選択をするのか，文化活動への参加の動機は何か，文化への選好（好み）はどのように形成されるのか，選好の形成に影響を与える要因は何か，などが研究される。通常の経済学では，選好の形成や選択について，以下のような仮定をおいている（Towse, 2010, p. 151）。

- ・個人は，財やサービスへの選好を，合理的に順序づける
- ・選好は，すでに与えられており，不変である
- ・消費者は，市場についてすべてを知っている（完全情報），市場の情報を得るのに費用はかからない
- ・所得制約の下で，相対価格が消費行動の決定要因となる

しかし，前項で示した歴史を見ると，文化消費は，個人がそれぞれ自分の選好に基づき，価格のみに反応して消費行動を行うという仮定では，説明できないことに気づかされる。人々は，他の人々が何を消費するかに大きな影響を受ける（雪だるま効果，バンドワゴン効果）。ファッション消費に見られるように，人々は他の人々に「見せる」ために消費する（目立つための消費）など，文化独特の問題がある。今日，インターネットの発達により，多くの人が使うネットワークには，ますます人が集まる「ネットワーク外部性」があることが知られているが，こうした現象も，文化消費に影響を与えるだろう。

また，文化の消費は，知識への投資でもあるため，消費すればするほど「消費資本」が蓄積されて，良い選択ができるようになる。文化経済学では，政府がある文化を支援することにより，消費者の文化参加を変えることができるの

かという問題に答えるために，分析が行われてきた．その結果，学校外での子どもの頃の経験が，文化への選好の形成に影響を与えていることがわかった．文化への選好の形成に関しては，行動経済学を適用して，今後，より深い分析もできるだろう．

文化の消費には情報が不可欠である．情報を得るには，費用と時間がかかる．第6章で触れるが，文化的財は多様で無数にあるから，目利きをする人々（ゲートキーパー）の見解が，消費者の選択に影響を与えるかもしれない．

以上のように，文化への選好の形成や選択行動には，合理的経済人を前提とした通常の理論では説明できない現象がある．その違いを明確にするためにも，まずは，価格を中心として文化市場を考え（第1章），そこから乖離している現象を説明するという手順を踏む．

(2) 文化生産のメカニズム

先に，芸術家の権威と経済基盤を確立するために，王立アカデミーや家元制度がつくられた歴史に触れた．これらの，非市場的な取引も含めたより小さな場で文化生産が行われ，それが，より大きな市場とも関わっていくことになる．

18世紀後半から日本に広く存在した農村舞台も，商品作物の商いによって経済力を蓄えた農民が自分たちの労力で建設し，自ら上演して楽しんでいたもので，非市場で広く行われていたが，後に，そこから商業的劇団が生まれ，市場での興行を行うようになった．

一般的に，文化の生産は，商業演劇等の営利組織と，オーケストラや美術館等の非営利組織の両方で行われている．小さな非営利組織は，実験的であり，しばしば，そこから新しい芸術が生まれるため，創造性の観点から重要である．

また，文化遺産等の公共財は，市場で取引されないため価格をもたない．支払意思額を尋ねる手法（第13章）を使って疑似的に価格をつけたとしても，将来世代の需要や，未来の需要（未来に消費するために，保存しておきたいというオプション）はそこに含まれないため，価格は低くなるだろう．文化経済学では，文化生産が，市場のみでなく非市場とも関わっていることを，常に意識して，捉えていく．

参考文献

池上英子（2005）『美と礼節の絆——日本における交際文化の政治的起源』NTT 出版
石井寛治（2003）『日本流通史』有斐閣
後藤和子（1998）『芸術文化の公共政策』勁草書房
フェルメイレン，フィリップ（河内華子訳）（2016）「ブリューゲルの時代の芸術と経済——16世紀のアントウェルペン美術市場」『西洋美術研究』第19号，58〜84頁
Baumol, W. J. and W. G. Bowen（1966）*Performing Arts-The Economic Dilemma: A Study of Problems common to Theater, Opera, Music, and Dance*, Twentieth Century Fund.（池上惇・渡辺守章監訳（1994）『舞台芸術——芸術と経済のジレンマ』芸団協出版部）
Throsby, D.（2001）*Economics and Culture*, Cambridge University Press.（中谷武雄・後藤和子監訳（2002）『文化経済学入門——創造性の探究から都市再生まで』日本経済新聞社）
Throsby, D.（2010）*The Economics of Cultural Policy*, Cambridge University Press.（後藤和子・阪本崇監訳（2014）『文化政策の経済学』ミネルヴァ書房）
Towse, R.（2010）*A Textbook of Cultural Economics*, Cambridge University Press.
UNCTAD（2008）*Creative Economy Report 2008*.

第1章

文化経済学の基礎理論

はじめに

　本章の目的は，文化経済学で最もよく使われる経済学の基礎理論を，できるだけ文化を事例として，わかりやすく解説することである。本書の他の章で使う経済学的ロジックを，図を使って直感的にもわかるように解説する。同時に，文化では，それらの基礎理論があてはまるのかどうかについても，説明する。

　経済学では，人々が，価格や満足度などのインセンティブ（誘因）に対して，どう行動するのかを考える。人々は，限られた予算や時間という制約の中で，何を選択するのか意思決定を行う。何かを選択すれば，他のものは断念することになる。

　人々が選択した行動は，市場を介して，文化的財やサービス（以下では財とサービスを含めて単に文化的財と呼ぶ）を生産する供給サイドに影響を与える。文化的財の需要と供給は，文化経済学の理論的基礎の1つである。選択を行うのは，個人や企業ばかりではない。政府もまた，限られた予算の中で，公共事業に予算を使うのか，それとも文化事業に使うのか，あるいは他の分野なのかといった選択を行う。

　政府は，なぜ，文化を直接供給したり，文化支援を行うのか，行政や政治家はどのように選択を行うか等については，第4章で詳しく解説する。政府が文化市場に介入するのは，補助金や税制を通してばかりではない。法による規制を通して介入することもある。それは，文化市場の競争が，独占や寡占によって妨げられるのを防ぐためである。

　2000年代以降，文化産業やクリエイティブ産業が，新しい文化領域として

注目されるようになった。従来の芸術が，非営利の文化団体によって供給されていたのに対し，クリエイティブ産業の生産者は，主に営利を目的とした企業である。そうなると，文化政策も産業政策としての側面をもつようになる。独占や寡占，そして競争政策への理解は，産業政策を理解する上で欠かせない。

また，本章では，文化のマクロ的側面について，簡単に解説する。これは，文化が経済成長に貢献しているか，文化が地域を活性化しているか，文化が観光にどのような影響を与えるのか等を分析する際の基礎となる。

1 文化の需要

1.1 需要とは

需要と供給は，経済学の最も基本的な考え方の1つであり，文化にも適用できる。文化的財を供給する企業は，多くの顧客を獲得するために，他の企業と競争する。また，人気のあるミュージシャンのコンサートのチケットの購入などにおいては，消費者も互いに競争する。販売される文化的財の量は限られており，それぞれに価格がついている。その価格に対して支払う意思のある消費者は，その文化的財を購入するし，そうでない消費者は購入しない。こうした市場での競争状態を，経済学では基本的競争モデルと呼ぶ。基本的競争モデルは，3つの要素からなる。

(1) 消費者の行動に関する仮定
(2) 企業の行動に関する仮定
(3) 市場に関する仮定

これら3つの要素について経済学では，消費者が合理的であると仮定され，企業は利潤を極大化すると仮定され，市場は競争的であると仮定される。消費者は，各人の選好（好み）に基づき，与えられた価格の下で，自分の利益を最大化するように選択を行う。需要とは，与えられた価格の下で，消費者などが購入しようとする財やサービスの量を表す。

文化政策は，すべての人々に文化を享受する機会を与えることを政策目的の1つとしている。文化の享受は，「文化参加」と呼ばれ，第3章で詳しく解説される。需要に関する理論は，文化参加を考える際の基礎的理論となる。

人々の需要に最も大きく影響を与えるのは，購入しようとする財の価格であ

表1 コンサート・チケットの購入数量と価格の関係

チケット価格（円）	購入数量（枚）	総収入（円）
3,400	1,000	3,400,000
3,000	2,000	6,000,000
2,600	3,000	7,800,000
2,200	4,000	8,800,000
1,800	5,000	9,000,000
1,400	6,000	8,400,000
1,000	7,000	7,000,000

る。一般的に，価格が高いと購入する量は少なくなり，価格が安いと購入する量が多くなる。需要に影響を与えるのは，その財の価格だけではない。他の財の価格や，消費者の所得，そして，その消費者の審美眼（良さを見分ける力）や選好も，需要に影響を及ぼす。

たとえば，映画を見るためにチケットを購入するとしよう。チケット価格が安いほど，消費者は頻繁に映画チケットを購入するだろうし，より多くの消費者が映画を見に行くだろう。また，映画と競合するインターネット配信の映画の価格も，映画チケットの購入に影響を与える。映画を見に行くために，車が必要なら，駐車料金もチケット購入に影響を与えるだろう。さらに消費者の所得は，予算制約となって，チケット購入に影響を及ぼす。また，たとえば，アニメの好きな消費者はアニメ映画をより鑑賞するなど，消費者の選好も需要に影響を及ぼす。

需要曲線とは，その財の価格以外の条件が変化しない（他の条件が一定である）という仮定の下で，その財の価格が変化すると，購入する量がどのように変化するかを表した曲線である。コンサートのチケット価格と購入量（需要量）の関係が，表1のように与えられたとしよう[1]。この場合の需要曲線は，図1の線のように右下がりの曲線として描くことができる。

1.2 需要に関わる重要な概念

(1) 消費者余剰

上の表1で，チケット価格が，市場取引を通じて2600円になったとしよう。音楽事業者の収入は，2600円×3000枚＝780万円となる。

このチケットを購入するのは，チケット1枚に2600円以上を払ってもよい

図1 コンサート・チケットの需要曲線

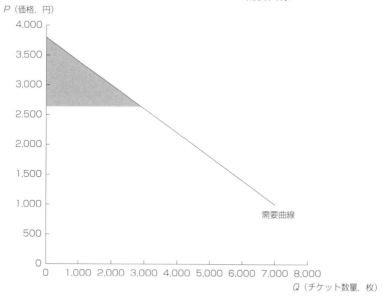

と思っている消費者である。3400円を支払ってもよいと思っている人は1000人いるが，彼らは3400−2600＝800円分得した気持ちになり，その合計は800円×1000枚＝80万円である。また，3000円を支払ってもよいと思っている残りの消費者1000人にとっては，3000−2600＝400円分得した気持ちになり，その金額の合計は400円×1000枚＝40万円である。これらを合計した金額が消費者余剰である。図1では，アミかけ部分にあたると考えられる[2]。

音楽事業者の立場からみると，3400円で売れたであろうチケット1000枚分が，実際には2600円だったので，(3400−2600)円×1000枚＝80万円の損となると考えられる。同様に3000円であれば売れたであろうチケット1000枚については，2600円になったことで，(3000−2600)円×1000枚＝40万円の損となる。これらの損失の合計は，図1のアミかけ部分の消費者余剰に等しい。

(2) 価格の差別化

この音楽事業者が，音楽市場を独占していて，価格に影響力を及ぼせるものとしよう。あなたが音楽事業者ならば，どうするだろうか。

3000枚のチケットのうち，1000枚を3400円にしたらどうであろうか。3400円の需要は1000枚なので，完売するであろう。また，残り1000枚を3000円に，最後の1000枚を2600円にすれば，音楽事業者の総収入は，3400×1000＋3000×1000＋2600×1000＝900万円となる。チケット価格を一律2600円として，3000枚を売り上げる（780万円）よりも，120万円収入が増える。このように，消費者の支払意思に沿って，異なる価格をつけることを，価格の差別化という。
　コンサートや演劇鑑賞で，1階の一番良い席を高く，上階の方を安くするといったことは，劇場ではしばしば行われている。それは，一律の価格をつけるよりも，劇場や事業者の収入を増やすことになる。ただしその分，消費者余剰は少なくなる。

(3) 需要の価格弾力性
　チケット価格を変化させると，需要がどのくらい変化するのか，あるいは，まったく変化しないのか，事業者としては知りたいところである。需要の価格弾力性とは，価格変化に対して，需要がどのくらい変化するかを示す数値であり，具体的には，需要の価格弾力性は，「価格が1％変化したときに，需要量が何％変化するか」を表し，以下の式で計算される。

$$需要の価格弾力性 = \frac{需要量の変化率}{価格の変化率}$$

ただし，変化率＝（変化後の値－変化前の値）／変化前の値×100である。
　表1では，チケット価格が3000円から2600円になると，需要量は2000枚から3000枚に増加するので，

$$価格の変化率（％）: \frac{2600-3000}{3000} \times 100 = -\frac{2}{15} \times 100$$

$$需要量の変化率（％）: \frac{3000-2000}{2000} \times 100 = \frac{1}{2} \times 100$$

$$需要の価格弾力性: \frac{1}{2} \div \left(-\frac{2}{15}\right) = -\frac{15}{4} = -3.75$$

と求められる。つまり，チケット価格が3000円の点を基準に考えて2600円の点に低下したと考えると，価格が1％低下すると，需要量が3.75％増加することがわかる。

需要の価格弾力性（e で表す）が -1 より大きいかによって，次のように解釈することができる。

- $-1<e<0$ の場合（e の絶対値が 1 より小さい場合）：1% の価格低下に対して，需要量が 1% 未満しか増加しない場合で，需要量は価格に対して非弾力的であるという。非弾力的である場合，価格を低下させると収入が減少する。
- $e=-1$ の場合：1% の価格低下に対して，需要量がちょうど 1% 増加する場合には，価格の下落は需要量の増加で相殺され，価格が変化しても収入は変化しない。
- $e<-1$ の場合（e の絶対値が 1 より大きい場合）：1% の価格低下に対して，需要量が 1% を上回って増加するとき，需要量は価格弾力的であるという。価格弾力的であれば，価格を低下させると収入が増える。

需要の価格弾力性は，チケット価格の水準によって変化する。上の例で，たとえばチケット価格が 1800 円の場合を基準に価格弾力性を計算すると，-0.9 となる。

チケット価格が 1800 円のとき，需要を増やそうと価格を 1400 円に下げると，需要は 5000 枚から 6000 枚に増えるが，総収入は，1800 円×5000 枚＝900 万円から，1400 円×6000 枚＝840 万円に減ってしまう。そのため，チケット価格が 1800 円のとき，それ以上価格を下げることは事業者にとって得策ではない。つまり価格弾力性の絶対値が 1 を下回る状況で，価格を下げると売上が減少してしまうのである。

舞台芸術のチケットの価格弾力性は，実際にはどのくらいだろうか。Heilbrun and Gray（2006）によると，舞台芸術に関する実証研究の結果は，スロスビーらの研究のみが最高で 0.90 という需要の価格弾力性を示しているが，ほかは，0.05 から 0.64 程度である。チケット価格が安ければ，多くの人が舞台を見に行くだろうという予想に反して，舞台芸術需要の価格弾力性は小さい。

その理由は，舞台芸術を供給する組織が非営利であり，チケット価格をできるだけ低く設定していることが多く，価格が低いと，需要の価格弾力性は小さくなる傾向があるからである。また，これらの実証研究は舞台芸術産業全体に関するものである。産業全体の価格弾力性は，1 企業のそれより小さくなるため，舞台芸術を供給する 1 企業に関していえば，需要の価格弾力性はもう少し

大きいかもしれない³。

(4) 需要の所得弾力性

需要の所得弾力性とは，消費者の所得の変化率に対する需要量の変化率のことである。すなわち，

$$需要の所得弾力性 = \frac{需要量の変化率}{所得の変化率}$$

である。Heilbrun and Gray（2006）は，舞台芸術に関する多くの実証研究では，所得弾力性が1より少し大きいだけだと指摘する。この結果は，所得が増えても，それ以上に舞台芸術の需要が大きく増えるわけではないことを意味し，直感的な印象に反するかもしれない。しかし，舞台芸術を見に行くには，時間もかかることから，所得よりも時間制約の方が，舞台鑑賞に影響を与えていると解釈することもできる。

1.3 需要曲線のシフト

前項では，需要量に関してその財の価格以外の条件が変化しないという仮定の下で話を進めてきた。しかし，需要を変化させるのは，価格の変化だけではない。前項でも述べたように需要に影響を与えるのは，その財の価格以外にも，他の財の価格，消費者の所得，消費者の選好などがある。

ある財の需要に影響を与える他の財として，代替財と補完財がある。代替財とは，たとえば，映画とレンタル・ビデオのように代替性がある財のことである。補完財とは，たとえば，映画鑑賞に関して映画を見る際に食べるポップコーンといったように，ある財を消費するのに伴って消費される財のことである。代替財の場合には，たとえば，レンタル・ビデオの価格が低下すると，人々はよりビデオを見るようになり映画鑑賞が減少すると考えられよう。したがって映画の需要曲線は，映画のチケット価格が同じであるにもかかわらず需要が減少するため，左にシフトする。補完財の場合には，映画館でのポップコーンの価格が10円などと極端に低くなれば，それを目当てに映画館に行く人が増えるため，映画鑑賞が増加する。この場合の映画の需要曲線は，映画のチケット価格が同じであるにもかかわらず需要が増加するため，右にシフトする（図2の$D \to D'$）。

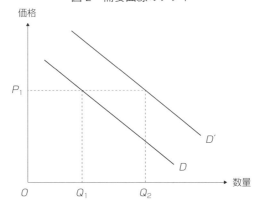

図2 需要曲線のシフト

同様に所得が増加すれば，需要曲線は図2のように右にシフトし，同じ価格 (P_1) でも購入量は増加する ($Q_1 \to Q_2$)。消費者の選好が変化した場合にも，需要曲線はシフトする。なお，需要曲線のシフトについては，第4節でも再度説明される。

1.4　文化需要の特殊性

　文化的財に対する需要は，他の財に対する需要と同じだろうか。文化の消費に関わる研究は，Toffler (1964) や，Baumol and Bowen (1966) に遡ることができる。ボウモルらは，舞台芸術を鑑賞する人々の属性を調査し，舞台芸術を鑑賞する人々は，都市の人口構成に対して若く，専門職で，高学歴，高所得であることを明らかにした。

　舞台芸術を鑑賞するにはチケットを購入する必要があるため，所得が影響を与えそうである。所得が高いとチケットを購入できるが，反対に，機会費用 (たとえば，舞台を見ずに働いたとしたら得られる収入など) が高いため，鑑賞に行くことをためらうかもしれない。年齢や学歴，職業はどのように説明できるだろうか。

　経済学は，人々が何を好むかという「選好」は，変わらないという前提をおいている。しかし，文化的財の消費では，ある音楽を好きになると，繰り返し聞いてますます好きになったり (選好が変化する，あるいは，アディクション〔依存症〕)，ハリウッド映画の大量宣伝に影響されて，新作映画を見に行く (依

存効果）こともある。

　阪本崇（金武・阪本, 2005）は，G. S. ベッカーらの家計生産モデルによって，文化消費の特性を説明している。通常の消費者理論では，ある財を手に入れると，ただちに効用（満足）が生まれると考えるが，家計生産モデルでは，財を手に入れた後，時間をかけて，有用物に変換したあとで，効用が生まれると考える。そのため，効用が生まれるためには，財を有用物に変換する能力と時間が必要である。歌舞伎を見て面白いと感じるためには，歌舞伎に対する興味や知識，鑑賞する能力を体得する必要があるし，鑑賞するための時間も必要である。ボウモルらの調査で，舞台芸術を鑑賞する人の学歴が高く専門職であったことは，能力の獲得と関係がある。第3章では，文化への参加というテーマを扱うが，そこでは，統計データを使って，文化消費の実態と，その背後にある要因が明らかにされる。

2　文化の供給

　文化的財を生産する非営利組織や企業は，価格に対してどのような戦略をとるのだろうか。文化を供給する組織の多くは非営利組織であることが多いが，文化産業では，企業すなわち営利組織も文化の生産や供給を行っている。非営利組織では，収入が費用を上回った分＝黒字額は，組織のミッション（使命）に沿った事業に再投資される。他方，営利組織では，将来のために再投資される場合もあるが，黒字額は利潤として株主に配当されるのが原則である。非営利組織は，企業とは異なる価格づけや生産の意思決定を行うが，まず，最初に利潤を最大化する企業を想定して，供給の基本的な理論を説明する。

2.1　供給曲線

　企業の供給曲線は，異なる価格で，どのくらいの量の財を売る（供給する）のかを表す。一般的に，企業は価格が高いと供給する量が多くなり，価格が安いと供給する量は少なくなる。この関係は，図3のようになる。

　ここで，話を1企業の意思決定に移そう。ある価格の下で，企業がどれくらいの量の財を供給するのかを決定するための最も重要な要因は費用（コスト）である。文化的財の供給では，人件費が製造業に比べて高いことが多く，人件

図3　供給曲線

費は供給量を決める重要な要因となる。

生産のためには，資本，労働，原材料などが必要である。産出量 Q は，

$$Q = f(K, L, M, a)$$

と書くことができる。ただし，Q＝ある財やサービスの産出量，K＝資本設備量，L＝労働時間，M＝原材料の量，a＝技術水準を示す。f は関数を表す記号であり，この関数は生産関数と呼ばれる。

2.2　供給に関する重要な概念——総費用，平均費用，限界費用

供給と費用の関係を考えるときに重要な概念として，総費用，平均費用，限界費用がある。

総費用は，労働と原材料と資本設備の費用の合計であり，以下のように表せる。

$$TC = wL + P_M M + rK$$

ただし，TC＝総費用，w＝賃金率，L＝労働時間，P_M＝原材料1単位当たりの価格，M＝原材料の量，r＝資本設備1単位当たりにかかる支払い，K は資本設備量である。

総費用は，固定費用と可変費用とからなる。固定費用とは，産出量と関係なく，生産を開始するために必要となる費用であり，資本設備，土地，建物等の費用がそれにあたる。可変費用とは，産出量によって変化する費用のことである。

図4は，短期の平均費用曲線と限界費用曲線を描いたものである。短期では固定資本は一定で，長期では固定資本も変更できるものとする。可変費用は，wL と $P_M M$ の和である。

平均費用とは，総費用を産出量で割ったもの，すなわち TC/Q で，単位費用ともいう。固定費用が一定であるとき，産出量が増えると，固定費用÷産出量は減少する。そのため，平均費用＝総費用（固定費用＋可変費用）÷産出量も，産出量が増えると，最初は減少する。

しかし，資本設備やスペースは限られているため，産出量が増えると生産性

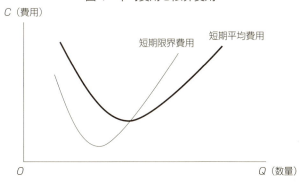

図4 平均費用と限界費用

が上がらない状態に達する。その後は，生産性が落ちるため，総費用に対する産出量は減少し（収穫逓減），平均費用（総費用÷産出量）は増加する。そのため，平均費用曲線はU字型となる[4]。

たとえば，小さな工房でガラス食器を作っているとする。工房の広さや作業設備が一定のとき，職人の人数を増やすと，最初は生産量が増えるが，工房の広さや設備の数に限りがあるため，途中からは，職人の数が増えても生産量がそれほど増えなくなるため，平均費用はU字型となる。

限界費用は，産出量を1単位追加的に生産するために必要な費用である。産出物を1単位追加的に生産するために必要な労働費用や原材料は，限界費用にあたる。限界費用は，平均費用とは異なることに注意しよう。少し込み入っているが，平均費用と限界費用の関係は以下のとおりである。

平均費用が減少しているときには，限界費用は平均費用よりも小さい。平均費用が増加しているときには，限界費用は平均費用よりも大きい[5]。したがって，限界費用曲線は平均費用曲線の最低点を通る（平均費用が減少しているときは，限界費用曲線は平均費用曲線の下にあり，平均費用が増加に転じると，限界費用曲線は平均費用曲線の上になるため，2つの曲線は，平均費用曲線の最低点で交わる）。

長期の場合には，資本設備を増やすことができるため，曲線は緩やかになるが，規模の不経済（生産規模が一定の限界を超えると，生産が非効率的になる）により，やがて平均費用も限界費用も増加する（長期の費用曲線については図6で説明する）。

2 文化の供給　25

2.3　舞台芸術の費用と公演期間・公演回数

　総費用，平均費用，限界費用などの概念を使って，舞台芸術の生産について，考えてみよう。舞台芸術団体は，公演期間や公演回数，チケット価格をどのように決めているのだろうか。このことを知るためには，公演期間や公演回数が変化すると，費用がどのように変わるのかを知る必要がある。

　図5は，舞台芸術公演の費用曲線である。ここでの産出量（数量）は，公演期間や公演回数などを意味する。前述のとおり舞台芸術公演にかかる総費用は，固定費用と可変費用の和である。固定費用が変化しない場合，固定費用を産出量で割った平均固定費用は，産出量が増えると，急激に減少する。平均固定費用は，右下がりの曲線となる。

　次に可変費用について考える。もし，平均可変費用が一定なら，平均可変費用は水平的な直線となる。限界費用は，1回追加的に公演するための可変費用の増加分である。平均可変費用が一定ということは，たとえば，1回公演の可変費用が50万円，2回公演では100万円，3回公演では150万円，4回公演では200万円，5回公演では250万円……になるということである。1回公演の平均可変費用は50万円，2回公演の平均可変費用も50万円（100万円÷2＝50万円），3回，4回，5回公演でも，平均可変費用は50万円となる。この場合，1回追加的に公演を増やすための限界費用はいつも50万円で，平均可変費用に等しい。

　図4は，製造業などにおける平均費用と限界費用の関係を表したものである。図4では，平均可変費用は増加することを仮定している。しかし，舞台芸術では，同じ演目であれば，どの公演も同じような過程で行われるため，平均可変費用は一定とみなし，図5のようになる。平均総費用は，平均固定費用と平均可変費用の和であるから，図5のような曲線になる。

2.4　埋没費用（サンクコスト）

　クリエイティブ産業では，固定費用や埋没費用（サンクコスト；sunk cost）という概念が使われる。埋没費用とは，固定費用のうち回収不可能な費用のことである。固定費用と埋没費用は似ているようだが，区別する。たとえば，映画撮影のためのスタジオは，設備であり固定費用である。それは，Aという映画にも使われるし，Bという映画の撮影にも使われる。

図5 舞台芸術公演の費用と産出量

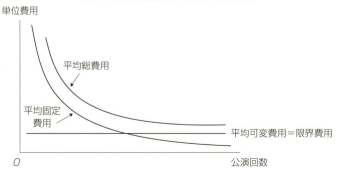

それに対して，Aという映画のためのセット（舞台装置）は，埋没費用である。なぜなら，映画A用のセットは，基本的に他の映画制作には，使えないため，映画Aがヒットしなかった場合，回収できないからである。クリエイティブ産業では，固定費用や埋没費用が大きく，このことが，文化産業やクリエイティブ産業を支援する根拠と関係する[6]。

2.5 完全競争市場と価格づけ

消費者や企業の数が十分に多く，1人の消費者や1つの企業が価格に影響を及ぼせない市場を，完全競争市場と呼ぶ。完全競争市場では，消費者や企業は，市場で決まった価格に従って消費や生産を行う（消費者や企業は，価格に対して影響力をもたず，価格受容者である）。長期の完全競争市場の費用曲線は，図6のようになる。

企業は利潤を最大化すると考えよう。ここで，

　　利潤＝収入－総費用

である。企業は，限界費用（1単位追加的に生産するための費用）が価格よりも低い場合には，もう1単位生産を増やすことにより利潤が増加する。限界費用が価格より高くなると，もう1単位生産することによって，企業の利潤は減少する。そのため，企業は，限界費用が，価格と等しくなる量まで財の生産を増やす。完全競争市場では，価格＝限界費用となる。

図6で，企業の利潤を考えてみよう。価格がP_1のとき，企業は，限界費用がP_1と等しくなるまで生産量を増やす。そのときの生産量はQ_1である。生

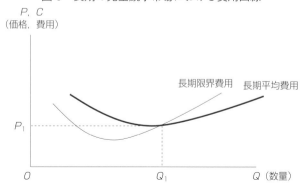

図6　長期の完全競争市場における費用曲線

産量 Q_1 において，平均費用は最低となっている。

　　　総費用＝平均費用×生産量＝$P_1 \times Q_1$
　　　収入＝価格×生産量＝$P_1 \times Q_1$

利潤＝収入－総費用であるから，Q_1 点での利潤はゼロとなる。

　もし，価格が P_1 より高くなると，収入が総費用を上回り，企業は利潤を上げることができるが，他の企業も参入するため競争が起こり，価格は下がる。価格が P_1 より低くなると，企業は損失を出すようになり，市場から撤退するため，価格は上がる。つまり，価格は最終的に P_1 になる。

2.6　営利企業と非営利組織の違い

　舞台芸術団体は，非営利組織（利潤を分配しない組織）の形態をとり，政府が補助金を出している場合が多い。企業と非営利組織はどこが違うのか。また，消費者にとって，舞台芸術団体が非営利組織だと，良いことがあるのだろうか。

　営利組織と非営利組織の行動の違いを，図7を用いて説明しよう（Towse, 2010, p.126）。話を単純化するために，図7は，営利組織も非営利組織も，自然独占企業である場合を想定している（自然独占では，企業は，供給量を増やしたとき，前と同じ価格では，すでに需要が満たされているため，価格を低下させて，より多く売ろうとする）。

　図7の限界収入曲線が右下がりになる理由を説明しよう。限界収入とは，生産量を1単位増やしたときに，追加的に得られる収入のことである。もし，生

図7 営利組織と非営利組織の費用と産出量の比較

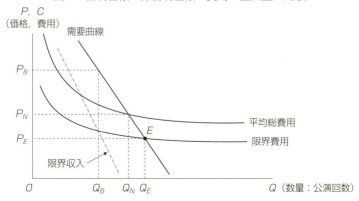

産を増やしても、その財の価格が変わらないなら、限界収入は一定である。しかし、企業が右下がりの需要曲線（価格が下がると需要量が増える、価格が上がると需要量が減る）に制約されるとすると、供給量が増えるほど価格を下げないと売れない。そのため、量が増えるほど限界収入も小さくなり、限界収入曲線は、右下がりとなる。

企業は、利潤＝（収入－費用）を最大化する。したがって企業は、限界収入が、限界費用を上回れば生産を続ける（Stiglitz and Walsh, 2006, 邦訳206頁）。

限界収入が限界費用を上回っていれば、生産量を増やすほど、（収入－費用）は増えるため、企業は限界収入＝限界費用の生産量まで生産を行う（この点を超えると、限界収入＜限界費用となる）。限界収入と限界費用が一致する供給量はQ_Bであり、そのときに、需要曲線と一致する価格はP_Bである。

文化に関わる非営利組織は、できるだけ多くの消費者や観客に、自分たちの創作物を見てもらうというミッションをもっている。そのため、利潤の最大化ではなく、平均総費用をカバーできる点まで供給を増やす。それは、平均総費用曲線と需要曲線が交わる点（価格P_N、供給量Q_Nの点）である。価格P_N、供給量Q_Nでは、収入（価格×数量）と、総費用（平均総費用×数量）が等しいため、非営利組織の利潤はゼロである。非営利組織はこれ以上、供給量を増やすと赤字になる。

しかし、もし、政府が補助金を出して固定費用をカバーすると、非営利組織は、限界費用と需要曲線が交わる点E（価格P_E、供給量Q_E）まで供給量を増

図8　美術館の入場者数と費用

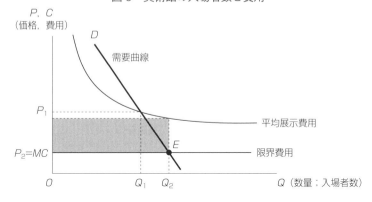

やすことができる。完全競争市場では，価格＝限界費用となることは，先に述べた。次節で説明するが，完全競争市場のとき，消費者余剰と生産者余剰を合計した社会的余剰が最も大きくなる。つまり，社会的に望ましい供給量となる。

　この図からわかることをまとめておこう。営利企業が文化的財を供給する場合，最も高い価格で少ない量を供給する。他方，非営利組織では，価格が下がり供給量も増えるため，消費者にとっては望ましい結果になる。さらに，政府が固定費用に対して補助を行うと，価格は限界費用まで下がり，供給量も増えるため，消費者にとってはより望ましい結果となる。文化政策の観点から，文化的財を生産する非営利組織に補助が行われる理由の1つが，ここにある。

　同じような考え方は，図8のように美術館の展示料金についてもいえる（Heilbrun and Gray, 2006, p.194）。

　この図では，美術館展示の費用は，光熱費や人件費（この展示期間中は労働力を増やさないと仮定する）等の固定費用と，入場者1人が増えることによる限界費用に分けられる。固定費用が大きいため，平均費用は供給量が増えると減少する（費用逓減産業）。さらに，限界費用は一定であるという仮定をおく。もし，美術館が，展示にかかるすべての費用をカバーするように価格を設定するならば，需要曲線と平均展示費用が交わる点（価格＝P_1，入場者数＝Q_1）となる。Q_1 は，限界費用＝価格となった場合の入場者数 Q_2 より少ない。つまり，完全競争市場（価格＝限界費用）であれば，この展示を見に来たはずの潜在的利用者の利用（$Q_2 - Q_1$）が失われることになる。そこで，もし，政府が補助金

を出して，価格を限界費用と一致する P_2 まで下げるなら，入場者数は Q_2 となり，入場者数は増えることになる（図のアミかけ部分が補助金である）。

3 市場均衡——無差別曲線，予算線と最適化

3.1 均衡価格と価格メカニズム

これまで，主に競争的市場における需要と供給について学んできた。この節では，市場についての基本的な考え方を学ぶ。文化的財の市場は，他の市場と同じだろうか。これについては，文化経済学者の間でも意見が分かれる。しかし，文化的財も，他の財と同じく，労働や資本，その他の投入物（原材料）を用いて生産される。資源や予算，時間には限りがあるため，文化的財を生産すれば，他の財を生産できないなど，選択に直面する。政府の予算は限られているため，文化イベントを開催すれば，スポーツ・イベントを諦めなければならない。また，文化イベントを開催した場合には，スポーツ・イベントで得られたであろう収入を失うなどの機会費用[7]が存在する。

市場とは，生産者と消費者が，価格メカニズムを通じて交換を行う社会システムである。お金は交換の手段であり，価格は，他の財と比較した経済的価値を表す。文化的財は，しばしば無料で提供される場合もある。伝統的な祭の見学は基本的に無料であろうし，美術館の入場料が無料ということもある。しかし，それらはまったく無料なのではなく，政府や非営利組織がその維持のために支払っている「影の価格」がある。

価格メカニズムや，需要と供給は，経済学で最初に学ぶ概念である。これまで説明してきたとおり需要曲線は右下がりであり，供給曲線は右上がりである。消費者は価格が安いほど多く買い，生産者は価格が高いほど多くを生産し販売する。需要曲線と供給曲線が交わる点（後掲の図9の E 点）に対応する P_E と Q_E が，均衡価格と取引量である。この点では，需要と供給が等しくなる。

もし，価格が均衡価格よりも高かったらどうなるだろうか。供給量は，需要を上回り，超過供給が生じる。生産した財が売れ残ると，生産者は価格を下げて売ろうとする。その結果，消費者の需要が増える。価格引き下げは，供給量と需要量が一致するまで続く。

価格が均衡価格よりも低い場合はどうだろうか。需要量が供給量を上回るた

め，品不足になる。消費者は，少し高めの価格でも買おうとする。価格が上がると，生産者もより多くを生産するようになる。こうした変化は，価格が均衡価格と一致するまで続く。

価格は，生産者と消費者にとって，需要量に対して供給量が過剰であるとか，不足していることを知らせる重要なシグナルとなる。価格システムは，同時に，資源が限られている状態で，何を生産するために資源を使うべきかを決定する。芸術家の労働市場でも，価格メカニズムが働くことは，第9章で説明される。

3.2 需要曲線と供給曲線のシフト

価格以外の要因で，需要量や供給量が変化すると，需要曲線や供給曲線そのものがシフト（移動）する。需要量は，図2で説明したとおり，他の代替財の価格が変化したり，所得が変化したり，消費者の選好が変化したりすると，需要曲線がシフトする。需要曲線がシフトすると，均衡価格が変化する。たとえば，ロック・コンサートが前より人気になり，消費者がよりロック・コンサートを好むようになったとしよう。そうすると，ロック・コンサートのチケット価格の需要曲線は右にシフトし，均衡価格は上がり，販売量も増える（図9に記入して考えよう）。

供給曲線についても同様である。たとえば，漆塗りの器を作るための漆価格（材料価格）が上がったとしよう。そうすると，どんな価格においても，生産者は供給量を減らす。そのため供給曲線は，図9の$S^{'}$のように左にシフトする。需要曲線が同じなら，均衡価格は高くなり（$P_E \rightarrow P_1$），販売量は減る（$Q_E \rightarrow Q_1$）。

3.3 予算制約線と無差別曲線

消費者や企業の行動を分析する第一歩は，何ができるかを明らかにすることである。そのためには，利用可能な選択肢の集まり（機会集合という）を明らかにすることが必要である。サンドイッチが食べたくなったときに，冷蔵庫にツナ缶とチーズしかないなら，そのときの機会集合は，ツナ・サンドイッチ，チーズ・サンドイッチ，ツナ＆チーズ・サンドイッチ，サンドイッチはなしの4種類であり，ハム・サンドイッチという選択肢はない[8]。

選択は無限にできるわけではなく，選択を制限し，機会集合を規定するさまざまな制約がある。代表的な制約としては，お金によって制約される予算制約

図9 供給曲線のシフトと市場均衡

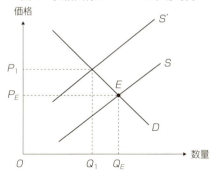

と，時間によって制約される時間制約がある。食事，仕事，家事，睡眠，遊びという機会集合がある場合，人が1日に使える時間は24時間なので，24時間が時間制約となって選択を制約する。

予算制約も同様である。たとえば，Aさんが，1カ月の余暇に使える予算が1万円であるとしよう。美術館の入場料が2000円，映画の入場料が1000円とする。美術館と映画に何回ずつ行くか，表2のようにさまざまな組み合わせの選択がある。しかし，どのように選択するにしても，両者の合計が1万円を超えることはできない。

ここで，x を美術館に行く回数，y を映画に行く回数とすれば，両者には以下の関係がある。

$$2000x + 1000y = 10000 (円)$$

この関係は，図10では右下がりの直線として描かれており，予算制約線と呼ばれる。

上のような状況で，どのような選択をすることが最適だろうか。合理的な消費者は，予算制約の中で，自分の満足度（効用という）が最も大きくなる選択をするはずである。Aさんが，映画より美術館が好きな場合には，美術館に予算の多くを使うであろう。しかし，美術館と映画への選好が等しく，美術館と映画がまったく同じ効用をAさんに与えるような場合，美術館と映画は，Aさんにとって無差別であるという。

話を一般化して，X 財と Y 財という2つの財の組み合わせを選択する問題を考える。上の例では X 財を美術館，Y 財を映画館と考えればよい。たとえ

3 市場均衡　33

表2　美術館と映画館に行く回数の選択

美術館（入場料2000円）に行く回数 x	映画（入場料1000円）に行く回数 y
5	0
4	2
3	4
2	6
1	8
0	10

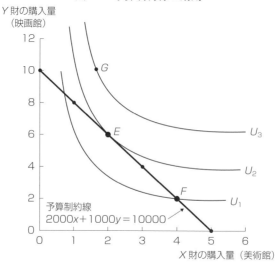

図10　予算制約線と効用

ば，X 財を4単位，Y 財を2単位という組み合わせと，X 財2単位，Y 財6単位という組み合わせが，同じ効用を与えると考える。これらの2つの財の組み合わせと同じ効用を与える点を結ぶと，原点に対して凹の曲線を描くことができる。この曲線を無差別曲線という。

　無差別曲線が凹となる理由は，限界代替率を考えると明らかである。限界代替率とは X 財を1単位諦めるために必要となる Y 財が何単位であるのかを表す。X 財に偏った組み合わせでは，Y 財を得るために，X 財を手放すのは惜しくない。つまり，Y 財を入手するための X 財の量は多い（X/Y は大きい）。Y 財が増え X 財が少なくなってくると，Y 財を入手するために X 財を手放す

図 11 生産可能性曲線

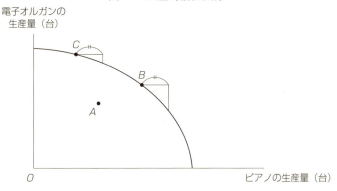

のが惜しくなるため，同じ効用を保つためには，X 財を手放すときに，多くの Y 財と交換することになる（X/Y は小さくなる）。言い換えれば，Y 財が増えるほど，1 つの Y 財と交換する X 財の量は減ることになる。これを，限界代替率逓減といい，グラフに書くと，図 10 のようになる。無差別曲線は右上に位置するほど効用の水準が高く，図 10 では U_3 の効用が最も高い。

消費者が，予算制約の中で最も大きな効用を得ようとすると，無差別曲線と予算制約線が接する E 点（$x=2$, $y=6$）で，X 財と Y 財の組み合わせを選ぶのが合理的である。その他の点，F では効用が小さくなり，G では予算制約のため実現しない。

3.4 生産可能性曲線

前項での 1 万円という予算制約下で，個人の選択肢の集まりである機会集合は，予算制約線と X 軸，Y 軸に囲まれた三角形の部分である。それに対して，生産可能性曲線（生産の機会集合）は，図 11 のように原点に対して凸な曲線となる。これは，収穫逓減という性質があるためである。たとえば，2～3 時間の勉強で成績は大きく上がるかもしれないが，徹夜で勉強しても集中力が続かず，最初の 2～3 時間ほどの効果は得られないだろう。

2 つの財を生産するために労働力に制約があるとする。たとえば，ある企業が 50 人の労働者を使って，ピアノと電子オルガンを作っているとする。電子オルガンばかり作っている状態から，ピアノに労働者を回すと，最初は大きな

3 市場均衡

収穫が期待できる。しかし，だんだんピアノの生産を増やしていくと，スペースや設備の制約等により，労働者1人当たりの生産量が減少し，より多くの労働者を電子オルガンからピアノに回さなくてはならなくなる。それだけ，電子オルガンの生産を諦める量が増えることになる[9]。図11の曲線は，一定の労働者（ここでは50人）で生産可能なピアノと電子オルガンの数量を表しており，生産可能性曲線という。図11の点Bから一定量のピアノを増加させた場合と，点Cから同じ量のピアノを増加させた場合にあきらめる電子オルガンの量は点Bの方が大きい。よって，生産可能性曲線は原点に対して凸となっている。

3.5 市場均衡と余剰

市場では，生産者は，利潤を最大化するように行動し，消費者は，彼ら（彼女ら）の選好に基づく効用が最大化するように行動する。均衡価格で取引が行われると，消費者余剰と生産者余剰の和，つまり社会全体の総余剰が最も大きくなる。

消費者余剰については，すでに第1節で説明したとおりである。需要曲線は，消費者の支払い意欲を示すので，後掲の図12（Stiglitz and Walsh, 2006, 邦訳173頁）において，市場である財の取引が，価格P_1と数量Q_1で均衡しているとき，$P_0 P_1 E$の面積は，支払い意欲が価格より上回っているため，消費者にとって得（消費者余剰）となる。

生産者余剰とは何だろうか。企業が生産を行うときには，費用がかかる。総費用はこれまでも述べたとおり，

　　　総費用＝固定費用＋可変費用

と定義することができる。固定費用は生産量にかかわらず一定であり，可変費用は生産量により変化する。限界費用は，1単位生産量が増えるときに増加する可変費用である。表3は，ピアノを生産する際の費用の構造と変化を例示したものである。収穫逓減により生産量を増加させるに従って，限界費用が増加している。

企業は利潤を最大化するように生産を行う。しかし，ある量で生産を行っている企業が，それ以上生産を行うかどうかは，1単位追加的に生産する費用（限界費用）と，価格とを比較して決定するだろう。もし，価格が限界費用より大きければ，企業は生産を続ける。一般的に，企業は，価格と限界費用が等

表3 総費用，可変費用，限界費用

ピアノの台数 (台)	総費用 (万円)	固定費用 (万円)	可変費用 (万円)	限界費用 (万円/台)
0	100	100	0	
1	105	100	5	5
2	112	100	12	7
3	121	100	21	9
4	132	100	32	11
5	145	100	45	13

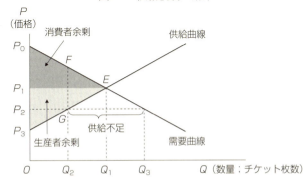

図12 価格統制の効果

しくなる量まで，その財を生産する。そのため，限界費用＝価格となり，供給曲線は，限界費用曲線と等しい。

生産者は，図12の P_1P_3E の部分では，限界費用より高い価格で財を販売できるため，その分，得をすることになる。この生産者が得をする分が，生産者余剰である。均衡価格で取引が行われるとき，消費者余剰と生産者余剰の和が最も大きくなる。

ここで，政府が介入して価格統制を行ったとしよう。たとえば政府が，コンサートのチケット価格の上限を決めてしまうといった場合である。

図12では，均衡価格 P_1 より低い統制価格 P_2 で取引が行われる場合の状況を示している。このときの需要量は Q_3，生産量は Q_2 である。需要が供給を上回り，チケットが不足する。P_2 価格のとき，生産量 Q_2 に対する支払額は P_2OQ_2G なので，消費者余剰は P_0P_2GF である。生産者余剰は，P_2P_3G である。均衡価格で取引が行われる場合の，消費者余剰と生産者余剰の和 P_0P_3E と比

3 市場均衡

較すると，三角形 FGE の部分だけ，総余剰が少なくなることがわかる。これは，政府の価格統制によって引き起こされた非効率を表している。政府介入が，しばしば非効率を引き起こすことは，総余剰の減少として説明できる。

4 市場の失敗，政府の介入

4.1 市場の失敗のさまざまなケース

これまでは，いくつかの例外を除いて基本的競争モデルを想定して話を進めてきた。基本的競争モデルでは，以下のことが仮定されている。

- 企業や個人は，市場価格を所与のものとみなす（企業や個人の数が十分に大きい場合，個々の企業や個人が価格を変えることはできない）。
- 個人や企業は，あらゆる財の品質や価格について完全な情報をもっている。
- 個人や企業の行動は，価格以外の方法で，他の個人や企業に影響を与えることができない。
- 財は，その買い手だけが享受する。

しかし，文化的財の市場では，基本的競争モデルでは説明のつかない現象も多い。たとえば，映画が面白いかどうかは，見てみるまでわからない（不完全情報）し，また，美術館ができたことで，その地域のブランド価値が上がり，マンション価格まで高くなることもある。

市場が経済効率を生み出すという仮定が成り立たない場合を，市場の失敗という。市場の失敗には，不完全競争，不完全情報，外部性，公共財の場合がある（詳しくは第4章も参照）。

(1) 不完全競争と自然独占

完全競争ではない市場には，独占，寡占，独占的競争がある。ある財の市場で，1社だけが供給を行っている場合には，独占と呼ばれる。寡占とは，ある財の市場に，比較的少ない数の企業があり，ある程度の競争が働いている場合である。世界に数社しかないグローバルなレコード会社は，その一例である。独占的競争とは，企業の数は多いが，製品が差別化されているために，独占企業のように振る舞うことを指す。

これらの場合には，完全競争に比べて価格が高くなるため，政府は，商品の

価格を不当につり上げるなどの,公正な取引を阻害する行為を独占禁止法で禁じたり,規制を行ったりする。かつてアメリカの映画産業がスタジオ・システム[10]であった頃,独占禁止法を適用され,映画製作と配給,興行の分離を命じられたことがある。

クリエイティブ産業の中には,固定費用が非常に大きいため,生産量が増えるほど平均費用が逓減する費用逓減産業の性質をもつものがある(図8参照)。費用逓減産業では,最初に市場に参入した企業は,供給量を増やし平均費用を下げることができる。しかし,その後に参入する企業が,規模が小さく,最初の企業ほど平均費用を下げることができないと,なかなか参入できない。そのため,最初に参入した企業の自然独占となりやすい。

(2) 不完全情報

完全競争市場では,消費者や企業が,機会集合(選べる選択肢の集合)をすべて知っており,購入するすべての財の性質も知っていると仮定される。しかし,ある美術展に高い入場料を払って行ってみたが期待はずれだったということもあり,文化的財の多くは,経験してみないと,どのようなものかわからない。政府は,不完全情報に対して,消費者保護法などで対応してきた。しかし,文化的財については,誇大広告等の規制や,情報公開の義務づけだけでは,「経験してみないとわからない」という問題は解決できない。

(3) 外部性

競争や情報が完全であったとしても,市場がある財を過剰に,または,過少に供給することがある。その理由として,外部性が挙げられる。外部性には,正の外部性と負の外部性がある。他の経済主体に対して,便益を与えているにもかかわらず,支払いを受けないような場合を正の外部性といい,この場合には,供給が過少となる。反対に,他の経済主体に対して,負の影響を与えている(負の外部性)にもかかわらず,その費用を負担しない場合には,供給が過剰となる。

たとえば,美術館が,立地地区のブランド価値(その地名がつくとイメージが向上する)に正の影響(たとえば,地価が上昇するなど)を与えても,便益を受けている個人や企業が,その対価を支払う仕組みがないなら,美術館の供給は

過少になる。

負の外部性（公害や温室効果ガスなど）に対しては，政府は，法による規制や罰金や課金によるインセンティブ[11]を与えて，財の過剰生産を防ごうとする。環境税等も，その例である。正の外部性に対しては，政府は補助金を与えて，供給曲線をシフトさせ，供給量を増やそうとする。

文化に関しては，負の外部性より正の外部性を評価し，政策に反映させることが多い。芸術文化の外部性としては，①国家に付与する威信，②文化活動の広がりが周辺のビジネスに与えるメリット，③将来世代への遺贈，④コミュニティへの教育的価値[12]などがある。

外部性を測る手法には，CVM（仮想評価法）等がある。その手法等は，第10章や第14章で詳しく説明する。

(4) 公 共 財

市場の失敗の最後の例は，公共財である。純粋な公共財とは，その財を追加的にもう1人に提供するための限界費用がゼロで（非競合性），かつ，他の人がその財を享受できないように排除することができない（非排除性）財のことである。

純粋公共財の例としては，灯台や国防，渋滞のない道路等が挙げられる。灯台は，もう1つの船舶に灯りを提供する追加的費用はゼロであり，かつ，無料で灯台の灯りを見る船舶を排除できない。公的に供給される財の多くは，純粋公共財ではないが，非排除性と非競合性のうち，どちらかの性質をある程度もっている。富士山等の文化的景観も，もう1人の人に景観を提供する費用はゼロで（非競合性），ただで富士山を見る人を排除できない（非排除性）。

民間市場で公共財を供給すると，非排除性のために，「ただ乗り」（フリーライダー）[13]が発生し，生産が過少になる。政府は，ただ乗りが生じている財の供給に対して，国民に強制的に税金を支払わせて，供給量を増やすことができる。

4.2　政府の介入

文化的財の市場においても，市場の失敗はある。市場の失敗は，政府が文化セクターに介入する根拠となり，政府介入は，法による規制や，補助金，税制

図13 社会的に効率的な価格と数量

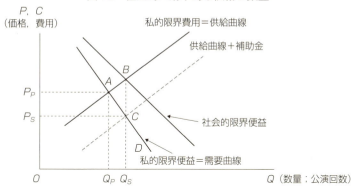

などの手段で行われる。

　法による規制とは，文化的財に関しては，文化財保護法や著作権法，独占禁止法等を指す。たとえば，著作権法は，著作物を無料で複製するという「ただ乗り」を防止するように，制度設計されている。文学や音楽などの著作物は，他人が複製する際に，著作者がいちいち料金を回収することは不可能である。ただ乗りされると，著作者は創造の費用を回収できない。そのため，著作権によって著作物を守り，無料で複製できないようにしているのである。

　次に，補助金の役割を，図13で説明しよう。ある文化的財から個人が受け取る便益を私的便益，その財を直接消費しない人たちも含めて社会全体が受け取る便益を社会的便益という。私的費用とは，ある団体や企業がその文化的財を供給するための費用である。文化的財は，外部性があるため，その財を直接消費しない人たちにも，社会的便益が及ぶ。

　まず，補助金がない場合を考える。この財の望ましい供給量は，私的限界費用（供給曲線）と，社会的限界便益の交点であるBとなり，Q_sが望ましい供給量であることがわかる。しかし，市場では，消費者の需要曲線は，Dであるため，私的限界費用と私的限界便益（需要曲線）の交点はAとなり，価格P_pでQ_pの量が生産されることになる。

　しかし，Q_pは，社会的に望ましい量であるQ_sより少ない。そこで，政府は生産者に補助金を出す。すると，供給曲線は，補助金の分だけ右にシフトし（同じ供給量なら，補助金の分だけ価格が低くなる），需要曲線との交点はCとな

る。Cでは，価格がP_s，供給量がQ_sとなって，社会的に望ましい供給量と一致する。これをピグー的補助金という（第4章参照）。

　税制による支援は，補助金と同様の効果をもつ。たとえば，非営利組織の法人税が減税されることは，非営利組織に補助金が支給されているとみなすことができる。また，個人や企業による寄付に対する所得税の減税は，寄付のコストを引き下げ，寄付額を増やす効果をもつ。文化団体にとっては，寄付は補助金と同じように，収入増となる。

4.3　再分配

　文化政策では，質の高い芸術を生み出すこと，それらにすべての人々がアクセスできる（享受できる）ことを大きな目標としているが，文化にアクセスできる人々は，所得が高く，高学歴で専門職についている人々であることも指摘されている。政府が文化セクターに介入して，チケット価格を下げたりするのは，効率性の観点から行う場合もあるが，再分配（公平性＝アクセスの平等）の観点から行うこともある。

　また，第3章で説明されるように，子どもの頃の教育や経験が，文化参加に影響している可能性もある。そのため，多くの国では，子どもの頃から美術館や舞台芸術を見る機会をつくる等，選好の形成に働きかけている。さらに，近年では，美術館等の企画について，マイノリティ（社会的少数者）が親しみやすい企画を立て，外国語による説明を加えるなど，参加障壁を少なくして，多様な人々がアクセスしやすいようにしている。

5　マクロでみる文化経済

　第4節までは，文化経済を，消費者や生産者の選択というミクロの視点から考えるための基礎理論を見てきた。本節では，1国の経済といった大きな単位と，文化的財やサービスを関連づけてみよう。このように大きな単位で経済を捉えることをマクロ経済と呼ぶ。マクロ経済の視点では，経済成長や，失業，インフレ等の問題を扱う。

　マクロ経済学は，文化セクターの大きさを測ったり，クリエイティブ産業の経済成長への貢献度を調べたりするために有用である。ボウモルとボウエンの，

舞台芸術の経済的ジレンマに関する理論も，産業間の成長の違いというマクロ経済学に関係するものである。

1国経済の大きさを表すために，GDP（国内総生産）が使われる。GDPは，1つの国で1年間に生み出された付加価値（売上額－仕入額）の合計である。GDPは，生産面，分配面，支出面でそれぞれ計測でき，その値が等しくなることを，三面等価という。

支出面でGDPを計測するときには，次の式を使う。

$$GDP = C + I + G + (X - M)$$

C＝消費，I＝投資，G＝政府支出，X＝輸出，M＝輸入であり，これらは，1国の経済を大きく捉えた場合の，家計部門，企業部門，政府部門，輸出入部門（海外の人が消費した分）の支出に相当する。

5.1 文化の経済波及効果

文化や観光が地域の活性化に役立っているかどうか，どの程度役に立っているのかは，よく議論される問題である。それを調べるためには，地域ごとの産業連関表を用いて，文化支出の経済波及効果を明らかにする必要がある。こうしたことも，マクロ経済学と関係がある。文化の地域経済への波及効果については，第10章で詳しく解説する。

近年では，文化的財やサービスの貿易統計，クリエイティブ産業のGDPに対する割合（第6章を参照）や成長率等も明らかになってきている。観光に関してもさまざまな統計がある（第11章参照）。こうした統計データに基づき，文化セクターの経済的貢献について検証することができる。

5.2 文化のサテライト勘定

近年，GDPの中から，文化に関わるGDPを取り出して測定し，文化の経済的大きさや，すそ野の広さを計算しようとする試みが世界的に行われている。文化GDPを推計するためには，国民経済計算（SNA）の中から，文化に関わる経済活動を取り出す必要がある。こうした計算を行うのが，文化のサテライト勘定である。日本では，環境，非営利組織，介護・保育，研究開発，観光などのサテライト勘定が計算されている。

文化GDPも，それを推計する試みが始まっている。文化庁が行った試算に

よれば（文化庁，2016），文化 GDP（2011 年）は，約 5 兆円で GDP の 1.2% である。この中には，映像・音声・文字情報制作業，個人教授業，出版，新聞，劇場，楽団，博物館，美術館等が含まれている。文化庁の委託を受けて試算された文化産業に関する文化 GDP（2016 年）は，約 8.8 兆円で，GDP の 1.8% である（ニッセイ基礎研究所，2016）。これらの数字は，他の先進諸国の 3～4% より低いと指摘されている。文化庁は，文化 GDP を GDP の 3% へと拡大し，他産業への波及をめざしている。

しかし，文化 GDP の計算には技術的な課題もある。文化 GDP を生産面から計算するためには，文化の産出額－中間投入＝文化の付加価値，を計算しなければならないが，過大評価や過小評価になることがある（UNESCO，2015）。しかし，もし，各国が同じ基準で文化 GDP を計算できれば，国際比較も可能となり，雇用創出効果や，経済波及効果等の分析も容易になり，政策立案に寄与するだろう。

注

1　表 1 は，Towse（2010）で用いられている例を参考に作成した。映画の入場料（映画の一般の入場料は 1800 円である）とみなしても構わない。
2　消費者余剰の詳細は，Stiglitz and Walsh（2006）邦訳，158～161 頁を参照のこと。ここでの説明における消費者余剰の数値の合計と図 1 のアミかけ部分の面積が一致していないが，Stiglitz and Walsh（2006）で説明されているように購入数量が不連続な階段状の需要曲線を描いてみると，両者は一致する。ここでは，消費者余剰が図 1 のアミかけ部分に対応すると理解しておけばよい。
3　Heilbrun and Gray（2006），p. 88．個別の商品（たとえば，牛肉や豚肉）の価格弾力性よりも，それらを合計した項目（たとえば，肉類や食品）の方が価格弾力性は小さくなる。
4　平均費用曲線が U 字型となる説明としては，産出量の増加とともに要素費用が上昇するという説明もある。
5　たとえば，あるクラスのテストの平均点は 70 点であった。そこに 80 点の学生が加わると，このクラスの平均点は上がる。なぜならば，追加的に加わった学生の点数は，クラスの平均点より高いからである。ここでは，80 点を限界費用，70 点を平均費用に対応させてと考えると，平均費用が上がっているときには，限界費用は平均費用より高い（大きい）ことが理解しやすい。
6　このことは，第 6 章のクリエイティブ産業に関する章で説明する。
7　機会費用とは，ある行動を行ったときに，他の行動を行えば得られたであろう利益のことをいう。たとえば，日給 8000 円のアルバイトに誘われたが，それを断って，友人と遊び行ったという行動の機会費用は 8000 円となる。
8　Stiglitz and Walsh（2006）邦訳，47 頁。同書（47～53 頁）には，機会集合とトレードオフについて，さらに詳しい解説がある。
9　Stiglitz and Walsh（2006）邦訳，53～57 頁により詳しい説明がある。

10 映画製作の脚本家，監督，俳優等を長期雇用で専属化し，映画配給や興行まで統合していたシステムのことである。
11 インセンティブとは，特定の選択を行うことが，意思決定者にとって望ましくなるような誘因を指す。たとえば環境税は，企業や個人が CO_2 を排出しないという選択行動を促す誘因（インセンティブ）となる。価格もインセンティブになりうる。ガソリンが値上がりすれば，消費者は，運転距離を短くするか，電車通勤に変更するであろう。
12 舞台芸術の外部性の指摘は，Baumol and Bowen（1966）に遡ることができる。
13 たとえば，NHK 料金を支払わずに，NHK の番組を見るといった行為である。

参考文献

金武創・阪本崇（2005）『文化経済論』ミネルヴァ書房
株式会社シィー・ディー・アイ（2018）「平成 29 年度『文化行政調査研究』文化芸術の経済的・社会的影響の数値的評価に向けた調査研究 報告書」
ニッセイ基礎研究所（2016）「文化産業の経済規模及び経済波及効果に関する調査研究事業」
文化庁（2016）「文化芸術資源を活用した経済活性化（文化 GDP の拡大）」（パワーポイント資料）https://www.kantei.go.jp/jp/singi/keizaisaisei/jjkaigou/dai44/siryou10.pdf（2018 年 10 月 21 日確認）
Baumol, W. J. and W. G. Bowen（1966）*Performing Arts-The Economic Dilemma: A Study of Problems common to Theater, Opera, Music, and Dance*, Twentieth Century Fund.（池上惇・渡辺守章監訳（1994）『舞台芸術――芸術と経済のジレンマ』芸団協出版部）
Heilbrun, J. and C. M. Gray（2006）*The Economics of Art and Culture*, 2nd ed., Cambridge University Press.
Stiglitz, J. E. and C. E. Walsh（2006）*Economics*, 4th ed., W. W. Norton & Company.（藪下史郎ほか訳（2012）『スティグリッツ入門経済学（第 4 版）』東洋経済新報社）
Throsby, D.（2001）*Economics and Culture*, Cambridge University Press.（中谷武雄・後藤和子監訳（2002）『文化経済学入門――創造性の探究から都市再生まで』日本経済新聞社）
Toffler, A.（1964）*The Culture Consumers: A Study of Art and Affluence in America*, St. Martin's Press.（「文化の消費者」翻訳研究会訳（1997）『文化の消費者』勁草書房）
Towse, R.（2010）*A Textbook of Cultural Economics*, Cambridge University Press.
UNESCO（2015）*Culture Satellite Account: An Examination of Current Methodologies and Country Experiences*.

第2章

文化のデータ分析

はじめに

　前章では、文化経済学の学ぶ上で必要となる需要と供給をはじめとする経済学の基礎的な知識を、主に理論的に学んだ。たとえば需要曲線については、チケットの価格と購入量の関係をわかりやすく説明するために単純な数値例（第1章表1）を用いたが、現実のデータは必ずしも理論的な説明どおりになっているとは限らない。

　図1は、映画館入場者数を横軸、消費者物価指数の品目別指数である映画観覧料を縦軸に、1972〜2017年までの実際のデータを用いて、需要曲線を描いたものである（ただし、これが正しい描き方とはいえない）。これをみれば、価格が高く（低く）なると需要量としての入場者数が減少（増加）しているようにみえるが、第1章のようなきれいな需要曲線にはなってはいない。この図あるいはデータから、価格と需要量の間に右下がりの曲線を想定することができるのだろうか、あるいは価格をどれだけ低下させると入場者数はどれだけ増加するのだろうか。

　本章では、文化経済学に関する実際の例を用いながら、データを分析するためのいくつかの手法について、基本的な知識をマスターすることを目的とする。次章以下では、文化経済学のさまざまな分野について、実際のデータを提示しながら議論が展開されていくが、本章での説明はその基礎を与えることになる。

　データを分析するということは、データを単に眺めるだけではなく、さまざまな統計計算を行い、その結果を解釈し、そこから有用な情報を読み取ることを意味する。さまざまな計算はパソコンなどによって比較的簡単にできるよう

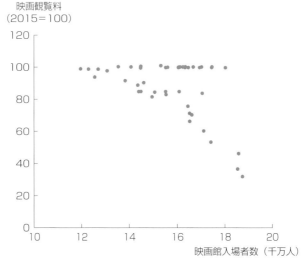

図1 映画鑑賞の価格と入場者数（1972～2017年）

出所：総務省「消費者物価指数」，日本映画製作者連盟「全国映画概況」。

になっているが，重要な点は，計算を行うだけでなく，その結果を的確に読み取り，解釈できる力を身につけることである。本章末のコラムでは，データを収集するところから分析するまでの簡単な流れを示している。本書を通じて読者も，自ら興味のある分野について，問題の設定・計画→データの収集→分析→結果の解釈・結論という流れを身につけてもらいたい。

本章では，ごく基本的なトピックに限定して説明するが，データ分析の方法には，本章で紹介する以外に非常に多くの種類があり，それらを体系的に身につけるには，倉田（2017），刈屋・勝浦（2008），岩崎ほか（2018）などをはじめとする文献を参照してほしい。また，文化経済学における基本的な統計分析については，永山（1998），永山・勝浦・衛藤（2010）なども参考になる。

1　度数分布とヒストグラム

表1は，総務省「社会生活基本調査」に基づく2016年の美術鑑賞とクラシック音楽鑑賞の都道府県別の鑑賞率[1]のデータである（データの個数 $n=47$）。ここでいうそれぞれの鑑賞率とは，10歳以上人口のうち過去1年間に美術館

表1 都道府県別美術鑑賞とクラシック音楽鑑賞の鑑賞率（2016年）

(単位：%)

都道府県	美術鑑賞	クラシック音楽鑑賞	都道府県	美術鑑賞	クラシック音楽鑑賞	都道府県	美術鑑賞	クラシック音楽鑑賞
北海道	14.6	8.7	石川県	23.2	10.2	岡山県	17.2	7.9
青森県	12.8	6.6	福井県	17.7	9.5	広島県	20.3	8.7
岩手県	11.9	7.4	山梨県	17.3	9.8	山口県	17.7	8.2
宮城県	18.3	9.4	長野県	19.0	12.6	徳島県	14.1	7.7
秋田県	13.0	7.4	岐阜県	14.2	8.2	香川県	16.6	7.8
山形県	15.9	8.3	静岡県	16.8	8.5	愛媛県	15.7	7.6
福島県	16.4	7.9	愛知県	18.9	9.5	高知県	14.2	6.5
茨城県	16.8	8.8	三重県	14.9	7.9	福岡県	18.0	9.3
栃木県	14.5	8.3	滋賀県	18.1	9.8	佐賀県	15.5	6.9
群馬県	16.2	8.6	京都府	23.9	10.6	長崎県	14.8	7.5
埼玉県	18.9	11.3	大阪府	18.7	9.6	熊本県	13.4	7.8
千葉県	21.4	10.9	兵庫県	18.7	11.1	大分県	17.4	8.0
東京都	30.2	14.6	奈良県	21.4	10.4	宮崎県	13.9	8.0
神奈川県	23.2	13.8	和歌山県	13.0	7.2	鹿児島県	12.5	7.9
新潟県	18.0	7.7	鳥取県	16.8	8.5	沖縄県	13.4	7.3
富山県	24.2	9.9	島根県	17.0	7.6	全　国	19.4	10.1

出所：総務省「社会生活基本調査」。

やクラシック音楽のコンサートなどに実際に赴いたことがある人の割合である（テレビ・スマートフォン・パソコンなどによる鑑賞は除く）。

　表1のデータはそれ自体，非常に興味深いものであるが，47個のデータを眺めても，なかなか鑑賞率の全体的な特徴をつかむことはできない。そこで表2のような度数分布表，すなわち鑑賞率を区間に分けた階級（表2では2％刻み）ごとに含まれる都道府県数（度数）を表にすると，特徴がつかみやすい。たとえば，美術鑑賞の鑑賞率の階級は10〜32％の間にあり都道府県ごとの差が大きいが，クラシック音楽鑑賞の階級は6〜16％と差が小さい（表1のデータの最小値と最大値をみても，同様である）。また，美術鑑賞の方が，鑑賞率の水準が全体的に高いこともわかる。さらに図2のように，美術鑑賞の鑑賞率の度数分布表をグラフにしたヒストグラムを作成すれば，こうした特徴を視覚的にとらえることができるとともに，分布の形は左右対称ではなく，鑑賞率の低い方にピークが偏っており，右に裾が長い分布になっていることもわかる。

表2　都道府県別美術鑑賞とクラシック音楽鑑賞の鑑賞率の度数分布表（2016年）

(a) 美術鑑賞

鑑賞率（％）	度　数
以上　未満	
10 ～ 12	1
12 ～ 14	7
14 ～ 16	10
16 ～ 18	12
18 ～ 20	9
20 ～ 22	3
22 ～ 24	3
24 ～ 26	1
26 ～ 28	0
28 ～ 30	0
30 ～ 32	1
合　　計	47

(b) クラシック音楽鑑賞

鑑賞率（％）	度　数
以上　未満	
6 ～ 8	18
8 ～ 10	20
10 ～ 12	6
12 ～ 14	2
14 ～ 16	1
合　　計	47

出所：表1より作成。

図2　都道府県別美術鑑賞の鑑賞率のヒストグラム（2016年）

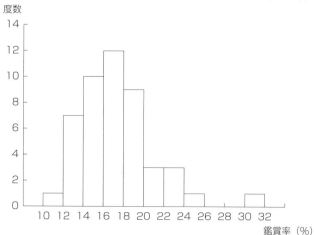

出所：表2より作成。

2　代表値と散らばりの尺度

度数分布表やヒストグラムで，鑑賞率の中心や散らばりの度合いなどをある

程度読み取ることができるが，数値で表せばより明確になる。データの中心を表す尺度（代表値）としては，次のように平均値，中央値，最頻値などがある。

　　平均値：データの合計÷データの個数
　　中央値：データを大きさの順序に並べたときの真ん中のデータ値
　　最頻値：度数分布表で度数が最も大きい階級の真ん中の値（階級値）

平均値や中央値は，表1のデータからExcelの関数などで簡単に算出できる（コラム②-1参照）。平均値は，美術鑑賞とクラシック音楽鑑賞でそれぞれ17.2％と8.9％，中央値はそれぞれ16.8％と8.3％である。最頻値は，表2の度数分布表から，美術鑑賞は17％，クラシック音楽鑑賞は9％と読み取ることができる（最頻値には別の定義もある）。ただし，ここでの平均値は47都道府県の鑑賞率を合計して47で割った値であるが，表1の全国の値は全国の鑑賞者数を人口で割って求められており，47都道府県の鑑賞率を各都道府県の人口でウェイトをつけた加重平均と一致する。なお，これらの代表値の大小関係とヒストグラムの形には，次のような関係がある。

　　　分布が左右対称⇔最頻値≒中央値≒平均値
　　　右裾が長い分布（分布の山が左に寄った分布）⇔最頻値＜中央値＜平均値
　　　左裾が長い分布（分布の山が右に寄った分布）⇔平均値＜中央値＜最頻値

次に，データの散らばりを表す尺度として最もよく用いられるのは，分散と標準偏差である。各データが平均値からどのくらい離れているのか（各データ－平均値で算出され，平均からの偏差という）を計算した上で，それを2乗して合計し，データの個数で割ったのが分散，その正の平方根が標準偏差である。美術鑑賞の分散と標準偏差はそれぞれ12.8と3.6％，クラシック音楽鑑賞で3.0と1.7％である（分散の単位は，元のデータの単位の2乗，ここでは$\%^2$）。美術鑑賞の鑑賞率の方が分散または標準偏差が大きくなっており，度数分布表などからもわかるとおり美術鑑賞の方が鑑賞率の散らばりは大きいことを，数値で確認することができる。

3　相関と回帰

3.1　散布図と相関係数

美術鑑賞とクラシック音楽鑑賞の鑑賞率の関係を検証したい場合には，一方

の数値を横軸，他方の数値を縦軸にとって，その組み合わせを点にしてグラフ化した散布図を作成すれば，視覚的にみることができる。表1のデータの散布図は，図3に示されている。

図3をみれば，グラフの左下から右上に点が位置していること，すなわちクラシック音楽鑑賞の鑑賞率が高く（低く）なれば，美術鑑賞の鑑賞率も高く（低く）なることがわかる。このような関係は正の相関と呼ばれる。他方，ある変数が増加すると，もう1つの変数が減少する場合は，散布図上の点が左上から右下に位置することになり，これは負の相関と呼ばれる。他方，散布図でこうした点のパターンがみられない場合は，無相関と呼ばれる。

さらにこの相関の程度を数値で表したのが，相関係数である。相関係数は，ある変数の平均からの偏差と，もう1つの変数の平均からの偏差を掛け合わせて合計した値（さらにそれをデータの個数で除した指標は共分散と呼ばれる）をもとに算出されるが，やはりExcelで簡単に算出できる。相関係数がプラスであれば正の相関，マイナスであれば負の相関を表し，相関係数の絶対値が大きいほど相関は強く，0に近いほど相関が弱い。図3について相関係数を計算すると0.83となり，強い正の相関があることがわかる。

ここで因果関係と相関関係を区別しておく必要がある。因果関係とは，一方の変数が他方の変数の原因となっている関係である。たとえば，所得水準xが高くなるとクラシック音楽鑑賞の鑑賞率yが高くなるというように，xが原因で，yが結果となっている関係である。注意すべき点は，相関関係があったからといって，必ずしも因果関係があるとは限らないことである。たとえば図3では，正の相関がみられるが，クラシック音楽鑑賞と美術鑑賞のいずれかが原因となっているわけではなく，相関係数が大きな値をとっているからといって因果関係が存在するとは限らない。縦軸と横軸を反対にしても相関係数の値は同じである。

さらに，美術館やコンサート・ホールといった文化施設の多い都道府県では，美術鑑賞・クラシック音楽鑑賞のいずれの鑑賞率も高くなることが予想され，所得水準の高さも両者に影響を与えるだろう。このように，2つの変数が直接の関係をもっているのではなく，背後に第3の要因が存在している場合があり，こうしたケースは見せかけの相関とも呼ばれる。

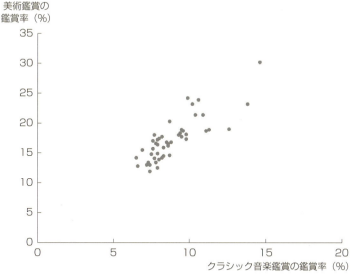

図3　都道府県別美術鑑賞とクラシック音楽鑑賞の鑑賞率の散布図（2016年）

出所：表1より作成。

3.2　回帰分析

　図4は，都道府県別の10歳以上人口（x，単位：千人）を横軸に，美術鑑賞の鑑賞者数（行動者数，y，単位：千人）を縦軸にとった散布図である（ただし，後で利用する他の変数のデータの利用可能性から2011年のデータを用いており，表1のデータとは異なる）。美術鑑賞の鑑賞率は，鑑賞者数÷人口で算出されているが，当然のことながら，人口の多い都道府県ほど鑑賞者数は多くなる（正の相関）。ここで，xとyの間に直線の関係があるとして，図4の散布図上の各点のできるだけ近くなるような直線を引くことを考えよう。直線の式は，$y=a+bx$で表されるが，すべての点の上を通るような直線を考えることはできないので，$\hat{y}=a+bx$という式を引くとする（yは実際の各点，すなわち都道府県の鑑賞者数）。ここでできるだけ近くという基準を，$y-\hat{y}$（これを残差という）の2乗の合計を最も小さくするとして，aとbを決める方法を最小2乗法といい，$\hat{y}=a+bx$を回帰直線あるいは回帰方程式という。

　実際には，aとbはExcel等で求めることになる。結果は，図5のような出力形式で与えられる。このデータで推定された回帰直線は，

図4 都道府県別美術鑑賞の鑑賞者数と人口の散布図（2011年）

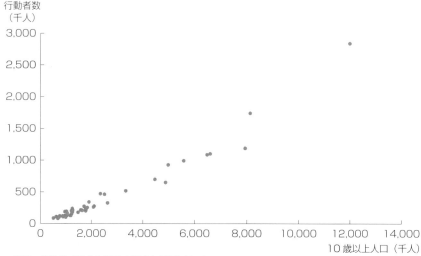

出所：総務省「社会生活基本調査」「推計人口」。

$$\hat{y} = -98.2 + 0.2x, \quad R^2 = 0.95$$

である。ここで R^2 は決定係数と呼ばれ，x の変動によって y の変動のどのくらいの割合が説明されるのかを表し，この例では美術鑑賞の鑑賞者数は，人口によって約95%が説明されており，回帰直線のあてはまりは非常によい（図5の重決定 R^2）。なお，この場合の決定係数は，x と y の相関係数の2乗に等しくなっている。

また x の係数が0.2である（図5の10歳以上人口の係数）ということは，都道府県の人口が1（千人）増加すると，鑑賞者数が0.2（千人），つまり200人ほど増加することを表している。この場合，理論的に考えれば，x の係数はプラスであり，1を超えることは考えられず（つまり，$0<b<1$），0.2という結果は妥当な推定値であろう。また，y/x が鑑賞率を表すことを考えれば，定数項（切片，a のこと）がマイナスであるこの結果（図5の切片の係数）から，人口 x が増加すると，鑑賞率も上昇することがわかる（回帰方程式の両辺を x で除し，$\hat{y}/x = -98.2/x + 0.2$ と変形すればよい）。つまり，人口の規模が大きくなると鑑賞者数ばかりでなく，鑑賞率も高くなることがわかり，分析結果によって大都市の方がより鑑賞率が高くなることが示唆される（定数項がプラスの場合にはどうなるかを考えてみよう）。

図5 都道府県別美術鑑賞の鑑賞者数と人口の回帰分析の結果

概要

回帰統計	
重相関 R	0.974416
重決定 R^2	0.949486
補正 R^2	0.948364
標準誤差	116.3591
観測数	47

分散分析表

	自由度	変動	分散	観測された分散比	有意 F
回帰	1	11452283	11452283	845.8455	8.14E−31
残差	45	609275.2	13539.45		
合計	46	12061558			

	係数	標準誤差	t	P−値	下限 95%	上限 95%
切片	−98.2009	24.14421	−4.06727	0.000189	−146.83	−49.572
10歳以上人口	0.205785	0.007076	29.08342	8.14E−31	0.191534	0.220036

　以上のように x と y の間の数量的な関係を分析する方法は回帰分析と呼ばれ，文化経済学を含めて経済学で非常によく用いられる方法である．

3.3　重回帰分析

　図5では，y（美術鑑賞鑑賞者数）を x（人口）で回帰したが，x は1つである必要がない．回帰分析では，x を説明変数，y を被説明変数という．図6は，被説明変数である美術鑑賞鑑賞者数を，説明変数として人口（x_1）に加えて都道府県別の美術館数（x_2）と県民所得（x_3，単位：10億円）を用いて，3つの説明変数で回帰分析を行った結果である．図6の結果は，以下のようにまとめることができる．

$$\hat{y} = -48.699 + 0.067x_1 + 1.824x_2 + 0.033x_3, \quad R^2 = 0.98$$

このように説明変数を2つ以上用いる回帰分析を重回帰分析という．

　重回帰分析においても最小2乗法によって係数が推定される．ただし，係数の解釈は，若干異なる．たとえばこの例の県民所得 x_3 の係数については，他の変数である人口と美術館数を一定とすると（つまり，それらの値が同じ都道府

図6 都道府県別美術鑑賞の鑑賞者数の重回帰分析の結果

概　要

回　帰　統　計	
重相関 R	0.989287
重決定 R^2	0.978688
補正 R^2	0.977201
標準誤差	77.31812
観測数	47

分散分析表

	自由度	変動	分散	観測された分散比	有意 F
回　帰	3	11804500	3934833	658.2089	6.13E−36
残　差	43	257057.9	5978.092		
合　計	46	12061558			

	係数	標準誤差	t	P−値	下限 95%	上限 95%
切片	−48.6986	22.40568	−2.17349	0.035296	−93.884	−3.51327
10歳以上人口	0.067055	0.020572	3.259461	0.002186	0.025567	0.108543
美術館数	1.8242	1.929076	0.945634	0.349619	−2.06615	5.714553
県民所得	0.033496	0.005364	6.245015	1.61E−07	0.022679	0.044313

県があったとすれば），県民所得が10億円増加すると，美術鑑賞者が0.033（千人，つまり33人）増加するというように解釈され，「他の変数を一定としたとき」の当該変数の影響をみていることになる（偏回帰係数という）．

また決定係数 R^2 は 0.98 で，3つの説明変数によって，美術鑑賞者数の変動の 98% が説明されることになる．この値は人口だけの場合よりも高くなっているが，説明変数を追加すると決定係数は必ず増加する（正確には減少しない）ことがわかっている．そこで説明変数の個数の影響を取り除いた指標が，自由度修正済決定係数 $\bar{R}^2$ であり（図6の出力では「補正 R^2」），この数値でみても 0.977 と，図5の場合 0.948 よりも説明力が高くなっていることがわかる．

4　仮説検定

4.1　回帰係数の検定

図6で3つの説明変数を用いたのは，それぞれの変数が美術鑑賞鑑賞者数に

影響を与えるという考え（仮説または理論）に基づいている。さまざまな仮説を設定することが考えられるが，設定した仮説が正しいかどうか，すなわち，用いた説明変数が被説明変数である美術鑑賞鑑賞者数を説明する要因として適切であるかどうかは，以下のように，データによって客観的に裏づけられるかどうかによって判定される。

　今，各説明変数が美術鑑賞鑑賞者数に影響を与えていないとすれば，その変数の係数は0になるであろう。逆にいうと，0でなければ影響を与えていることになる。前節に示した式をみると，各変数の係数は0ではなく，それぞれ美術鑑賞鑑賞者数に影響しているようにみえるが，計算された係数がぴったり0になることはめったにない。そこで，誤差の大きさを考慮した上で係数が0でないかどうかを判断するのに用いられる数値が，図5や図6にあるt（値）やP−値（P値）である。ある変数の係数が0であるとする（帰無仮説という）と，計算される係数をその誤差（図5や図6の標準誤差に対応する）で除した統計量（t値と呼ばれる）が，t分布という0を中心とした左右対称の分布に従うことがわかっている。よって，もし帰無仮説が間違っていれば，t値は0から離れた値をとることになる。t値より絶対値が大きい値をとる確率をP値と呼ぶので，P値が0.05より小さければ，t値が0から十分離れた値をとったと判断され，帰無仮説は否定される，つまり係数は0でないと判定する（逆にP値が0.05より大きければ，帰無仮説は否定されない）[2]。

　要約すると，P値が0.05より小さい場合は係数が0でない（帰無仮説が間違っている），すなわち，その説明変数が有意な影響を与えると判断され，P値が0.05より大きい場合は，有意な影響を与えないと判断する。ここで0.05（5％）は有意水準と呼ばれ，係数が本当は0であるにもかかわらず，0でないという誤った結論を出す確率に対応する。

　こうした手続きは，回帰係数が0である，すなわちxがyに影響を与えていないという帰無仮説が誤っているかどうかを検証することに対応しており，仮説検定の問題と呼ばれる。

　図6において，10歳以上人口と県民所得のP値はそれぞれ0.05より小さい[3]ので，それらは美術鑑賞鑑賞者数に有意な影響を与えているが，美術館数のP値は0.05より大きいので，美術鑑賞鑑賞者数に有意な影響を与えていないと判断される[4]。

4　仮説検定

4.2　比率の検定

いま，表 1 の京都府のクラシック音楽鑑賞率に注目すると，10.6% となっている。この数値だけをみると京都府のクラシック音楽鑑賞率は 10% を超えているが，10.6% という数値には誤差が含まれている。なぜならば，この 10.6% という数値は京都府に住む 10 歳以上のすべての人（母集団という）を調査した結果ではなく，ごく一部の調査対象者（標本という）を調べた結果だからである。したがって，上の回帰係数の場合と同様に，仮説検定の問題として，京都府のクラシック音楽鑑賞率が 10% を超えたかどうかを検定することができる。なお，回帰分析における検定も，各データを母集団から抽出された標本とみなすことによって可能となっている。

この場合，鑑賞率という比率の検定であり，得られた標本の比率（$\hat{p}$）がある値（p_0）よりも大きいかどうかは，次の統計量に基づいて検定できる。

$$z_0 = \frac{\hat{p} - p_0}{\sqrt{\dfrac{p_0(1-p_0)}{n}}}$$

ただし，n はデータの個数（標本の大きさ）であり，z_0 は n が十分大きければ標準正規分布という左右対称の分布に従うことがわかっているので，計算された z_0 の値が 1.645（この値は標準正規分布の上側 5% 点である）より大きければ，有意水準 5% で，p_0 よりも大きいと判定される[5]。社会生活基本調査によると，京都府の標本の大きさは 3115 であるので，

$$z_0 = \frac{\hat{p} - p_0}{\sqrt{\dfrac{p_0(1-p_0)}{n}}} = \frac{0.116 - 0.1}{\sqrt{\dfrac{0.1(1-0.1)}{3115}}} = 1.116$$

となり，z_0 が 1.645 よりも小さいので，京都府のクラシック音楽鑑賞率が 10% を超えたとはいえないと判定される。表 1 の鑑賞率が 14.6% の東京都について同様の検定を行ってみると，$z_0 = 10.663$（標本の大きさは 4836）となるので，東京都のクラシック音楽鑑賞率は 10% を超えていると判断される[6]。

4.3　比率の差の検定

上の検定は，比率がある値と等しい（大きい）かどうかを判定する方法であったが，得られた 2 つの比率が等しいかどうかを検定したいような場合もしば

しばある。たとえば男女で鑑賞率に差があるか，大都市とそれ以外で差があるか等々である。2つの比率の差の検定は，

$$w_0 = \frac{\hat{p}_1 - \hat{p}_2}{\sqrt{\hat{p}(1-\hat{p})\left(\frac{1}{n_1} + \frac{1}{n_2}\right)}}, \quad \text{ただし，} \hat{p} = \frac{n_1 \hat{p}_1 + n_2 \hat{p}_2}{n_1 + n_2}$$

が標準正規分布に従うことを用いて行われる。有意水準5%の場合，この値が1.96を超えれば，2つの比率が等しいという仮説は否定（棄却）される（大きいかどうかであれば，絶対値が1.645より大きいかどうかで判定する）。

東京都と京都府のクラシック音楽鑑賞率に差があるかどうかを検定してみると，$\hat{p} = (4836 \times 0.146 + 3115 \times 0.106)/(4836 + 3115) = 0.130$ より，

$$w_0 = \frac{0.146 - 0.106}{\sqrt{0.130(1-0.130)\left(\frac{1}{4836} + \frac{1}{3115}\right)}} = 5.172$$

となり，この値は1.96よりも大きいので，東京都と京都府のクラシック音楽鑑賞率には差があると判定されることになる。

4.4 独立性の検定

回帰分析における回帰係数の検定は，各説明変数が被説明変数（鑑賞率）に影響を与えているかどうかを判定する方法であった。ここで，ある質的な変数（たとえば，性別や学歴，地域などの属性）が，鑑賞行動などに影響を与えるかどうかを検定することを考えよう。

表3(a)は，男女別に美術鑑賞の有無を集計した表（2×2の分割表という）である。この表をもとに，性別が鑑賞の有無に影響を与えているかどうかを検定する方法を以下で説明する。表3(b)の合計の一番右の列と一番下の行には，

表3　男女別・美術鑑賞の有無別の分割表（2016年）

(a) 実数（千人）

	男	女	合計
鑑賞する	8,823	13,128	21,951
鑑賞しない	46,384	44,965	91,349
合計	55,207	58,093	113,300

(b) 期待度数と行比率・列比率

	男	女	合計
鑑賞する	10695.9	11255.1	0.1937
鑑賞しない	44511.1	46837.9	0.8063
合計	0.4873	0.5127	1

出所：総務省「社会生活基本調査」。

表 4　学歴別・クラシック音楽鑑賞の有無別の分割表（2016 年）

	小学・中学	高校・旧制中	短大・高専	大学	大学院	合　計
鑑賞する	296	3,052	2,225	3,461	492	9,621
鑑賞しない	12,881	40,384	13,824	19,313	1,923	88,325
合　　計	13,177	43,436	16,049	22,774	2,415	99,302

出所：総務省「社会生活基本調査」。

表 3（a）の合計に対応する比率が計算されている。たとえば，0.1937 は，男女計の美術鑑賞率である（21951÷113300 で，表 1 の全国の美術鑑賞の鑑賞率に対応する）。ここで，男女と鑑賞の有無が独立（関係がない）であれば，たとえば，男で鑑賞する人数は，0.1937×0.4873×113300＝10695.9 となるはずである（独立な場合は，確率を掛け算することができる）。これを期待度数と呼ぶ。そして，期待度数を表 3（b）のように 2×2 のすべてのセルについて計算し，それをもとに，

$$\chi^2 = \frac{(実際の度数-期待度数)^2}{期待度数} の合計$$

を計算する。この統計量は，自由度 1 の χ^2 分布と呼ばれる分布に従うことがわかっている。男女と鑑賞の有無が独立であれば実際の度数と期待度数の差は小さくなるので，上で計算した χ^2 がこの分布の上側 5% の値よりも小さければ独立であり，大きければ独立ではないと判定される。なおここでいう自由度は，分割表の（列の数−1）×（行の数−1）で求められる。

この例については，

$$\chi^2 = \frac{(8823-10695.9)^2}{10695.9} + \cdots + \frac{(44965-46837.9)^2}{46837.9} = 793.3$$

となる。自由度 1 の χ^2 分布の上側 5% 点は 3.84 なので，χ^2 の値はその値よりも大きく，男女と美術鑑賞の有無は独立でない，つまり，男女の違いによって美術鑑賞への参加に違いがあることが確認され，性別が鑑賞行動に影響していると判定される。

表 4 は学歴別にみたクラシック音楽鑑賞の有無別の分割表であるが，この場合の自由度は，(2−1)×(5−1)＝4 であり，χ^2 分布の上側 5% 点は 9.49 である（χ^2 の値を算出して検定を行ってみよう。答：χ^2＝3633.5 で，学歴とクラシック音楽鑑賞には関係があると判定される[7]）。

コラム②-1　Excel によるデータ分析の実際

　本章で提示した都道府県別の人口と美術鑑賞の鑑賞者数（行動者数）の分析である図 4 と図 5 を例に，実際にどのような手順でデータ分析を行うのかを Excel を用いた例で紹介する。

　まず，これらのデータを収集するために，インターネットで「社会生活基本調査」という用語を Google などで検索してみよう[8]。検索の結果の中から，統計局ホームページ／平成 28 年社会生活基本調査の「調査の結果」(http://www.stat.go.jp/data/shakai/2016/kekka.html) を選び，「平成 28 年社会生活基本調査の結果」のページから「統計表一覧」を探そう。ここで必要なデータは社会生活基本調査の生活行動と呼ばれるデータなので，生活行動の結果の中から「趣味・娯楽」のうちの「地域」を選択する (http://www.e-stat.go.jp/SG1/estat/List.do?bid=000001083768&cycode=0)。その結果，趣味・娯楽のさまざまな地域別データのリストが出てくるので，「趣味・娯楽の種類別行動者数（10 歳以上）-全国，都道府県」の Excel ファイルをクリックすれば，都道府県別の行動者数の Excel ファイルがダウンロードされる。ダウンロードされたデータでは，趣味・娯楽の種類別に行動者数のデータが提示されるので[9]，その中から，都道府県名とともに「美術鑑賞（テレビ・スマートフォン・パソコンなどは除く）」の行動者数および推定人口を，新しいブック（または白紙の Excel ファイル）などにコピーすれば，分析に必要なデータを準備することができる。

　そのデータから散布図を図 4 のように描くには，都道府県別推定人口を「系列 X の値」に，美術鑑賞の行動者数を「系列 Y の値」に指定して，散布図を挿入すればよい（推定人口と行動者数を隣の列にコピーし，2 つの列をまとめて選択して，散布図を挿入すればよい）。

　また，図 5 の回帰分析の出力を得るには，Excel の「データ分析」の機能を利用する。「データ分析」は，アドインの設定から分析ツールを登録すると利用可能になる（ファイル⇒オプション⇒アドイン⇒設定で分析ツールをチェックして OK とする）。回帰分析を行うには，Excel の「データ」⇒「データ分析」から回帰分析を選び，Y 範囲を都道府県別美術鑑賞の行動者数，X 範囲を推定人口として，適当な出力先を選択すれば，図 5 のような結果が得られる（図 6 のような重回帰でも同様である。その場合の X 範囲は連続した複数列である必要がある）。

　データを分析するのによく用いられるのは，Excel で準備された関数である。本文で紹介したいくつかの統計計算のための関数を紹介しておこう。

平均：AVERAGE（データ範囲）
中央値：MEDIAN（データ範囲）
分散：VAR.P（データ範囲）
標準偏差：STDEV.P（データ範囲）
相関係数：CORREL（x のデータ範囲, y のデータ範囲）
標準正規分布のパーセント点：NORM.S.INV（確率）
χ^2 分布のパーセント点：CHISQ.INV（確率, 自由度）

たとえば，NORM.S.INV(0.95) = 1.645，CHISQ.INV(0.95, 1) = 3.84 などと計算できる。

Excel による統計分析の基本については，たとえば，迫田・高橋・渡辺（2014）などを参照されたい。

コラム②-2　文化芸術に関する統計

文化芸術に関する統計データは，他の分野に比べて充実しているとはいえない。その理由としては，文化の範囲の定義の困難さや，芸術家の数は他の職業に比べて少なく，文化産業の規模もそれほど大きいわけではないことなどを挙げることができる。文化芸術が，さまざまな分野の統計調査に分散しているということもある。

ここで，文化に関する統計が得られる代表的な統計調査を以下で挙げておこう。

・総務省「国勢調査」──職業としての芸術家の数や文化産業の就業者数などのデータが得られる（職業小分類や産業小分類などを利用する）。
・総務省「社会生活基本調査」──生活行動調査の「趣味・娯楽」の中に本章でも利用したクラシック音楽鑑賞，美術鑑賞のほか，演劇等の鑑賞，映画鑑賞，ポピュラー音楽鑑賞，CD 等による音楽鑑賞，DVD 等による映画鑑賞などの鑑賞行動に加えて，実演活動として，楽器の演奏，写真撮影などに関しても，行動者数や行動者率，さらに行動の頻度などが，5 年に 1 度，調査されている。
・総務省「家計調査」──家計調査では家計の収入や品目別支出が調査されるが，文化関連の支出（映画・演劇等入場料，文化施設入場料など）のデータを時系列で得ることが可能である。
・総務省・内閣府「経済センサス─基礎調査」──産業別に事業所数等が利用可能であり，文化関連産業の事業所に関する情報が得られる。
・文部科学省「社会教育調査」──美術館や博物館，図書館，公民館などについて，その数や利用状況などについて調査されている。

- 経済産業省「特定サービス産業実態調査」──サービス産業の中から特定の産業が選ばれているが，文化関連産業として，「映画館」，「興行場，興行団」，「公園，遊園地・テーマパーク」などが対象となっており，事業所数，従業員数，売上高などが調査されている。

以上は政府の統計調査に基づいたデータであるが，以下のような民間によって作成される有用なデータも存在している。

- 日本生産性本部『レジャー白書』──社会生活基本調査と同様に文化芸術活動への参加状況が調査されているが，毎年の調査であり，レジャー産業の市場規模なども推計されている（ただし，標本の大きさは3000程度とそれほど大きくない）。
- 出版ニュース社『出版年鑑』──書籍や雑誌のジャンル別発行部数などの詳細なデータがある[10]。
- 日本映画製作者連盟による映画に関する諸データ──映画館数，公開本数，入場者数，興行収入などが公表されている。

なお，本書でも各章ごとにその分野ごとの文化芸術に関するデータが示されているので参照されたい。最後に，文化芸術関連のデータをある程度総合的に収集したものとして，以下の3点を挙げておく。

- 文化庁『文化芸術関連データ集』──文化庁の予算，文化に関する意識，鑑賞行動，文化関連産業，文化財，メセナ活動等々，日本の文化芸術に関してはかなり体系的にデータが収集されている。
- 日本統計協会『統計でみる日本』──毎年公刊されており，「文化・芸術」や「余暇活動」の章が設けられ，文化芸術に関するいくつかの分野についてデータが収集されている。
- 芸能文化情報センター編『芸能白書』──『芸能白書』は，1997年，1999年，2001年の3回公刊された。文化芸術に関する統計データがある程度体系的に収集されるとともに，それらを用いた分析も行われている。

注

1 社会生活基本調査では，「行動者率」と呼ばれている。詳しい説明は，第3章を参照のこと。
2 説明をわかりやすくするために，回帰係数の検定に関する説明ではやや正確性を欠いた表現を用いているので，注意してほしい。
3 $1.61\mathrm{E}-07 = 1.61 \times 10^{-7}$である。
4 ただし，説明変数同士の相関が強いと，本来は有意である説明変数であっても，有意ではないという結果が得られてしまう場合がある。これは多重共線性の問題と呼ばれる。この例において人口は，美術館数・県民所得と正の相関をもち（とくに県民所得との相関が強い），多重共線性の存在が疑われ，図6の有意性の結果をそのまま受け入れることには問題がある可能性がある。この問題

への対処方法として，たとえば，各変数を人口で除して人口当たりの変数に変換し，人口の影響を各変数から取り除いた上で回帰分析を行うことなどが考えられる（実際に人口当たりのデータを用いて回帰分析を行うと，美術館数・県民所得ともに有意な結果が得られる）．
5　p_0 と等しいかどうかであれば，z_0 の絶対値が 1.96 よりも大きいかどうかで判定される．1.96 は標準正規分布の上側 2.5% 点である．
6　ここでの説明は，標本が母集団から単純無作為抽出と呼ばれる方法で抽出されたと仮定している．しかし，社会生活基本調査の標本抽出は，単純無作為抽出に基づいたものではないため，ここでの検定に関する説明は正確なものではなく，あくまでも検定の考え方を理解するためのものであることに注意してほしい．他の検定に関する説明でも同様である．
7　学歴が高いと鑑賞率も高いという関係は，直観的には理解できるかもしれないが，なぜ学歴が鑑賞行動に影響を与えるのかについては，高学歴に伴う文化享受能力の向上といった理論的な問題としても興味深いし，学歴と収入の間には相関があるので，収入の影響を取り除いた上で学歴の影響を考察するといった統計的問題として考える必要もある．学歴の文化的活動に対する影響についての理論的・実証的問題については，永山（1998），勝浦（2012），Seaman（2006），Ateca-Amestoy（2008）などを参照されたい．
8　2018 年 12 月 9 日にアクセスした結果を示している．
9　「人口集中地区・人口集中地区以外」のフィルタは「総数」のみを選択しておく．
10　ただし，2018 年版をもって休刊となる．

参考文献

岩崎学・西郷浩・田栗正章・中西寛子編（2018）『スタンダード文科系の統計学』培風館
勝浦正樹（2012）「社会生活基本調査のミクロデータの再集計結果を用いた文化芸術活動の実証的研究――教育と所得水準の効果を中心として」浜田道夫・古隅弘樹編『文化経済学とコンピュータサイエンス――人間の知的活動を科学する』兵庫県立大学政策科学研究所（兵庫県立大学政策科学研究叢書 86），79〜113 頁
刈屋武昭・勝浦正樹（2008）『統計学（第 2 版）』東洋経済新報社
倉田博史（2017）『大学 4 年間の統計学が 10 時間でざっと学べる』KADOKAWA
芸能文化情報センター編（1997）『芸能白書 1997』日本芸能実演家団体協議会
迫田宇広・高橋将宜・渡辺美智子編著（2014）『問題解決力向上のための統計学基礎――Excel によるデータサイエンススキル』日本統計協会
永山貞則（1998）「文化経済学と実証分析」池上惇・植木浩・福原義春編『文化経済学』有斐閣，249〜277 頁
永山貞則・勝浦正樹・衛藤英達編著（2010）『ワーク・ライフ・バランスと日本人の生活行動』日本統計協会
Ateca-Amestoy, V. (2008) "Determining Heterogeneous Behavior for Theater Attendance," *Journal of Cultural Economics*, 32(2), 127-151.
Seaman, B. A. (2006) "Empirical Studies of Demand for the Performing Arts," in V. A. Ginsburgh and D. Throsby eds., *Handbook of the Economics of Art and Culture*, vol. 1, North-Holland, 415-472.

第3章

文化的活動への参加
―― 需要面からみた文化 ――

はじめに

　前章では美術鑑賞やクラシック音楽鑑賞に関するデータなどを取り上げて，基本的な統計分析の方法について概説した。これらの鑑賞行動は，スポーツ鑑賞などに比べてややかたい印象がもたれる文化的活動（しばしばハイ・カルチャーとも呼ばれる）であり，より年齢の高い人が好む鑑賞活動であると思われるかもしれない。それに対してポピュラー音楽の鑑賞は，若者中心のイメージがあるだろう。しかしながら，最近のポピュラー音楽のコンサートには，若者だけでなく，親子で見に行ったり，高齢者の姿が多いことを実感する読者も多いのではないだろうか。図1は，コンサートによるポピュラー音楽鑑賞の鑑賞率の推移を，男女別に15歳以上と65歳以上について示している。この図から，全体（15歳以上）の鑑賞率に比べて65歳以上の鑑賞率が上昇していることは明らかで，上で述べた実感がデータに裏づけられていることがわかる。こうしたデータをもとに，なぜ高齢者の鑑賞が増えているのかなどを考えていくことは，今後の音楽の振興のための施策を考える上で有用であろう。

　文化には，音楽，演劇，美術，映画，伝統芸能等々，非常に多くの分野が存在するが，いずれの文化的活動においても，それらを演じる（あるいは供給する）人がいるだけではなく，それらを鑑賞する人々の行動が伴わなければ，その文化的活動は長くは継続しないであろう。このように考えれば，文化にとって多くの鑑賞者が存在すること，つまり十分な需要が存在することは非常に重要である。したがって，よく鑑賞する人（あるいは鑑賞しない人）がどのような特徴をもった人たちであるのかを把握することは，文化的活動が継続的に鑑賞されていくための有用な情報を提供する。本章では，文化的活動の鑑賞（あ

図1 ポピュラー音楽鑑賞の鑑賞率の推移

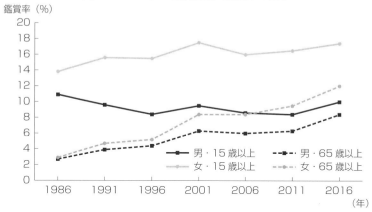

出所：総務省「社会生活基本調査」。

るいは参加）に関するデータを提示するとともに，参加・鑑賞に影響を与える特徴・要因の分析方法や理論的背景などについて，基本的な説明を行う。

　文化的活動への「参加」(participation)は，消費者である国民が，文化的活動にどの程度時間やお金を使うかという問題であり，より広い意味での需要（文化的需要：cultural demand）に関する分析に含まれる。文化的活動への「参加」に関する研究は，文化経済学でも1つの分野を形成し，国際的にも多くの研究がなされている。たとえば，"la Caixa" Foundation (2018)のように文化的活動への参加に特化した資料も作成されており，国際的にも関心が高い。本章では，文化的活動への参加に影響を与えるさまざまな要因について，日本のデータを用いながら説明していこう[1]。

1 文化的活動への参加の捉え方

1.1 参加率

　第2章では，美術鑑賞やクラシック音楽鑑賞の鑑賞率を用いて，その統計的な分析方法について学んだが，鑑賞行動も含めた文化的活動への参加状況は，通常は「参加率」(participation rate)という概念で把握される。以下では，参加率という用語を用いるが，必要に応じて，鑑賞率などと置き換えても構わないし，前章でも示したように総務省「社会生活基本調査」では，行動者率とい

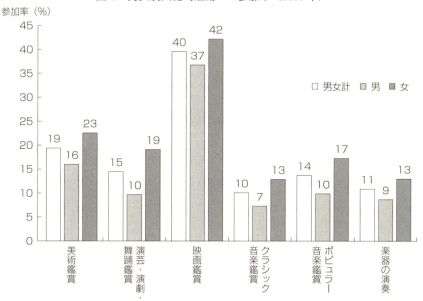

図2 男女別文化的活動への参加率（2016年）

出所：総務省「社会生活基本調査」。

う用語が参加率と同じ意味で用いられている。なお以下では，単に参加といった場合，文化的活動への参加を意味することとする。

文化的活動への参加者数は，通常，過去1年間に1回以上その活動を行った人の数で捉えられ，参加率は，

$$参加率(\%) = \frac{参加者数}{属性別人口} \times 100$$

で定義される。分母が属性別人口となっているのは，たとえば，女性の65歳以上の人の美術鑑賞の参加率であれば，性別が女性で65歳以上という属性[2]をもった人口のうち，過去1年間に美術鑑賞を1回以上行った人の割合を考えるからである（鑑賞の頻度については次項参照）。1年より短い期間を対象にすると，調査時期によっては季節的な影響を受けやすくなるので，期間を1年に設定するのは合理的である。もちろん，日本全体の参加率であれば，日本全体の参加者数を総人口で割ればよい。たとえば，第2章の表3のデータを用いて2016年の美術鑑賞の参加率を男女別に求めると，

1 文化的活動への参加の捉え方　67

$$男性の参加率 = \frac{8823}{55207} \times 100 = 16.0\,(\%),$$
$$女性の参加率 = \frac{13128}{58093} \times 100 = 22.6\,(\%)$$

となり，男性に比べて女性の方が積極的に美術鑑賞を行っていることを表す．

図2は，いくつかの文化的活動に関する2016年の男女別の参加率のデータである．なおこの図で示された活動は，実際に美術館，劇場，映画館，コンサート等に赴く活動を対象としており，テレビ，スマートフォン，パソコンなどによる鑑賞は含まれていない．図2より，映画鑑賞の参加率は比較的水準が高く，他方，クラシック音楽鑑賞の参加率は10%程度で，それほど高くない．このように文化的活動の種類により参加率の水準に差はあるものの，ほとんどすべての活動について，女性の参加率が男性よりも高くなっていることがわかる．多くの文化的活動で女性の方が参加率が高いというのは，日本だけでなく諸外国でも確認されている．その理由については，経済理論的には明確にされているとはいえないものの，金武・阪本 (2005) では時間当たりの賃金の差による違い[3]が，Gray (2011) では幼少期からの文化的活動の蓄積の違いなどが指摘されている．

文化的活動への参加に関する調査で重要な点は，ある文化的活動に参加した人だけでなく，参加していない人も調査対象に含む必要があることである．図2のデータは，あるコンサートに来た人に対してアンケート調査を行い，来場者の男女の比率を出して，たとえば女性の方が多いということとは意味が異なっており，聴衆者調査，来場者調査は，あくまでも参加した人のみが調査対象になっていることに注意しよう．参加率を算出するためには，より広く国民全体を対象とした調査が必要になり，そのためにはランダム（無作為）に調査対象者（サンプル）を抽出する必要がある．たとえば，ある文化的活動の参加率を統計調査によって知ろうとした場合，日本に住むすべての人（母集団）を調査するわけにはいかないので，その一部である標本（サンプル）を抽出する標本調査が実施される．ランダムに標本を抽出するのは，標本の結果から偏りなく効率的に母集団の参加率を推定するためである．ランダムに標本が抽出されないと，標本から母集団をうまく推定することができない．

表1 文化的活動への頻度別参加率（男女計，2016年）

(単位：%)

頻　度	美術鑑賞	演芸・演劇・舞踊鑑賞	映画鑑賞	DVD等による映画鑑賞	クラシック音楽鑑賞	ポピュラー音楽鑑賞	CD・スマートフォンなどによる音楽鑑賞	楽器の演奏
年に1～4日	14.2	11.0	26.2	11.8	7.7	9.8	4.2	2.9
年に5～9日	2.7	1.7	7.5	7.8	1.1	1.8	2.2	1.1
年に10～19日（月に1日）	1.5	1.0	4.1	11.0	0.7	1.0	4.3	1.5
年に20～39日（月に2～3日）	0.4	0.3	0.9	7.7	0.2	0.3	4.6	1.1
年に40～99日（週に1日）	0.2	0.1	0.2	4.5	0.1	0.2	5.4	1.3
年に100～199日（週に2～3日）	0.1	0.1	0.1	3.4	0.1	0.1	7.0	1.1
年に200日以上（週に4日以上）	0.1	0.1	0.0	2.3	0.1	0.1	13.6	1.3
総　　数	19.4	14.5	39.6	52.1	10.1	13.7	49.0	10.9

注：不詳があるため，各頻度の合計と総数の数値は一致しない。
出所：総務省「社会生活基本調査」。

1.2 参加の頻度と活動の分類

　図2で示した参加率では，たとえば美術館に過去1年間に1回しか行かなかった人も，毎週のように通う人も同等に扱われてしまう。参加した・しないという情報は質的変数である[4]が，参加の程度を調べるためには，たとえば美術館に過去1年の間に何回行ったのかを回答してもらえばよい。ただし回数を正確に回答するのは難しいので，通常は，回数（頻度）をある程度まとめた範囲（階級）を提示して，回答してもらうことが多い。社会生活基本調査では，表1のように，年に1～4日，年に5～9日……というように頻度を分類した選択肢を与えて調査している。もちろん，表の下へいくほど，活動の頻度が高くなる。

　表1における多くの活動では，年に1～4日が最も多く，頻度が高くなるにつれて参加率は低下していく。しかしながら，CD・スマートフォンなどによる音楽鑑賞は年に200日以上が最も多く，日常的に行われていることを示している。また，楽器の演奏は，頻度が高くなっても参加率はそれほど大きく低下せず，楽器を演奏する人のうち，多くの日数をかける人が少なくないことがわかる。

　なお文化的活動の参加状況を分析するためには，それぞれの活動の特徴を考えることは重要であり，以下のように分類するとわかりやすい（表1の各活動がどれに分類されるのかを考えよう）。

また，文化的活動と娯楽的活動（entertainment）が区別されることもある。映画鑑賞は娯楽的な要素も有すると考えることができる。また，ゲームやスポーツ観覧などは娯楽的活動とみなされることが多い。

1.3 文化需要と支出

　文化的活動への参加は，はじめにも述べたように個人（あるいは国民全体）のその活動に対する需要が具現化された行動とみることができ，広く需要に関する分析の枠組みで捉えることができる。文化的活動に対して，たとえば，第1章で説明したような需要曲線（需要関数）を考えると，チケットの価格が上昇すれば，コンサートの鑑賞者数が減少するとか，景気がよくなって所得が増加すれば，コンサートに行く人は増えるといった説明ができる。

　文化的需要を考えるのであれば，これまで提示したような参加者数や参加率だけでなく，文化的活動への支出額でその活動（参加）状況を把握することも可能である。もちろん，文化的活動への参加の単価（たとえば，美術館の入館料やコンサートのチケット価格）が変わらなければ，個人で考えたときに，参加率が上がるとそれに比例して支出額も増加する。図3は，総務省「家計調査」に基づいて，同調査で調査されている文化的サービスに関連したいくつかの項目の支出額の推移を示している（2000年を100とした指数で表示している）。

　映画・演劇等入場料や文化施設入場料は，年間支出額の水準自体はそれほど高くはない（2016年でそれぞれ6604円，2285円）が，財・サービスの支出額の合計である消費支出（生活費全体）が2000年から徐々に低下しているのにもかかわらず，微増傾向にある。このことは，文化的サービスに関連する支出の消費支出に占める割合が上昇していることを意味している。2011年は東日本大震災の影響で減少しているものの，2008〜09年のいわゆるリーマンショック時でもそれほど大きな減少を示していないことは興味深い。2014年に遊園地入場・乗物代が増加しているのは，USJ（ユニバーサル・スタジオ・ジャパン）

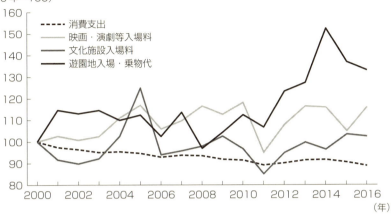

図3 文化関連支出の年別推移（二人以上の世帯）

注：各支出額を2000年を100として指数化。
出所：総務省「家計調査」。

やTDL（東京ディズニーランド）における新アトラクションの導入（たとえば，USJのハリー・ポッターのエリア）や周年イベントの実施などが影響していると考えられる。なお，図の支出額は名目データで，物価変動の影響を除いた実質データではないことに注意しよう。

2 文化的活動への参加に何が影響を与えるのか

　前節では，文化的活動の参加率における男女の違いとその理由（理論）を簡単に示したが，性別以外にも文化的活動の参加状況に影響を与える要因は，数多く考えられる。以下ではデータを提示しながら，そうした要因について考えていこう。

2.1 年　　齢
　図4は，年齢と文化的活動への参加率の関係を表している。映画館での映画鑑賞の参加率は，年齢が高くなる（加齢）に従ってほぼ低下していることがわかる。スポーツへの参加率も同様であるが，娯楽的な要素をもつ活動は，このようなパターンを示すことが多い。

図4 年齢階級別文化的活動の参加率（男女計，2016年）

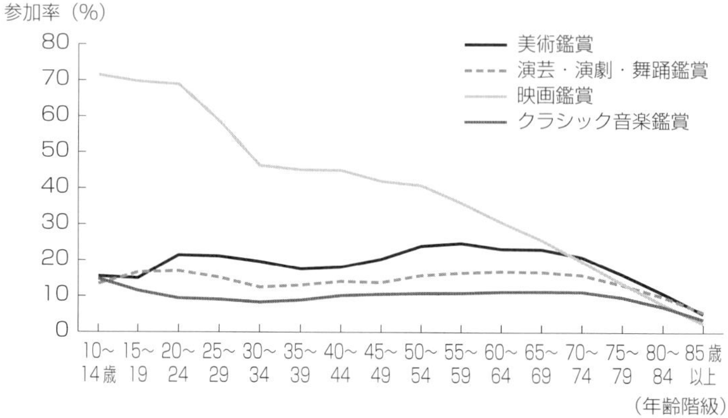

出所：総務省「社会生活基本調査」。

　しかしながら，美術鑑賞，演劇等鑑賞，クラシック音楽鑑賞などの参加率はそれとは異なった形状を示している。40歳以下では低下傾向を示すが，その後60代後半にかけてやや上昇し，さらに高齢になると再び低下傾向を示している。

　年齢と文化的活動への参加の関係を経済理論的に説明したモデルとして，Stigler and Becker（1977）やBecker and Murphy（1988）などがあり，金武・阪本（2005）や阪本（2016）ではそれらの理論が次のようにわかりやすく説明されている。まず，たとえばコンサートでのクラシック音楽鑑賞や美術鑑賞は，過去の鑑賞経験や知識などが蓄積されれば，コンサートでより高い満足度が得られることになり，加齢は鑑賞行動にプラスの影響を与える。他方，年齢が若いときに文化的活動に参加すれば，参加すること自体が投資となって文化の享受能力を高め，将来にわたって文化的活動に参加するようになり，生涯においてより大きな効用を得ることができる。このように，年齢の文化的活動への参加に対する影響は，直線的ではなく，単純ではない。もちろん，文化的活動への参加には費用がかかるので，後述するように所得水準が影響し，図4には年齢と所得水準の相関も影響しているであろう。さらには，子どもの有無や子どもの年齢といった家族類型と年齢の関係，自由に使える時間や就業状態と年齢の関係なども考えることができ，年齢と参加率の純粋な関係をみるためにはこうした要因を取り除く必要がある。

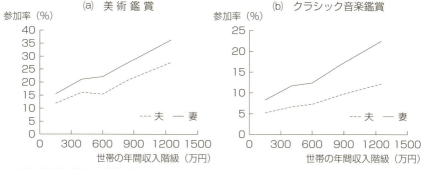

図5 世帯の年間収入階級別参加率（夫・妻, 2016年）
　　(a) 美術鑑賞　　　　　　(b) クラシック音楽鑑賞

出所：総務省「社会生活基本調査」。

2.2 所得水準

コンサートや美術館，劇場，映画館などに行くには，通常は安くはない入場料がかかることが多く，CDやDVDといったメディアを通じた鑑賞にも，それらのメディアの購入・レンタルの費用がかかり，再生機器の購入も必要になる。したがって，そうした費用を賄うために，文化的活動への参加には所得の大きさが影響することは容易に想像できるし，第1章で説明したように，予算制約という観点から，経済理論的にも，所得が文化的活動の需要に影響を与えることが導かれる。

図5は，世帯の年間収入階級別にみた夫と妻の美術鑑賞とクラシック音楽鑑賞の参加率である（この散布図では，横軸には世帯の年間収入階級の階級値をとっている）。いずれの活動も，収入が多くなるほど参加率が高くなっており，理論的な予想と合致している。クラシック音楽鑑賞では，夫に比べて妻の直線の傾きが急になっているようにみえ，収入の影響がより強いことが観察される。こうした点を客観的に分析するには，第2章で説明した回帰分析を行えばよい。クラシック音楽鑑賞の参加率を被説明変数（y）に，世帯の年間収入階級の階級値（150, 400, 600, 800, 1250万円）を説明変数（x）にして，夫・妻別に回帰分析を行うと以下の結果が得られる。

夫：$\hat{y} = -3.676 + 0.007x$, $R^2 = 0.9854$　　妻：$\hat{y} = 5.324 + 0.014x$, $R^2 = 0.9787$
　　　　　(0.001)　（　）内はP値　　　　　　　　(0.001)

夫・妻ともにxの係数は有意（P値は0.05以下）であるので，世帯の年間収入が参加率に有意な影響を与えていることがわかる。また，夫の収入の係数が

0.007（収入が1万円増加すると参加率が0.007％上昇する），妻の収入の係数が0.014であり，収入の影響は妻の方が大きいことが結果から確認できる（係数を区間で推定しても，夫と妻の係数の大きさに有意な差があることがわかる）。

2.3 学　　歴

学歴が高いほど，文化的活動の参加率が高いという事実は，これまで多くの国のデータで確認されてきた。図6は，日本における学歴（教育）別の参加率であるが，やはりそうした関係を読み取ることができる。もちろん，一般的に学歴が高いほど所得水準も高くなる傾向があるので，所得水準の影響を取り除く必要があるが，多くの研究では，同じ所得水準であっても学歴が高いほど，文化的活動への参加率が高まることを指摘されている。こうした結果を含め，参加率と学歴，所得の関係については，永山（1998），Seaman（2006），勝浦（2012）などを参照されたい。

学歴の文化的活動への影響の理論的な説明は，学歴が高くなると個人の文化資本が蓄積され，それが文化への享受能力を高めるというもので，統計的分析では学歴が文化資本の代理変数として用いられることも多い。また，永山（1998）は，学生時代における交友関係や自由な時間の多さを指摘している。

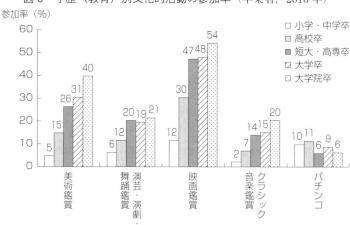

図6　学歴（教育）別文化的活動の参加率（卒業者，2016年）

出所：総務省「社会生活基本調査」。

2.4 地域

第2章の表1の都道府県別データでみたように,文化的活動の参加率は,東京都・神奈川県といった首都圏,京都府や兵庫県といった関西圏など,大都市圏で高くなっていることがわかる。図7は,市町村を人口の規模別(大都市:人口100万以上の市,中都市:人口15万以上100万未満の市,小都市A:人口5万以上15万未満の市,小都市B:人口5万未満の市,町村)に分類して参加率を比較したデータである。

小都市Bと町村で逆転している場合はあるものの,都市の規模が大きいほど,文化的活動への参加率が高くなっていることがわかる。文化芸術産業に関しては,集積の経済効果が働くことが考えられ,大都市に劇場やコンサート・ホールなどの文化施設は集中しやすい。こうした供給面からも,大都市の居住者の方が,舞台芸術などの文化的活動への参加が多くなる傾向を説明することができる[5]。もちろん,都市部の方が所得水準が高いことも考慮する必要がある。

2.5 その他の要因

文化的活動への参加に影響を与える要因としては,これまで挙げてきた以外にも,さまざまな要因を考えることができる。

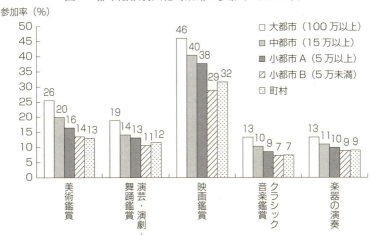

図7 都市階級別文化的活動の参加率(2016年)

出所:総務省「社会生活基本調査」。

まず,就業状態や労働時間である。文化的活動への参加は基本的に余暇活動であるから,仕事をしているかどうか(就業状態)や,有業者であれば労働時間の長さによっても影響を受けるであろう。しかし,労働時間が短いほど参加率が高くなるとは限らないことが,永山・勝浦・衛藤(2010)で示されている。

一方,職業による違いもしばしば指摘される。これまでの研究では,ホワイトカラー労働者の方がブルーカラー労働者よりも文化的活動への参加率が高いことが明らかにされており,さらに管理職や教員などの専門職の参加率が高い傾向もみられている。このような職業による違いは,娯楽的な活動よりも,クラシック音楽鑑賞や美術鑑賞,絵画の制作や楽器演奏といった活動において,より顕著に観察される(永山・勝浦・衛藤,2010)。

さらに家族構成も参加率に影響を与えると考えられる。子どもが就学前で小さければ,美術館やコンサート会場に一緒に連れて行くことは困難であることが多く,参加にマイナスの影響を与えると考えられる。他方,子どもがある年齢に達すれば一緒に鑑賞をする機会が増え,プラスの要因になるであろう。

文化的活動への参加の要因については,Gray(2011)やAteca-Amestoy(2008)などに基づいて,勝浦・有馬(2016)において全般的に要約されているので,参照されたい。

3 文化的活動への参加の時系列変化

3.1 時系列分析とクロスセクション分析

これまでに示した文化的活動への参加に関するデータは,主に2016年の社会生活基本調査の結果を用いて参加に影響を与えるさまざまな要因(性別,年齢,学歴……)ごとに集計したクロスセクション・データ[6]である。しかしながら,文化的活動への参加は,当然のことながら社会・経済状況の変化にも影響を受ける。好況と不況といった景気の局面によっても参加状況は異なるであろうし,嗜好や価値観の変化なども影響を与えるであろう。また,映画鑑賞であれば,ある年に大ヒット作があれば,鑑賞者は増えるだろう。もちろん,個人ではなく国全体の参加率を考えるのであれば,少子化や高齢化といった人口構成の変化なども考慮する必要がある。たとえば,加齢とともに映画鑑賞の参加率は低下する(図4)ことから,高齢化が進んで高齢者の割合が高くなれば,

表2　文化的活動への参加率の時系列変動（15歳以上，男女計）

(単位：％)

年	美術鑑賞	演芸・演劇・舞踊鑑賞	映画鑑賞	DVD等による映画鑑賞	クラシック音楽鑑賞	ポピュラー音楽鑑賞	CD，スマホ等による音楽鑑賞	楽器の演奏
1986	16.6	—	31.1	22.1	5.7	12.4	46.2	9.3
1991	21.6	17.2	27.2	25.8	8.0	12.7	49.2	9.9
1996	21.4	15.9	25.9	32.0	7.7	12.0	50.4	9.8
2001	20.8	16.3	34.2	—	9.3	13.6	—	9.8
2006	18.8	14.3	36.0	45.0	9.0	12.4	51.8	9.2
2011	16.6	11.7	33.9	39.6	8.3	12.6	46.8	8.4
2016	19.6	14.6	37.9	51.4	9.9	13.8	48.3	9.8

注：「—」はその活動が調査対象になっていなかったことを示す。
出所：総務省「社会生活基本調査」。

年齢別の参加率が変化していなくても，日本全体としての映画鑑賞の参加率は低下することになる。

　このように参加率の時系列変動には，非常に多くの要因の変化がその背後にあるので，どの要因の変化によって変動がもたらされるのかは，慎重に考察していかなければならない。逆にいうと，クロスセクション分析では，景気変動，価格の変化，嗜好や人口構成の変化などは固定されているとみなすことができる。

　表2は，これまでにも取り上げてきた文化的活動についての参加率の時系列変化を示している。社会生活基本調査は，現在では10歳以上が調査対象であるが，1991年以前は15歳以上が調査対象であったので，表2は15歳以上の参加率の推移を示している。

　表2をみると，映画館における映画鑑賞は1996年までは低下していたが，その後，傾向としては上昇している。DVD等による映画鑑賞は，2011年を除いて上昇傾向にある。1991年まではレンタルビデオの影響などによって映画館での映画鑑賞が代替されたと思われるが，その後は，映画のコンテンツの充実や，映画館の施設・予約方法などが改善したこともあって，映画館での映画鑑賞は回復したと考えられる。

　美術鑑賞や演劇等の鑑賞は漸減傾向にあったが，2016年にはやや回復している。クラシック音楽鑑賞は，最近はやや上昇しているが，ポピュラー音楽鑑賞や楽器の演奏はほぼ横ばいである。こうした変動の背後には，さまざまな要

表3 年齢階級別クラシック音楽鑑賞の参加率の推移（男女計）

(単位：%)

	1986年	1991年	1996年	2001年	2006年	2011年	2016年
10〜14歳			9.6	15.9	14.9	14.0	14.8
15〜19	10.9	11.8	15.9	11.4	10.4	9.9	11.5
20〜24	8.0	8.6	11.4	8.5	7.9	6.2	9.4
25〜29	6.0	8.6	8.5	7.4	7.8	6.8	9.1
30〜34	5.0	7.2	7.4	6.9	7.0	6.2	8.3
35〜39	6.3	9.0	6.9	9.8	8.2	7.9	8.9
40〜44	6.6	10.2	9.8	12.4	10.4	9.7	10.2
45〜49	6.2	9.4	12.4	11.4	11.2	10.2	10.6
50〜54	5.2	8.7	11.4	11.0	10.4	10.2	10.8
55〜59	4.2	7.7	11.1	10.9	10.6	9.8	10.9
60〜64	2.5	5.8	10.9	11.0	11.9	9.1	11.2
65〜69	1.9	4.3	11.0	9.3	10.5	9.2	11.3
総数	5.7	8.0	15.9	9.6	9.3	8.6	10.1

出所：総務省「社会生活基本調査」。

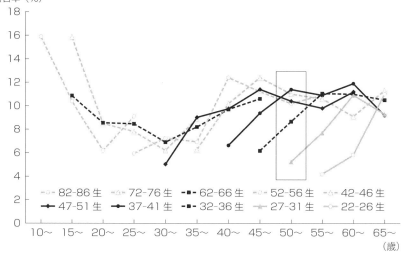

図8 コーホート別クラシック音楽鑑賞の参加率の変化（男女計，1986〜2016年）

注：図をみやすくするため，表3のすべてのコーホートをグラフにしていない。
出所：総務省「社会生活基本調査」。

因が考えられるが，上で述べたような時間の変化に伴うさまざまな要因の変化が複雑に絡み合ってもたらされたと考えられる。

3.2 世代（コーホート）効果

ここで，表3をみてみよう。表3は1986年から2016年までの5年ごとの年齢階級別クラシック音楽鑑賞の参加率の変化を示しているが，表を縦にみれば，各年におけるクラシック音楽鑑賞の参加率に対する年齢の影響をみることができる。これは年齢効果と呼ばれ，前節でみたような鑑賞経験などの効果を考えて理論的に説明される。一方，表を横にみていくと，同じ年齢階級についての参加率の時系列的な変化をみることができ，とくに表の一番下の総数の変化は全般的な時系列の動向を表す。これは時代（時間）効果であり，上でみたように景気変動や価格変化等々の社会・経済状況の変化の影響を受けることになる。

ここで，表のシャドウをつけた部分の参加率の変化に注目してみよう。たとえば1996年に10～14歳の人は，5年後の2001年には15～19歳になっており，表を斜めにみることによって同じ年（代）に生まれた人の変化を追うことができる。そして，他の出生年のグループとの参加率の違いをみれば，出生年が参加率に与える影響をみることができる。この出生年の違いによる影響は，世代効果あるいはコーホート効果と呼ばれる。コーホートは同時出生集団という意味である。コーホート効果をみるには，同じコーホートの年ごとに参加率を線で結び，それらを比較するために図8のようなグラフを作成すればよい。

図8をみれば，1947年以降（戦後）に生まれた世代のグラフはある程度重なっており，コーホート効果はあまりみられない。しかし，それ以前の世代については，出生年が遅いほど図中の該当する折れ線が上に位置している。たとえば，図中の四角で囲んだ部分をみると，同じ50～54歳であっても，1927～31年生まれ→1932～36年生まれ→1937～41年生まれの順に鑑賞率が高くなっている。つまり，より出生年の遅い世代の方がクラシック音楽鑑賞の参加率が高いというコーホート効果を観察することができる。

4 文化的活動への参加の実証分析

最後に，文化的活動への参加に関する分析方法を簡単にまとめておこう。

4.1 仮説の設定

文化的活動への参加の分析は，基本的には，それに影響を与える要因を考え，

その要因の構成要素（男女，学歴別など）ごとに参加率が異なっているのかをデータによって検証することになる。要因は，ただ単に直感的に考えるのではなく，理論から導出することも重要である。たとえば，学歴を文化資本と関連づけるとか，年齢に関して将来への投資と考える等々である。理論的な考察によってある要因が文化的活動の参加率に影響を与えているという仮説が得られれば，その仮説を検証するためにデータを用いて実証的に分析することになる。

4.2 集計表による分析

最も基本的な方法は，要因（属性）による参加率の集計表から，要因の構成要素ごとに参加率に違いがあるのかを表やグラフによって考察する方法であり，図5～7のように収入，学歴，地域などによる違いをみることができる。また，第2章表3・表4の分割表のように，属性別（同表では男女別，学歴別）の参加の有無によるクロス集計表をもとに独立性の検定を行い，たとえば男女や学歴と参加の有無が独立かどうかを検定することによって，それらの要因が参加に影響しているかどうかを統計的に検証することができる。

4.3 回帰分析

本章の収入の例のように，要因が量的変数で，その水準ごとに参加率が集計されているのであれば，要因を説明変数，参加率を被説明変数にした回帰分析を行う方法も有効である。そして，第2章でみたようにモデルのあてはまりを考えたり，説明変数の有意性を検定できれば，用いた要因が参加に影響しているかどうかを統計的に判断できる。要因が質的変数でも0，1で表されるダミー変数を利用することができる場合がある。たとえば，図5のクラシック音楽鑑賞について，世帯の年間収入に加えて，夫であれば1，妻であれば0の値をとる夫・妻を表すダミー変数 D を用いると，夫と妻について1つの回帰式で処理することができる。推定した結果は

$$\hat{y} = 8.069 + 0.0096x - 6.1200D, \quad R^2 = 0.9281$$
　　　　　　(0.0001)　(0.0005)　　　　　　（　）内はP値

となり，ダミー変数 D のP値が0.05以下であることから，妻の鑑賞率が夫の鑑賞率よりも有意に高いことがわかる（夫の方が妻よりも鑑賞率が平均して6.12％ポイント低い）。

4.4 ミクロ・データの利用

しかしながら、分析しようとするすべての要因（属性）に関して、集計が行われているわけではない。たとえば、学歴が高くなると収入も高くなる傾向があるので、両者の影響を分離するためには、学歴と収入によって参加率をクロス集計したデータが必要になる。しかしながら、社会生活基本調査では、そのような集計は公表されていない。公表されていない集計を行うためには、個人ごとのデータ（ミクロ・データ）が必要になる。

ミクロ・データが利用できれば、各個人ごとに、それぞれの文化的活動の参加の有無のデータだけでなく、調査されているさまざまな属性（性別、年齢、学歴、収入、地域、就業状態、職業……）のデータが利用可能となり、たとえば、男女・学歴・収入・職業などを同時に集計することも可能となり、分析者が自由な集計をもとに分析を行うことができる[7]。

さらに、各個人の参加の有無を被説明変数 y として、多くの要因（属性）を説明変数とした回帰分析を行うことができる。ただし、その場合の y は参加率といった量的変数ではなく、参加の有無を表す質的変数となり、通常の回帰分析ではなく、ロジット回帰、プロビット回帰といった方法が利用されることが多い（勝浦・有馬, 2016）。ただし、ミクロ・データの利用には種々の制約があり、簡単に利用することはできない[8]。

注
1 なお、文化需要の経済理論的な考察については、第1章第1節のほか、金武・阪本（2005）、阪本（2016）や Gray（2011）, Ateca-Amestoy（2008）などを、参加に関する最新の研究動向については、Ateca-Amestoy et al.（2017）などを参照されたい。
2 ここでいう属性とは、統計調査の調査対象者に関する特性のことである。個人属性とは、たとえば、性別、年齢、就業状態、職業、学歴等々である。また、世帯属性とは、たとえば、世帯人員数、家族構成、住居の種類、世帯収入等々である。
3 金武・阪本（2005, 87頁）では、文化的活動の参加には時間がかかるため、平均的に時間当たり賃金の低い女性の方が、文化的活動により多くの時間を費やしたとしても失う賃金が相対的に少ない、すなわち機会費用が小さい（第1章注7参照）ことから、女性の文化的活動への参加率が高くなると説明されている。
4 もちろん、参加した場合は1、しない場合は0という数値を与えることも可能である。
5 第2章の注4では、重回帰分析において多重共線性を除去するために、人口当たりの変数を用いた結果、人口当たりの美術館数が美術鑑賞率に有意な影響を与えていることが示されている。
6 本章の図1や図3のように時間とともに変動するデータを時系列データ、他方、時間を固定した地域別データ（第2章の表1や本章の図7など）や属性別データ（本章の図4〜6など）をクロス

セクション・データ（横断面データ）という。
7 ただし，多くの属性を用いて細かく集計するほど，集計表のセルごとに含まれるデータの個数が小さくなってしまうので，注意が必要である。
8 「公的統計調査の調査票情報等の学術研究等への活用」については，http://www.soumu.go.jp/toukei_toukatsu/index/seido/2jiriyou.htm を参照のこと（最終アクセス：2019年1月31日）。

参 考 文 献

勝浦正樹（2012）「社会生活基本調査のミクロデータの再集計結果を用いた文化芸術活動の実証的研究——教育と所得水準の効果を中心として」浜田道夫・古隅弘樹編『文化経済学とコンピュータサイエンス——人間の知的活動を科学する』兵庫県立大学政策科学研究所（兵庫県立大学政策科学研究叢書86），79〜113頁

勝浦正樹・有馬昌宏（2016）「参加・鑑賞」文化経済学会〈日本〉編『文化経済学——軌跡と展望』ミネルヴァ書房，3〜19頁

金武創・阪本崇（2005）『文化経済論』ミネルヴァ書房

阪本崇（2016）「需要・選好」文化経済学会〈日本〉編『文化経済学——軌跡と展望』ミネルヴァ書房，20〜34頁

永山貞則（1998）「文化経済学と実証分析」池上惇・植木浩・福原義春編『文化経済学』有斐閣，249〜277頁

永山貞則・勝浦正樹・衛藤英達編著（2010）『ワーク・ライフ・バランスと日本人の生活行動』日本統計協会

Ateca-Amestoy, V. (2008) "Determining Heterogeneous Behavior for Theater Attendance," *Journal of Cultural Economics*, 32(2), 127-151.

Ateca-Amestoy, V. M., V. Ginsburgh, I. Mazza, J. O'Hagan and J. Prieto-Rodriguez eds. (2017) *Enhancing Participation in the Arts in the EU: Challenges and Methods*, Springer.

Becker, G. S. and K. M. Murphy (1988) "A Theory of Rational Addiction," *Journal of Political Economy*, 96(4), 675-700.

Gray, C. M. (2011) "Participation," in R. Towse ed., *A Handbook of Cultural Economics*, 2nd ed., Edward Elgar, 356-365.

"la Caixa" Foundation (2018) *Cultural Participation and Wellbeing: What Do the Data Tell Us?*, Social Observatory of "la Caixa" 04, "la Caixa" Banking Foundation.

Lévy-Garboua, L. and C. Montmarquette (1996) "A Microeconometric Study of Theater Demand," *Journal of Cultural Economics*, 20(1), 25-50.

Seaman, B. A. (2006) "Empirical Studies of Demand for the Performing Arts," in V. A. Ginsburgh and D. Throsby eds., *Handbook of the Economics of Art and Culture*, vol. 1, North-Holland, 415-472.

Stigler, G. J. and G. S. Becker (1977) "De Gustibus Non est Disputandum," *American Economic Review*, 67(2), 76-90.

第4章

文化政策
―― 政府はどのように文化を支援するのか ――

はじめに

　現代の社会と芸術・文化との関係を考える上で,「文化政策」は無視することのできないキーワードである。政府は,伝統文化の保護や,海外への自国文化の発信,芸術・文化の振興,芸術・文化教育など,さまざまな形で文化政策を行うが,経済学的な観点からみた場合,その中でもとくに重要になるのが,文化に対する財政的な支援である。実際,政府は多額の資金を芸術・文化の生産や消費に対して支出している。たとえば,日本において芸術・文化に関わる諸政策をもっぱら担当するのは文化庁であるが,その2018年度予算は1077億2900万円と莫大な額になる。もちろん,この金額は政府支出全体に占める割合という視点からみれば,その0.1%に満たないものであり,決して大きいものではない。また,文化庁だけでなく地方公共団体が支出する文化関連予算を加えたとしても,それがGDPに占める割合は,社会保障費や公共事業費に比べればわずかなものである。しかし,その一方で,個々の文化事業においては,政府からの補助金がその運営にとってなくてはならないものとなっている場合もある。たとえば祇園祭を彩る山や鉾の運営費はその25%以上を京都市などの補助金が占めている(山田, 2016)。

　現在の先進国の経済は,一般に「混合経済」と呼ばれ,何らかの形で政府部門を経由した財やサービスの流れが,経済全体の無視できない割合を占めている。経済に占める政府部門の規模をどのようにして示すかについては,さまざまな考え方があるが,仮に一般政府(国民経済計算〔SNA〕において,一般政府とは,中央政府,地方政府および社会保障基金を含む概念である)による支出のGDPに占める割合で政府の規模を示すとすると,日本の場合には,2010年以

降およそ40％の水準で安定的に推移している。この水準は決して高いわけではなく，OECD諸国の平均を少し下回る程度である。先進国の中には，北欧諸国やフランスのように，一国の経済全体の半分を超える割合を政府の活動が占めている国も少なくない。このような混合経済においては政府の経済活動を理解することが不可欠であるが，芸術・文化の領域もその例外ではないのである。

　本章の目的は，芸術・文化の領域で政府が果たす役割について，経済学的な観点から理解することである。以下では，まず，文化庁や地方公共団体の予算，そして文化芸術基本法などの法制度を手がかりに，政府が芸術・文化の領域でどのような活動を行っているのかを確認する。次に，第1章で学んだ「市場の失敗」についての議論を参考にしつつ，政府による活動の効果を理論的な観点から明らかにする。その上で，現実の政府による政策について，理論とはどのような点で異なっているのかを学ぶことにしたい。

1　政府活動の現実

1.1　文化庁の予算

　すでにみたとおり，文化庁の2018年度の予算は1077億2900万円となっているが，その内訳は，図1で示したとおり「文化芸術の振興」，「文化財保護の充実」，「国立文化施設関係」の大きく3つの分野に分けられている。このうち，最も大きな部分を占めるのは「文化財保護の充実」であり，その割合は全体の半分に迫る44.8％（482億2600万円）となっている。もちろん，「文化財保護の充実」として計上されている経費にしても，そのすべてが修理・保全といった文化財保護それ自体に充てられているわけではない。中には，観光振興戦略プランの創設など文化財の活用に関する支出や，伝承者の養成，鑑賞機会の充実といった，何らかの形で文化財に関わる人々への支出なども含まれていることにも注意する必要がある。

　「文化財保護の充実」に次いで多いのが，「国立文化施設関係」で全体の29.1％に当たる3140億円が支出されている。現在，国内には国立西洋美術館（東京），国立国際美術館（大阪）など，国立映画アーカイブを含めて6館の「国立」の美術館と，東京，京都，奈良，九州の4館の国立博物館が存在する。厳

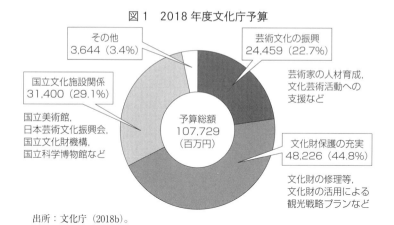

図1　2018年度文化庁予算

出所：文化庁（2018b）。

密にいえば，前者は独立行政法人国立美術館，後者は独立行政法人国立文化財機構という政府から独立した機関によって運営されている。しかし，その予算の3分の2以上は文化庁から運営交付金等として支出された資金であるから，これらの組織も公共部門の一角をなすものと考えて差し支えないだろう。国立文楽劇場，国立能楽堂などを運営する独立行政法人日本芸術文化振興会も同様である。

　その内容をみれば明らかではあるが，「国立文化施設関係」も，その多くの部分が文化財や伝統文化に関わるものに充てられている。これらをあわせると，文化庁の予算のおよそ4分の3にもなる。これに対し，芸術家等の人材育成や，文化芸術創造活動への効果的な支援，文化芸術資源の創造・活用による地方創生と経済活性化等の推進などの支出が含まれる「芸術文化の振興」は，244億5900万円と全体の22.7％でしかない。このように，少なくとも，予算の面からみれば，文化財をはじめ，すでに確立した芸術・文化の保護と活用が文化庁の主要な役割と捉えられてきたことは間違いないであろう。

1.2　地方の文化関係経費

　文化庁の予算が文化財や伝統文化を中心に支出されているからといって，芸術・文化に関わる経済と政府との関係が，そうした分野だけに限られているわけではない。文化庁だけでなく，第4節で述べるように，さまざまな省庁や公的機関が芸術文化に財政的な支出を行っている。

1　政府活動の現実

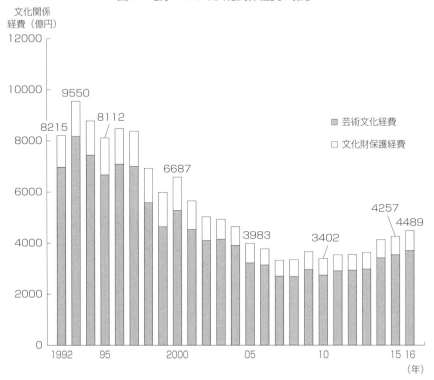

図2　地方における文化関係経費の推移

注：数値は合計値（億円）。
出所：文化庁（2018a）。

　そうした中で，規模の面からみて文化庁にもまして大きな役割を果たしているのは，地方公共団体である。都道府県や市町村によって支出される地方の文化関係経費は，2016年度の時点では4489億円であった。この金額自体，同じ年の文化庁予算のおよそ4倍にあたるが，ピークを記録した1993年には9550億円と1兆円に迫る金額であった（図2）。
　地方公共団体が支出する文化関係経費は「芸術文化経費」と「文化財保護経費」に分けられるが，文化庁の予算のおよそ半分が文化財の保護や活用に関するものであったのに対し，地方の文化関係経費については，文化財保護経費よりも芸術文化経費の方が多いのが特徴である。都道府県，市区町村をあわせた額でみると，2016年度予算で，文化財保護経費がおよそ780億円であったの

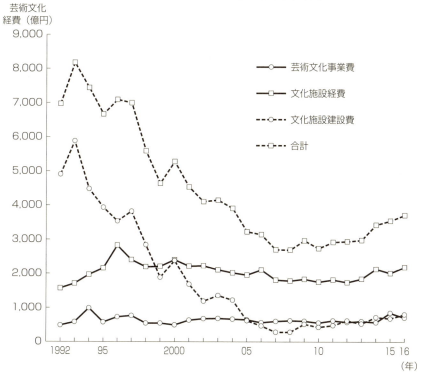

図3 地方における経費別芸術文化経費の推移

出所：文化庁（2018a）。

に対して，芸術文化経費は，その5倍近くの3710億円にもなる。ピークであった1993年には，文化財保護経費も1337億円と現在よりも大きな額であったが，芸術文化経費は実に8172億円にも上っていた。

　すでに述べたように，近年はやや増加に転じてはいるものの，地方公共団体の支出する文化関係費は，ピーク時に比較して，約半分となってしまっている。その原因は，芸術文化関係費，とりわけ，かつてはその6割以上を占めていた文化施設建設費の減少によるところが大きい（図3）。かつて，日本の文化行政は，施設ばかりが立派で中身が伴わない「ハコモノ行政」と揶揄されることもあったが，そうしたことの一端が地方の文化関係経費にも現れているのである。

1.3 芸術・文化と法制度

　文化庁その他の国の機関や地方公共団体の文化・芸術関連予算は，それぞれの機関が芸術・文化の領域でどのような経済活動を行っているのかを示している。しかし，芸術・文化の領域における政府の活動は，これらの経済活動だけではない。法律や条令の制定のように，直接的には予算に現れないものの中にも芸術・文化に関わる政府の重要な活動もある。その中には，2017年6月に「文化芸術振興基本法」から改正された「文化芸術基本法」や，各地方公共団体で制定されている文化振興に関わる条例のように，それぞれの文化振興に関わる基本方針を示すものだけではなく，文化財保護法や著作権法に代表されるように，民間の活動に何らかの制約を課すなどのかたちで，芸術や文化を望ましい方向へと導こうとするものもある。

　このように，政府は財政的な支出を伴う独自の経済活動を行うだけでなく，法律や制度によって民間の経済活動に影響を与えるなど，芸術をはじめとする文化にさまざまな影響を及ぼしているのである。経済学は，芸術・文化の領域における政府のこのような活動をどのようにみているのだろうか。次節以降では，政府が政策を実現する手段についてみていくことにしたい。

2 政府による芸術・文化の直接的供給

2.1 財政の3機能と芸術・文化

　アメリカの財政学者 R. A. マスグレイブは，経済学的な視点から，政府の財政が果たすべき機能を資源配分機能，所得再分配機能，経済安定化機能の3つに類型化した（Musgrave, 1959）。政府の活動の多くには何らかの財政支出が伴うことから，この類型化は，政府の役割に関する現在の経済学の標準的な見方になっている。このうち，景気の変動を緩やかにし，物価や雇用の安定を図る経済安定化機能，高所得者により多く課税し，低所得者に社会保障などの支出を手厚く行うことで所得の平等化を図る所得再分配機能は，完全に無関係ではないにせよ，芸術や文化と直接的な関わりをもつものではない。文化の領域と直接的な関わりをもつのは，資源配分機能である。

　本書の第1章では，市場の価格メカニズムが完全な形で機能すれば，社会的に望ましい資源配分が実現されること，そして，その一方で，価格メカニズム

が何らかの理由で不完全にしか機能しないとき，すなわち「市場の失敗」が発生するときには，望ましい資源配分を実現するのに失敗することを学んだ。この「市場の失敗」に対処することが，財政の資源配分機能の役割である。つまり，資源配分機能とは，市場に代わって，政府が社会のニーズに合わせて資源を配分する役割のことである。

芸術あるいは文化の領域ではさまざまな形で「市場の失敗」が生じること，その結果，芸術作品や工芸品あるいは文化遺産といった文化的財の供給量が，社会にとって望ましいと考えられる水準と比較すると過少になる傾向があること，そして社会的限界費用と社会的限界便益が一致するように何らかの措置を図ることで社会的な視点からみて効率的な資源配分が実現されることは，すでに第1章で学んだとおりである。そこで，以下では，政府はどのような方法で，社会にとって望ましい水準まで芸術・文化の供給量を拡大するのかについて，まず，政府が直接的に財・サービスを供給する場合からみていくことにしよう。

2.2 芸術・文化の直接的な供給

特定の財・サービスが市場において十分に供給されないとき，政府がとりうる手段の中で最も単純なものは，対象となる財・サービスを政府が直接的に供給することであり，公共財の供給は，その典型的な例である。芸術・文化の領域でも，世界遺産「紀伊山地の霊場と参詣道」の一部である熊野古道のように，非排除性と非競合性の2つの性質を兼ね備えた公共財が存在する。したがって，文化庁や地方公共団体によって行われる文化財保護は，政府による直接的供給の典型的なものであるということができる。

しかしながら，政府が直接的に供給している財は，必ずしも厳密な意味での公共財に一致するわけではない。たとえば，民放各局の地上デジタル放送のように，純粋な公共財に限りなく近い財であるにもかかわらず，民間企業によって提供されているものもあれば，あとでみるように，経済学的な観点からは公共財とはいえないものが政府によって供給されているケースもある。また，1つの財をとってみても，政府による供給と民間による供給が混在しているものもある。公立学校と私立学校が同時に存在する教育はそのよい例である。

このように政府がどのような財を実際に供給しているのかは，公共財の理論どおりに決まっているわけではない。むしろ，それぞれの社会の歴史的経緯や，

それによって培われた文化に大きく依存しているといってよい。本章の冒頭で述べたように，現在の経済は混合経済と呼ばれ，政府の活動が経済の一定の割合を占めるが，その割合が国によって大きく異なるのも，その1つの背景として，政府がどのような財を供給するべきかについて国によって判断が分かれるという事情があるからである。しかし，それは同時に公共財と私的財との間に，政府が供給するべきかどうかを単純な理論では切り分けることのできない中間的な領域があることを示している。

2.3 準公共財としての芸術・文化

現実の社会においては，純粋な公共財であるとみなすことが困難であるにもかかわらず，政府によって供給されている財が非常に多い。たとえば，小学校教育は，対価を支払わない人々を消費から排除することが比較的容易であるという意味で非排除的な財ではない。また，利用者が一定数以上に増えれば費用も増加していくという意味で非競合性も限定的である。このように，政府が供給する財の中にも非排除性や非競合性の性質を不十分にしかもたないものが少なくない。これらの財は，準公共財と呼ばれるが，準公共財の中でも小学校教育のように，それがもたらす正の外部性がきわめて重要であると判断される場合には，政府が直接的に供給することも多い。

すでに述べた文化遺産のほかにも，芸術・文化の領域では，政府がさまざまな財を供給しているが，その多くは純粋な公共財ではなく，準公共財である。たとえば，ウィーン国立バレエ団やフランス国立管弦楽団のように，国が実演芸術団体を経営するかたちで，芸術・文化サービスを供給する例も挙げることができるが，より一般的なのは，本書の第5章や第13章で取り上げられているミュージアムや音楽ホールなどの文化施設である。パリのルーブル美術館，ミラノのスカラ座の事例のように，ミュージアムや劇場などが国によって供給されている例は少なくない。すでに述べたように，日本の国立博物館や国立美術館は独立行政法人によって運営され，厳密にいえば組織の上では政府から独立しているが，実質的には政府による直接的な供給と考えてよいであろう。これらは，小学校教育の場合と同様に，準公共財として政府によって供給されているといっていい。

2.4 地方公共財としての芸術・文化

すでにみたように，日本では，こうした文化施設の供給が地方自治体によって行われるケースが少なくない。多くの地方自治体がミュージアム，公共ホールを所有しているほか，京都市交響楽団のように，自治体が運営する実演芸術団体も存在する。このように，地方自治体が供給の主体となることが多いのは，これらの財が「地方公共財」としての性質をもっているからである。

地方公共財とは，その便益が人々の間で広く共有されるとはいえ，それが地理的に一定の範囲に収まるものである。近隣に住む人々がおもな利用主体となる図書館はその好例である。こうした財は，国レベルではなく，地方自治体が地域の実情に合わせて供給する方が望ましい。なぜなら，地域によってそれらの財に対するニーズは異なり，たとえば，芸術・文化よりも福祉へのニーズが高い自治体では福祉サービスに，逆に福祉よりも芸術・文化へのニーズが高い自治体では文化施設により多くの公的資金を投入した方が，より効率的な資源配分が実現できるからである。

しかし，その一方で，こうした財のもたらす便益は地方自治体の境界を越えて他の地域に漏れ出す場合があることに注意する必要がある。公共サービスの便益が他の地域に流出ことを「スピル・オーバー」，逆に，他地域から流入することを「スピル・イン」と呼ぶが，こうした現象が生じる場合には，社会全体でみると結果として財の供給が過小供給になる可能性がある。そのような場合には，便益が及ぶ範囲にある複数の自治体が「一部事務組合」と呼ばれる特定の事業だけを行う特別地方公共団体を形成して共同でサービスを提供することにより，より効率的な供給を図ることもある。

2.5 クラブ財としての文化施設

芸術・文化の領域では，たとえ政府が供給するものであっても，利用者から一定の料金を徴収するものが少なくない。無料で入館できるロンドンの大英博物館のような例はむしろ少なく，一般的には，文化施設を含めて多くの公共施設が一定の入館料等の料金を徴収している。公共施設が料金を徴収する理由には，純粋に財政上の問題や，利用者と非利用者との間での公平性を図るために受益者負担を求める必要があるなどさまざまなものが考えられるが，公共施設がクラブ財としての性質をもっていることもその理由の1つとして挙げること

ができる。

　クラブ財とは，スポーツ・クラブのように，利用者が少ない間は非競合性が認められるが，利用者が一定以上に増えると「混雑現象」が発生し，利用者の間で消費が競合するようになる財のことである。渋滞する道路などを連想すればすぐにわかるように，公共財の例として挙げられるものの中にも実際にはクラブ財としての性質をある程度もっているものは多い。こうした財については，何らかの方法で混雑現象を解消する必要がある。抽選による入場制限などの方法がとられることもあるが，最も一般的に用いられるのが，一定の利用料金を課すことである。博物館への入場に一定の料金が課されれば，その料金を超える価値を展示物の鑑賞に見出せない人々は博物館への入場を諦めることになるだろう。

2.6　価値財と文化的価値

　最後に，公共財よりもむしろ純粋な私的財に近い財であっても，政府が供給を行う場合があることに触れておく必要があるだろう。「公的に供給される私的財」と呼ばれるこれらの財が政府によって供給されるのは，不確実性の存在など，何らかの理由で政府が供給した方が，民間企業が供給するよりも，社会全体でみた費用が低く済むと考えられる場合である。たとえば，民間企業が医療保険を供給する場合，加入時の審査や支払時の調査に多額の費用がかかるため，政府が供給する方がかえって割安になるという指摘がある。

　政府によって私的財が供給される理由として，もう1つ挙げられることが多いのが，「価値財」の存在である。第1章で学んだことからも明らかなように，公共財にしても正の外部性を生じる財にしても，その最適な供給量を決める基準となっているのは，社会的限界費用と社会的限界便益である。このうち，社会的限界便益の基礎になるのは，それらの財に対する個々人の欲求である。これに対し，マスグレイブは，人々が社会を形成するとき，個々人の欲求を集計したものとは質的に異なる社会的な欲求が生まれる可能性があることを指摘し，そのような社会的欲求を満たすために政府が供給する財を「価値財」（merit goods）と呼んだ（Musgrave, 1969）。

　「価値財」の例としてしばしば挙げられるのは，マイナスの価値をもつ価値財（「非価値財」とも呼ばれる）である，麻薬などの違法薬物である。これらの

財は，それを使用する人々の欲求の対象とはなるが，政府はそうした欲求を否定する形で薬物の使用を禁止する。もちろん，違法薬物の使用がさまざまな負の外部性を生じることは確かであるが，たとえそうした負の外部性が発生しなかったとしても，それを使用する本人の健康を考えて政府は違法薬物の使用を禁止するであろう。

　これとは逆に，政府は，人々が必ずしも欲求しない財を供給しようとする場合がある。芸術・文化の領域で例を挙げるとするならば，現代的な文化よりも伝統文化を優先して供給しようとする場合がそれに当たるであろう。オーストラリアの文化経済学者D.スロスビーは，人々が支払意思によって示す経済的な価値のほかに，歴史的な観点や美的な観点から決まる文化的価値も考慮に入れて政策が決定されるべきであるとしているが（Throsby, 2001），このスロスビーの見解も「価値財」の議論の一類型とみなすことができるであろう。

3　市場を活用した間接的な芸術・文化の供給

3.1　政府による民間の主体のコントロール

　前節でみたように，政府は，芸術作品や文化施設を直接的に供給することで，芸術・文化の領域における「市場の失敗」に対処しようともするが，それ以上に，生産者であるか消費者であるかにかかわらず，何らかの手段で民間の主体に影響を与え，その行動をコントロールすることによって，「市場の失敗」に対処することが多い。

　以下では，法・制度の整備，補助金の支出，租税制度の活用の3つの観点から，政府が民間の活動に影響を与えることで，政策目的を達成しようとする方法についてみてみよう。

3.2　インフラストラクチャーとしての法制度

　生産者を対象としたものであれ，消費者を対象としたものであれ，政府が人々の行動に影響を与える最も簡単な方法は，法によって規制を行うことである。規制の中で最もわかりやすいのは，アスベスト（石綿）に対する規制のように，負の外部性を生じる財の利用を禁止したり，制限したりする規制である。

　芸術・文化の領域においても法による規制は行われるが，この領域において

重要になるのは，すでに生じている正の外部性を維持するための法的規制である。その代表ともいえるのが，文化財の保護に関わるものである。「文化財を保存し，且つ，その活用を図り，もつて国民の文化的向上に資するとともに，世界文化の進歩に貢献する」ことを目的として掲げる日本の文化財保護法では，この法律によって重要文化財に指定された財の現状を変更するにあたっては，文化庁長官の許可を要するなどの規制が明示されているが，これは現状を変更することですでに生じている正の外部性が失われることを防ぐための政策であると解釈することができるであろう。

　政府は，規制のように，人々の行動を制約するためではなく，法を整備することによって，それなしには生まれなかった市場を作り出し，その結果として芸術・文化に資源が振り向けられるようにすることもある。第1章で触れられ，第7章で詳しく学ぶことになる著作権制度はその代表例である。経済の発展を支える公共施設や制度のことをインフラストラクチャーと呼ぶが，上で述べた点を理解すれば，著作権法は芸術・文化の生産を支え，その市場を維持するのに不可欠な一種のインフラストラクチャーとしての役割を果たしていることがわかるであろう。

　このように，おもに政府によって運用される制度が，インフラストラクチャーとしての役割を果たす例はほかにもある。たとえば，「伝統的工芸品産業の振興に関する法律」（伝産法）では，経済産業大臣が伝統工芸品を指定し，指定された伝統工芸品は「伝統マーク」を使用した「伝統証紙」を貼付することで「経済産業大臣指定伝統的工芸品」であることを示すことができる。これにより，消費者は，それが質の悪い類似品などではなく，質の良い本物の伝統工芸品であることを確かめてから購入することができるようになる。このような制度が，「市場の失敗」の原因の1つとして第1章で学んだ情報の不完全性を是正し，結果として芸術・文化の供給を増やす役割を果たしていることは明らかであろう。

3.3　芸術・文化への補助金の支出

　前項では，効率的な水準よりも少なくなる傾向がある芸術・文化について，政府が直接的に供給するケースについて学んだが，供給される財・サービスの量が効率的な水準に比べて少ないときにとられるもう1つの代表的な手段は，

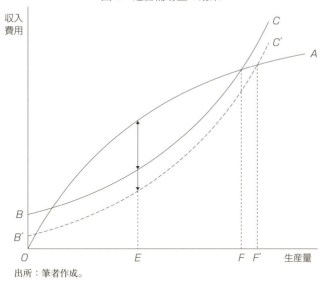

図4 運営補助金の効果

出所:筆者作成。

補助金の活用である。その代用的な例は，第1章で正の外部性を内部化する方法として学んだピグー的補助金である。

家庭向け太陽光発電設備への補助金をイメージするとわかりやすいが，ピグー的補助金は，正の外部性を生じる財やサービスの価格を実質的に引き下げることにより，その需要を拡大し，結果としてその供給をも拡大しようとする政策手段である。実演芸術を例にすれば，特定の公演のチケットへの補助金支出が行われているとすれば，それはピグー的補助金として解釈することができるであろう。しかし，芸術・文化を対象とする補助金の中には，特定の財やサービスの価格を引き下げるのではなく，むしろ，特定の芸術・文化団体の運営そのものを助成しようとするものが多い。こうした補助金が芸術・文化の生産の拡大につながるのは，補助の対象が原則として非営利の組織であるからである。

図4は，芸術・文化の生産と，収入・費用との関係を表したものである。図中の曲線 OA は芸術・文化の生産から得られる収入を，曲線 BC は生産に伴う費用を示している。費用のうち OB に当たる部分は，生産量にかかわらず必要になる固定費用にあたる。このとき，利潤最大化を目的とする営利企業が，収入と費用との差額が最も大きくなる点 E で生産を行うのに対して，費用が収

入を超えない範囲で生産量最大化をめざす非営利組織の場合には，点 F で生産を行う。

ここで，生産量と関わりなく，この生産者に補助金が支給されたとしよう。この補助金は，固定費用を引き下げる効果をもつと考えられるから，たとえば固定費用 OB が OB' へと変化する。その結果，費用 BC は点線で表された $B'C'$ へと引き下げられる。このとき，生産者が営利企業であった場合，費用が低下したにもかかわらず，生産量は点 E のままである。なぜなら，収入と費用との差額が最大になるのは，やはり点 E であるからである。これに対し，生産者が非営利組織である場合，生産量は F から F' へと増加することは，上で述べた説明から明らかであろう。

このように，芸術・文化の生産者が非営利組織である限り，生産者への補助金の支出は，たとえそれが財の価格に直接反映されるものでなくても，芸術・文化の生産量を拡大する可能性が高いと考えられるのである。

3.4 アームズ・レングスの原則

芸術・文化の生産者に補助金を支出する場合の重要な論点として，その対象がどのように決定されるのかということがある。前節で学んだ価値財の場合のように，政府は人々の欲求とは別に，社会的な価値の観点から財・サービスの供給を行う可能性がある。しかし，文化政策に限らず，政府の政策の中にこうした価値観を持ち込むことについては，一般的には望ましくないとされている。とくに芸術・文化の場合，表現の自由という観点から，政府は財やサービスの供給の内容にはできるだけ触れない方がよいというのが，多くの論者の見解である。政府が補助金の対象となる公演や展覧会を決めることは，間接的に芸術・文化の内容を決めることになりかねないというのである。

こうした点に配慮して，補助金による助成と表現の自由とを両立させる方法の1つが，補助の対象と政府との間に，政府から一定の距離を置いた独立の組織を設置し，補助金の配分をその組織に任せることである。近年，日本では各地にアーツ・カウンシルと呼ばれる組織が設立されているが，そのモデルとなっているのは，イギリスのアーツ・カウンシルである。イギリスのアーツ・カウンシルは第2次世界大戦中に設立された。その設立に際し，初代会長となった，イギリスの経済学者，ジョン・メイナード・ケインズは，政府は芸術の支

援に際して「金は出しても口は出さない」ことが重要であると述べた。この考え方は，「アームズ・レングスの原則」と呼ばれ，それに対してはさまざまな評価があるものの（太下，2017），芸術・文化支援における最も重要な原則となっている。

補助金の支出に際しては，何らかの審査や選定がつきものである。そうした選定に政治的な意向がくみ入れられることは，表現の自由に反するが，その選定に当たるのが政府から距離を置いたアーツ・カウンシルであれば，アームズ・レングスの原則に沿ったものとなるのである。

3.5 バウチャー制度

芸術・文化への補助金というときにイメージされやすいのは，芸術団体や芸術家個人など，芸術・文化の生産者に対する補助金である。しかし，ピグー的補助金を支出した場合と同様の効果を，政府は個人に対してバウチャーを配布することによっても実現することができる。バウチャーとは，特定の支出にのみ充てることができる商品券のようなものである。教育機関に対してのみ利用することができる教育バウチャー制度が提案されることはしばしばあるが，それと同様に，芸術・文化への支出に対してのみ利用することができるバウチャーを受け取ることができれば，個人が芸術・文化への支出を増やす可能性がある。実際，フランスや韓国など，実質的にバウチャー制度であるとみなすことができる，消費者への補助金を制度として整備している国もある。

バウチャー制度を利用することのメリットは，すでに述べたアームズ・レングスの原則を実現することができるということである。バウチャーが利用できる範囲には，一定の制限が設けられていたとしても，どの公演，どの展覧会に公的な資金を支出するのかを決めるのは，政府ではなく，実際にその公演や展覧会を訪れる消費者になるため，アームズ・レングスの原則に則った支援が可能になる。また，生産者への補助金が，必ずしも消費者のもとにまで届かない可能性があるのに対し，必ず消費者に届くという点もバウチャー制度の1つのメリットであると考えてよいだろう。

しかし，こうしたメリットがある一方で，バウチャー制度が有効に働くためには，芸術・文化が所得の増加に応じて消費の増える上級財でなければならないという制約がある。価格に対して補助金が支出された場合とは異なり，バウ

チャー制度は，芸術・文化の相対価格を下げない，つまり他と比較して以前よりも割安なものとすることがないため，むしろそれを使って芸術・文化を消費した人々の所得を増加させる効果がある。そのため，芸術文化が上級財でなければ，芸術・文化の消費は増加せず，バウチャーの分だけ所得からの芸術・文化への支出を節約し，他の財の消費に回すか，あるいは貯蓄を殖やすだけになる可能性がある。このとき，「市場の失敗」が矯正されないことはいうまでもない。このような政策目標の達成という観点からみての不確実性が，バウチャー制度がそれほど普及していない原因の1つであろう。

3.6 租税制度の活用
(1) 直接支援と間接支援

アームズ・レングスの原則を実現するもう1つの手段として，租税制度の活用を挙げることができる。租税制度を活用した支援は，タックス・インセンティブ（以下，税制インセンティブ）と呼ばれる。インセンティブとは，望ましい行動を引き出す誘因であるから，税制インセンティブは，税制を使って望ましい行動，つまり，文化への支援を引き出す制度ということになる。

たとえば，市民や企業が，芸術文化に対して寄付を行うよう，寄付額の一定割合を所得から差し引く所得控除や，課税額から差し引く税額控除などがある。所得税から差し引かれた金額は，政府の負担になる。つまり，税制インセンティブは，個人や企業が寄付を行うとしても，その一部を政府が負担することになるため，間接支援と呼ばれている。財政学の分野では，租税支出と呼ばれ，補助金と同様に政府の支出として位置づけられている。

一般的には，大陸ヨーロッパ諸国は，直接支援（補助金）が多く，アメリカとアングロサクソン諸国は税制による間接支援（寄付等）が多いといわれる。しかし，1980年代以降，大陸ヨーロッパでも，税制を使った支援が多く取り入れられるようになった（Schuster, 1999, 2006）。その理由は，政府の財政赤字による補助金の減少である。日本では，文化庁予算は，2000年度までが800億円台で，文化芸術振興基本法が制定された2001年度に900億円台，2003年度に1000億円台になり，それ以降は1000億円が続いている。

他方，企業メセナ協議会を通して，企業が文化団体等に寄付を行うと一般の損金算入限度額より大きな金額まで損金算入できる，助成認定制度を活用した

企業からの寄付額は，2017年度は7661万円である。このほかに，企業メセナ協議会を通じた寄付の仕組みとして2021Arts of Fund（芸術・文化による社会創造ファンド），GB Fund（芸術・文化による災害復興支援ファンド）がある。前者は2014年から始まり，2017年度の寄付額は，2億5682万円である。後者は，東日本大震災があった2011年に始まり，2017年度の寄付額は，436万円である。これらの企業メセナ協議会を通じた寄付額の合計（2017年度）は，3億3780万円となる。

　企業は，寄付以外にも，多様な文化支援活動を行っている。企業によるメセナ活動（文化支援）の活動費総額は，241億7805万円（2015年），企業財団によるメセナ活動費総額は，578億8203万円（2015年）である。企業と企業財団，その他のメセナ活動費をあわせた総額は，848億2894万円となり，文化庁予算の約1000億円に迫る規模である。つまり，日本では，政府による文化支援とともに，企業による文化支援が大きな役割を果たしていることがわかる[1]。

　内閣府によれば，2010年の日本の寄付総額は8822億円，そのうち，個人による寄付は1847億円，法人による寄付は6975億円である[2]。日本はアメリカやイギリスと比較すると，GDPに占める寄付額の割合が低い。寄付額に占める法人寄付額が大きく，個人寄付の割合が小さいのも，日本の特徴である。文化・レクリエーションへの寄付は，寄付額全体のうち約22%（2008年）である。

(2) 日本で個人寄付が少ないのはなぜか

　日本で個人寄付が少ないのは，寄付に関する税制インセンティブが小さいためだろうか。決してそうではない。2011年より，寄付額から2000円を差し引いた金額の40%を所得税から控除できる税額控除制度も始まった。たとえば，個人が認定NPO法人等に10万円を寄付すると，10万円−2000円＝9万8000円の40%である3万9200円を所得税から差し引くことができる。しかし，実際には，寄付金控除制度を使った人の割合は9.3%と非常に少ない（内閣府経済社会総合研究所のホームページを参照）。寄付金控除制度を利用しない理由は，制度について知らない，利用しても控除額が少ない，確定申告をしない，寄付先が控除対象ではない等となっている。

　実は，日本で個人寄付が少ない背景には，歴史的な経緯もある。アメリカで個人寄付控除が導入されたのは1917年であり，その後，法人寄付控除が1935

図5 文化予算と寄付額（諸外国との比較）

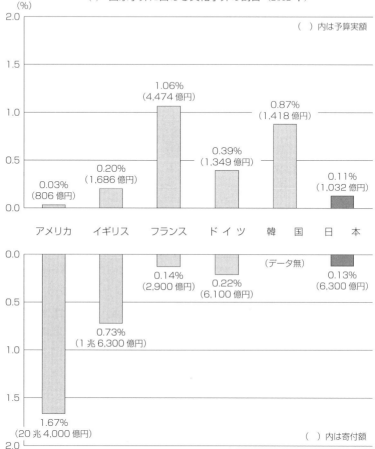

注：アメリカとイギリスの予算は2011年度。
出所：文化庁「文化芸術関連データ集」（http://www.bunka.go.jp/seisaku/bunkashingikai/seisaku/11/03/pdf/kijyo_2.pdf）4頁。

年に導入された。日本では，1942年に，法人が行う寄付の損金算入に限度を設ける目的で，法人寄付控除が導入された。個人寄付に対する控除の導入は，1962年である。つまり，歴史的にみても，日本は法人寄付の方が大きなウェイトを占めるものだったことがわかる。

(3) 税制インセンティブに関する経済学的考え方

　文化に対する税制インセンティブの働きを経済学的に分析する方法は，いくつか存在する。第1は，所得控除等によって政府がいくら負担しているのかを，明らかにすることである。そうすることで，補助金の大きさと比較し，両方の政策効果を比較することができる。しかし，日本では租税支出に関するデータがない。第2は，インセンティブの大きさを表すのに，たとえば，寄付税制であれば，所得税率，所得税率が適用される所得区分，所得控除が適用される下限額と上限額等を明らかにすることである。第3には，税制インセンティブがどの程度働くのか，寄付の価格弾力性や所得弾力性を調べることである。アメリカの寄付に対する価格弾力性の研究によれば，初期の研究では寄付の価格弾力性は1より小さく，近年の研究では，寄付の価格弾力性は0.9から1.1の間である。つまり，寄付への税制インセンティブが寄付を誘発するかどうか，はっきりしない（弾力性が1より大きいと，政府負担1に対して，1より大きな金額の寄付が誘発される）。

　古いデータではあるが，寄付額を，基礎的寄付，政府負担，政府負担に誘発された寄付額に分けたアメリカの研究では，政府負担は，新たな寄付を誘発し，とくに，文化への寄付ではそれが顕著であるという研究もある。その理由は，文化への寄付者が高額所得者であり，所得税率が高いためより大きな控除を受けられるからである（Feld, O'Hare, and Schuster, 1983）。

　寄付の所得弾力性は，寄付者の所得階層に応じて所得税率が変わると，寄付額にどんな影響があるかを表す。アメリカの研究では，所得弾力性はおおむね1より大きい。所得が1増えると，寄付額は1より大きな金額で増えることになる。つまり，高額所得者になるほど所得税率が大きいため控除される金額も大きく，より大きな寄付へのインセンティブが働くことになる。ただし，税額控除の場合には，所得額に関係なく控除される金額が決まるため，所得弾力性とは無関係である。

(4) 日本と海外の税制インセンティブ

　日本で，文化への税制インセンティブが導入されたのは，1950年の文化財保護法が制定されたときである。文化財所有者の固定資産税や富裕税の減免は，文化財の売却や転売，海外流出を防ぐ目的で導入された。

その後も，相続財産を国等に寄付した際の相続税の非課税，重要文化財を国等に譲渡した際の譲渡所得税の非課税，重要文化財を相続・贈与した際の相続税・贈与税の控除，美術品による相続税の物納，重要文化財等の所有者に対する固定資産税の減免等，文化財を中心に税制インセンティブが導入されてきた。また，寄付に対するインセンティブも，拡大してきた（後藤，2013）。日本の場合には，非営利の文化に対する税制インセンティブが中心である。

　海外では，営利の文化活動にも税制インセンティブが導入されている。たとえば，映画やゲーム等のクリエイティブ産業，著作権収入，芸術家等に対する税制インセンティブがある。映画製作に対する税控除は，自国に映画製作を誘引する目的で導入され，芸術家の所得税の控除（アイルランド）等も，クリエイティブな人材を誘引する目的で行われているが，映画会社や人材の奪い合いをしているだけだという批判もある。

　最も金額的に大きいのは，VAT（付加価値税）の減税である。EUでは，VATの税率は20％程度だが，文化へのVATは，5％程度に軽減されているため，他の財やサービスより取引が有利になる。ほかには，企業が自国の芸術家の絵画等を購入し，社内に飾るなど，ビジネス目的に用いる場合に限り，その費用を資本費用として控除できるカナダ等の国もある（Hemels and Goto, 2017）。

(5) 補助金と税制インセンティブの違い

　前述のように，補助金も税制インセンティブも，政府の支出であり，文化政策の目的を達成するための政策手段である。2つの政策手段は，どこが違うのだろうか。たとえば，文化団体が補助金で支援される場合と，寄付控除によって誘発される寄付金で支援される場合を考えてみよう。前者の場合，文化団体は，政府にアピールする必要があり，後者は寄付者である市民にアピールする必要がある。後者の方が，市民のことを考えた文化団体の行動を引き出すことになる。

　また，補助金の意思決定は，政府ないし専門家が行うため，市場による目利きは機能しない。税制インセンティブならば，企業家が，未知ではあるが成功しそうな芸術を目利きして支援することができる。支援される対象も，補助金の場合には限りがあるが，税控除の場合には，条件さえ満たせば，多くのもの

表 1 近年の税制改正

年度	内容	
2009	公益法人の保有する伝統芸能の公開施設に対する非課税措置の創設	固定資産税等
2010	文化芸術関係法人に対する個人からの寄附税制の拡充（適用下限額を5000円→2000円に引き下げ）	所得税
2011	文化芸術関係法人に対する個人からの寄附に係る税額控除制度の導入	所得税
2011	公益法人の保有する伝統芸能の公開施設に対する非課税措置の延長	固定資産税等
2012	重要有形民俗文化財の国への譲渡に係る特例措置（1/2課税）について，譲渡対象への地方公共団体の追加と2年延長	所得税
2013	公益法人の保有する伝統芸能の公開施設に対する軽減措置の2年延長	固定資産税等
2014	重要有形民俗文化財の国への譲渡に係る特例措置（1/2課税）について，2年延長	所得税
2014	重要文化財等を譲渡した場合の譲渡所得の減免措置について，博物館相当施設の設置・管理を主たる目的とする地方独立行政法人に譲渡した場合を追加	所得税
2015	公益法人の保有する伝統芸能の公開施設に対する軽減措置の2年延長	固定資産税等
2018	障害者・高齢者に対応して高度なバリアフリー対策を行った劇場・音楽堂等に税額を1/3減額	固定資産税・都市計画税
2019	保存活用計画が認定され，美術館等において寄託・公開された国宝・重要文化財・登録有形文化財（美術工芸品）の相続税の納税猶予	相続税

出所：前掲「文化芸術関連データ集」6頁，文化庁（2018b）14頁より作成。

に適用できる。

　税制インセンティブの欠点としては，減税による政府負担の金額がわかりにくいこと，VAT等の減税は，質を区別して適用することが難しいため，たとえば，図書であれば，良書にも悪書にも適用されてしまう等が挙げられる。

　補助金と，税制インセンティブは，併用されることが多く，補助金は対象を絞り，質の高い芸術生産を促進し，税制インセンティブは，適用の対象を広げることで，評価の定まらない未知のものの中から，市場の目利きを通して新しい文化を発掘できる可能性をもつ。また，市民が多様な文化を支援することを可能にする税制インセンティブは，文化多様性や文化の厚みといった観点からも望ましいといえる。

4 産業政策としての文化政策

4.1 経済のエンジンとしての芸術・文化

　現代の文化経済学がボウモルとボウエンによる舞台芸術の経済分析から発展してきたという経緯もあって，文化経済学の領域では文化政策は伝統的に非営利の芸術・文化活動への支援というイメージで捉えられることが多かった。しかし，現在の文化政策においては，経済的困難に直面する（経済的に弱い立場にある）非営利の活動に対して「支援」の手を差しのべるというのではなく，経済成長のエンジンの1つである文化に「投資」するという側面に注目が集まりつつある。芸術・文化と政府との関係について考える際には，この点についても触れておく必要があるだろう。

　実際，日本においても，そうした傾向は強まってきており，文化庁以外の省庁が芸術・文化に対する支援を行ったり，地方公共団体においても，都道府県の商工労働部といった本来であれば芸術・文化とは無縁と考えられていた部局が芸術・文化の振興につながる事業を展開したりするなどのケースが増えている。たとえば，観光庁は，文化庁とも連携しながら観光資源の開拓の一環として文化財の活用を促進するための事業を行っているし，農林水産省は日本の食文化を海外に積極的に発信することで農林水産業の振興を図ろうとしている。

　また，経済産業省は，「クールジャパン政策」の名の下に，経済活性化の観点から，アニメやファッションなど日本独自の文化への支援を行っている。具体的には，株式会社海外需要開拓支援機構（通称「クールジャパン機構」）に対して，累積額で586億円の出資を行っているほか，コンテンツ産業の強化に向けて「コンテンツ産業新展開強化事業」に6億円を計上している（2017年度）。クールジャパン政策は，経産省だけでなく，複数の省庁の個別の事業を束ねたものであるが，その予算の総額は，2017年度で459億円，2018年度で649億円にも上る。

4.2 産業政策の考え方

　支援の最終的な目的が，芸術・文化の生産や消費を拡大することにあるのではなく，それを通じて経済成長を促すことや雇用の拡大を図ることにあるので

あれば，文化政策は一種の「産業政策」であると捉えることもできるであろう。産業政策とは，「一国の産業（部門）間の資源配分，または特定産業（部門）内の産業組織に介入することにより，その国の経済厚生に影響を与えようとする政策」（伊藤ほか，1988）である。第2次世界大戦後の日本において採用され，その評価は分かれるものの，高度経済成長の実現に大きな役割を果たしたとされる傾斜生産方式の導入などが産業政策の事例である。

伊藤ほか（1988）は，その主要な側面として次の4点を挙げている。
(1) 一国の産業構造に影響を与えようとする政策。
(2) 技術開発や情報の不完全性などに伴う市場の失敗を是正する諸政策。
(3) 個別の産業組織に行政的に介入し，経済厚生を高めようとする政策。
(4) 経済的な根拠というよりはむしろ，主として政治的要請に基づいてとられる政策。

もちろん，それぞれの産業政策がこの4つの側面に明確に類型化できるわけではない。たとえば，EU諸国や韓国で採用されたことのあるスクリーン・クォータ制度，すなわち映画館で上映される映画のうち，一定の割合を自国内で生産された映画とすることを求める制度は，ハリウッド映画が国内市場を独占することによって生じうる市場の失敗を防ぐための政策とみることもできれば，ナショナリズムを背景とした政治的色合いの濃い政策とみることもできる。いずれにしても，政府は自らの設定した目的を達成するために産業構造，すなわちさまざまな産業部門の構成や，産業組織，すなわちその産業部門における市場のあり方に介入することがあり，それらを総称して「産業政策」と呼ぶことができるのである。

4.3 営利企業に対する補助金の支出

第3節でも触れたように，芸術・文化の領域における政府の役割を論じるときには，暗黙のうちに，その生産主体が非営利であることが前提とされてきた。しかし，音楽産業であれ映画産業であれ，文化産業に属する生産者は，多くの場合，株式会社などの営利組織である。この場合，政府が生産者に対して直接的に財政的な支援を行ったとしても，その供給量を拡大することができない可能性があることはすでに述べたとおりである。そこでの説明からも明らかなように，生産量の拡大に結びつかない補助金の支出は，単に生産者の利潤を増や

すだけである。このような場合には，生産者への直接的な財政支援ではない政策手段を講じることが求められる。

　1つの方法は，何らかの方法で価格体系に介入し，生産者の収入や費用の構造を変化させることである。つまり，チケット価格への補助金のように特定の財の価格を実質的に下落させることにつながる政策である。もう1つの方法は，第3節の最初に述べたような法の整備をはじめとするインフラストラクチャーの供給である。冒頭で触れた経済産業省の「コンテンツ産業新展開強化事業」は，コンテンツ国際ビジネスマッチング，ビジネスマッチング運営会議の実施などを事業の内容としており，まさにコンテンツ産業のインフラストラクチャーを構築することを意図したものであるといえる。

4.4　芸術・文化の手段化は望ましいか

　経済成長や雇用の拡大のためには，生産の規模が大きくなる必要があることはいうまでもないが，そうした規模の拡大が容易な芸術・文化が優先される結果，質的には優れていたとしても実験的な芸術や，ニッチな文化が軽視される可能性は否定できない。そのため，産業政策の一環として芸術・文化への支援を行うことは，一方では芸術・文化への資源の投入を容易にするとして歓迎されるが，他方ではその内容を歪める結果につながるとの批判がある。

　しかし，芸術・文化それ自体が政策目標になるのではなく，政策手段の1つとなっているのではないかという指摘がなされるようになったのは，目新しいことではない。本章の第1節で地方公共団体の文化予算について触れた際に，かつてその大半を占めていたのが文化施設建設費であることを学んだ。こうした文化施設建設費については，規模としては芸術・文化振興の大きな部分であったにもかかわらず，ソフト的な内容を伴わない「ハコモノ行政」であるという批判を受けていった。このように，日本の地方公共団体の文化予算が文化施設建設費に集中し，その額が大きく変動してきたのも，それが必ずしも芸術・文化の振興だけを意図したものではなかったからであると考えられる。実際，地方公共団体の文化施設建設費が，景気安定化や地域間再分配という必ずしも芸術・文化と関わりのない目的のために支出されてきた側面があることは，日本の文化経済学研究の中で明らかにされた大きな成果の1つである。

5 市場の失敗と政府の失敗

5.1 政府による支援の現実

　本章では，まず，芸術・文化の領域において，政府がどのような役割を果たしているのかを文化庁や地方公共団体の予算を具体的な例として学んだ後に，政府は，公共財の供給や租税制度の活用などさまざまな政策をとりうることを示した。これらは標準化された経済理論を芸術・文化の領域に適用したものであるが，こうした議論が現実の政府の活動を正確に表現したものではないことは，前節で触れた産業政策や地方公共団体の文化施設建設費に関する研究からも明らかである。

　現実の世界で政府が提供する財が必ずしも経済学的な意味での公共財と一致しないことについてはすでに触れたが，それ以外にも経済学の視点から現実の政府の活動をみる場合に注意しておかなければならない点がいくつかある。とくに，芸術・文化の領域では，政府による支援が，本当に社会にとって望ましいのかということも含めて，さまざまな見解がある。本章を締めくくるにあたって，こうした点について触れておこう。

5.2 政策の実行に伴う費用

　本章の前半や第1章で触れたように，芸術・文化に対して支援を行うべき論拠を見つけ出すことはそれほど難しいことではない。しかし，そのことと実際に支援を行うことが望ましいと判断することはまったく別のことである。たとえば，正の外部性を芸術や文化が生み出すであろうことは誰もが認めることではあるが，正の外部性が生じてさえいれば，政府による支援が正当化されるかといえば，必ずしもそうではない。

　政府による支援が正当化されるのは，支援によって新たによって生み出される外部性の価値が，支援の費用，具体的には補助金の金額とそれを調達するために必要となるさまざまな費用を上回る場合に限られる。このことは，外部性の発生の形態が異なる次の2つのケースを比較するとよくわかる。図6 (a) では，確かに正の外部性は存在するし，図6 (b) に比べても大きなものとなっている。しかし，そうした正の外部性は，市場において需要と供給が決定し

図6　正の外部性の2つのケース

(a) 生産量が市場均衡に到達した時点で正の外部性が発生し尽くす場合

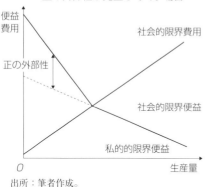

(b) 市場均衡以上の生産でも正の外部性が発生する場合

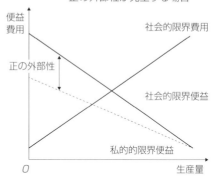

出所：筆者作成。

た段階で，発生し尽くしてしまっている。そのため，この場合には，政府がわざわざ費用をかけて芸術・文化の生産を増やすメリットはない。この図は極端な例であるにしても，政策に生産や消費を増やすことによって新たに生み出される正の外部性が，政策の実行のために必要になるさまざまなコストを超えるとは限らないのである。

　つまり，政府が補助金を支出するなどの形で費用を投じて，その生産や消費を拡大することが正当化されるためには，政府の活動のために必要な租税を徴収することに伴うコストや，補助金を支出するための審査費用などを考慮しても，それを超える正の外部性が発生することを確かめる必要がある。しかし，これはきわめて難しい作業である。その理由の1つは，公害のようにすでに発生している負の外部性を政府の介入によって取り除く場合とは異なり，文化が生み出す正の外部性は，事前にその潜在的な可能性が認識されることはあっても，具体的にそれを測定することは困難であるということである。

　もう1つの理由は，ワクチン接種のように，その外部性が誰の目からみても明らかに望ましいのとは異なり，芸術・文化の場合には，人によってその評価が大きく異なるため，社会的な評価を定めることが困難になるということである。たとえば，現在ではまちなかにパブリック・アートが設置されることは珍しくないが，それを街のシンボルとして高く評価する人々がいる一方で，目障りなものと感じる人々も少なくないといったことが十分に考えられるのである。

また，この場合，人々の評価を単純に合計することによって正しい評価が導けるとも限らない。こうしたことが，現実の政策を難しくしていることは明らかである。

5.3 芸術・文化生産の複雑さ

上で述べたように，外部性の事例ひとつをとってみても，経済理論は複雑な現実を単純化して捉えたものにすぎないことがわかる。実際，芸術・文化の生産の現場は，多種多様な経済的な特性をもつ多くのアクターが関わるものであって，経済理論で前提とされる，インプットとアウトプットを結びつける関数のように単純なものではない。

たとえば，伝統工芸品ひとつをとってみても，そこにはさまざまな工程があり，それぞれの工程によって生産の規模や技術の特質が異なる。そして，それら多様な生産の工程が1つの生産者の中で完結している場合もあれば，別々の生産者によって担われている場合もある。こうした場合に，それぞれの生産者が位置する市場の構造によって，支援の効果が異なる可能性も否定できない。たとえば，特定の材料を供給する生産者が，その材料の市場において独占的な地位を築いているとすれば，補助金の多くは，結果的にそうした独占的な地位をもつ生産者に集中してしまう可能性がある。

このように，生産に関わる組織の中身まで考えると，経済学における想定がいかに単純であるかがわかる。同じようなことは，実演芸術団体にもいえるであろう。むしろ，いわゆる経済人とは異なる行動をとることが指摘されている芸術家が多数関わる実演芸術団体において，事態はさらに複雑なものになると予想される。

5.4 政府は政策の効果を予測できるか

政策の対象となる現実が，経済モデルが想定するように単純なものではないことに加えて，政策が決定され執行に移される過程もまた，理論で描かれるような単純なものではない。ここまでの議論では，市場の失敗があれば，政府はそれを矯正するための政策を適切に実行できるものと暗黙のうちに前提してきた。これは，政府が，あらゆる情報を入手し，それらの情報に基づいて正しい政策を導き出した上で，その政策を誰にも邪魔されずに実行することができる

と想定していることにほかならない(全能の慈善的専制政府の仮定)。
　しかし，政府があらゆる情報を集めることは現実には不可能であることはいうまでもない。たとえば，政府が実施する政策は，予期しない別の効果をもつ可能性もある。たとえば，H. アビングは，芸術家の活動に対して補助金を与えることは，「芸術家の卵」に対して芸術は生業として成り立つというアナウンス効果をもちうることを指摘している(Abbing, 2002)。補助金によって「食べていける」ことがわかった芸術家の卵が新たに芸術労働の市場に参加することは，芸術労働の供給を増やし，価格メカニズムの働きを経て芸術家の賃金を引き下げる可能性がある。こうして，そもそもは所得の低い芸術家の生活水準を高めるために支出された補助金が，かえって芸術家の生活水準を下げる結果となるというのがアビングの見解である。こうした過程が常に起こるとは限らないが，政策の効果を事前に的確に予測することはきわめて難しいということは確かである。言い換えれば，政府は，その帰結が不確実な状況の下で，政策判断を行わなければならないのである。

5.5　政府の失敗

　たとえ必要な情報をすべて得られたとしても，そこから常に正しい判断が導かれるとは限らない。政府の意思決定は，それぞれが自分自身の利害に強い関心をもつさまざまな主体によって行われる複雑なプロセスであるため，たとえ社会的な視点からみて最善の政策を導き出すことができたとしても，その政策が選択されるとは限らないということが挙げられる。政治家も官僚も，そして一般の生産者や消費者(納税者，投票者と言い換えてもよい)も，程度の差こそあれ自らの利益に配慮して政治的な行動を行うはずである。その結果が経済理論によって導かれる政策と一致するとは限らない。
　たとえば，その対象となっている生産者にとって，一見したところ足かせのようにみえるさまざまな規制は，実際には，規制対象となっている生産者を競争から保護する参入障壁の役割を果たしていることがある。その事例の1つとして，近年注目を集めた電波法や放送法による放送事業者に対する規制がある。日本に限らず，多くの国で，放送事業においては，その公共性に照らして，一定の条件を満たしたものだけに事業が許される免許制度が敷かれている。しかし，こうした免許制度の存在は，既存事業者以外の参入が困難になるという意

味で，実質上の参入障壁として機能することがある。その場合には，市場における競争が制限されるため，既存の事業者は免許制度が維持されることを望み，それを維持するために政治的行動をとるはずである。

　G.J. スティグラーは，このように規制される主体を保護する働きをもつ規制は，しばしば規制される主体によってコントロールされ，規制される側にとって都合のよいように運用される可能性があることを明らかにした（Stigler, 1975）。このような考え方は，現在では，規制の「とりこ理論」（Captured Theory）と呼ばれている。規制に限らず補助金その他のあらゆる政府の活動は，それによって利益を受ける主体に都合のよいようにコントロールされる可能性をもっている。

　このように，政府が必ずしも適切な政策を執行できないことは，「市場の失敗」に対して「政府の失敗」と呼ばれる。この「政府の失敗」を理由に，政府が芸術・文化の市場に介入することを否定的に論じる人々も少なくない。しかし，「政府の失敗」が「市場の失敗」よりも深刻なものかどうか，あるいは逆に市場と政府のどちらがよりよい結果をもたらすのかは，1つひとつの事例を実証的に調査しなければ判断できない。そのためにも理論と実証の側面から文化経済学を学ぶ必要があるのである。

注

1　2016年度メセナ活動実態調査報告書，による。最新の報告書は2017年度であるが，企業財団の活動費が掲載されていないため，2016年度の報告書を使用した。
2　内閣府経済社会総合研究所等のNPOに関するホームページ等を参照してほしい。https://www.npo-homepage.go.jp/uploads/kiso_kokusaihikaku_insatu.pdf，https://www.npo-homepage.go.jp/about/kokusai-hikaku/kifunichibeiei-joukyou，https://www.npo-homepage.go.jp/kifu/kifushirou/kifu-hikaku

参考文献

伊藤元重・奥野正寛・清野一治・鈴村興太郎（1988）『産業政策の経済分析』東京大学出版会
太下義之（2017）『アーツカウンシル――アームズ・レングスの現実を越えて』水声社
後藤和子（2009）「政策課税としての文化税制――その理論的根拠とインパクト」日本財政学会編『少子高齢化社会の財政システム』（財政研究 第5巻），354〜371頁
後藤和子（2013）『クリエイティブ産業の経済学――契約，著作権，税制のインセンティブ

設計』有斐閣
後藤和子・則本浩佑（2009）「政策課税としての文化税制――その理論的根拠と望ましいデザイン」『文化経済学』第6巻第3号, 25～38頁
文化庁（2018a）『地方における文化行政の状況について（平成28年度）』
文化庁（2018b）『平成30年度 我が国の文化政策』
山田浩之編（2016）『都市祭礼文化の継承と変容を考える――ソーシャル・キャピタルと文化資本』ミネルヴァ書房
Abbing, H.（2002）*Why are Artists Poor?: The Exceptional Economy of the Arts*, Amsterdam University Press.（山本和弘訳（2007）『金と芸術――なぜアーティストは貧乏なのか？』grambooks）
Feld, A. L., M. O'Hare, and J. M. D. Schuster（1983）*Patrons Despite Themselves: Taxpayers and Arts Policy, A Twentieth Century Fund Report*, New York University Press.
Hemels, S., and K. Goto eds.（2017）*Tax Incentives for the Creative Industries*, Springer.
Musgrave, R. A.（1959）*The Theory of Public Finance: A Study in Public Economy*, McGraw-Hill.（大阪大学財政研究会訳（1961）『財政理論――公共経済の研究』（1-3）有斐閣）
Musgrave, R. A.（1969）*Fiscal Systems*, Yale University Press.（大阪大学財政研究会訳（1972）『財政組織論――各国の比較』有斐閣）
Schuster, J. M.（1999）"The Other Side of the Subsidized Muse: Indirect Aid Revisited," *Journal of Cultural Economics*, 23(1-2), 51-70
Schuster, J. M.（2006）"Tax Incentives in Cultural Policy" in V. A. Ginsburgh and D. Throsby eds., *Handbook of the Economics of Art and Culture*, vol. 1, North-Holland, 1253-1298.
Stigler, G. J.（1975）*The Citizen and the State: Essays on Regulation*, University of Chicago Press.（余語将尊・宇佐美泰生訳（1981）『小さな政府の経済学――規制と競争』東洋経済新報社）
Throsby, D.（2001）*Economics and Culture*, Cambridge University Press.（中谷武雄・後藤和子監訳（2002）『文化経済学入門――創造性の探究から都市再生まで』日本経済新聞社）

第5章

舞台芸術とアーツ・マネジメント

はじめに

　舞台芸術の公演にはラスベガスのショービジネスから市民文化団体の発表会までさまざまなものがあるが，これらの中には，公益の実現をめざして民間非営利組織によって行われる形態がある。これが舞台芸術におけるアーツ・マネジメントである。本章では民間非営利活動としての舞台芸術の経済学的特徴を整理するとともに，日本の舞台芸術団体の収入構造のデータを日米比較の視点も取り入れて分析し，その特徴を理解する。

1　舞台芸術を経済学的に捉えると

1.1　舞台芸術創造のさまざまな形態

　音楽，演劇，舞踊，オペラ，ミュージカル，能，歌舞伎等，舞台芸術にはさまざまなジャンルがある。しかし，こうした芸術面からみた多様性だけでなく，舞台芸術はその上演形態においてもきわめて多様なものとなっている。本章のテーマである「舞台芸術とアーツ・マネジメント」について考えるにあたり，まずは舞台芸術にはどのような上演形態があり，これらが経済学的にどのように捉えられるのかを整理する。

(1)　営利企業による舞台芸術創造

　まずは，日本や欧米等，市場経済を基本とする経済体制の中において最も基本となるのが営利企業としての創造活動である。つまり，舞台芸術の公演が営

利を目的として生産・販売され，消費者である鑑賞者がこれを購入し消費する，という形態である。このようなかたちで実施されている舞台芸術は，国際的にみればブロードウェイ（ニューヨーク）やウェストエンド（ロンドン）のミュージカルやラスベガスのショー等が代表格といえる。日本でも劇団四季，東宝ミュージカル，宝塚歌劇，ディズニーリゾートのショー等，多数行われており，観客数も消費額も非常に大きな規模となっている。なお，これらの活動は，自ら公演のための劇場を設置して公演を行う場合もあるが（例：四季劇場，宝塚劇場等），営利企業である劇団や企画会社が，公立の劇場・音楽堂等を借りて公演を行う場合も少なくない。

　以上のような形態は，テーマパーク等とともにエンターテイメント・ビジネスに分類され，文化政策の対象というよりも，産業政策の対象として捉えられることも多い。また，これらは国民経済計算においては「産業」の中の「サービス産業」に分類され，チケット等の売上から中間投入を引いた付加価値額がGDPの一部を構成することになる。

(2)　民間非営利組織による舞台芸術創造

　次のカテゴリーは，民間非営利組織による舞台芸術創造である（非営利組織に関しては，本章第2節参照）。本章のテーマであるアーツ・マネジメントにおいては，前述の営利の活動は対象とはならず，基本的には，芸術の公益性に着目した非営利あるいは公的な活動を対象としている。したがって，民間非営利組織による舞台芸術創造は，アーツ・マネジメントにおける最も重要な形態となる。

　日本では，営利企業の法人形態はそのほとんどが株式会社に集約されるのに対して，民間非営利組織については，公益財団法人，一般財団法人，公益社団法人，一般社団法人，特定非営利活動法人，学校法人，さらには法人格をもたない任意団体等，団体の形態自体が多岐にわたるのが大きな特徴となっている。

　活動内容面で分類すると，まずは施設を伴うか，伴わないかに分けられる。前者は日生劇場やサントリーホール等といった公益財団法人が運営する民間の劇場・音楽堂等，後者は楽団，劇団，舞踊団，あるいはフェスティバルの実行委員会等といったものが例として挙げられる。また，定常的に職業芸術家と雇用あるいは契約関係にあるかどうか，といった観点からも分類が可能である。

次に，営利企業の場合にはほとんど考慮されることのない，民間非営利組織ならではの特徴として見落とせないのが，非職業的な関わり，すなわちボランティアの参画である。児童合唱や民俗芸能等，創造活動を担う実演家自体が職業芸術家ではない場合もある。また，実演家は職業芸術家であっても，運営を支える制作や事務スタッフとしてボランティアが活躍している組織も多い。
　このような民間非営利組織による舞台芸術創造は，国民経済計算においては，「対家計民間非営利サービス生産者」に含まれる。民間非営利組織も公演のチケット等を販売し売上を計上することになるが，営利企業とは異なり，その合計額から中間投入を差し引いた額がGDPということにはならない。チケット販売等の事業収入の以外に，政府の補助金や民間の寄付金を受け取っていることが多いからである。さらに前述のボランティア労働の貢献も大きいので，民間非営利組織が生み出す真の付加価値の把握は必ずしも容易ではない。

(3) 政府（国，地方公共団体）による舞台芸術創造
　舞台芸術創造の3つ目の主体は国や地方公共団体等の政府である。まず，国をみると宮内庁が明治以来，雅楽の演奏団体を保有している。さらに防衛省は全国に自衛隊の吹奏楽団を設置している。これらは演奏家を公務員として雇用し，創造活動を行っている。地方公共団体においても，警察の吹奏楽団が多数設置されている。このほか，地方公共団体が楽団や劇団等を設置するケースを思い浮かべる読者もいるかもしれない。かつては京都市が京都市交響楽団を市役所直営の団体として運営していたが，現在は楽団の事業は公益財団法人に移管されている。その結果，現在ではほとんどの場合，地方公共団体が設置した楽団や劇団等については，行政が直営で運営するのではなく，財団法人等を設置して運営している形態がほとんどである。この場合，法人格としては公益財団法人等の民間非営利団体となるので，経済学的には政府の活動には分類されない。政府は補助金等によってこれらを支援しているという位置づけになる。
　政府による舞台芸術創造のもう1つの柱は，国公立の文化施設における舞台芸術公演である。国は国立劇場を設置し，全国の地方公共団体は多数の公立文化施設を設置している。これらは「貸館」として貸し出されることもあるが，自ら自主制作を行う場合もある。国立劇場については，独立行政法人日本芸術文化振興会が運営を行っているが，そのうちの新国立劇場と国立劇場おきなわ

は，さらに公益財団法人に委託して運営を行っている。また，地方公共団体が設置した公立の劇場・音楽堂等の約6割については，指定管理者制度のもとで，民間主体に運営を委ねており，これらの主体の中には地方公共団体が設置した文化財団もあれば，民間営利企業や市民が設立したNPO法人等，多様なものが含まれる。

　いずれにしても，国民経済計算上は，誰が運営していても，「一般政府」の中の「政府消費」に位置づけられる。財政面からみると，直営であれば「人件費」等に多くが充てられたであろう政府支出が，民間委託することで委託料（指定管理料）にその大部分が充てられるようになる，という「使途」の違いが生じることを意味する。経済学的に重要な点は，こうした民間委託が行われると，政府部門に雇用が生み出されるのではなく，民間部門に雇用が生み出されるという違いが生じることである。

(4)　市民の消費活動としての舞台芸術創造

　これまでみてきた主体は，営利企業，民間非営利組織，政府と，多岐にわたる主体であるが，いずれも人々に舞台芸術の公演というサービスを提供する「供給側＝サプライ・サイド」の主体による生産活動であることには変わりがなかった。しかし，舞台芸術の創造という活動を考えた場合，余暇時間における市民の活動としての舞台芸術創造も無視することはできない。趣味として行われることが多いこれらの活動は，経済学的にみれば，消費活動として捉えられる。つまり，同じように舞台上で楽器を演奏したり，演技をしたりしていたとしても，それが生産活動である場合もあれば，消費活動である場合もあるのである。

(5)　舞台芸術創造の複雑な構造

　以上，舞台芸術の創造という活動が，きわめて多様な主体によって行われていることをみてきた。しかも，このことは，単に多様な主体が存在するということだけにとどまらない。これら主体が複雑に関わりあっているという点にも目を向けなければならない。地方公共団体が設置した公立の劇場において，これを指定管理者として運営する営利企業が企画制作した公演に，民間非営利団体のプロ・オーケストラと，余暇時間の市民活動として行っているアマチュア

合唱団が共演する,といったことも珍しくない。上述の4形態は,それぞれがバラバラに存在するだけでなく,相互に関わりあって存在しているのである。

1.2　舞台芸術創造の経済分析
(1)　舞台芸術創造の費用構造

　運営形態や運営主体においてはきわめて多様な舞台芸術であるが,その費用構造においては共通する特徴がみられる(第1章参照)。

　まず,公演を行うためには,誰かが企画を行い,出演者やスタッフを集めて稽古をしなければならない。これらの活動のために人件費や物件費等の費用がかかるが,これらは舞台芸術創造における固定費となる。次に,実際に公演を行う当日にも費用がかかってくる。劇場等の会場費や出演者や当日スタッフの人件費等である。一般にこれらの経費は公演の回数に応じて増えていくものなので,これらは舞台芸術創造における変動費(可変費用)となる。そして,固定費と変動費を足したものが総費用となる。公演を1回しか行わない場合は,総費用と公演1回当たりの平均費用は一致する。ところが,公演を2回以上行う場合は状況が変わってくる。公演を2回行う場合,変動費は2倍近くに増えることが予想されるが,固定費についてはほとんど変わらない。つまり公演を2回行った場合の総費用は1回の場合の総費用の2倍よりは少なくなるのが一般的である。つまり平均費用は公演回数を増やすほど減ってくるのである。平均費用が下がればチケットの価格を下げることも可能になり,市場での販売は行いやすくなる。舞台芸術においてロングラン公演が有利といわれるのはこうした理由による。

　ただし,公演数を増やしていけば平均費用は永久に下がり続けるかといえば必ずしもそうではない。たとえば3回の公演チケットを売り切るための広報活動であればポスターとチラシで十分かもしれないが,これを10回,20回,と増やすとなると,そのような広報手段だけでは売り切るのは難しいかもしれない。この場合,チケット販売のためのさらなるプロモーションを行う必要が生じ,そこに新たな費用がかかってくることになる。ロングランになれば当然ながらダブル・キャスト,トリプル・キャストで出演者を用意する必要があるし,スタッフについても拡充が求められるので費用は増えていく。つまり,平均費用は公演回数を増やすとある程度までは減っていくが,永久に減り続けるわけ

ではなく，やがて上昇に転じていくことになる。横軸を公演数，縦軸を費用としてグラフを描けば，U字型のグラフが描けることになる。

こうした費用構造は，前項でみた舞台芸術公演の多様性に関わりなく，ほとんどの舞台芸術公演に当てはまる共通の特徴となっている。一方，収入構造においては主体や形態によって大きな違いがあり，チケット販売のみならず寄付金や補助金等の助成収入の金額を勘案しながら最適な供給量を決めていくことになる。

(2) 舞台芸術創造の事業収入

次に収入の方をみてみよう。まずは，市場でチケットを販売することを考えると，一般の財・サービスと同様に右下がりの需要曲線が想定される。価格を下げれば下げるほど需要が増えていくという構造である。主催者側としては，ロングランで公演してチケットの価格を下げ，たくさん販売すれば儲かるということになる。第1章でもみたとおり，経済学的には限界費用曲線と需要曲線が一致するところが最適な供給量ということになる。なぜなら，それよりも供給を増やすとそれによって生じる費用が収入を上回ってしまい，赤字になってしまうからである。

ただし，実際のチケット価格の設定はもう少し複雑である。舞台芸術の公演チケットの場合，小劇場の公演等を除くと，多くの場合，さまざまな価格帯を設けていることが多い。つまりすべてのチケットを3000円で売るのではなく，6000円のS席から，5000円のA席，そして1000円のE席といったかたちで，座席の位置等に応じてさまざまな価格帯を提供することが多い。これは消費者ごとに，いくらまでなら払ってもいいか，という需要の違いがある点に着目した価格設定で，こうした価格設定の方法は差別価格と呼ばれている。

主催者としてはより多くの収入が得られることを望むので，6000円払ってくれる消費者がいるのであれば価格を6000円に設定したいところである。ところが6000円ではすべての座席は売り切れないので，それよりも安い価格のチケットも販売して，残りの座席を販売していくことになる。ここで重要なのは，6000円支払った消費者が，それよりも安い価格でチケットが売られていることに不満を感じないような「差」を設けていくことである。この「差」が十分でないと，消費者は誰も6000円のチケット代を支払おうとはしなくなっ

てしまうからである。

　以上みてきたのは、市場メカニズムの中でチケットを販売する際の価格設定のやり方である。消費者の需要に応え、かつ収入を最大にしようとする行動である。いわゆるエンターテイメント・ビジネスの世界であれば、このような論理で考えることができる。ところが、舞台芸術の分野には、市場メカニズムの中で利益を得ることを目的とする営利活動だけではなく、公益の達成をめざして行われる非営利の活動もあり、本章のテーマであるアーツ・マネジメントの世界はこちらに当てはまる。

　公益をめざして活動する場合、公演を制作して鑑賞者を集める場合にも、価格戦略が異なってくる。営利をめざしてチケットを販売する場合には、チケットを買ってくれる購買力をもった消費者のみが対象となる。しかし、公益をめざした活動の場合は、必ずしもそうではない。十分な購買力をもっていない人々に対しても、たとえば、基本的人権である文化権を保障するために鑑賞機会を提供する必要があるのであれば、採算を度外視した価格設定を行うこともありうる。この場合、費用負担については、助成収入によって賄うことが必要になる。

　また、舞台芸術の公演には、単に鑑賞者の満足を満たすためだけに行うのではなく、劇場に訪れない不特定多数の人々の利益につながるような公共財（準公共財）の供給として行われることもある。この場合、チケット購入者によってすべての費用負担を賄うような価格設定を行ったのでは、公共財から便益を受ける不特定多数の人々が「ただ乗り」してしまうことになり、不公平が生じてしまう。こうしたケースにおいては、劇場に直接足を運ぶ鑑賞者（＝私的財の受益者）が受益者負担としてチケット購入によって費用負担する部分と、劇場には足を運ばない不特定多数の人々の受益（＝公共財の受益者）を助成収入によって負担する部分の両者によって費用負担を分担することになる。

　つまり、公益を目的とした非営利あるいは公的な舞台芸術創造活動においては、営利の活動とは価格設定およびそれに伴う収入構造が異なってくる。人々の文化権の保障をはじめとした所得再分配的な意図をもって活動する場合、あるいは公共財（準公共財）の供給を意図して活動する場合は、価格設定はすべての費用を賄うだけの収入をあげられる水準にはならないことが多い。その結果、寄付や補助金等といった助成収入を得ることで収支を均衡させていくこと

が必要になる。

(3) インカム・ギャップと助成

　文化経済学の古典として有名な Baumol and Bowen（1966）は，アメリカの舞台芸術の費用構造と収入構造を実証的に分析し，インフレ下で，収支の差，すなわちインカム・ギャップが拡大してきていることを指摘した。収入増を上回るペースで費用が高まってしまう大きな要因は，他産業と比べた際の生産性の格差である。舞台芸術の生産構造が技術革新によって生産性を向上させにくいため，チケット販売収入を上回るペースで費用が拡大してしまい，インカム・ギャップが拡大してしまうのである。航空機にたとえれば，かつての大陸横断の主力機であったボーイング747は4人で操縦することが必要だった。それが技術革新によってボーイング747-400が開発されると2人で操縦することが可能になった。そして，さらにボーイング777が開発されると同様の航続距離をエンジンが2つの双発機で飛べるようになり，整備コストが高いエンジン4つのボーイング747よりもコストダウンを図ることが可能になった。これに対し，弦楽四重奏を技術革新によって2人の奏者で演奏できるようにはならないし，劇場のキャパシティを，鑑賞の質を落とさず10倍にすることなども期待できない。映画やテレビ等，他のエンターテイメントと比べ，舞台芸術は生産性において後れをとったのである。

　しかし，生産性格差によってインカム・ギャップが拡大したとしても，このことが直ちに公的支援をはじめとする助成収入の必要性を正当化するものではない。生産性が劣るために他の財・サービスに対して価格が割高になることで，消費者に対する魅力が低下するものはほかにもある。こうした場合，営利を目的として行われる舞台芸術については，市場メカニズムの中で淘汰されることになる。

　一方，公益を目的とした非営利組織の場合はこれらとは状況が異なる。収入と総費用の間にインカム・ギャップ，すなわち営利企業でいうところの「赤字」が生じる理由については，上述の生産性格差だけではなく，公的な使命を果たすために行う活動によって生じる場合も多い。文化権の保障のために，市場価格よりも安価あるいは無料でサービスを提供したり，チケットを購入する鑑賞者以外の不特定多数の市民のための公共財の供給に資する活動をしたりす

る場合は，費用に見合う事業収入は得られず，インカム・ギャップが生じることになる。この場合は，こうした公益を果たすための費用負担を，市場で販売するチケット収入等の事業収入のみならず，寄付や公的支援等の助成収入によって埋めていくことが必要になる。

1.3 アーツ・マネジメントとしての舞台芸術

　これまで，舞台芸術創造のさまざまな形態を確認したうえで，その費用および収入の構造を検討してきた。主体としては，営利企業，民間非営利組織，政府，市民の消費活動まで，きわめて多様でありながら，費用構造においては共通の特徴をもつことを確認した。しかし，収入構造においては，それが営利を目的とするのか，それとも公益の実現という非営利の目的を実現しようとするのかによって異なってくる。

　営利を追求するエンターテイメント・ビジネスとしての舞台芸術であれば，通常の財やサービスと同様に，購買力を伴った消費者の需要に応じて，あるいはそれを新規に開拓しながら，事業を展開し，差別価格を含む適切な価格戦略をとったうえで，得られる事業収入が，固定費と変動費をあわせた総費用を上回る範囲で事業を行えばいい。さまざまな需要開拓努力をしてもチケットが売れなければ，事業を縮小，あるいは撤退という，市場メカニズムにおける淘汰が行われる世界である。

　これに対し，公益の実現をめざした非営利活動の場合は，チケット販売による事業収入だけでなく，寄付や補助金等の助成収入をあわせて収支を均衡させ，事業を継続していくことが求められることになる。同じ舞台芸術創造といっても営利と非営利ではマネジメントの構造が大きく異なるのである。そして，このような公益をめざす非営利組織のマネジメントのことをアーツ・マネジメントと呼んでいる。アーツ・マネジメントは第2次世界大戦後のイギリスで生まれ，アメリカで発展したといわれているが，ここには政府による公的支援が大きく関わっている。イギリスは1946年にアーツ・カウンシルを設立し，アメリカは1965年にNEA（National Endowment for the Arts）を設立し，それぞれ民間芸術団体に対する公的助成を行ってきている。公的助成は，芸術団体が経営に失敗して赤字になって厳しそうだから救済として行われるわけではない。これらの団体が何らかの公益を果たしているから，そのための費用負担を行う

ために公的助成は行われるのである。

次節以降の議論は,公益を目的とした民間非営利組織による舞台芸術創造,すなわちアーツ・マネジメントとしての舞台芸術が対象となる。そこには営利企業とは異なる経済的特徴があり,これらがさまざまな視点から経済学的に分析されてきている。

2 アーツ・マネジメントと非営利組織の経済学

前節では,さまざまな形態で創造活動が行われる舞台芸術において,本章の対象となるアーツ・マネジメントとしての舞台芸術が,非営利組織として行う舞台芸術の活動であることを確認してきた。さらに重要なことをここで付け加えれば,公演1つひとつのマネジメントではなく,公演やその他の活動を継続的に行い続ける組織のマネジメントの問題であるということである。1つひとつの公演が儲かったか赤字になったか,という問題ももちろん重要であるが,アーツ・マネジメントの関心は,個々の事業の収支ではなく,儲かる事業も儲からない事業も含め,公益的な使命を達成するために行われるさまざまな事業の総体としての芸術団体や文化施設といった組織のマネジメントになる。

それでは,非営利組織はなぜ存在するのであろうか。また,それはどのような特徴をもつのであろうか。これまでの経済学が非営利組織について行ってきた議論を整理し,それが公益のために舞台芸術活動を行う非営利組織のマネジメントであるアーツ・マネジメントとどのような関わりをもつのかをまず確認していく。

2.1 非営利組織とは何か
(1) 非分配制約

非営利組織にはさまざまな形態があるが,これらを貫く共通の特徴として経済学的に重要なのは,非分配制約と呼ばれているものである。営利組織の代表である株式会社であれば,事業を行った結果として得られた利益は,出資者である株主に対して配当という形で分配することになる。出資者も配当を期待して出資するのが普通である。これに対して,非営利組織の場合は,事業を行って利益が出た場合でも,それを出資者等に対して分配することが制度的に禁じ

られている。このことは，配当というインセンティブによって資金を集めることはできないということを意味する。補助金や寄付金の提供者は，資金を提供しても，それに対する金銭的な見返りを求めることはできないのである。

このような資金調達上の不利な条件を緩和させる措置として，多くの国では，非営利組織に対して租税優遇措置を講じている。非営利組織自身が支払うべき法人税や固定資産税の減免，あるいはこれらの組織に対して寄付を行った個人や法人に対する個人所得税あるいは法人税等の減免（寄付金税制）などがそれらに該当する。

(2) 市場メカニズムの欠陥を補う存在

それでは，このような非営利組織はなぜ存在し，また，必要とされるのであろうか。市場メカニズムの中における営利企業の活動では実現できない問題を解決するため，というのが1つの答えとなる。

市場メカニズムは効率的な資源配分を実現するうえで有効だといわれている。しかしながら，それは万能ではなく，市場メカニズムでは最適な資源配分が実現できない場合が知られている。外部性や公共財がその典型的な例であり，舞台芸術についても，こうした特徴があることは多くの論者によって指摘されてきている。

たとえば，文楽は，愛好家にとっては自分の趣味として余暇時間を楽しむ私的財である。お笑いやハリウッド映画と同様，市場メカニズムの中で人々の好みに応じて購入されるものである。おそらく江戸時代は人々の娯楽の1つとして人気を保ち，成り立っていたものと思われる。しかし，現代社会においては，さまざまな娯楽が生まれる中で文楽は市場メカニズムの中で存続することが難しくなってきている。単なる娯楽としての私的財であれば，市場メカニズムの中で淘汰されるのが最適な資源配分ということになる。ところが，今日では文楽は国の重要無形文化財であり，国際的にもユネスコの無形文化遺産とされている。つまりチケットを購入して自分の楽しみとして文楽を鑑賞することで効用を得る私的財の消費者とは別に，文化財として文楽が存在すること自体から何らかの効用を得る公共財としての文楽の消費者が存在しており，準公共財の性質をもっている。公共財部分から効用を得る人々は，市場でチケット購入することはないので，フリーライダーとなってしまう。このような場合，市場メ

カニズムでは最適な供給がなされない場合が出てくる。

　舞台芸術が不特定多数の人々の効用を高める公共財としての側面をもつケースとしては，こうした文化財としての性格のほか，地域アイデンティティの源となる場合，他者理解を促進することで共生社会の実現に寄与する場合，創造性を喚起することでさまざまなイノベーションの便益を人々が享受する場合など，多様なケースが指摘されている。

　このような市場の失敗が生じるような場合，市場メカニズムに委ねていたのでは最適な資源配分は行われず，政府あるいは民間非営利組織による対応が求められることになる。

(3) 文化権の保障

　公共財（準公共財）の場合と並んで，市場メカニズムでは十分に対応できない社会的な課題として，所得再分配，すなわち平等化の問題がある。舞台芸術に関していえば，人々の生まれながらの権利である文化権を保障するための舞台芸術の供給は，市場メカニズムに委ねていたのでは難しいということである。市場が最適な供給を行えるのは人々が購買力をもっている場合であって，購買力をもたない恵まれない立場の人々に対しては市場メカニズムでは不十分である。文化権の保障のために配慮が必要なのは，単なる所得水準の問題だけでなく，心身の健康状態，障がいの有無，災害，地理的状況，差別されがちな社会的マイノリティ等，さまざまなケースがある。

　こうした問題の解決に対しては，市場メカニズムの中で営利活動として行われる舞台芸術だけでは対応しきれない。政府あるいは民間非営利組織の役割がここにも求められることになる。

(4) 政府が供給する公共財の画一性

　このように，市場メカニズムでは必ずしも世の中の課題解決が適切に行えないために，政府あるいは民間非営利組織による対応が求められる。それでは，政府と民間非営利組織では，これらの課題の解決に向けて，どちらがより適切に対処することができるのであろうか。

　政府は活動に必要な資源を課税という強制手段を用いて調達できる点で有利な存在である。しかし，集めた税金を何に使うのかの決定に際しては，議会の

議決をはじめ、さまざまな手続きが必要となる。人々の多様な価値観や選好にきめ細かく対応することは技術的にきわめて困難であり、どうしても政治的な多数派の意向を踏まえた資源配分を行うことになりがちである。Weisbrod (1988) はこうした中、民間非営利団体であれば多様なニーズをもつ人々から寄付を集め、それによって多様な公共財を柔軟に供給することができると説明している。人々の側からみると、政府に納税しても自分の希望する公共財が供給されるかわからないのに対し、民間非営利組織に寄付をすれば、かなりの確度で自分が望む公共財が供給されるということになる。このような特徴は、寄付金に対する所得税の優遇措置がある場合に、より顕著になる。

(5) インセンティブと効率性

政府は活動に必要な資金を徴税によって調達するが、民間非営利組織はそれを事業収入と補助金や寄付（金）等の助成収入によって調達する。事業収入は、市場メカニズムが働き、財・サービスによっては営利企業とも競争することになるため、市場で収入を得るための活動については、限られた資源をできるだけ効率的に配分し、質の良い財・サービスを安い価格で提供しようとするインセンティブが働く。そうしなければ競争に敗れてしまうからである。一方、助成収入の場合は、中には政府から既得権益的に受け取ることが決まっているような助成金もあるが、他の民間非営利組織と競争しながら獲得する助成金や寄付金も多い。これらを獲得するためには、限られた資源を効率的に配分して公的な使命を効果的に達成しようとするインセンティブが働く。

このように、民間非営利組織の場合は、市場メカニズムでは実現できない公益的な活動を行うという点では政府とよく似た存在となっているが、資金調達の方法が異なるために、効率性を高めようとするインセンティブが働くことになる。ただし、現実の民間非営利組織については、いかに効率的に公益の達成を行えるかどうかを競い合える競争的な助成金や寄付金の市場が未成熟なために、政府同様にさまざまな非効率が温存される傾向もしばしばみられる。

2.2 非営利組織の経済分析

経済学の主たる分析対象は市場メカニズムのもとでの営利企業の行動であるが、20世紀の終わり頃から、非営利組織についての研究も進展しつつある。

以下では，アーツ・マネジメントの対象である非営利の舞台芸術団体を経済学的に理解するにあたって参考になる視点をいくつか紹介する。

(1) 情報の非対称性

一般に，市場メカニズムにおいては，消費者は自らが好む財やサービスを市場において選択して購入する。ところが，市場で販売される財・サービスの中には，消費者が品質をはじめ，それらの内容を判断するのが難しいものも存在する。弁護士のサービス，医療サービス等がその典型として挙げられることが多い。需要側よりも供給側の方が圧倒的に情報と専門知識をもっているようなケースである。

Hansmann (1981) は，そのような場合，利潤最大化をめざす営利企業よりも，非分配制約のもとで行動する非営利組織の方がうまく機能する場合があることを指摘している。舞台芸術の公演は，エンターテイメント・ビジネスとしてそれらを提供する営利企業と，何らかの公的使命を実現するためにそれらを提供する非営利組織（公共部門を含む）の両方によって供給されている。自らが余暇時間の娯楽として鑑賞することを望む消費者の場合は，広告や前評判等の情報である程度，内容についての判断ができるので，提供者が営利企業なのか非営利組織なのかはあまり影響しないかもしれない。しかし，自らの娯楽としての鑑賞ではなく子ども教育への効果を期待したり，舞台芸術の公演を通じて何らかの公益を受け取ったりしたいと考えている消費者の場合は，それらを含む公的な使命を掲げている非営利組織が提供する公演に信頼を寄せるかもしれない。つまり，情報の非対称性がある場合には，非営利組織は，消費者のモニタリング費用を低下させ非効率を改善する可能性がある。

(2) 過度な「品質」と超過需要

市場メカニズムにおいては，高級レストランや高級ホテル等，高品質なサービスの提供には高い費用がかかり，その結果，価格も高額になる，ということを多くの消費者が知っており，その品質と価格を受け入れようとする消費者によってそれらが購入されることによって市場は均衡する。しかし，非営利組織の場合は，サービスの提供に必要な費用のすべてを事業収入によって賄うわけではないので，寄付金や補助金によって負担された資源投入によって高い品質

の公演が低い価格で提供されることになる。James and Rose-Ackerman (1986) は，その結果，営利企業が同じ価格で提供するサービスよりも，高品質のサービスが提供され，そこに過度な需要が生じてしまう可能性を指摘している。

(3) 収益事業と内部補助

　非営利組織は公的な使命の達成のために活動するが，必ずしも公益的な事業のみを行うわけではない。非営利組織であっても，営利企業と同じような収益事業を行うこともある。たとえば，劇場が駐車場，飲食店，飲料自販機等を経営したり，楽団や劇団がTシャツやマグカップを販売したりといったことは頻繁に行われている。株式会社であれば，これらの事業から得られた利益を出資者である株主に配当することになるが，非営利組織の場合は非分配制約があるので，駐車場や飲料自販機から利益が出たとしても，それを資金提供者に配当することはできない。これらの収益事業から得られた利益は，非営利組織の本来の目的である公益的な事業に向けられることになる。

　このように収益事業から得られた資金を公益事業に振り向けることを内部補助と呼ぶ。内部補助に対しては，制度的な支援が行われることもある。日本の法人税制においては，公益財団法人・公益社団法人，認定NPO法人等が行う収益事業については，そこから得られた利益の一部が非課税となり，その団体が行う公益事業に振り向けることが認められている。つまり，自分で自分に寄付をする行為を税制上優遇しているということから「みなし寄付金制度」と呼ばれている。

(4) 差別価格としての寄付

　民間非営利組織の存在理由には，前述のとおり公共財の供給がある。民間非営利組織を公共財の供給者として捉えるのであれば，非営利の芸術文化団体に対する寄付者の多くはこれらの公共財から効用を感じる人々が中心で，実際に公演鑑賞という私的財から効用を得ている人とは異なる人々である方が自然である。しかし，実際に芸術文化団体に寄付をした個人をみると，必ずしもそうでない場合が多い。つまり，公演を鑑賞するという私的財には関心がないけれどもその団体がもたらす公共財を評価して寄付をしている，というよりも，年

に何度も公演を鑑賞するハード・ユーザーが多くの寄付をしているという現象が多くみられる。

　Hansmann（1981）は，こうした現象を差別価格の一種であると分析している。前述のとおり，多くの舞台芸術公演のチケットはS席1万円，A席8000円，B席6000円といった価格差が付けられるのが一般的で，こうした価格差が消費者の需要の需要曲線の違いを踏まえて設定される。ところが，熱烈なファンの中には，こうして設定される最高額のチケットよりも，さらに高額でも購入したいという需要曲線をもっている人が一定数存在している。しかしながら，主催者側がこれらの需要曲線に応じてSS席5万円，SSS席10万円等といったチケット価格を設定するのは，技術的に困難である。そこで別途，サポート会員の制度をつくり，1万円の寄付金，5万円の寄付金，10万円の寄付金を集めることで，こうした少数の熱烈な愛好家の需要を取り込むのである。

　非常に大雑把な整理を行うと，企業等の法人や大金持ちが行う寄付は前述の公共財に対する費用負担の側面が強く，個人が行う比較的少額の寄付については，差別価格の1つという側面が強いといえるかもしれない。

(5)　ファンド・レイジングとレント・シーキング

　これまで，非営利組織が存在することによってもたらされるメリットを中心に説明をしてきたが，非営利組織の行動が社会全体に対して非効率な資源配分をもたらす可能性についても指摘されている。アーツ・マネジメントの対象となる非営利組織の財政的な特徴は，採算のとりにくい公益的な活動を行い，そこで生じるインカム・ギャップをファンド・レイジングによって補うことで活動を持続させることにある。公的使命に賛同した政府，企業，個人等が支援を行うことになるので，支援を得るためには，公益的な活動がきちんと行われ，成果があがることが不可欠となる。

　ところが，公益的な活動をきちんと行って賛同してもらうよりも，助成担当者等に直接働きかける「助成獲得行動」の方に多くの労力を割いてしまうようなことが現実には起こりうる。最悪のケースは贈賄といった行為であり，これは明らかな犯罪となる。そこまでいかなくても，本来の公的使命達成に向けた事業の成功に向けた努力をするよりも，支援獲得のための行動に過度の資源を振り向けることはしばしば生じるが，個々の団体にとっては合理的な行動であ

っても、社会全体でみれば無駄の多い非効率な資源配分といえる。こうした行為はレント・シーキングと呼ばれ、Grampp (1989) は、アメリカにおいてはこのような現象が芸術団体による政府の助成を求める行動に表れていることを指摘し、批判している。

3 日本の舞台芸術分野におけるアーツ・マネジメント

3.1 オーケストラの収入構造における日米比較

最後に、日本の舞台芸術分野におけるアーツ・マネジメントの特徴をデータによって確認しておきたい。舞台芸術にはさまざまな分野、形態があるが、最もデータの整備が進んでおり、かつ、国際比較も行いやすいオーケストラの分野に焦点をあてて検討を行う。

表1に示されたデータは、日本については、公益社団法人日本オーケストラ連盟に加盟している25のプロオーケストラの収入構成を示している。アメリカについては、League of American Orchestras に加盟しているプロの団体のうち調査に協力したメジャー・オーケストラ（予算規模の大きな団体）65団体の収入構成を示している。

事業収入とは公演のチケット販売や依頼公演の出演料、CDをはじめとする関連グッズの販売収入等である。総収入に占める事業収入の比率をみると、日

表1 オーケストラの収入構成の日米比較

	日本 (2016年度)	アメリカ (2014年)
事 業 収 入	52.7%	39.4%
助 成 収 入	43.9%	42.5%
う ち 民 間	13.6%	39.3%
う ち 公 的	30.3%	3.2%
そ の 他	3.4%	18.2%
計	100.0%	100.0%

注：日本のデータは公益社団法人日本オーケストラ連盟会員25団体。NHKからの交付金は公的支援に含めている。アメリカのデータは League of American Orchestras 加盟の主要65団体。
出所：公益社団法人日本オーケストラ連盟 (2016)。League of American Orchestras (2016)。

本は 52.7%，アメリカは 39.4% と，日本の方が高くなっている。アメリカは市場経済の国というイメージが強いが，オーケストラの収入構成をみると，市場でのチケット販売等に依存している度合いは，むしろアメリカよりも日本の方が高くなっている。

次に助成収入についてみてみよう。前述のとおり，助成収入があることで採算がとりにくいような公益性のある事業を持続的に実施できるのが非営利組織の特徴であるが，この比率を日米で比較すると，日本は 43.9%，アメリカは 42.5% と，比較的近い数値になっている。ところが，その内訳をみると大きく異なっている。日本は民間助成が 13.6%，公的助成が 30.3% であるのに対し，アメリカでは民間助成が 39.3%，公的助成はわずか 3.2% を占めるにすぎない。アメリカにおける民間助成の大きさと，公的助成の小ささが日本との違いとして際立っている。日本ではオーケストラの 3 割が国や地方公共団体等の政府部門によって支えられているのに対し，アメリカでは連邦，州，地方をあわせた政府部門の助成の比率は日本の 10 分の 1 にすぎないのである。

最後に，その他という項目に着目したい。ここには文字どおりその他ということで，さまざまなものが含まれるが，その他に含まれる重要な収入として資産収入が挙げられる。財団法人であれば基本財産があって法人が設立されているので，その運用益が毎年の収入として計上されることになる。現在の日本の特殊な低金利環境ではこの値は大きくなりにくいが，金利が上がればこの部分は増えてくる。一方，アメリカにおいてはこの比率が 18.2% と大きな値になっている。保有する基金の運用益に加え，アメリカのオーケストラは株式投資等によるキャピタル・ゲインによっても少なからぬ収入を得ている。もちろん，このようなリスクを伴う資産運用はキャピタル・ロスをもたらすこともありうる。

3.2 日本のオーケストラの収入構造の特徴

前項でみた状況は日本のオーケストラ全体の収入構成の平均値を比較した場合の特徴であり，当然ながら団体ごとにそれぞれ異なる状況がある。たとえば，日本のオーケストラの中には地方公共団体が手厚く支援している団体もあり，その場合は公的助成の比率はさらに高まるし，逆に公的支援をあまり受けていないオーケストラにおいては収入の大半を事業収入で得ている。

表2 事業収入比率の高い日本のオーケストラの収入構成

		総収入	事業収入	助成収入				その他収入
				計	国	地方	民間	
事業収入比率 67%以上 (9団体)	平均額（千円）	851,672	674,214	161,050	61,756	4,378	94,916	16,408
	構成比（%）	100.0	79.2	18.9	7.3	0.5	11.1	1.9
事業収入比率 50%〜67% (4団体)	平均額（千円）	891,680	492,684	365,508	73,604	181,533	110,371	33,489
	構成比（%）	100.0	55.3	41.0	8.3	20.4	12.4	3.8
合計 (13団体)	平均額（千円）	863,982	618,359	223,960	65,401	58,887	99,671	21,664
	構成比（%）	100.0	71.6	25.9	7.6	6.8	11.5	2.5

出所：公益社団法人日本オーケストラ連盟（2016）。

　表2は，上述の日本オーケストラ連盟正会員25団体のうち，総収入に占める事業収入の比率が高い団体を抽出し，その収入構成を示したものである。25団体中，事業収入比率が全体の67%以上，つまり収入の3分の2は事業収入によって得ている団体が9団体ある。ちなみに，最も事業収入比率の高い団体では90.6%となっている。これら9団体，つまり最も事業収入比率の高いグループの総収入額の平均は約852百万円であり，事業収入比率の平均は79.2%となっている。助成収入比率の平均は18.9%で，その内訳は，民間が11.1%，国（文化庁等）が7.3%，地方公共団体が0.5%となっている。これらの団体の収入構成の特徴の1つとしては，地方公共団体からの助成比率の低さを指摘することができるだろう。

　同じ表2で，事業収入比率が50%から67%までのグループをみると4団体あり，総収入の平均額は892百万円で，前者より若干多いが，それほど大きく変わるわけではない。事業収入比率の平均は55.3%であり，助成収入比率は41.0%となっている。事業収入によって収入の半分以上を得ているものの，助成収入の比率もそれなりの規模になっている。助成収入の内訳をみると，地方公共団体からの助成が最も大きく20.4%，続いて民間が12.4%，国が8.3%となっており，先にみたグループとの違いとしては，地方公共団体からの助成比率の差が顕著であることがわかる。

　そこで，地方公共団体からの支援を手厚く受けているオーケストラのみを抽出し，それらの収入構成の特徴をみることにする。

　表3は，日本オーケストラ連盟加盟のオーケストラのうち，総収入に占める

表3　地方公共団体助成比率の高い日本のオーケストラの収入構成

		総収入	事業収入	助成収入				その他収入
				計	国	地方	民間	
助成比率 40％以上 (6団体)	平均額（千円）	992,815	343,482	631,913	58,999	541,868	31,046	17,421
	構成比（％）	100.0	34.6	63.6	5.9	54.6	3.1	1.8
助成比率 15％～40％ (6団体)	平均額（千円）	885,041	437,694	411,433	67,455	254,377	89,602	35,914
	構成比（％）	100.0	49.5	46.5	7.6	28.7	10.1	4.1
合計 (12団体)	平均額（千円）	938,928	390,588	521,673	63,227	398,122	60,324	26,667
	構成比（％）	100.0	41.6	55.6	6.7	42.4	6.4	2.8

出所：公益社団法人日本オーケストラ連盟（2016）。

　地方公共団体からの助成比率が40％以上の団体および15％以上40％未満の団体を抽出し，その収入構成の特徴を示したものである。ちなみに，15％未満の団体の中で最も地方公共団体の助成比率が高い団体は3.5％となっているので，ここに大きな境界がある。

　地方公共団体の助成比率が40％を超えている団体は6団体あり，これらの総収入額の平均は約993百万円となっている。先に表2でみた事業収入比率の高い団体の平均額より1億円以上大きい。地方公共団体助成比率の平均は54.6％であり，逆に事業収入は34.6％にとどまっている。前項でみたアメリカのメジャー・オーケストラの平均（39.4％）よりも事業収入比率は低くなっている。次の地方公共団体助成比率が15～40％のグループについてみると，地方公共団体助成比率の平均は28.7％であり，民間（10.1％），国（7.6％）とあわせた助成収入比率の合計は46.5％となり，事業収入比率（49.5％）を若干下回る規模となっている。このグループは，収入の半分は事業収入として稼ぎ，残りの半分を，地方公共団体を中心に国や民間からの助成収入で賄っている構造になっている。

　以上みてきたように，公益を目的とする民間非営利団体として活動する日本のオーケストラにおいても，その収入構造はきわめて多様であり，営利企業とかなり近い収入構造をした団体から，公営に近い収入構造の団体まで，さまざまとなっている。

参考文献

公益社団法人日本オーケストラ連盟（2016）『オーケストラ実績一覧2016』
Baumol, W. J. and W. G. Bowen (1966) *Performing Arts-The Economic Dilemma: A Study of Problems common to Theater, Opera, Music, and Dance*, MIT Press.（池上惇・渡辺守章監訳（1994）『舞台芸術——芸術と経済のジレンマ』芸団協出版部）
Grampp, W. D. (1989) *Pricing The Priceless: Art, Artists, and Economics*, Basic Books.（藤島泰輔訳（1991）『名画の経済学——美術市場を支配する経済原理』ダイヤモンド社）
Hansmann, H. (1981) "Nonprofit Enterprise in the Performing Arts," *The Bell Journal of Economics*, 12(2), 341-361.
James, E. and S. Rose-Ackerman (1986) *The Nonprofit Enterprise in Market Economies*, Harwood Academic Publishers.（田中敬文訳（1995）『非営利団体の経済分析——学校，病院，美術館，フィランソロピー（第2版）』多賀出版）
League of American Orchestras (2016) *Orchestra Facts 2006-2014: A Study of Orchestra Finances and Operations*, Commissioned by the League of American Orchestras.
Weisbrod, B. A. (1988) *The Nonprofit Economy*, Harvard University Press.

第6章

クリエイティブ産業

はじめに

　本章では，近年，その成長が目覚ましいクリエイティブ産業についてみていく。クリエイティブ産業は，今や，GDP の約 3〜4%（多い国では 5% 以上）を占め，創造性が他産業に波及するなど，経済成長の重要な源泉とみなされている。クリエイティブ産業という呼び方以外に，文化産業，著作権産業，コンテンツ産業などいろいろな呼び方があるが，本章では，そうした違いにこだわらず，文化的コンテンツを含む産業についてみていく。クリエイティブ産業とはどんな産業か，どんな特徴をもっているのか，日本のクリエイティブ産業にはどんな課題があるのかなどの疑問に答えていく。

　そもそも，芸術や文化に関わる活動が産業であるとはどういうことだろうか。山田浩之は，芸術も産業活動である理由を，わかりやすく述べている（山田，1998，84〜85 頁）。

　第 1 に，芸術活動においても，種々の資材や道具を用いて，労働が投入され，作品が産出されるという，投入産出活動である。投入産出活動は，1 つの経済活動である。山田は，文化活動に使われる資本として，文化資本（文化ストック）を挙げ，文化施設等の物的な文化資本と，ノウハウ，組織，制度などのソフトな文化ストックがあると述べている（同 87〜88 頁）。文化産業は，そうした文化資本と，芸術的労働，資材，技術などを投入し，文化的財やサービスを産出する活動であるということができる。

　第 2 に，芸術的創作活動によって作られた作品は，多くの場合，市場で販売され市場価格がつく。

第3に，複製技術の発展により，文化の産業化も進んでいる。音楽や映像芸術，出版等は，そのよい例である。また，従来は市場の外で行われていた文化的欲求の充足が，市場で行われるようになった（お稽古ごとや，カルチャー・センターなど）。

　第4に，文化活動は，地域経済にとって重要な意義をもつ。

　以上のように，文化産業は，投入産出と，それを，産業連関[1]を介して地域に展開した地域経済の側面から論じられている。また，山田は，芸術や文化の創造には，さまざまな職種の人々が関わっていることも指摘する。この視点は，後述するケイブズの議論とも類似する。さらに，山田は，美術品は，希少性があり適切に管理されれば耐久消費財となるため，土地と類似性があること，舞台芸術は，生産されると同時に消費されるためサービス産業が産出するサービスと類似するなど，興味深い指摘を行っている（山田，1998，92頁）。

　以上のことを踏まえ，本章では，クリエイティブ産業がなぜ大事なのか，その背景について説明し，クリエイティブ産業の定義と，その経済貢献度をみる。次に，クリエイティブ産業に関する経済学の理論を紹介する。そして，最後に，典型的なクリエイティブ産業を例に挙げ，生産や流通の仕組み，現状や問題点について説明する。

1　クリエイティブ産業の背景，定義，経済への貢献度

　クリエイティブ産業の定義や経済への貢献度に入る前に，そもそもクリエイティブ産業が，いつ頃から，なぜ，注目されるようになったのかをみていく。

1.1　クリエイティブ産業の背景

　文化産業やクリエイティブ産業が，世界的に注目されるようになったのは，2000年代以降である。しかし，よく考えてみれば，オーケストラや楽団，演劇等の舞台芸術は，はるか昔から産業として成立していた。美術品を取引する画廊やオークションなどの美術市場は，17世紀に，フランダースやオランダ等の低地国で始まった。

　舞台芸術を，他の産業と比較できる形で分析した最初の研究は，ボウモルとボウエンの『舞台芸術――芸術と経済のジレンマ』である（Baumol and Bowen, 1966)。舞台芸術を産業として分析することで明らかになったことの1つは，コスト病である。一般的に，生産性（時間当たりの産出量）の上昇をもたらす要因は，貯蓄と投資，教育と労働力の質，低生産性部門から高生産性部門への資源の再配分，技術進歩であると考えられている。

　ボウモルらは，生産的な製造業部門と，非生産的な芸術部門を比較し，芸術部門では，製造業ほど生産性が上昇せず，経済全体の賃金の上昇によって，芸術団体は収入と費用（人件費）の格差の拡大に直面していると結論づけた。たとえば，オーケストラの演奏の生産性は，演奏時間を減らすことや，1人が演奏する楽器を増やすことなどができないため，製造業ほど上昇しない。そのため，収入も増えにくい。しかし，人件費等の費用は，経済全体に影響されて上昇するため，収入と費用の差が開いていくというのである（コスト病）。

　スロスビーは，その後の技術革新が，舞台芸術の生産性にどのような影響を与えているかを検討している（Throsby, 2001, 邦訳186～188頁）。

- 技術革新は，音響や照明の性能を向上させ，より多くの観客がコンサート会場に入れるようになった。
- 複製技術が発達し，企業は新たな収入源を手に入れた。
- より単純なセット，少ない人数で製作ができるようになった。
- ボウモルの2部門モデルが示したようには，2部門間（機械化が容易な製造などの部門と，人間労働が中心の部門）で要素価格（ここでは賃金）の調整が行われなかった。言い換えれば，芸術団体は，労働力を満たすために他産業と同水準の賃金上昇をめざす必要がなかった。美術館等ではボランティアの活用が進んでいる。芸術分野で働く労働者の所得は，生産性の高い製造業より低いままである。
- 消費者の所得の増加や，選好の変化は，文化的財への需要の長期にわたる成長を支えた。しかし，それは，すべての芸術分野には及ばなかった。

　スロスビーは，こうした技術革新による生産性上昇の傾向があるにもかかわらず，コスト病は芸術団体に難問を課し続けていると述べている。

　こうした文化産業に続いて，クリエイティブ産業が注目されるようになった背景には，インターネットと複製技術の目覚ましい発展がある。こうした技術変化により，複製品の量が増加し，GDPや雇用，輸出等に占めるクリエイティブ産業の成長が，他の産業の成長を上回ったのである。

クリエイティブ産業が注目されるもう1つの理由は，その創造性である。

生産性向上の要因として，資本，労働の質，技術進歩，低生産性部門から高生産性部門への資源の再配分があることは，前述のとおりである。投資は物的資本のストックを増加させ，教育は人的資本の増加をもたらす。そして，技術進歩は，より大きな影響を生産性上昇に与えている。1973年以前の生産性上昇の3分の2は，技術進歩によるものだといわれている[2]。

実際に，労働生産性上昇の要因を分析した研究（同359～360頁）によると，1995～2000年の要因は，労働の質，全要素生産性（技術進歩），資本の深化の順である。全要素生産性（技術進歩）が労働生産性上昇に占める割合は，1973～95年よりも1995～2000年の方が大きくなっている。

技術進歩のもととなるアイデアの生産も，経済成長に大きな役割を果たす。企業は，新しいアイデアを生み出すために，研究開発に総売上の3％程度を投じている（スティグリッツ／ウォルシュ，2012，350頁）。クリエイティブ産業は，創造性をもとにする産業であるため，アイデアの生産に関係する。クリエイティブ産業の創造的なアイデアは，他の産業との情報交換や，ジョイント・ベンチャー，人の移動などを通じて，他の産業に移転される。

クリエイティブ産業は，第2節で説明するように，芸術のように個人や非営利組織が，文化的財の生産を行うものばかりではない。企業も，その生産を行っている。多くの政府が，クリエイティブ産業の成長を促進するための政策を行っている理由は，創造性やアイデアが，経済成長にとって重要な役割を果たすようになったからである。

日本でも，2000年にIT基本法，2001年に文化芸術振興基本法，2002年に知的財産基本法が制定され，2004年にコンテンツ促進法が制定されている。つまり，クリエイティブ産業の背景には，IT技術や知的財産とともに，経済成長にとって，新しい価値を生むアイデアやイノベーションの重要性が増したという知識社会への移行がある。

1.2 クリエイティブ産業の多様な定義と本書における定義

文化産業やクリエイティブ産業の定義は，統計データをとっている機関や，国によって異なる。興味深いのは，それぞれの機関や，国の関心に沿った定義づけが行われていることである。産業分類等の統計上の制約も，定義づけに影

響を与えている。

　たとえば，ユネスコ（国連教育科学文化機関：UNESCO）は，文化多様性などの「文化」に関心があるため，文化産業という言葉を使う。ユネスコは，文化産業を，無形で文化的なコンテンツの創造，生産，商業化を結びつける産業と捉え，文化産業が，文化多様性を促進し，文化へのアクセスを保障することを重視する[3]。世界知的所有権機関（WIPO）は，著作権産業という言葉を使う。それは，著作権のある作品の創造，制作，製作，放送，配給に直接的ないし間接的に従事する産業という意味である。

　日本では，コンテンツ産業という言葉が最初に使われ，2011年に，クール・ジャパン室をはじめ，日用品室，伝統的工芸品産業室，デザイン・人間生活システム政策室，ファッション政策室などを統合して，クリエイティブ産業課（生活文化創造産業課）が，経済産業省の中につくられた。日本のクリエイティブ産業課は，クール・ジャパン戦略を担い，日本の魅力発信を，その中心に据えている。

　国連貿易開発会議（UNCTAD）は，クリエイティブ経済という言葉を使う。文化産業とクリエイティブ産業が，その中心にある。クリエイティブ経済の根幹は，創造性である。Creative Economy Report 2010 は，創造性にも，芸術的創造性，科学的創造性，技術的創造性，経済的創造性があるとし，これらは相互に関連しあうと述べている（UNCTAD, 2010, p.3）。たとえば，最近，アートとIT技術を融合した，日本のチームラボの作品がミラノ万博等でも高い評価を得ているが，彼らの創造性は，芸術と技術の両方をあわせもつものである。チームラボの作品は，新しい市場を作り出したという点では，経済的創造性ももつといえる。

　文化産業とクリエイティブ産業は違うのだろうか。スロスビーは，文化的財やサービスを生み出す産業を文化産業，創造的財やサービスを生み出す産業をクリエイティブ産業と定義し，文化産業は，クリエイティブ産業の一部であるとする。スロスビーは，文化産業が，独創的なアイデアという原点を中心として，他の投入物と組み合わされ，より多くのものが生産されるという放射線状に広がる同心円モデルを提唱する（Throsby, 2001, 邦訳 178〜179 頁）。

　他方，文化経済学のテキストの中で，タウスは，文化産業とクリエイティブ産業という言葉を，相互に置き換えて使うと述べている（Towse, 2010）。

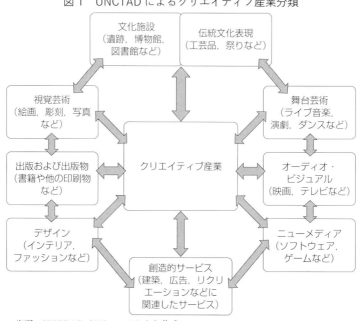

図1 UNCTADによるクリエイティブ産業分類

出所:UNCTAD, 2010, pp. 7-8 より作成。

　1998年に,イギリスの文化・メディア・スポーツ省(当時の名称)は,クリエイティブ産業を「個人の創造性,技能,才能を源泉とし,知的財産の開発と生成を通して,富と雇用を創出する潜在力をもつ産業」であると定義し,以下の13分野を関連づけた。①広告,②建築,③アートと骨董,④工芸,⑤デザイン,⑥デザイナー・ファッション,⑦映画とビデオ,⑧インタラクティブ・レジャー・ソフトウェア(ビデオ・ゲーム),⑨音楽,⑩舞台芸術,⑪出版,⑫ソフトウェア,⑬テレビとラジオ。

　本書では,文化産業とクリエイティブ産業の違いにこだわらない立場をとる。なぜなら,言葉の違いはあっても,具体的にどんな産業を指すのかということになると,お互いに重なり合う部分が大きいからである。

　そして,文化経済学という本書の目的に沿うように,以下の定義づけをする(Hemels and Goto, 2017)。

・クリエイティブ産業は,文化的側面と経済的側面をもち,両方の政策の対象となる。これは,文化的財が文化的価値と経済的価値をもつという,文

化的財の定義と呼応する。また，現実に，クリエイティブ産業は，文化多様性や文化へのアクセスを保障するという観点から，文化政策の対象となっている。同時に，その経済的重要性から，経済政策の対象ともなっている。
- クリエイティブ産業は，アートと商業の結合である。言い換えれば，文化的コンテンツの創造とその流通との結合である。この定義は，次節で述べるように，クリエイティブ産業の理論と合致する。
- クリエイティブ産業は，非営利と営利の両方の組織を含む。この区別は，政府がなぜ，クリエイティブ産業を支援するのかを考える際に，重要である。従来の文化経済学が，主に非営利組織を対象としてきたのに対し，営利組織（企業）に，なぜ政府が介入するのかという新たな問題を提起するからである。営利組織への政府支援の論理は，第4章で理論的に説明している。

1.3　クリエイティブ産業の経済への貢献度

　クリエイティブ産業は，経済の中で，どの程度の規模を占めるのか。1国経済の大きさを表すのに GDP（国内総生産）が使われる。GDP は，1つの国で1年間に生み出された付加価値の総計である。付加価値とは，売上から，原材料（中間財）費を差し引いたもので，儲けと考えてよい。たとえば，100万円でカンバス，絵の具などを仕入れ絵画を制作し，300万円で売ったとすると，付加価値は200万円になる。

　GDP は，生産面，分配面，支出面でそれぞれ計測でき，その値が等しくなることは，三面等価と呼ばれる。生産面で考えるときには，付加価値の総計を使う。分配面で考えるときには，生産物の販売によって得られる所得を計測する。労働者には賃金が，企業には利潤が入る。利潤は次のように計算できる。

　　　利潤 = 企業の収入 − （賃金 + 利子支払い + 中間財の支払い + 税金
　　　　　　+ 減価償却費）

減価償却とは，機械設備の更新のためにとっておく資金のことである。

　支出面で GDP を計測するときには，次の式を使う。

$$GDP = C + I + G + (X - M)$$

　　　C = 消費，I = 投資，G = 政府支出，X = 輸出，M = 輸入

であり，これらは，1国の経済主体を大きく捉えた場合の，家計部門，企業部門，政府部門，輸出入部門（海外部門）の支出に相当する。言い換えれば，1国経済の構成員が，家計，企業，政府，輸出入部門だと捉え，それらの支出を合計したものがGDPということになる。

クリエイティブ産業の大きさを示すときには，クリエイティブ産業の付加価値額/GDP，雇用に対する貢献度，輸出に対する貢献度等で表している。

UNCTADの2010年のレポートでは，クリエイティブ産業のGDPに対する貢献度は，その定義により違いはあるが，約2〜6%であるという。この数字が大きいのか小さいのかという点を考えると，たとえば，日本の2014年度の経済活動分野別GDP構成比では，農林水産業が1.2%，金融・保険業が4.4%，情報通信業が5.5%となっているので，2〜6%という数字は決して小さくない。UNCTADのレポートは，クリエイティブ経済の最も広い概念を採用すると，OECD諸国において，クリエイティブ経済はサービス産業の2倍，製造業の4倍の年成長率で成長していると述べている。

DCMS（イギリスのデジタル・文化・メディア・スポーツ省）の2016年のレポートによれば，2014年におけるイギリスのクリエイティブ産業はGDPの5.2%である。2013年から2014年のイギリス経済の成長率は4.6%であったが，クリエイティブ産業の成長率は8.9%であった。1997年から2014年まで，イギリスのクリエイティブ産業の付加価値額は，毎年6%ずつ成長した。この間のイギリスの経済成長率は4.3%であった。2015年のイギリスの雇用の5.8%は，クリエイティブ産業であり，その数は186万6000人（DCMS, 2016）である。

クリエイティブ財の国際貿易額も，顕著な増加を示している（UNCTAD, 2016）（貿易に関しては第12章も参照）。クリエイティブ財の輸出額は，2003年から2012年の間に，47%増加した。輸入額は，同じ期間に56%の増加である。

2012年のデータでは，クリエイティブ財の輸出が多い国は，第1位が中国で，以下，アメリカ，香港，ドイツ，インド，イギリス，フランス，スイス，シンガポール，オランダ，台湾，日本の順である。日本は，2003年のデータでは，14位であったので，その順位を上げたことになる[4]。

WIPO（世界知的所有権機関）も，著作権産業について同様のデータを示している（WIPO, 2014）。WIPOが対象とするのは，著作権と著作隣接権に関連する産業である。このデータは，2013年までにWIPOの定義に基づいて報告さ

図2 クリエイティブ財の世界輸出額と輸入額

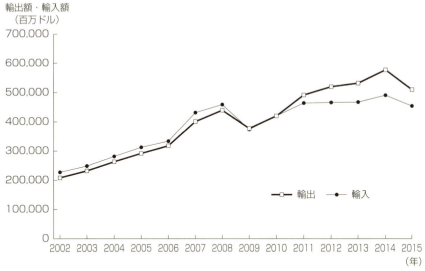

出所：UNCTAD（2016）．

れた各国のデータに基づいている。42カ国から報告があったが、日本のデータはない。それによると、著作権産業がGDPに占める割合は、アメリカの11％から、ブルネイの2％までさまざまであるが、報告があった42カ国の平均は5.18％である。著作権産業が雇用全体に占める割合は、平均5.32％である。

日本のデータが十分にないことは残念だが、国際的にみて、クリエイティブ産業は、付加価値額、雇用、輸出のいずれにおいても、成長が著しく、無視できない規模になっていることがわかる。とくに、成長速度が、他の分野に比べて速い。そのため、経済成長のエンジンであるとみなされ、各国政府がその促進政策を行っている。

1.4 クリエイティブ産業の貢献度を測る

スロスビーは、クリエイティブ産業の経済への貢献度を示す方法として、GDPに占める割合などの経済規模を示す方法、産業連関分析、産業組織論的分析の3つを挙げる（Throsby, 2010）。産業連関分析は、産業連関表を使って、クリエイティブ財の生産の増加が、他の産業にどのくらい波及するかを分析するものである。

ブライアンらは，イギリスのウェールズ地方の芸術・文化産業の波及効果を，芸術家や文化団体，企業等へのアンケート調査と産業連関分析によって明らかにした（Bryan et al., 2000）。アンケート調査は，雇用や所得の実態を明らかにするうえで不可欠である。彼らが対象としたのは，舞台芸術，美術，工芸，デザイン，音楽，出版，放送，映画，文化遺産サービス，文化団体，芸術教育，フェスティバル等である。アンケート調査により，芸術・文化産業の地理的分布もわかる。

　アンケート結果により，芸術・文化産業の直接効果に関して，次のことがわかった。1997年のウェールズの芸術・文化産業セクターの雇用数は2万8600人で，そのうちフルタイム雇用は1万6000人であり，ウェールズのフルタイム雇用の1.7%に該当する。芸術・文化産業の名目生産高は，1996年のウェールズ全体の名目生産高の3%強である。

　次に，産業連関表を使って間接効果を測定し，そして最後に，乗数を計算する。ウェールズの芸術・文化産業の生産高の乗数は，産業によって異なるが，全体としては1.68である。ブライアンらは，これらの分析から，芸術・文化産業がウェールズ経済にとって重要であると結論づけている。

　産業組織論的な方法とは，ある産業の構造，企業行動，実績などの特徴を評価することである。産業構造とは，生産者と消費者の集中度，製品差別化の性質，企業の参入と退出の条件などの市場の組織的特徴を指す。次節で紹介する，R.ケイブズは，産業組織論を適用して，クリエイティブ産業の構造を分析した。

1.5　地域経済，観光とクリエイティブ産業

　前項で，ブライアンらの研究で，クリエイティブ産業が，地域経済にどのように，どれくらい波及するかを紹介した。しかし，どの地域でも，クリエイティブ産業が地域経済に同じように波及するわけではない。クリエイティブ産業が投入物として購入する材料が，他の地域から移入されているならば，当該地域のへの波及効果は小さくなる。また，クリエイティブ産業の企業の本社が，別の地域にあり，利益が他の地域に送金される等でも，波及効果は小さくなる。

　近年，世界的に観光客が増加している。文化経済学に関係するのは，文化遺産やフェスティバル，美術館等，何らかの文化関連施設訪問を目的とする文化観光である。マサチューセッツ文化カウンシルの調査によると，文化観光客は，

一般的な観光客と比較して，1日に62ドル，旅行期間中に合計200ドル多く消費し，滞在日数がそれぞれの場所で半日長い（Towse, 2010, p. 530）。文化観光客は，劇場を訪問し，文化遺産を訪ね，伝統的工芸品を買うかもしれない。そのため，少なからず，クリエイティブ産業に影響を与える。それは，プラスの影響もあれば，工芸品を平凡化（安いお土産品化）する等，マイナスの影響もある。

2　クリエイティブ産業の理論

2.1　クリエイティブ産業と著作権

　著作権は，クリエイティブ産業の重要な収入源であり，基盤となる。芸術文化や文化的財・サービスには，ただで，その便益を享受できるという外部性がある。美術館建設により，その近隣のレストランやカフェが賑わう等は，美術館の外部効果である。こうした外部性があると，その財の生産者は，生産にかかった費用を回収できないため，供給量が，社会的に望ましい量より少なくなってしまう。

　また，複製技術の発展により，文化的コンテンツの複製の限界費用は限りなくゼロに近い。完全競争市場では，限界費用＝価格となるため，価格がゼロになってしまう。

　多くの文化的財やサービスは，それを最初に創造するための固定費用は高く，複製の限界費用は非常に低い。そのため，上記のような状態を放置すると，高い固定費用を回収する見通しはなく，創造する人がいなくなってしまう恐れがある。

　著作権制度は，著作物の使用について，一定期間，独占権を与え，著作物の制作者が費用を回収する仕組みである。作品がヒットすれば，著作権収入は大きくなる。著作権は，市場を介して，創造へのインセンティブとなる。著作権の経済学については，第7章で解説する。

2.2　産業組織論——クリエイティブ産業の市場構造

　クリエイティブ産業に関して，よく参照される経済理論は，Caves（2000）の理論である。ケイブズは，産業組織論の視点から，クリエイティブ産業の構

造や，企業行動を示した。産業組織論とは，ミクロ経済学を応用して，市場構造，市場行動，市場成果を分析する分野だとされる。市場構造とは，売り手・買い手の集中度，参入障壁の大きさ，デザイン・品質・広告などによる製品差別化の程度，さまざまな生産・流通の段階における垂直統合の程度，多角化の程度などで表される市場の構造上の特徴である（泉田・柳川, 2008, 9頁）。市場構造は，その市場で企業が活発に競争を行うインセンティブをもつかどうかを左右するため，重要である（川濱ほか, 2014, 4頁）。

インセンティブとは，誘因であり，望ましい行動を引き出すという意味で使われることが多い。つまり，市場構造とは，企業の競争を促す構造になっているかどうかを問う。競争が望ましい理由は，第1に，企業間で競争があれば，生産・販売にかかる費用より消費者の評価の方が高い限り，生産・販売が行われ，資源が無駄なく使われる（資源配分の効率性）からである。

独占企業の場合，企業は，生産量を増やすとき，需要量を増やすためには価格を下げなければならない。生産量が増えるほど，追加的に1単位を生産することで得られる収入（限界収入）は，小さくなるため，限界収入曲線は右下がりとなる。企業は，限界収入＞限界費用の間は，利潤が増加するため，限界収入と限界費用が一致する量 Q_1 まで生産を行う。生産量が Q_1 に決まると，需要と供給が等しくなるよう，価格は P_1 に決まる（需要曲線上では，Q_1 のとき，P_1）。

完全競争市場では，価格と限界費用は等しい。そのときの価格は P_2，生産量は，Q_2 となる（第1章を参照）。

完全競争のときの消費者余剰は DCP_2 である。競争がないときには，消費者余剰は DAP_1，生産者余剰は P_1ABP_2 であり，消費者余剰と生産者余剰を足した社会的余剰は $DABP_2$ となる。競争がある場合に比べて，三角形 ACB の部分の余剰が少なくなる。つまり，競争がある場合は，競争がない場合より，価格が安く生産量（購入量）が多く，社会的余剰が大きい（第1章を参照）。

市場の競争がよいとされる理由の第2は，競争によって製品の多様性が保証されると同時に，イノベーションが促進されるからである。クリエイティブ産業の生命線は，創造であり，イノベーションの促進はとりわけ重要である。市場に新しい企業が参入することで「創造的破壊」が起こる。文化セクターにとって，創造的破壊は発展の原動力である（Towse, 2010, p.388）。競争を促進す

図3 競争の有無による余剰の違い

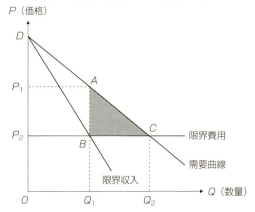

るために,1947年には,日本でも独占禁止法が制定された。

市場構造には,完全競争,寡占(複数の企業が市場を独占すること),独占,独占的競争[5]がある。ハイルブランは,芸術(演劇,バレエ,オペラ,オーケストラ)は,規模の経済があるため,独占か独占的競争を仮定して分析するのが妥当であると述べている(Heilbrun and Gray, 2006)。事業の設立費用である固定費用が高いと,規模の経済が発生する。規模の経済とは,生産規模が大きくなるほど,1単位当たりの費用(平均費用)が減少していく状態を指す。このような産業を費用逓減産業と呼ぶ。美術館等は費用逓減産業である。

費用逓減産業では,産業の設立費用が大きいため自然独占が発生する。自然独占の下で,限界収入＝限界費用に基づいて生産量と価格が決まると,高価格・低生産量になる。すると,需要曲線と限界費用曲線(供給曲線)が交わる点まで,本来ならば消費されたはずの価格×量が失われ非効率が発生する(図4参照)。

電気,ガス,水道,電話,鉄道等の分野では,産業の設立費用がきわめて大きいために自然独占が生じることが多い。しかし,政府はこれを容認し,価格が高くサービス供給が過小にならないように規制することがある。企業が赤字とならないためには,平均費用と価格が等しくなるように規制する。

非営利組織は,利潤を極大化する必要がないため,平均費用と価格が等しくなる量までサービスを供給できる。舞台芸術団体の多くが非営利組織であることは,消費者の利益にかなっているといえる。

図4 費用逓減産業における余剰

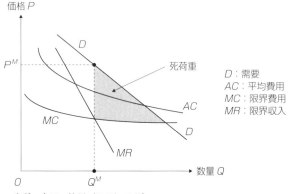

出所：泉田・柳川（2008）73頁。

> **コラム⑥-1 営利のクリエイティブ企業の特徴**
>
> 　舞台芸術団体は非営利組織が多いが，それ以外のクリエイティブ産業の企業は営利組織である。企業の規模としては，非常に小さなものからグローバル市場で活動する巨大企業まで，さまざまである。大きな企業は，金融市場で資金を調達し，生き残りをかけて他産業の企業と競争し利潤をあげる。小さな企業は，金融市場というよりも，それ自身のビジネスで利益をあげる。工芸や美術，小説家等のクリエイターは，1人で活動することも多く，作品の売上や印税，補助金や家族の助力等で，支えられている。これらの人々も成功すれば，より大きな企業になる。
>
> 　イギリスの調査によると，クリエイティブ産業の小さな企業は，起業したばかり（スタート・アップ）が多い。イギリスの全産業のスタート・アップ企業の多くは，3年以上生き残ることができないが，クリエイティブ産業では，もう少し寿命が長い（Towse, 2010, pp. 382-386参照）。
>
> 　クリエイティブ産業のグローバル企業では，合併や統合が起こり，寡占市場になることもある。たとえば，グローバル市場で活動するレコード会社は，2007年には4社であったが，2013年には3社になった。新聞や放送の分野も，寡占市場になることが多い。しかし，文化多様性の観点からは，新規参入や競争が望ましく，多様な見方が視聴者に届く方が望ましいため，政府が規制や補助金などの政策を行っている。
>
> 　垂直的統合や，水平的統合は，競争政策の対象となる。垂直的統合とは，取引関係にある企業間（川上企業，川下企業）で生じる合併・買収である。たとえば，音楽出版社とレコード会社が合併することは，垂直的統合である。垂直

的統合により，企業は，ライバルを排除できるようになり，文化的コンテンツの多様性が失われる恐れがあるため，政府が介入する。クリエイティブ産業においては，新規参入とイノベーション，そして文化多様性は，競争政策としても，文化政策的観点からも，非常に重要である。とりわけ，文化多様性は，文化政策的観点から，政府介入の強力な根拠となっている。

　水平的統合とは，同一の市場で競争している企業同士の合併である。グローバルに活動するレコード会社が，ついに3社になったような事例である。企業は合併により，市場支配力を強めると同時に，効率性を高めることができる。しかし，それが参入障壁となって，新規参入を妨げると，多様性が失われるため，政府規制の対象となる。

　新規参入の自由さは，技術革新のインセンティブになること，文化多様性の観点からも望ましいことは，前述のとおりである。参入障壁としては，企業の水平的統合や垂直的統合のほかに，固定費用のうち退出時に回収できない埋没費用（サンクコスト）の存在や，消費におけるネットワーク外部性（使う人が多いほど利便性が増すため，ますます利用者を引き付ける）等がある。クリエイティブ産業の場合には，既存の著作権も，それを使って制作を行うものにとっては，参入障壁となる。

2.3　インセンティブと契約理論

(1)　クリエイティブ産業の特徴と契約形態

　ケイブズは，産業組織論とともに，契約理論を適用して，クリエイティブ産業を説明した。クリエイティブ産業は，アーティストとビジネスとの契約による結合である。タウスは，ケイブズのアイデアは，取引費用や，プリンシパル・エージェント理論，そして，財産権アプローチと関係すると述べている。契約は，取引期間を定め，財産権の移転を決める等の役割を果たす（Towse, 2010, pp. 390-391）。

　クリエイティブ産業では，作られた製品が売れるかどうかは，売り出してみないとわからない。本や音楽，映画等は，ヒットするかどうか，誰にも予測できない。そのため，契約は不完備契約とならざるをえない。不完備ではあっても，契約には，アーティストとビジネスが，それぞれ最大限の努力をするようにインセンティブ（誘因）が，埋め込まれている。

　ケイブズによると，クリエイティブ産業の特徴は，以下のとおりである。

- 不確実性——誰も，製品のできや，需要を予測できない（作ってみないとヒットするかどうかわからない）。
- 芸術至上主義——アーティストは，芸術活動そのものが効用である。
- 多様なスキル（技量や技能）——製作のために，多様なスキルが必要である。
- Aリスト/Bリスト——創造的労働者のスキルは，垂直的に差別化されている。
- 無限の多様性——製品には無限の多様性がある。
- 耐久性——創造的製品は，耐久性がある。
- 光陰矢の如し——製作には期限がある。期限に間に合うように製作しなければならない。

クリエイティブ産業の契約には，次のようなものがある（Towse, 2010, pp.393-395）。

① 暗黙の契約

信頼と評判に基づいて，慣習的に行われる契約で，握手だけで済ますこともある。画家と画商や，画家と画廊の間では，売上の半分をそれぞれの取り分とすることが，慣行として行われている。

② インセンティブ契約

貢献度に応じて，支払額が決まるようなケースでは，契約はインセンティブ契約とみなすことができる。このことにより，お互いがベストを尽くすことになり，プリンシパル・エージェント問題を回避できる。プリンシパルは依頼人，エージェントは代理人であり，プリンシパル・エージェント問題とは，代理人が依頼人の期待に応える成果を出すとは限らない等の問題を指す。

インセンティブ契約の例としては，印税がある。印税契約は，出版社と著作者の間で交わされる。出版社は著作物を出版し販売する権利と交換に，小売価格×売上数，に一定割合を乗じた印税を著作者に支払う。出版社と著作者は，印税契約によって成功や失敗のリスクを共有する。

③ 関係性契約

音楽等のグループでは，メンバー間に相互補完性がある場合には，同じメンバーで活動を続けることが有利になる。誰かを新たなメンバーと入れ

替えるためにはスイッチング（切替）・コストがかかる。グループのメンバーは，お互いに時間や経験を共有し目に見えない資産を築いてきた。メンバーは，そうした資産から恩恵を受けているため，同じメンバーで活動が続く。

④　オプション契約

　クリエイティブ産業では，最もよくみられる契約形態である。アーティストとビジネスの間の契約では，資金力をもつ側が，投資の見返りとして，次の契約の意思決定権をもつ。たとえば，ポップミュージック・グループとレコード会社の場合，数カ月間のレコーディング期間の契約をまず締結し，レコーディングの費用をレコード会社がもつ。次のレコーディングを行うか否かは，レコード会社側がオプション（選択肢）をもつ。ポップミュージック・グループは印税契約によって報酬を得る。失敗すれば，投資した分は，レコード会社の埋没費用となる。

(2)　財産権の移転

以上のどんな契約をしたとしても，製作が成功するかどうかは，誰にもわからない。投資は埋没費用となる可能性もある。そのため，そうしたリスクをとる側，つまり，ビジネス側に財産権が移転され，管理されることになる。クリエイティブ産業においては，創造を行いたい人は多く，供給過剰である。そのため，ビジネス側にとっては，スーパースターを除くと，いくらでも替えがきくため，創造側の交渉力は弱い。

(3)　ゲート・キーピング

創造の成果が不確実であることは，生産者にとっても，消費者にとっても取引費用が大きいことを意味する。どこに才能がある人がいるのか，だれを起用すれば成功するのか，どの作品が面白いのかなどの情報を探索するには，時間と費用が膨大にかかる。そうした取引費用を節約するために，クリエイティブ産業には，「ゲートキーパー」（門番）と呼ばれる人たちがいる。これらの人たちは，「目利き」と称されることもある。

ゲートキーパーは，スカウト・マンやマネジャーとして，多くのクリエイターやアーティストの中から，才能やヒットしそうな作品を選び出し，ビジネス

側に紹介する。

3 分野別にクリエイティブ産業を捉える

　本節では，クリエイティブ産業の構造や問題点を，分野別にみていく。すべての分野を取り上げることはできないので，音楽，映画，出版を取り上げる。舞台芸術や美術品市場，アート・フェスティバル等は，他の章で詳しく解説されているので，そちらを参照してほしい。

　日本のクリエイティブ産業の市場規模を示すまとまったデータはないが，コンテンツ産業の市場規模や，情報メディア産業に関する白書がある（一般社団法人デジタルコンテンツ協会，2018 や，電通総研，2018 などがある）。それらの白書によれば，コンテンツ産業（動画，音楽・音声，ゲーム，静止画・テキストほか）の市場規模は，2017 年には 12 兆 4859 億円である。2007 年の市場規模は，12 兆 9471 億円であったが，2007～2011 年まで減少が続き，2012 年以降増加に転じたが，2007 年の規模にはあと一歩である（図5）。全体としては，コンテンツ消費は，CD や DVD 等のパッケージからネットワークを通した消費へと移行している。

　分野によっても，市場規模の推移は異なる。出版市場は，1996 年をピークに減少の一途をたどっている。紙ベースでのマンガ市場も減少の一途である。一方，電子出版市場は拡大し，出版市場の 10% を超えるようになった（電通総研，2017，75 頁を参照）。アニメーション市場は，1970 年代～90 年代を通して急速に成長し，2000 年代に入っても堅調な伸びをみせている。2013 年以降，日本製アニメーションの海外市場が大きく成長した。

　ゲーム市場は，オンライン・ソーシャルゲーム市場が拡大し，ゲームセンター・ゲームコーナーや，テレビゲーム・ゲームソフトは減少しているが，全体として堅調に伸びている。

3.1　音 楽 産 業
(1) 音楽市場の規模（需要）
　音楽産業は，技術革新によって，その構造が大きく変化している。まず，市場規模からみてみよう。世界の音楽市場は，1998 年と 99 年に約 3 兆円となり，

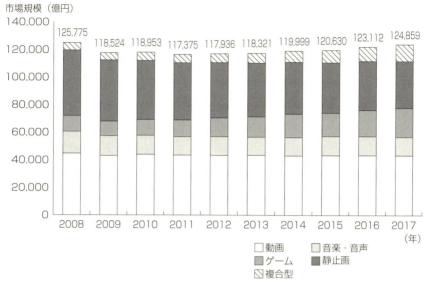

図5 コンテンツ産業の市場規模の推移

注：図中の数値は市場規模の合計。
出所：一般社団法人デジタルコンテンツ協会（2018）29頁。

そこから減少に転じ，2013年には約1.5兆円となった。しかし，2015年以降，再び成長に転じた。国際レコード産業連盟（IFPI）のレポート（IFPI, 2018）によれば，2017年の全世界音楽売上は，前年を8.1％上回る3年連続の成長で，173億ドル（1ドル＝110円で換算すると，約1兆9000億円）である。ストリーミング収入が41.1％の伸びで，最も大きな収入源となった。音楽売上が多い国は，アメリカ，日本，ドイツ，イギリス，フランス，韓国，カナダ，オーストラリア，ブラジル，中国である。日本は，世界第2位の売上となる（表1）。

日本の音楽市場（オーディオ・レコード，音楽ビデオ，音楽ソフトの生産実績と音楽配信売上を足したもの）は，1998年に約6075億円になったが，以後，減少に転じ，2017年には，約2893億円となった。

世界の音楽市場における売上の構造変化も顕著である。21世紀初頭は，CD等のパッケージ売上のみであったが，2016年には，音楽配信が約半分を占め，そのうち，50％以上がストリーミング収入である（図6）。日本の売上は，パッケージが全体の73.5％を占め，ストリーミング売上は全体の7.4％である

3　分野別にクリエイティブ産業を捉える　153

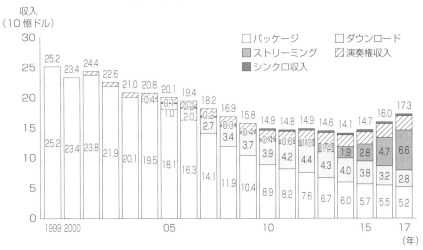

図6 世界の音楽市場規模の推移

出所：IFPI (2018).

表1 国別音楽売上額（2017年，上位10位）

	国 名	音楽売上額 （百万USドル）	構成比（％）			
			パッケージ売上	音楽配信売上	演奏権収入	シンクロ収入
1	アメリカ	5916.1	15	75	7	3
2	日 本	2727.5	72	21	5	1
3	ドイツ	1323.1	43	36	20	1
4	イギリス	1310.7	30	50	18	2
5	フランス	925.1	36	34	27	3
6	韓 国	494.4	37	59	4	0
7	カナダ	437.2	21	65	14	1
8	オーストラリア	412.9	19	68	11	2
9	ブラジル	295.8	5	60	34	0
10	中 国	292.3	3	90	7	0

出所：日本レコード協会（2018）『The Record』vol. 73.

(The Record, 2017 June, p. 3)[6]。世界的にみても珍しい構成であった。しかし，2018年にはストリーミングがダウンロードを上回る勢いで伸びている。世界的には，ストリーミング収入は，パッケージとダウンロードによる収入の減少を埋め合わせて余りある状況といえる。演奏権収入（放送や公衆演奏で使われる音楽からの収入）と，シンクロ収入（テレビ・コマーシャル，映画，ゲーム等で音

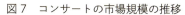

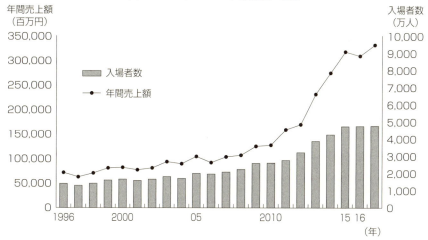

図7 コンサートの市場規模の推移

出所:一般社団法人コンサートプロモーターズ協会調べ.

楽を使用する際の使用料)の売上も伸びている(図6)。

その他の日本の音楽市場の動向としては,以下のことがいえる(みずほ銀行産業調査部,2014参照)。CDレンタル店の数は,1989年以降,減少傾向にあり,音楽配信の中では,「着うた」「着メロ」が2010年以降,急激に減少している。カラオケ市場は,2000年代に減少し横ばい状態が続いている。特筆すべきは,コンサート市場規模の拡大である。コンサートの売上額は,2000年の約826億円から,2016年には約3100億円へと増加した(電通総研,2018,83頁参照)(図7)。2016年には,ホール等の建て替え等による影響でコンサート会場が不足する事態も発生した。

(2) 音楽産業の構造

音楽産業は,最初に著作権保護が適用された産業の1つである。音楽産業には,作曲家,作詞家,音楽出版社,レコード会社,実演家等,さまざまな人々が携わっている。音楽産業には,録音された音楽や楽譜を販売する一次市場と,それを放送やバック・グラウンド音楽として二次利用する二次市場が存在する(図8)。

音楽産業の構造を,ケイブズによるクリエイティブ産業の定義=創造的な活

3 分野別にクリエイティブ産業を捉える

図8 音楽産業の構造

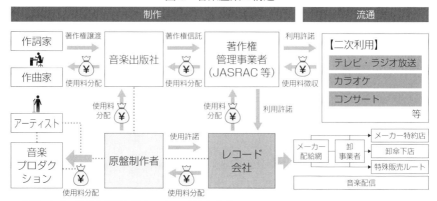

出所:みずほ銀行産業調査部 (2014) 92頁より作成。

　動と単調な労働の契約による結合に即して説明すると,作詞家・作曲家・実演家等が創造的な活動で,音楽出版社,レコード会社等が単調な労働となる。
　音楽産業の構造を図示すると,図8のようになる。
　音楽業界では,マスター音源を制作したものが保有する原盤権を軸にビジネスが進められる。原盤制作費は,アルバム1枚当たり約1000万円必要といわれる。近年は,アーティスト（実演家）自身や音楽プロダクション,レコード会社や音楽出版社が共同で原盤制作者となり,原盤権を保有することが多い。レコード売上の配分は,小売と流通が各取り分を確保し,原盤制作者に原盤印税,実演家に歌唱印税,著作権管理事業者に著作権使用料が支払われ,残りがレコード会社の取り分となる。
　日本の場合には,アーティストが音楽プロダクションに所属し,音楽プロダクションが,アーティスト育成,交渉代行,プロモーション,スケジュール管理,コンサート企画等を行う。他方,アメリカの場合には,アーティストは,個人事業主としてビジネスの主体となり,一定の成功を収めると会社をつくる。アーティストは,弁護士,エージェント,マネジャー等を雇用し,自身のビジネスを支えるチームをつくる。このように,音楽産業の構造は,国によって違いがある。

(3) 音楽産業における契約，市場構造

　音楽産業は，多くのプレイヤー間の契約によって成り立っている。契約によって，収入をどのように分け合うかが決まると同時に，成功するかどうかわからないというリスクを共有する。

　作詞家や作曲家は，音楽出版社と契約を結ぶ。通常，音楽出版社は，メカニカル印税（CD等の売上から生じる印税）と，シンクロニゼーション印税（音楽が動画に使われた際に発生する印税）[7]の50%を受け取る（Towse, 2010, p. 411）。また，音楽出版社は，その音楽が演奏で使われた際には，著作権管理団体から，著作権使用料収入の25%を受け取る。

　レコード会社は，レコードが売れないというリスクを避けるため，たとえば，楽団（バンド）との間で，次のような契約を結ぶ。楽団はレコード売上の10～15%の印税を受け取る。これにより，楽団にはコンサート・ツアー等を行ってアルバムを宣伝するインセンティブが与えられる。あるいは，レコード会社は，楽団への印税の前払い分に達するまで，売上をすべて自分のものとする（Towse, 2010, p. 416）。また，契約はオプションとなっており，レコード会社は最初のレコードの成功をみて，次のアルバムの契約を決める。

　音楽産業においても，芸術家の労働市場が指摘するように，創造側（作曲家，作詞家，実演家など）は，芸術的な成功や評判を気にかける。他方，ビジネス側は，利潤を最大化しようとする。ビジネス側のレコード会社や出版社等には，規模の経済[8]や，範囲の経済[9]が働き，寡占市場となる。

　創造側の市場への参入は，制作費用が廉価な場合，簡単である。作曲や，バンド演奏を行うこと，録音等も参入障壁が低く，競争が激しい。他方，CDを製作し宣伝を行う等のビジネスには，巨額の費用がかかり，参入障壁は高い。

　メジャー・レコード会社は，グローバル市場を相手に，スーパースターを使って，ビジネスを行う。小さなレコード会社は，資本市場へのアクセスが限られるため，こうしたスタイルのビジネスはできない。しかし，小さなレコード会社は，メジャーにはないフレキシブルさがあるため，新しい才能や流行をいち早く捉え，売り出すことができるという有利さがある。

　レコード会社のA & R（Artist and Repertoire）とは，研究開発に相当する職務で，アーティストの発掘・契約・育成とそのアーティストに合った楽曲の発掘・契約・制作等を担当する。A & Rは，レコード会社の中の創造部門で

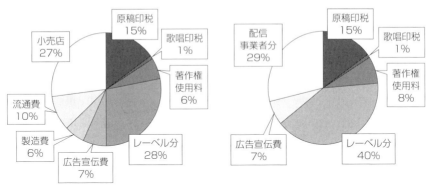

図9 CDと音楽配信の平均的な原価構成

出所：安藤（2018）。

あり，ゲートキーパーでもある。

　従来のレコード会社のビジネスモデルは，A＆Rで発掘したアーティストを，マスメディアで認知度を上げ，音楽ソフト販売で利益を上げるというモデルであった。しかし，近年，こうしたビジネスモデルが成り立たなくなりつつある。

　欧米のレコード会社は，インターネット・メディアを通じて認知度を上げ，全世界を対象としてコンサート興行を行うビジネスモデルに転換している。また，近年では，ストリーミング収入が顕著に伸びていることは，前述のとおりである。日本の音楽産業も，思い切ったビジネスモデルの転換が求められる。

3.2　映画産業

　映画産業は，ケイブズが指摘した「多様なスキルをもつ人たちの共同制作」「埋没費用が大きい」という，クリエイティブ産業の特徴をもつ。映画の製作，配給，興行には多様な人たちが関わるため，多くの契約が必要であり，そのための取引費用[10]がかかる。音楽市場と同様に，映画産業にも，映画館で上映する一次市場と，テレビ，ビデオ，DVDで見る二次市場がある。

　1920年代から，独占禁止法が適用される1948年までの，アメリカのハリウッドは，スタジオが，映画製作・配給・興行のすべてを統合し，スタジオ・システムと呼ばれる。それに対して，1948年以降は，製作と配給と興行が独立し，同時に，俳優や監督等もスタジオから独立し，映画製作ごとに契約を結ぶ

「柔軟な専門化」と呼ばれるシステムへと移行した。

映画は産業でもあり，文化でもある。ヨーロッパの多くの国では，ハリウッド映画が映画市場を独占することを警戒し，文化多様性を根拠として，自国映画の製作と流通に補助金を出し，税制インセンティブを与えている（Hemels and Goto, 2017）。税制インセンティブは，映画製作者に対し，一定の条件を満たせば，課税所得から製作費を控除できる等の誘因を与え，自国での映画製作を促進するのが狙いである。

映画製作への税制インセンティブは，アメリカ，カナダ，オーストラリアでも行われている。また，フランスや韓国のように，スクリーン・クォータ制度を実施し，国産映画の上映を一定割合以上に義務づける国もある。

(1) 映画の市場（参加，需要）

映画市場の大きさはどのくらいだろうか。MPAA（The Motion Picture Association of America）は，映画の観客に関する詳細なデータをもっている。

2009年のデータによれば，世界には14万8000枚のスクリーンがあり，推定72億枚の入場券売上で，興行収入は約260億ドルである。長編映画製作への投資は280億ドル，製作本数は約5000本であり，インドが1100本と最大で，中国も526本と多い（Vogel, 2011, p.92，邦訳111頁を参照）。アメリカは映画製作において生産量が，決して多いわけではない。しかし，2006年には映画市場の85％をハリウッド映画が独占している（UNCTAD, 2008, p.125）。

MPAAの2017年レポート（MPAA, 2017）によれば，全世界の映画館の興行収入は，堅調に拡大しており，2017年には，406億ドルである。とくに，インドと日本が牽引して，アジア太平洋の伸びが顕著である。映画館での興行収入の多い国は，アメリカ・カナダ，中国，日本，イギリス，インド・韓国等である（図10）。

日本では，2016年に，映画館入場者数約1億8000万人，興行収入2355億円（邦画が63.3％，洋画が36.9％），平均入場料1307円，公開本数1149本（邦画610本，洋画539本），映画館のスクリーン数3472となっている（日本映画産業統計による）。

デジタル技術の進歩によって，映画館の入場料収入が映画産業の収入に占める割合は低下し，二次市場からの収入が増加している。ヴォーゲルは，アメリ

図10　世界の映画の興行収入

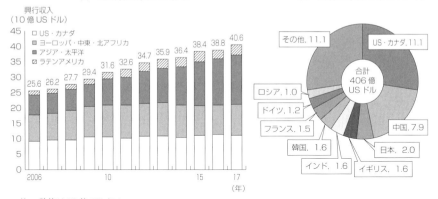

注：数値は10億USドル。
出所：MPAA（2017）p.7.

カでは，1980年前後までは，映画館からの収入が産業収入全体の半分を占めていたが，25年後には，映画館収入の割合が5分の1以下になり，テレビへの使用許諾権が最大の収益源となったとしている（ヴォーゲル，2013，117頁）。しかし，これらの副次市場からの収入は，急激に上昇する映画製作・公開費用を相殺するには十分でなく，産業全体の利益を高めるまでには至っていない。

また，日本では，入場者数/総人口が，1.1（みずほ銀行産業調査部，2014，62頁）であるが，北米（アメリカ・カナダ）では，人口の71％が，何らかの映画を見ており，12〜17歳では年間4.1回，18〜24歳では3.9回，3Dか大きなスクリーンを見に行くなど，映画館で映画を見ることが慣習化している（MPAA, 2016, p.19）。こうした違いは，日本の映画入場料は，他国に比べて高いからだという指摘もあるが，どうだろうか。映画の入場料金の価格弾力性については，新作映画の入場料の売上高は，入場料それ自体の変化には反応しないが，映画に行くための総費用に反応するという指摘もある。たとえば，ベビーシッターやレストランでの食事，駐車場といった入場料以外の商品やサービスにかかる費用である（ヴォーゲル，2013，101頁）。

(2) 映画産業の構造

現在，日本の映画の多くは，製作委員会方式で製作されている。

製作委員会方式とは，映画会社や，テレビ局，出版社等のさまざまな企業が出資し，映画製作が行われる方式のことで，実際の制作は，製作委員会と請負契約をした制作会社が行う。製作委員会は，配給収入・放映権料の一次収入や二次利用の権利料収入を各社の出資比率に応じて配分する。また，各出資会社は，事業領域に応じて権利窓口権を得て，製作委員会に権利料を払い，ビデオソフトやキャラクター商品等の販売によって利益を得る（みずほ銀行産業調査部，2014，46頁）。

　映画ビジネスにおける製作・配給・興行間の収益配分は，おおよそ次のようになる。興行会社は興行収入の約50%を取り分とし，配給会社は残り半分の10%～30%を配給手数料として受け取る。最後に残った部分が製作会社（製作委員会）の取り分となる。

　製作委員会方式は，出資するテレビ局の番組で映画の宣伝ができる，出版社による「映画化決定」といった書店でのプロモーションなど，メディアを駆使した宣伝ができる点で有利である。また，出資企業にとっては二次利用がしやすいなどのメリットもある。反面，出資者が多いため，それぞれの意向を汲み作品が均質化する。著作権は，実際に制作を行う制作会社ではなく，製作委員会に帰属するため，制作会社には十分な収益がなく，疲弊するなどの問題点も指摘されている（みずほ銀行産業調査部，2014，63～64頁）。

　映画産業の費用構造は，原作権の取得，プリプロダクション（脚本の企画開発，予算組みやスタッフの選定等），撮影，ポストプロダクション（映画編集等）からなる。この中で，映画の創造性に関わる費用は，アバブ・ザ・ラインと呼ばれる。それに対して，現場スタッフや車両，輸送，休憩所，小道具等の費用は，ビロウ・ザ・ラインと呼ばれる。映画費用の大きさは，アバブ・ザ・ラインの大きさに左右される。予算が少ないほど，ビロウ・ザ・ラインの割合が大きい。

　映画にかかる費用は，上記のような製作費用のほかに，マーケティング費用もある。ハリウッド映画では，製作に費用の3分の2，マーケティングに3分の1が使われているともいわれる。ハリウッド映画の強みの1つは，資金提供をする金融市場が多様で，それらが数多くのプロジェクトに資金提供をするため，リスクをプールできる（回避できる）という金融市場の厚みによって支えられていることである。この資金力に支えられ，ハリウッドは，巨額の予算を

図11 製作委員会方式の基本スキーム

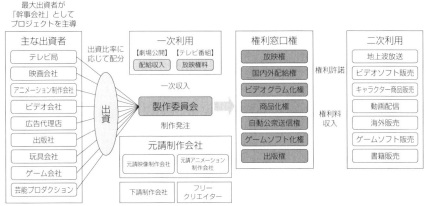

出所:みずほ銀行産業調査部(2014)46頁。

かけて確実にヒットする大型作品を製作することができる。

とはいえ,映画作品のヒットは予測が難しい。アーティストのスーパースター現象と同様,5%の映画が映画産業の総収入の約80%を稼ぎ出すともいわれる(ヴォーゲル,2013,171頁)。

(3) 映画産業の契約,市場構造,政府支援

専属の俳優・監督・スタッフを雇用し,自前の撮影所で映画を製作し,配給・興行を行うスタジオ・システムから,柔軟な専門化に映画製作が移行して以来,多くの人々が契約によって協働するようになった。映画がヒットするかどうかは,「誰も知らない」ため,協働する人々の創造意欲を高め,リスクを回避するための契約が結ばれる。

たとえば,プロデューサーと脚本家の間では,脚本の要約が受容されたら,次は対話部分を書き,次は完成に向かうといったオプション契約を結ぶことがある。Aリスト(ハリウッドで最も人気が高く魅力的な俳優の一覧)俳優との契約は,映画撮影の期間中,いつでも,どこにでも撮影に参加することを保証する内容でなければならない。こうした契約の取引コストは,スタジオ・システム(俳優は専属)よりはるかに大きい。

本項の冒頭で述べたように,ヨーロッパの映画製作には,多くの補助金が出されている。その目的は,映画製作を通して文化多様性を守ることであるが,

同時に，経済学的な根拠づけもある。たとえば，ヨーロッパの国々の人口は少ないため，アメリカの国内市場に比べて市場規模が小さい。アメリカでは，英語圏という大きな市場規模により，映画製作における規模の経済が働き，チケット価格を低く抑えることができる。それに対抗するためには，補助金が必要だというロジック（論理）である。

　また，映画を流通させるためには，国内および国際的ネットワークを駆使して，大量の宣伝を行う必要がある。そうした宣伝や広告を立ち上げるための固定費用は高いため，規模の経済が働き，新規参入が難しくなる。アメリカでは，2005年には，ワーナー，21世紀フォックス，ユニバーサル等の6大映画配給会社が興行収入の72%を独占した（Towse, 2010, p. 454参照）。ヨーロッパで映画の製作ばかりでなく，流通にも補助金を出しているのは，配給への新規参入障壁を低くするためである。

　しかし，補助金が期待どおりの効果を生むとは限らない。補助金が映画の過剰供給につながることもある。ヨーロッパで映画への補助金が成功している事例として取り上げられるのは，デンマークである。デンマークは，補助金により，興行収入と，映画の世界的評価の獲得の両面で成功している。

　映画産業の市場は，堅調に拡大している。しかし，前述のように，デジタル化による収入の多様化が，高騰する映画製作とマーケティング費用をカバーできていないという指摘もある。また，日本では，製作委員会方式で製作が行われているが，実際に映画制作を行う制作会社への収益配分が十分ではない，また，製作委員会参加者が多く，創造における冒険ができないため均一的な作品になる等の問題が指摘されていることも前述のとおりである。

　ハリウッドのように，金融市場の厚みに支えられ，多額の資金を製作と広告に使い，世界市場を席巻する国もあるが，デンマークのように，補助金により，興行収入と作品の質の両面で成功している国もある。映画産業政策には，文化としての質と，産業としての経済的成功を両立させることが求められる。

3.3　出版産業

　出版産業は，レコード産業に似ている。本の出版は，コンテンツの発掘と獲得，原盤制作（印刷の原盤を作成すること），グラフィック・デザイン，印刷，マーケティング，取次，小売という段階をたどって，読者のもとに届く。

日本では，出版流通に関して，「再販売価格維持制度」と「委託販売制度」がある。再販売価格維持制度とは，出版社が書籍・雑誌の小売価格を決め，取次・書店等に定価販売を守らせる制度である。一般的に，再販売価格維持制度は，独占禁止法により禁止されているが，出版著作物の多様性の維持や，規模の小さな書店の存続を守るために，例外的に認められている。委託販売制度は，出版物を全国統一価格で販売し，値引きを禁ずるのと引き換えに，委託期間内であれば売れ残りを出版社が引き取る制度である。こうした制度は世界共通ではない。また，こうした制度が期待どおりに機能しているかどうかは，後で検討する。

(1) 出版市場

日本の出版市場は，2013年に，1兆6823億円であり，ピーク時の1996年の63%にまで落ち込んでいる。書籍は1995年の水準の約75%，雑誌は45%（月刊誌53%，週刊誌33%）と雑誌の落ち込みが大きい。

他方，電子書籍の市場は，2013年に1013億円まで伸びてはいるが，出版市場に占める割合は6%であり，紙媒体の出版市場の縮小を補うほどには大きくない（みずほ銀行産業調査部，2014，30～33頁）。

世界の出版市場はどうだろうか。書籍への支出額は世界で1000億ドルと推定され，そのうち35%がアメリカである。出版産業の収入は1500億ドルであり，アメリカのGDPの1%を超える。最大の収入源は新聞で，残り半分を，雑誌と書籍が均等に占める（Vogel, 2011, p. 361）。アメリカの書籍市場は，高価なハードカバーと安価なペーパーバックが併存し，電子書籍はペーパーバックを代替する形で普及し，2013年には電子書籍売上高が，書籍出荷金額の20%を占めるまでに拡大した（みずほ銀行産業調査部，2014，34頁）。

楽しみのための読書への需要は，世界的に減少している。アメリカでは，1992年と2002年の比較で，すべての年齢で読書をする人の割合が減少している。本に対する支出額も減少している。1985年から2005年の間に，家計の本に対する平均年間支出額は14%減少した（Towse, 2010, pp. 494-496）。

書籍需要の価格弾力性と所得弾力性を知ることは，書籍市場を理解し，政策立案をするために不可欠である。なぜなら，出版産業に対しては，さまざまな政府介入と政策が行われているからである。再販売価格維持制度も政府介入の

1つである。書籍需要は，価格弾力的かつ所得弾力的である。書籍の価格が下がると需要が増え，所得が増えると需要が増える。

(2) 出版産業に対する政策
　出版産業に関しては，文化政策上の観点から，さまざまな政策が行われている。
(1) 再販売価格維持制度と委託販売制度
　出版社が本の価格を決め，取次・書店に定価販売を遵守させる制度は，日本だけでなく，他国でも行われている。しかし，フィンランド，スウェーデン，イギリスは，この制度を廃止した。再販売価格維持制度の目的は，書籍の多様性や小規模な書店を維持することである。しかし，実証研究では，この制度を維持する国が，書籍タイトルの多様性に富むという証拠を見つけることができなかった（Towse, 2011, pp. 502-503）。
　再販売価格維持制度の下では，定価は，競争市場における価格より高く維持される。書籍需要は，価格弾力的であるため，高めの価格は需要を減少させる。再販売価格維持制度に対しては，著者や出版社への補助金の方が効果的であり，小売店は安い価格の方が，販売量が増え助かる等の指摘もある。
　前述のとおり，日本には，再販売価格維持制度のほかに，委託販売制度がある。日米の書籍流通を比較すると，アメリカでは，出版社が書店と直接取引する割合が多いのに対して，日本は，出版社→取次→書店という流れで書籍が流通することが多い。再販売価格維持制度も委託販売制度もこの流れの中で機能する。
　これらの制度は，規模の小さな出版社や書店にとっては，価格競争から解放されると同時に，多様な出版物の流通や陳列が保証されるというメリットがある。消費者にとっては，全国の書店やコンビニで，同一価格で同じ書籍や雑誌を購入できる。他方，書店は，独自に品ぞろえを考えなくとも取次から書籍がパッケージで送られてくるため，どの書店も同じような書籍が並ぶという画一化が起きやすい。また，出版社は，新刊を出せば，いったんは，売上金が入るため，返品分の資金繰りのため，次々と新刊を出し，さらに返品率が高くなるという悪循環に陥りやすい。取次市場も，日本出版販売とトーハンが，3位以下の取次を引き離し寡占状態にある。また，大手出版社は，取次から，卸値の

優遇を受けているという指摘もある。

　日本の出版市場は，縮小が止まらない現状だが，海外の大手出版社は，英語での出版によりグローバル市場でビジネスを展開している。日本の出版産業をどのように立て直すべきか，さまざまな角度から検討が必要である。近年，日本の出版社もデジタル化を進めている。また，アジア諸国で日本語の本が翻訳される機会が増えたということは，明るい兆しである。

(2) 出版産業への公的支援

　書籍へのアクセスは，市民生活に欠かせない要素であるとともに，自国文化の保護や文化多様性といった文化政策上の理由で，出版産業には，さまざまな公的支援が行われている。著作権も，公的支援の1つである。著作権については，次の章で解説する。

　日本では，あまりなじみのない制度に，公貸権（図書館等資料貸出し補償請求権）制度がある。図書館を整備することは，市民の書籍へのアクセスを保障するための，公的支援である。他方，図書館で書籍を借りて読むと，著者や出版社の収入が侵食される。公貸権は，その分を補うための制度である。図書館での貸し出し回数に応じて，著者，翻訳家，イラストレーターは，対価を受け取ることができる。

　著者や出版社に対して，補助金を出している国もある。あるいは，1年のうちの一定期間に限り，推薦図書を公表し，無料でその本を読めるようにしている国もある。読書の推進を，熱心に行っている国は多い。

　優れた本に賞を与えることも，ある種の公的支援である。ノーベル文学賞のような大きな賞は，著者のその後の創作活動を，金銭面で支える役割を果たす。

注

1　文化的活動によって産出された生産物を応用して，さらなる製品が生み出されることを前方連関という。応用美術や工芸品等が，その例である。また，文化的財を生み出すために仕入れる資材を生産する産業は，後方連関と呼ばれる。文化的財の産出は，こうした産業連関を通じて，他の産業に波及する。

2　スティグリッツ／ウォルシュ（2012）349～355頁では，技術進歩とアイデアの役割について，詳しく解説している。

3　ユネスコは，2012年に，Measuring the Economic Contribution of Cultural Industries: A Review and Assessment of Current Methodological Approach，で，文化産業の大きさを測る方法論も含めて，さまざまなアプローチがあることを示している。

4 これらの順位の根拠となる数字は，各国の申告に基づくものである。
5 独占的競争市場とは，製品差別化された市場で多数の売り手が存在し，参入・退出が自由である市場である。
6 その理由として，日本では新曲がストリーミングに供給されていないため，ストリーミングへの需要が少ないという説明もある。
7 印税とは，出版社が，著作権者に支払う著作権使用料のことである。
8 平均費用曲線が右下がりである場合には，水平合併によって企業規模を拡大すると平均費用を低下させることができる。
9 複数の製品を別々の企業で生産するよりも，単独の企業で生産した方が，生産費用が低くなることをいう。
10 市場取引には，情報を探索する費用，交渉するための費用，契約が実行されるかどうかを監視する費用等がかかる。市場取引に伴うこれらすべての費用を取引費用と呼ぶ。

参考文献

安藤和宏（2018）『よくわかる音楽著作権ビジネス 基礎編 5 th Edition』リットーミュージック
泉田成美・柳川隆（2008）『プラクティカル 産業組織論』有斐閣
一般社団法人デジタルコンテンツ協会編（2018）『デジタルコンテンツ白書 2018』一般社団法人デジタルコンテンツ協会
ヴォーゲル，ハロルド・L.（助川たかね訳）（2013）『ハロルド・ヴォーゲルのエンタテインメント・ビジネス——その産業構造と経済・金融・マーケティング』慶應義塾大学出版会
川濱昇・瀬領真悟・泉水文雄・和久井理子（2014）『ベーシック経済法——独占禁止法入門（第 4 版）』有斐閣
電通総研編（2017）『情報メディア白書 2017』ダイヤモンド社
電通総研編（2018）『情報メディア白書 2018』ダイヤモンド社
みずほ銀行産業調査部（2014）「コンテンツ産業の展望——コンテンツ産業の更なる発展のために」『みずほ産業調査』第 48 巻第 5 号
山田浩之（1998）「文化産業と地域社会Ⅰ 文化産業論」池上惇・植木浩・福原義春編『文化経済学』有斐閣，83〜101 頁
Baumol, W. J. and W. G. Bowen (1966) *Performing Arts-The Economic Dilemma*: A Study of Problems common to Theater, Opera, Music, and Dance, Twentieth Century Fund.（池上惇・渡辺守章監訳（1994）『舞台芸術——芸術と経済のジレンマ』芸団協出版部）
Bryan, J. et al. (2000) "Assessing the Role of the Arts and Cultural Industries in a Local Economy," *Environment and Planning A: Economy and Space*, 32(8), 1391-1408.
Caves, R. E. (2000) *Creative Industries, Contracts between Art and Commerce*, Harvard University Press.
DCMS (2016) *Creative Industries Economic Estimates*.
Heilbrun, J. and C. M. Gray (2006) *The Economics of Art and Culture*, 2nd ed., Cambridge University Press.

Hemels, S. and K. Goto eds. (2017) *Tax Incentives for the Creative Industries*, Springer Science + Business Media Singapore.
IFPI (2018) *Global Music Report 2018*.
MPAA (2016) *Theatrical Market Statistics*.
MPAA (2017) *Theatrical Home Entertainment Market Environment (THEME) Report*.
Stiglitz, J. E. and C. E. Walsh (2006) *Economics*, 4th ed., W. W. Norton & Company. (藪下史郎ほか訳) (2012)『スティグリッツ入門経済学（第4版）』東洋経済新報社
Throsby, D. (2001) *Economics and Culture*, Cambridge University Press. (中谷武雄・後藤和子監訳 (2002)『文化経済学入門――創造性の探究から都市再生まで』日本経済新聞社)
Throsby, D. (2010) *The Economics of Cultural Policy*, Cambridge University Press. (後藤和子・阪本崇監訳 (2014)『文化政策の経済学』ミネルヴァ書房)
Towse, R. (2010) *A Textbook of Cultural Economics*, Cambridge University Press.
UNCTAD (2008) *Creative Economy Report 2008: The Challenge of Assessing the Creative Economy towards Informad Policy-making*.
UNCTAD (2010) *Creative Economy Report 2010, Creative Economy: A Feasible Development Option*.
UNCTAD (2016) *Creative Economy Outlook and Country Profiles: Trends in International Trade in Creative Industries*.
Vogel, H. L. (2011) *Entertainment Industry Economics, A Guide for Financial Analysis*, 8th ed., Cambridge University Press.
WIPO (2014) *WIPO Studies on the Economic Contribution of the Copyright Industries Overview*.

第7章

著作権の経済学

はじめに

　芸術家やクリエイター，映画等のプロデューサーは，著作権を所有することによって収入を得ることができる。そのため，著作権は，創造の経済的インセンティブ（誘因）であるといわれる。著作権は，音楽，映画，放送，出版などのクリエイティブ産業とも関係が深い。WIPO（世界知的所有権機関）は，これらの産業を，著作権に基づくビジネスを行っていることに着目し，著作権産業と呼んでいる。

　本章では，創造活動やクリエイティブ産業にとって，著作権はなぜ重要なのか，著作権は，文化的財やサービスを消費あるいは生産する人たちにどのような影響を及ぼすのか等の疑問に答えていく。著作権は，グローバル化した文化市場で，どのような役割を果たしているのだろうか。

1 著作権とは何か──著作権の定義，目的，歴史

　はじめに著作権や知的財産権の定義や目的，歴史について概観しておきたい。

1.1 著作権・知的財産権の定義と目的

　著作権法は，著作物を保護する法律であり，知的財産法の1つである。知的財産法がカバーする領域は，大まかにいうと，テクノロジー，ブランド，デザイン，エンターテイメントである。これらの分野の知的財産の権利者は，他の者が自分の知的財産を無断でコピーすることをやめさせ，発生した損害の賠償

図1 知的財産の種類

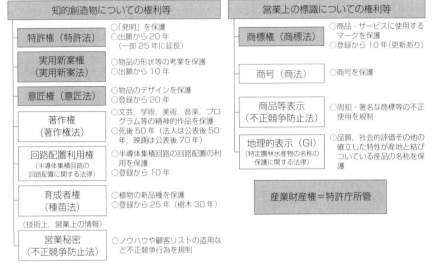

出所:特許庁「知的財産権について」(http://www.jpo.go.jp/seido/s_gaiyou/chizai02.htm)。

を求めることができる。テクノロジーは、特許法、実用新案法、半導体集積回路の回路配置に関する法律、種苗法等で保護され、ブランドは、商標法や不正競争防止法、デザインは意匠法、エンターテイメントは著作権法によって保護される(小泉, 2010, 11～28 頁参照)。

　知的財産法は、その保護目的の観点から、産業の発達を目的とする産業財産権法(工業所有権法)と、文化の発展を目的とする(広義の)著作権法に分類することができる。産業財産権法とは、特許権、実用新案権、意匠権、商標権の4つを指す(図1)。

　文化的財やサービスに最も関わりが深いのは著作権法である。クリエイティブ産業には、デザインや工芸も含まれるため、商標法や不正競争防止法、意匠法も関わりをもつ。しかし、文化経済学で主に取り扱われてきたのは著作権であり、とくに、著作権の経済的機能や実際の効果である。

　知的財産は情報、すなわち無体物であり、ある者が利用すれば、他の者が利用できなくなるわけではない。そのため、知的財産を創造したものは、その知的財産から利益を得ることが難しくなる。知的財産の創造には時間とコストが

かかるが，他人がそのコストを負担することなく利用できると，知的財産の創造意欲が低下し，創造活動が阻害される恐れがある。そのため，知的財産を，他人が無断で利用することができないように，法的に保護するのが知的財産法である。

著作権法の目的は，著作物等の公正な利用に留意しつつ，著作者等の権利の保護を図るという方法によって，著作物の創作を奨励し，文化の発展に寄与することである。著作権は，特許権とは異なり，届け出が必要なく，著作物が創作されてから著作者の死後 50 年を経過するまで保護される[1]。

著作権は，芸術文化活動が活発に行われるための土壌をつくっているともいえる（福井，2005，9 頁参照）。ここで著作物とは，「思想又は感情を創作的に表現したものであつて，文芸，学術，美術又は音楽の範囲に属するもの」を指す（著作権法第 2 条第 1 項第 1 号）。ここで注意すべきは，「創作的に表現した」と書かれていることで，オリジナルな独創的表現でなければ著作物とはいえない。単なる事実やデータは，著作物とはいえない。また，「表現」としていることにも注意が必要で，独創的なアイデアであっても具体的に表現されていない限り保護されない。

著作権の目的を経済学的に表現すると，著作権は，公共財的性質[2]をもつ情報財に関して，一定期間に限り，私的財として扱うのを認めることである（Towse, 2010, p.342）。ただし，ここで，私的財として扱うとは，著作権をもつものが，その利用をコントロールする権利をもつという意味であって，必ずしも著作物を所有することではない。たとえば，A さんが購入した本の著作権は A さんのものではなく，著者である B さんのものである。A さんは，購入した本の所有権をもつにすぎない。つまり，この本の有体物としての所有権は A さんに，無体物である情報の著作権は B さんに属することになる。

著作権には，著作者の権利と，著作隣接権がある。著作隣接権は，著作物の公衆への伝達に重要な役割を果たす実演家，レコード製作者，放送事業者および有線放送事業者を保護主体とし，実演，レコード，放送および有線放送を保護対象とする。

著作者の権利には，著作者の人格的利益を保護する著作者人格権と，著作者の財産的権利を保護する狭義の著作権（copyright）がある。コモン・ロー（英米法）の伝統をもつアングロサクソンの国々であるイギリスやアメリカ，オー

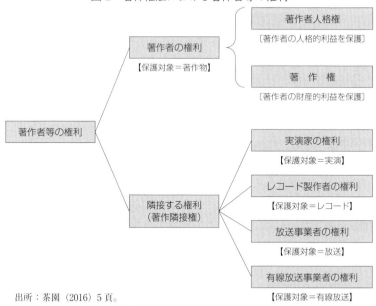

図2 著作権法における著作者等の権利

出所：茶園（2016）5頁。

ストラリア，英語圏カナダ，ニュージーランド，インド等には，著作者人格権がない。他方，シビル・ロー（大陸法）の伝統をもつ大陸ヨーロッパの国々（フランス，ドイツ，イタリア，スペイン等），日本，中国，ロシア，フランス語圏カナダ，アフリカ，南アメリカ等の国々には，著作者人格権と狭義の著作権の両方がある。

　国際貿易の中で，これら2つの法体系を調和させるために交わされたのがベルヌ条約（1886年）である。

1.2　著作権の歴史——技術革新と国際化への対応

　知的財産権制度や著作権制度は，技術革新や経済の国際化に対応しながら変化してきた。日本に初めて，特許や著作権という考え方を紹介したのは，福沢諭吉であるとされる。福沢は，遣欧使節団の一員としてアメリカやヨーロッパの事情に接し，『西洋事情』の中で，西洋には「発明の免許（パテント）」と，「蔵版の免許（コピライト）」があると紹介した。日本で特許制度が取り入れられたのは，1871年の「専売略規則」においてであり，著作権の考え方は，

1887年の「版権条例」においてであった。

のちに大蔵大臣や総理大臣を務めた高橋是清は，特許や著作権が，欧米との不平等条約の改正を求める交換条件になると考え，欧米諸国に治外法権等をやめさせる代わりに，日本はパリ条約（特許・商法等に関する国際条約）と，著作権に関するベルヌ条約に，加盟することになった。日本のベルヌ条約加盟は1899年であり，同年に旧著作権法も制定された。これにより，日本国内で，欧米の発明や著作物を，無断で模倣することができなくなった（小泉, 2010, 2～10頁）。

著作権の起源は，印刷技術の発展と深い関わりがある。書籍出版業者のギルドは，1557年以来，印刷技術を独占する権利を与えられていたが，1694年にライセンス法が廃止され，その独占権はなくなった。それに代わって，1710年にアン法が制定され，著者に，作品の創作から14年間の著作権が与えられた。著作権の期限は，この14年間に加えて，さらに14年間の更新を認めたため，合計で28年間ということになる。

その後，前述のように，国際貿易の発展により，著作者人格権をもつ国々と，もたない国々がある等の違いを調整すべく，1886年にベルヌ条約が締結された。ベルヌ条約は，新技術に適応するために何度も改正を重ね，今日では，176カ国が加盟している。ベルヌ条約では，「内国民待遇の原則」が採用され，条約締結国は，条約を締結している外国のクリエイターを，自国のクリエイターと同様に扱わなければならない。それに続いて，1961年には，内国民待遇の原則を，舞台芸術家やレコード・プロデューサー，放送局に適用するためにローマ条約（実演家，レコード製作者及び放送機関の保護に関する国際条約）が導入された。

1996年には，インターネット技術に適応するため，ベルヌ条約に加えて，WIPOが「WIPO著作権条約」を締結した。それは，保護されるべき著作物に，コンピュータ・プログラムやデータベースを含むこと，新たに，譲渡権，貸与権，公衆への伝達権等を，著作者に与えるものである。公衆への伝達権とは，文学的および美術的著作物の著作者は，その著作物について，有線または無線の方法による公衆への伝達（公衆のそれぞれが選択する場所および時期において著作物の使用が可能となるような状態に当該著作物を置くことを含む）を許諾する排他的権利をもつというものである。

1996年には,ローマ条約に関しても,インターネット技術に適応するよう,新たに「WIPO実演・レコード条約」が締結された。この条約により,実演家は著作者に近い権利をもつことになった。実演家は,実演が固定されてから50年間の排他的権利をもつ。

 国際貿易の発展も,知的財産権や著作権の国際協定に影響を与えてきた。1980年代半ばには,サービスの国際貿易が増加し,GATS（サービス貿易に関する一般協定）の交渉が始まった。しかし,自由貿易の促進と,自国文化の保護・育成は相容れない面がある。自国の文化的コンテンツの生産に補助金を与え,また,自国で製作された映画等に一定割合の上映枠を割り当てる「クォータ制度」等は,自由貿易と矛盾することになる。そのため,各国は,著作権の対象となる創作物が,GATSの下で,（自由貿易の）義務を負うことを避けてきた（Throsby, 2010, 邦訳, 240～241頁）。

 しかし,国際貿易の自由化をめざすウルグアイ・ラウンド交渉の結果,1994年には,知的財産権に関するTRIPS協定が締結された。TRIPS協定は,著作権条約の締結国ではない国であったとしても,WTO（世界貿易機関）加盟国であれば最低限守るべき,創作者や表現者,放送者に対する保護を定めている。TRIPS協定は,ベルヌ条約やパリ条約（産業財産権の保護のために1883年に締結）などにおける既存の義務の遵守を規定しているほか,加盟国が他の加盟国の国民に与える権利はすべての加盟国に与えられるという最恵国待遇や,自国民の待遇より不利でない待遇を他の加盟国にも与えるという内国民待遇の原則などを定めている。しかし,こうした国際的努力にもかかわらず,海賊行為は,権利所有者の収入の多くを奪い続けている。

2 著作権の経済的側面——経済的インセンティブとしての著作権

 次に,著作権の経済的側面について,詳しくみていく。著作権はなぜ必要なのか,また,著作権収入の仕組みなどについて,経済学の理論と関連づけて説明する。

2.1 著作権の経済学的根拠

 著作権の経済学的根拠は,次のように説明できる。著作物を生産するための

固定費用は，それを複製するための限界費用（生産量を1つ増やしたときに追加的にかかる費用）に比べて高い。複製技術が発達すると，複製の限界費用はますます小さくなる。それに対して，オリジナルを創造するための固定費用は，あまり変化しない。創作者は固定費用を負担して，著作物を創造する。もし，著作権がなければ，出版社は，限界費用のみで複製物を作ることができる。そうすると，著作者は，創造の費用を回収することができないため，著作物は減少する。著作者（創作者）は，固定費用を回収するに十分な価格づけと販売数を必要とする。著作権は，著作物の価格を限界費用より高く設定することによって，著作者に創造への金銭的インセンティブを与える。

言い換えれば，著作権とは，創作者に作品利用の独占権を与えることで，より高い価格づけができるため，創造へのインセンティブになる。独占価格からの収入は創造への報酬とみなすことができる。

消費者の立場からみると，著作権とは，著作者（創作者）に，創造への奨励金を与えるために，消費者に課される税金ともいえる。創造への支援としては，補助金もあるが，補助金と著作権には，どのような違いがあるだろうか。補助金の場合には，アーツ・カウンシルや政府が補助金の対象を選ぶため，消費者には選択の余地がない。しかし，著作権の場合には，消費者がどの作品を購入するか選ぶことができる。消費者に人気があり販売数が多く，価格が高い作品ほど，著作権収入は多くなる。

著作権は，価格以外で，市場にどのような影響を与えるだろうか。特許は，アイデアに対しても独占権を与えるため，ある財やサービスの供給者が1人になる可能性がある。それに対して，著作権は，アイデアを保護しないため，新規参入が容易で，類似の作品が多く作られることになる。消費者は似たような作品（しかし，少しずつ違うため差別化されている）の中からどれか1つを選択することができる。そのため，独占というより独占的競争（第1章を参照）に近い。

以上のように，著作権は，著作者（創作者）にとっては，報酬となるが，消費者にとってはコストとなる。同時に，著作権は，過去の著作物を参照して新たな創造をしようとする者にとっても，コストとなる。著作権による創造へのインセンティブとコストのどちらが大きいかは，著作権の強さによる。著作権の強さは，著作権保護期間の長さと，私的使用やフェア・ユース（アメリカ）

表1　著作権の便益と費用

	著作権の便益	著作権の費用
短期	著作物の使用にかかる独占とそれによる収入	著作権の管理費用 権利交換の取引費用 使用者の費用
長期	創造へのインセンティブ	再創造の費用

出所：Handke（2010）を参考に作成。

等の「著作権の制限」の程度によって決まる。

　フェア・ユースとは，公正な利用という意味で，著作物を公正に利用する場合，著作権者の許諾がなくても，著作権の侵害にあたらないとする一般的包括的な著作権制限の考え方である。たとえば，学校教育・報道・研究・調査などの目的で適正に利用する場合などがこれにあたる。日本は，アメリカの著作権法第107条が定めるフェア・ユースのような著作権制限の一般的規定がなく，個別的制限規定の限定列挙主義をとっている。フェア・ユースの導入については，それが新産業を創出するという意見と，権利侵害が増加し，コンテンツ産業の発展を妨げ，また，対策コストが増大して消費者に転嫁されるという意見がある。

　2018年第196回国会には，デジタル・ネットワークの進展により，新たに生まれる著作物へのニーズに対応するため，著作権者の許諾を受ける必要がある行為の範囲を見直し，情報関連産業，教育，障害者，美術館等におけるアーカイブの利活用をより円滑にするための「著作権法の一部を改正する法律案」が提案された。大まかにいえば，著作物の利用に関して，デジタル化の進展による新たなニーズに対応すべく，許諾を得なくとも利用できる方向への改正案である。

　著作権制度の便益と費用を比較すると，表1のようになる。

　社会全体からみれば，著作権がなかったなら，創造の固定費用を回収できない創作者は創造を減らし，文化的財の生産が不足する。著作権の存在理由は，こうした社会全体の厚生損失を取り除くことであるともいえる。

　最後に，非経済的権利である著作者人格権の経済的側面について，説明する。著作者人格権は，著作者の人格的利益を守るもので，公表権，氏名表示権，同一性保持権等から成り立つ。この権利は，著作物の使用に対して対価を支払うようなものではないため，経済的なインセンティブとは関係がないと考えられ

がちである。しかし，氏名を明示することにより芸術家の名前が知られるようになり，より高い価格で作品が取引されるようになるかもしれない。また，公表権により，著作者は作品公表の可否や方法，時期を決定できるため，著作者の交渉力が強まる。そして，著作者人格権は，氏名表示により芸術家の名を知らしめ，その地位の確立を促すため，創造への内的（本質的）モチベーションとなる[3]。

2.2 市場における著作権収入の仕組み

次に，市場で著作権からどのように収入が得られるのか，その仕組みをみていく。

(1) 一次市場——印税

一般的に，一次市場とは，著作権を含む生産物が消費者に売られる市場のことである。たとえば，音楽であれば，レコードやCD，楽譜等の販売が一次市場で，放送やバック・グラウンド音楽のためのCD等の使用は二次市場である。美術の場合には，アーティストが画廊等を通じて，最初に作品を販売するのが一次市場で，それがコレクターからコレクターへと転売されるオークションは二次市場である。

一次市場では，著作者（創作者）は，多くの場合，印税契約によって収入を得る。美術家の場合には，画廊との間の暗黙の契約（時として握手のみ）が一般的だといわれている。しかし，最もわかりやすい例としては，著者と出版社の間の印税契約がある。

この場合の印税契約は，著作物の市場価格の10％とか15％というように印税率を決めて契約が行われる。著者の印税収入は，著作物の価格×印税率×販売数，によって決まる。そのため，著者は出版社に対して，販売数を増やすことを期待する。他方，出版社は，収入ではなく利益の最大化に関心がある。いずれにしても，著者と出版社は，印税契約によって，著作物が売れるかどうかわからない市場でリスクを共有し，最大限の努力を払うようインセンティブを与えられる。

図3 音楽における著作権管理の例

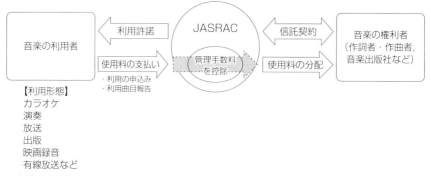

出所:JASRAC ウェブサイト (http://www.jasrac.or.jp/profile/business/assent.html)。

図4 音楽における著作権使用料の流れの例

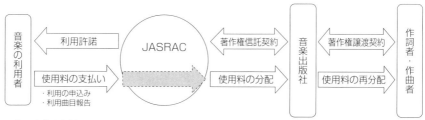

注:音楽出版社がJASRACと著作権信託契約を結んでいて、作詞者・作曲者が結んでいない作品の場合。
出所:JASRAC ウェブサイト (http://www.jasrac.or.jp/bunpai/charge/inland.html)。

(2) 二次市場

二次市場とは、著作物が、直接消費者に売られるのではなく、ラジオ、テレビ、ディスコ、ホテル、レストラン、ショッピング・モール、スポーツ会場等で、二次的に利用される市場を指す。二次市場では、著作権者と著作物の使用者の数が多く、その取引が煩雑なため、著作権管理団体が一括して使用料の徴収を行い、著作権者に分配している。

著作権管理団体は、著作権、著作隣接権等をもつ人や団体の会員制組織であり、政府に規制された非営利組織であることが多い。日本には、音楽に関する著作権を管理する「一般社団法人日本音楽著作権協会」(JASRAC) や、小説・脚本の著作権を管理する「公益社団法人日本文藝家協会」、美術作品の著作権を管理する「一般社団法人日本美術家連盟」(JAA) 等がある。また、著

作隣接権に関しては,「公益社団法人日本芸能実演家団体協議会」(芸団協) や「実演家著作隣接権センター」が,著作隣接権の管理を行っている。

著作権は,実際に,どのような仕組みで運用されているのだろうか。たとえば,音楽に関する著作権管理を行っているJRSRACのホームページには,著作権使用料徴収の仕組みや,その権利者への分配,JASRACへの管理手数料徴収等の仕組みが掲載されている。

著作権使用料の徴収は,使用者に使用した楽曲を1つずつ申告してもらう曲別許諾と,JASRCの全管理作品の利用を一括して許諾する包括許諾がある。包括許諾の場合,使用料は,楽曲を使用する事業者の事業収入の一定割合(音楽番組ならその事業収入の2.5%など)を支払う等の取り決めが行われる。

具体的に,コンサート等を行う場合,著作権使用料をどの程度支払うのだろうか。

(1) 公演ごとに著作権使用料を支払う場合

公演ごとに使用料を支払う場合には,以下の計算による。

使用料 = {(入場料 × 定員数 × 80%) × 使用料率 5%} + 消費税

たとえば,700名の会場で,入場料が3000円の場合,

使用料 = {(3000 × 700 × 0.8) × 0.05} + 消費税(8%) = 90720円

となる。

(2) 楽曲ごとに著作権使用料を支払う場合

楽曲ごとに使用料を支払う場合には,異なる計算式を適用する。

{(入場料 × 定員数 × 80%) × 使用料率 0.5%} × 曲数 + 消費税相当額

ただし,楽曲は1曲5分以内とし,1曲1回の利用時間が5分を超える場合は,5分までを超えるごとに利用時間が5分までの金額にその同額を加算した額が1曲の使用料となる。つまり,1曲20分の曲の使用料は,1曲分の使用料の4倍となる。

たとえば,700名の会場で,入場料が3000円,1曲20分の曲を5曲演奏した場合には,

1曲5分までの使用料 = {(3000 × 700 × 0.8) × 0.005} + 消費税(8%)
= 9072円

使用料総額 = {9072 × 4(20分まで)} × 5曲 = 181440円

となる。

徴収された使用料は，各事業者から提出される利用曲目報告に基づき，関係する権利者に分配される。

2.3　著作権管理団体
　著作権管理団体はなぜ必要なのか，また，その運営費用はどのように賄われているのだろうか。著作権管理団体がなぜ必要なのか，その経済学的理由としては，以下のことが挙げられる。まず，個人が著作権を行使するためには，以下の費用がかかる（Throsby, 2010, p. 234）。
・潜在的な利用者を発見するための調査費用
・利用者との間で，著作権に関する契約を交渉するための取引費用
・著作権使用料を徴収するための費用
・著作権が侵害された場合に，行動を起こすための費用

　こうしたさまざまな取引費用の合計は非常に高く，権利の管理運営を立ち上げる固定費用も高い。そのため，著作権の管理運営は，個人で行うより，集合的に行う方が，単位当たりの平均費用が小さくなる。平均費用は，利用単位数が増えるほど急速に小さくなるため，利用者数の多い集合的な管理運営が合理的である。

　また，ユーザーの側からみても，著作権の管理運営団体があれば，使用したいと思う作品の権利所有者を探す探索費用を最小にすることができる。以上の理由で，著作権管理団体は必要であることがわかる。

　著作権管理団体は，その運営費を管理手数料で賄っている。たとえば，JRSRCは，徴収した著作権使用料に一定割合を乗じた管理手数料を差し引いて，権利委託者に分配する。一定割合は，演奏・映画上映は30％，放送は15％等と定められている（表2）。管理手数料は，著作権管理団体の運営に使われ，その維持にとって不可欠である。

　著作権管理団体の性質として，権利委託者の数が多いほど委託者1人当たりの手数料が安くなるため，委託者の数が多い団体が優位になり，自然独占が生じやすい。自然独占には，便益と費用がある。便益（メリット）としては，第1に権利者の管理手数料が安くなること，第2に，放送局等（ビジネス側）の強い需要者に対して，自然独占の著作権団体が，著作者（創造側）の権利を強く主張できる交渉力をもつこと，第3には，著作物を利用するユーザーにとっ

表2　JASRACにおける管理手数料の料率（抜粋）

使用料の区分	届出料率	実施料率
演奏等，映画上映	30%	25%
放送等，有線放送等	15%	10%
映画録音	30%	20%
出版等	20%	20%
オーディオ録音，オルゴール	6%	6%
ビデオグラム録音	13%	10%
貸与（貸レコード）	15%	10%
業務用通信カラオケ	15%	10%
インタラクティブ配信	15%	10%
ＢＧＭ	12%	12%
CDグラフィックス等	6%	6%
カラオケ用ICメモリーカード	6%	6%

出所：JASRAC資料（http://www.jasrac.or.jp/contract/01.pdf）。

て，利用許可の交渉をする相手が1つであることが挙げられる（Throsby, 2010, pp. 234-238）。

　しかし，自然独占による費用（デメリット）もある。著作権管理団体が，その独占的地位を利用し，会員から過大な手数料を徴収するかもしれない。使用者に，過大な使用料を要求するかもしれない。これらは，政府によって規制されるべき点である。

　著作権管理団体は，著作物の国際取引にも関わっている。著作権管理団体は，海外の著作権管理団体との間で，管理契約を結んでいる。それにより，著作権の国際的管理が可能になる。具体的には，JASRACと契約を結んでいる海外の団体の管理作品を日本国内で利用する場合は，日本の作品と同じようにJASRACに手続きをすればよい。同様に，海外においてJASRACレパートリーを利用する場合は，管理契約を締結している海外の団体が手続き窓口となり使用料を徴収し，最終的には日本の権利者に分配される。

　以上のように，著作権管理団体が存在するのは，それが，著作権をめぐる取引費用を少なくし，国際的な取引にも役立っているからである。

3 著作権の市場

本節では，著作権使用料収入や，アーティストの著作権収入等，著作権をめぐる文化市場について，データを使いながらみていく。

3.1 マクロでみた著作権使用料

著作権の収入はどれくらいなのか，その推移をみていく。CISAC（著作権協会国際連合）は，CISAC に加盟する 123 カ国，239 の著作権管理団体の徴収額をもとに，毎年，音楽・映像・演劇・文芸・視聴覚芸術の著作権管理団体の使用料徴収額をまとめている（CISAC, 2017）。

それによれば，世界の著作権使用料徴収額は増加傾向にあり，2016 年には 91 億 5600 万ユーロとなっている。この数字は，2012 年と比較すると，18.1% の成長となる。地域的にみると，ヨーロッパ地域は全体の 56.8% と最も多く，アジア太平洋地域は 14.8% とまだ少ない（図 5）。

アジア太平洋地域の中では，日本が最も著作権使用料徴収額が大きく 8 億 5800 万ユーロ（2016 年），次いで，オーストラリア，韓国，香港，中国となる。

分野別にみると，視聴覚，演劇，印刷物，音楽，美術の中で，2012〜16 年に最も成長したのは，美術，次いで視聴覚（オーディオ・ビジュアル），音楽の順になる。日本は，音楽の著作権使用料徴収額が世界第 2 位であるが，成長率が低い。

人口 1 人当たりの著作権使用料徴収額が最も多いのはスイスで，28.52 ユーロであり，日本は 6.8 ユーロで，世界 17 位である。GDP との対比でも，日本の徴収額は GDP の 0.019% と少なく，世界 27 位である。

JASRAC も CISAC のデータをもとに，著作権使用料徴収額を公表しているが，2008 年から 2017 年の推移をみても横ばいである（図 6）。

財務省「国際収支統計」の文化に関連するサービス収支の中に，知的財産権等使用料と，著作権使用料の受取と支払がある。それによると，知的財産権の貿易収支は，2003 年以降，黒字に転じているが，著作権使用料の方は，赤字のままである。つまり，著作権使用料は，海外から受け取るより，海外へ支払う金額が大きい。アジアからの著作権使用料徴収額は増加しつつある。

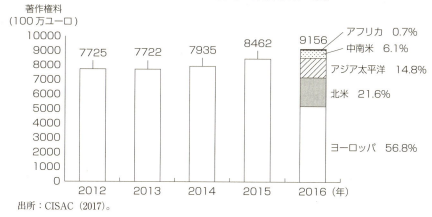

図5 世界における著作権使用料徴収額の推移

出所:CISAC (2017)。

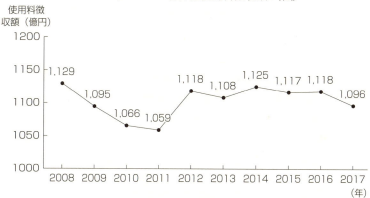

図6 日本における著作権使用料徴収額の推移

出所:JASRAC ウェブサイト (http://www.jasrac.or.jp/profile/outline/detail.html)。

3.2 ミクロでみる著作権使用料の諸問題

　著作権使用料は,アーティストやクリエイターの収入源として,どれくらい重要だろうか。この疑問に関するデータは,あまりない。ドイツの作家の著作権使用料収入を調べた研究によれば,著作権使用料の中央値は比較的小さく,平均値の方が大きい。これは,一部の作家の使用料収入が多く,他の多数は少ないことを意味する (Towse, 2010, p. 363)。

　さらに,企業等に雇用されるアーティストが,協働して作品を作った場合,

3　著作権の市場　　**183**

著作権は個人のアーティストではなく事業主に帰属することがある。その理由は，事業主がアーティストに給与を支払い，創造に投資していること，また，創作に関わる者が多い場合，個人が著作権をもつと，その利用に関していちいち各人の合意を得なければならないため，利用が困難になることである。しかし，アーティストの創造への貢献をどのように評価するか，著作権使用料の事業主とアーティストの取り分はどのくらいの割合が適当なのかは，未解明の問題である。

著作権使用料に関して，日本ではあまり知られていない制度として，追及権がある。追及権とは，美術家の権利で，作品が最初の価格より高い価格で転売された場合（通常はオークション等で売られる）に，美術家は，その一定割合を受け取ることができる。

追及権に関する文化経済学者の見解は，次のようなものである。追及権は，将来の値上がり利益に対する税金であり，最初の購買者は，そのことを念頭に置いて購買価格を決める。そのため，若手美術家の作品の購買価格は，低く見積もられる。追及権から多くの利益を得るのは，著名な美術家である。

3.3　インターネットと著作権——呪いか祝福か

著作権制度は，複製の技術発展とともに変化してきたことは，前述のとおりである。インターネットの発展も，著作権制度にさまざまな問題を投げかけてきた。アナログ技術の場合には，オリジナルとコピーの間には，質の差があるため，オリジナルの価値が大きい。しかし，デジタル技術では，オリジナルとコピーの品質がまったく同じであるため，複製による著作権侵害は，創作者に深刻な損害を与える。

インターネット上での著作権侵害によって失われた収入を補填する制度として，私的録音録画補償金制度がある。私的録音録画補償金制度とは，補償制度の対象となる機器（特定機器）やメディア（特定記録媒体）を政令で定め，メーカーはこれらの販売代金に補償金を上乗せして，補償金を集める。結果としてユーザーは購入の際，メーカーを通じて補償金を支払っていることになり，ユーザーが支払った補償金は，メーカーが，文化庁長官が指定する指定管理団体に一括して納入し，指定管理団体から権利者団体を通じて権利者に分配される。

他方，インターネットの普及により，情報や作品へのアクセスが容易になり，

その市場が拡大するという望ましい効果もある。インターネットは，著作権を基盤とするクリエイティブ産業にとって，「呪いか祝福か」，という興味深い問いに，どのように答えることができるだろうか（Legros, 2006, pp.286-308）。

　経済学では，強い知的財産権は，イノベーションを促進するために必要であるというのが通説である。強い知的財産権がないと，事後に十分な収入を得られないため，事前の投資が行われない。つまり，知的財産権の独占は，事後の非効率を生むが，事前の投資を促すためには必要である，というトレード・オフ（あちら立てれば，こちらが立たず）が存在する。

　イノベーションや創造を促進するために，強い著作権は本当に必須なのか。この問いをめぐっては，多くの実証研究も行われているが，クリエイティブ産業の分野によって，あるいは視点によって答えが異なる（文化経済学会，2016）。

　たとえば，リーボウィッツ（Liebowitz）は，慎重にデータを扱い丁寧な分析に基づいて，ダウンロードはレコードの売上を，1曲当たり20〜25％減少させたことを明らかにした（Towse, 2010, p.426）。しかし，Legros（2006）は，イノベーションと，レコード会社等の利益あるいは，著名な芸術家の利益を混同すべきではないと指摘する。

　多くの研究は，レコード会社や著名な芸術家の利益の減少を，分析している。そのことと，イノベーションが減ることは，区別する必要がある。また，多くの著作権侵害の議論は，CDやMP3のみを分析の対象としている。MP3により，コンサートの観客が増え，芸術家の収入源が変化し，結果として芸術家の収入が増えているかもしれない。さらに，分析の中では，オンラインの普及により得られる非金銭的利得（インターネットのおかげで，名前が知られるようになる等）が無視されている。著作者人格権のところでも触れたが，こうした非金銭的インセンティブは，創造の動機として重要である（Legros, 2006）。

　著作権に対する新技術の挑戦は，不幸にみえて実はありがたいものかもしれない。インターネットは，著作物の市場を拡大するのを助け，複製の容易さにより追随者が新技術を獲得するのを容易にし，競争を激しくする。そして，新しいアイデアや創造を促し，社会的効率を改善する効果があるかもしれない。

おわりに──新たな問題

　本章では，著作権を中心に知的財産権の経済学をみてきた。アジア諸国にお

ける著作権侵害は,いまだに大きな問題である。また,近年,工芸をクリエイティブ産業とみなし輸出を促す,あるいは,食文化と農産物の輸出を促進する政策も行われるようになった。こうした産業では,ブランドを保護する商標や不正競争防止法,デザインを保護する意匠法が関わってくる。従来の文化経済学では,商標や意匠法に関する分析は行われていない。商標や意匠法に関する経済分析は,その現状分析ともあわせて,今後の課題である。

注

1 50年というのは,日本の著作権における規定であり,EU加盟国やアメリカは70年である。また,日本における映画の著作物の著作権は,公表後70年である。
2 公共財的性質とは,非競合性と非排除性をもつ財の性質を指す。
3 著作権により収入が得られるという経済的インセンティブは,外部からの(非本質的な)モチベーションといえる。

参考文献

小泉直樹 (2010)『知的財産法入門』岩波書店
茶園成樹編 (2016)『著作権法(第2版)』有斐閣
福井健策 (2005)『著作権とは何か――文化と創造のゆくえ』集英社
文化経済学会〈日本〉編 (2016)『文化経済学――軌跡と展望』ミネルヴァ書房
CISAC (2017) Global Collections Report 2017 for 2016 data.
Handke, C. (2010) "The Creative Destruction of Copyright: Innovation in the Record Industry and Digital Copying" *SSRN Electronic Jornal.*
Legros, P. (2006) "Copyright, Art and Internet: Blessing the Curse?" in V. A. Ginsburgh and D. Throsby eds., *Handbook of the Economics of Art and Culture*, vol. 1, 285-308, Elsevier B. V.
Throsby, D. (2010) *The Economics of Cultural Policy*, Cambridge University Press. (後藤和子・阪本崇監訳 (2014)『文化政策の経済学』ミネルヴァ書房)
Towse, R. (2010) *A Textbook of Cultural Economics*, Cambridge University Press.

第8章

美術市場

はじめに

美術市場（アート・マーケット）とは，さまざまな美術品が取引される市場のことであり，文化経済学において多くの研究が行われてきた。

美術市場に関する Art Basel & UBS のレポートである *The Art Market 2018* (McAndrew, 2018) によれば，世界の美術市場規模は，2003年から急成長を遂げ，2007年には659億ドル（1ドル＝110円で換算すると，約7兆2490億円）に達した。この急成長は，中国，ロシア，インド等の新興国によってもたらされた。リーマンショックにより，美術市場も影響を受け，2009年には，395億ドルまで落ち込むが，その後徐々に回復し，2014年には682億ドルとなった。2016年にはオークション市場が縮小したため，美術市場規模は569億ドルに減少したが，2017年には637億ドル（約7兆70億円）となっている（図1）。世界の美術市場における上位3カ国は，アメリカ（世界の美術市場に締める割合：2007年41%→2017年42%），イギリス（同30%→20%），中国（同8%→21%）である。

また，ヨーロッパ美術財団（The European Fine Art Foundation；TEFAF）の *TEFAF Art Market Report 2017* (Pownall, 2017) によれば（http://made2measure.org/tefaf/amr2017/market，2018年10月27日確認），2016年の世界の美術市場規模のうち，画商が58%，私的オークションが4%，オークション・ハウスが38%を占める。ギャラリーや画商の市場規模占有率は，ヨーロッパが53%，次にアメリカが37%，アジアが9%である。それに対して，オークション市場の占有率は，アジアが40.5%（そのうち90%が中国），ヨーロ

図1　世界の美術市場の規模の推移

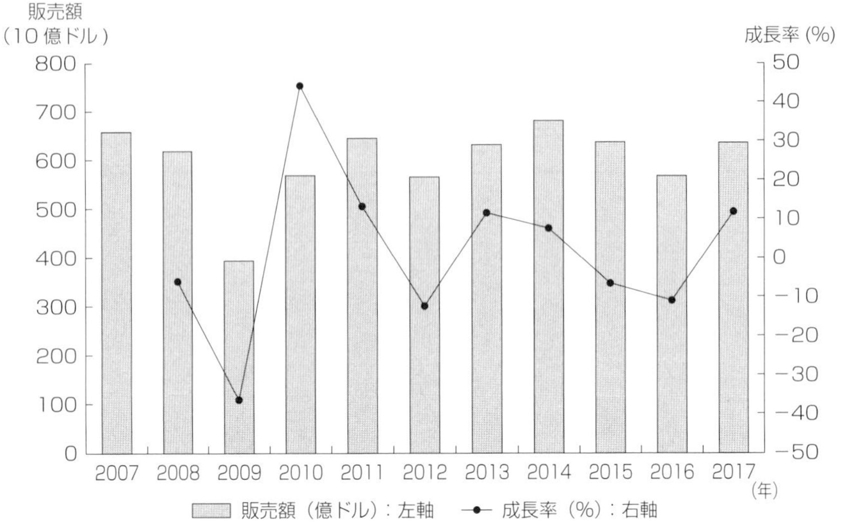

出所：McAndrew (2018).

ッパが31％，アメリカが27.5％である。また，美術品の国際貿易の規模も大きく，輸出が289億ドル，輸入が281億ドルであり，ヨーロッパの国際貿易の規模が大きい。

　本章では，美術市場に関するこうした数字の背後にある制度や理論について理解する。美術品は，どのように取引されているのだろうか。なぜ，ある絵画は高く，他のものはそれほど高くないのか。美術品への投資は，他の資産への投資と比べて儲かるのだろうか。また，近年，中国やシンガポールの美術市場の台頭が著しいが，なぜ日本では，グローバルな美術市場が育たなかったのだろうか。

　以下では，こうした問題について，美術市場の歴史，美術市場の構造や制度，美術市場に関する経済理論や実証研究を踏まえて考えていく。その過程で，美術市場を理解する上でのキーワードや，美術市場のキー・プレイヤーは誰か，今日の美術市場の特徴は何かなどについてもみていくことにする。

　また，美術市場に対する政府支援は必要なのか，日本には税制支援がないから美術市場が育たないという見解もあるが，果たしてそうした見解が正しいのかどうかも検証していく。

1　美術市場の歴史

1.1　美術市場はどのように発展してきたか

　市場とは何かについては，経済学の中で多くの研究が行われている。取引費用やゲーム理論等の経済理論を適用して，市場の成立や発展過程を説明する方法や，史料を駆使しながらより細かな実態に即して説明する方法などがある。さまざまな文化的財が取引される美術市場の歴史は，経済史と美術史が交差する研究領域であり，美術市場の構造や機能を理解する上で，重要な情報を与えてくれる。

　美術市場はいつ頃生まれ，どのように発展してきたのだろうか。美術市場の歴史を解明するのに役立つのは，美術や工芸に携わる職人やアーティストが属するギルドの記録であるともいわれる (De Marchi and Van Miegrout, 2006)。また，画商の手紙等を分析することによって，美術品の価格づけがどのように行われたのかを解明しようとする研究もある。

　美術市場の発展をみると，時代によってその中心地が移動していることがわかる。大雑把にいうと，16世紀のアントワープ（ベルギー），17世紀のオランダ，18世紀のイギリス，19世紀と20世紀のフランスとアメリカ，そして，近年台頭してきた中近東，アジア，南米等である。なぜ，その地域が，その時代に美術市場の中心であったのかは，国際貿易の動向や金融取引の中心地とも関係する。その時代の美術市場の中心地には，美術や工芸の生産，流通，消費に関わる多くの人たちが引き付けられ，美術や工芸のイノベーションも起こった。以下では，De Marchi and Van Miegrout (2006) 等を参照しながら，美術市場の発展をたどる。

　生産者と消費者が財を交換する方法としては，コミッション取引（委託取引），贈与，市場での交換がある。ユニークな財を取引する際には，コミッション取引や贈与が行われるが，大量の財の取引は市場で行われる。市場とは，注文生産ではなく，不特定多数の消費者に向けて，文化的財を生産し，販売する場であるということもできる。美術市場が誕生するまで，美術品の取引は，注文制作（委託取引）によって行われた。あるいは，アーティストは職人として雇用され，作品を何点作ろうが，決められた賃金をもらっていた。

本格的な美術市場が発展したのは，16世紀の美術市場の中心地であるアントワープ以降であるといわれている。美術市場には，一般的に，ギャラリー等の，最初に作品が取引される一次市場（primary market）と，いったん購入された作品が転売される二次市場（secondary market）がある。記録によって確認できる西欧の美術市場の草創期は，およそ1450年から1750年にかけてである。美術市場の歴史を遡ると，その草創期は，15世紀に，一次市場がフィレンツェ（イタリア）とブルージュ（ベルギー）に起こったことがわかる。しかし，両都市とも，委託販売の方が主流であった。16世紀のアントワープで，本格的な一次市場が発展し，続いて，その約50年後以降に二次市場が誕生した。ギャラリーや画商が行う一次市場での取引は，通常，委託販売である。しかし，19世紀後半から20世紀初頭のフランスでは，画商がアーティストから美術品を買い上げる（所有権の移転）直接獲得の方法がとられた。

　記録で確認できるオークション（二次市場）の始まりは，17世紀初頭のアムステルダム，17世紀後半のロンドン，18世紀前半のパリである。

1.2　美術市場の中心地の変遷

(1)　地方市場のフィレンツェとグローバル市場のブルージュ

　ともに，美術品の一次市場が最初に誕生したフィレンツェとブルージュであるが，この2つの市場には明確な違いがあった。前者が地方的な市場であるのに対し，後者がグローバルな市場となっていったことである。その差は，何に起因するのだろうか。

　フィレンツェにおける一次市場の台頭は，ルネサンスとともにある。それに対して，ブルージュは，人口4万6000人を擁し，当時はゲントに次ぐ西欧第2の都市であり，国際貿易の中心地であった。ブルージュは，織物業が盛んな都市に囲まれていたが，自ら工業都市にはならなかった。ブルージュの強みは，貿易である。ブルージュは，織物の展示や，フェア，検査と質保証，有資格のブローカー（仲買人），倉庫と資金調達等の制度を発展させた。

　ブルージュが，フィレンツェと異なる点は，需要サイドが外国人商人であったことである。フィレンツェは，銀行家や商人を外国に送り出したが，外国商人の受け皿となることはなかったのである。外国商人が集うブルージュは，人口よりも大きな購買力をもつことができた。

(2) 15世紀から16世紀のアントワープ

　15世紀後半から16世紀前半にかけて，外国商人の集積は，ブルージュからアントワープに移動した。アントワープが求心力を増した背景には，第1に，ローマ皇帝マクシミリアン1世がブルージュの自治権を制限したため，外国商人がブルージュからアントワープに移動したことがある。第2には，ブルージュの運河と港が北海からの砂で埋まったのに対して，アントワープから，ケルン，ニーンブルグ，ウィーンを経由してベニス，あるいは，ケルン，アウグスブルグ，チロルを経由してベニスに至る内陸路が発達したことが挙げられる。これらの内陸路は，アントワープからパリ，イベリア半島，そしてアメリカへと続く流通経路を補完する役割を果たした。

　外国商人のブルージュからアントワープへの移動と集積は，アントワープの美術市場を活性化した。アントワープの美術市場の草創期は，1480年代以降の急速な経済成長の始まりと重なる。市場の発展には，需要と供給，そして流通システムが必要である。供給側の条件としては，この時期，多くのアーティストが集まってきたこと，需要側の条件としては，美術品を購入する多くの商人や職人がいたこと，海外への輸出ができたこと，そして，流通システムとしては，絨毯等の展示販売にも使われた「パント」(pandまたはpanden)が存在したことが挙げられる（フェルメイレン，2016）。需要に関しては，アントワープの90%の世帯が，少なくとも1点以上の絵画を所有していたといわれている。

　パントは，年に2回開催される見本市の間，4～6週間だけ開催される奢侈品の展示販売から始まった。1460年に設立された「聖母のパント」が，その嚆矢である。1540年には，新証券取引所の最上階に，「画家のパント」が常設されるようになる。この画家のパントは，知られる限り，ヨーロッパで最初の常設の美術見本市であった。そこには，100件ものブースが設けられ，さまざまな国からの顧客に向けて絵画作品が展示販売された。そこでは，芸術家たちは，注文制作ではなく，需要を予測して作品を作って売るという高度に商業化された一次市場が成立していたといえる（フェルメイレン，2016）。

　アントワープは，市内に駐留していたスペイン部隊の暴動や火事に見舞われ，1580年代にはパントが衰退し，多くの商人，アーティスト，画商たちがアムステルダム（オランダ）に移っていった。これらの移民芸術家たちがハーレム

(オランダ)やアムステルダムの黄金期の幕開けに寄与したといわれている。

しかし,すべての画商やアーティストが移住したわけではなく,残った画商たちは,パリや,オランダの諸都市に絵画を輸出することによって生き残り,アントワープやメッヘレン(ベルギー)の作品制作の基盤も維持され,後に再生を果たす。

(3) 二次市場の発展

美術品の二次市場は,17世紀のオランダに遡ることができる。オランダのオークションは,徐々に価格を下げて落札する方法で行われる。一般的には,価格を下げていくオークションは,土地や財産の取引で行われている方法である。この方法は,代替品がある場合に,早く決着する点で優れている。

オークションが成功するには,透明性が不可欠だが,17世紀のリール(Lille, フランス)では,透明性を保証するルールも徐々に整備されていった。フェアで売れ残った作品を売買するために,オープンな場でオークションを行う,傍らで私的取引を行わない,虚偽の入札を行わないという3つのルールが確立していった。言い換えれば,これらのルールと透明性によって,売り手と買い手の双方が公正に振る舞うオークション市場が確立できたということである(De March and Van Miegroet, 2006)。

17世紀後半には,アングロサクソン(英米系)のオークションがロンドンで創設される。入札だけして,支払わないという行動を妨げるため,買い手には,会場を離れる前に購入価格の一部を支払うことが義務づけられた。後に,1つの品物の競りに費やす時間を1.2分から1.4分に限定するという方法がとられるようになった。今日でも世界トップのオークション・ハウスであるサザビーズは1744年に,クリスティーズは1766年に,ロンドンで開業した(De March and Van Miegroet, 2006)。オークションについては,次節以降でも説明される。

2 美術市場の制度

2.1 美術市場に関わるプレイヤー

美術市場には,ギャラリー(画廊)等の最初に作品が取引される一次市場と,

いったん購入された作品が転売される二次市場があることは，前述のとおりである。美術品の文化的価値や経済的価値は，一次市場と二次市場での取引を通じて形成される。美術品の価値に大きな影響力をもつのは，画廊や画商（アート・ディーラー），美術史家でもあるキュレーター，美術館，美術品のコレクター（収集家），批評家等である。これらのプレイヤーは，美術市場の需要と供給，そして価格にも影響を与える。たとえば，キュレーターに認められ，作品が美術館に収蔵されたアーティストは，市場でも，彼（彼女）の作品が高く評価されるだろう。

　本節では，これらのプレイヤーが美術市場でどのような役割を演じているのか，アーティストの評価（ひいては作品の価値）にどのような影響を与えているのか等について，制度的な面をみていく。どのプレイヤーの影響力が強いかは，各国で相違がある。同様に，美術市場の構造やマネジメントも，各国で異なる。とくに，現代アートは，その価値が十分には定まっていないため，コレクターは，影響力のある専門家の声に耳を傾けるだろう。また，どの美術作品が好まれるかは，その国の風土や文化にも影響を受ける。

　同じ美術品でも，時と場所によって価格が異なることもよく知られている。時は，その時の経済状況を通じて，美術品の価格に影響を与える。場所は，たとえば，同じ作品でも，ニューヨークのオークションでは，ロンドンやパリのオークションより高い価格がつくことが知られている。その違いは，オークションに参加する人の質と人数によるといわれている。2016年のデータでは，画商を通じて行われる取引が美術市場の58％，オークション取引が市場の42％であり，美術市場では，一次市場が大きなウェイトを占めることがわかる。一次市場における価格の変動は，二次市場での価格の変動より小さいという指摘もある（Sagot-Duvauroux, 2011）。

　新人アーティストが美術大学等を卒業し，プロフェッショナルとしてデビューするにあたり大きな役割を果たすのが画廊や画商である。画商は，一次市場と二次市場の需要と供給を媒介する。画商は，美術品を売買するオークション・ハウスや，時には，自分の作品を直接売るアーティストとも競い合っている。

　画商になるためには，特別なライセンス（資格）は必要ない。また，画商は，美術品を買い取るのではなく，委託販売するため，少ない資金で開業できる。

2　美術市場の制度

画商を続けるための費用としては，給与，場所等のレンタル費用，目録を作成する費用などがある。こうした費用を賄えれば画商として美術市場に参入できるため，新規参入は比較的容易である。しかし，5年以上生き残れる画商は半数ともいわれ，継続が難しい業界である。

多くの画廊は，数人を雇用する小さな会社である。ニューヨーク，ロンドン，ベルリンなどの大都市には，数百人の画商がおり，50人くらいの従業員を雇用する大きな画廊もある。画商の年収は，数千万円から数十億円ともいわれるが，確かなことはわかっていない（Velthuis, 2011）。

2.2　画商と一次市場──ゲートキーパーとしての画商

一次市場では，画商は，10〜30人程度のアーティストと長期の信頼に基づく取引を行う。美術大学や美術アカデミーを修了したアーティストは，他のアーティストや専門家の紹介で，画商と出会い，自分の作品をギャラリーで展示してもらう機会を得る。画商は，この若手アーティストに対するコレクターの需要を喚起し，美術の専門家の評価を勝ち取るために奮闘する（Velthuis, 2011）[1]。

画商は，たいていの場合，新人アーティストの展覧会を，6〜8週間開催する。その展示にコレクターを誘い，アーティストのアトリエを訪問し，他のコレクターやアーティストとの食事を企画することもある。コレクターに，新人アーティストの作品の永続的な芸術的・経済的価値を説き，市場を創出するのである。キュレーターに対しては，展示中の作品に興味をもってもらい，美術館への購入や美術館での展示を働きかける。また，批評家や美術史の専門家には，批評やカタログ作成を依頼する。美術館に購入されることは，そのアーティストの地位を確固たるものにするし，美術史家の批評は，アーティストの名声を高めるからである。美術館（キュレーター）や美術史批評家によって，作品の文化的価値が高く評価されると，経済的価値も高まる。

しかし，こうした努力にもかかわらず，商業的に成功するアーティストは数少ない。そのため，画商は，商業的に成功したアーティストの作品の販売から得られる収入を，他のアーティストのキャリア形成や，さらなる新人発掘に投資し，次の成功者を育成する。

クリエイティブ産業は，アーティストと商業（ビジネス，流通）の契約によ

る結合である。画商が経営する画廊は，商業に属する。しかし，アーティストと画商の間には，完全な契約が書けない。なぜなら，アーティストが，いつまで創造的な作品を作れるかが不確実なため，契約期間を明確にすることができないからである。また，契約したとしても，確実にそれを実行しているかどうかモニタリングすることが難しい。さらに，契約を実行しなかった場合に訴訟にでもなると，アーティストにとっても，画商にとってもイメージダウンとなる。つまり，契約に伴う取引費用が高いため，アーティストと画商は，明確な契約書を書かずに，信頼関係に基づく長期取引を行うのが通例である。そのため，アーティストと画商の関係は，「暗黙の契約」とも呼ばれている。

画商が展覧会を企画して，その作品が売れると，販売価格の50％をアーティストが受け取り，画商が50％を受け取る。この割合は，アーティストの評判が高まると変化し，アーティストの取り分が増える。アーティストと画商の関係は，アーティストがプリンシパル（依頼人）で，画商がエージェント（代理人）といった関係ではなく，ともにリスクをとるため，ジョイント・ベンチャーに似た関係といえる（Caves, 2000）。

画商として成功するためには，卓越した審美眼と，情報ネットワークが必要である。一次市場における画商は，新人アーティストの才能を見抜き，美術市場へと橋渡しをするゲートキーパー（門番）の役割を担っている。つまり，画商は，美術界における目利きの機能を担っている。画商は，商業（ビジネス）の側ではあるが，新人アーティストの発掘と育成という文化的役割も果たしている。また，画廊の展示は，無料で開放されているため，公共的性格が強い。

画廊は，美術品の経済的価値を最大化することを避ける傾向もある。その理由は，同じアーティストの作品を他の画廊も所有していると，価格を最大化するための努力がただ乗りされることもあるからである。他の理由として，アーティストとの関係が終わると，それまでアーティストの市場創出に費やしたコストが埋没費用になることもあるからである。

あるアーティストの作品が長期間売れないと，画廊との関係は終わる。反対に，成功したアーティストは，美術館やコレクター等とのより強いネットワークをもつ別の商業的画廊へと移動する。ゲートキーパーとして新人を発掘し育成する画廊や画商は，文化的機能を果たしているのに対して，商業的な画廊は，経済的成功は収めているが，文化的機能は弱いといえる。

2.3 画商と二次市場（オークション）

　画商は，作品を売りたいコレクターに代わって，二次市場で作品を売買する。画商は，コレクターを美術館に誘い，美術史の文脈を理解してもらい審美眼を養ってもらうと同時に，作品の美術史における位置づけを理解してもらう等の働きかけを行う。こうした働きかけは，作品の売買のためであるが，同時に文化を理解する人を増やすという文化的機能ももつ。

　美術品の転売は，オークション・ハウスを中心に行われている。前述のとおり，オークション・ハウスが美術市場に占める割合は，2016年には38％であった。オークション・ハウスで，最も重要なカテゴリーは，長い間，印象派と近代アートであった。ところが2006年に，これらのオークション市場規模は，現代アートに追い越された。現代アートとは，1945年以降に生まれたアーティストによる作品のことである。

　美術市場で美術品を購入する動機には，美術品を家に飾りたいなどの美的・文化的な動機と，投資という金銭的動機がある。多くの文化経済学の研究によれば，他の金融商品に比べて，美術への投資収益は小さく，リスクも大きい（第4節参照）。しかし，他の金融商品と異なる投資収益の傾向があるため，ポートフォリオを多様化するためにはよいかもしれない。

　美術品購入の動機には，社会的動機もある。美術品を購入すると，同じ画廊で美術品を購入しているコレクターと知り合うことができ，さまざまなイベントに参加できる。インドや中国では，美術品を持つことは，台頭しつつある中産階級に仲間入りをすることを意味する。企業が美術品を購入する理由も，社会的動機である。金融機関は，美術品購入によって，利益追求にしか興味がないというイメージを払拭しようとする。

　グローバル化は，美術市場に大きな変化をもたらした。その1つは，中国における美術市場の台頭である。2003年から2006年にかけて，中国のオークションにおける現代アートの売上は100倍になった。2002年には，世界の年間オークション収入トップ・アーティスト100人の中に，中国人アーティストは1人だったが，2008年には34人になった。2008年にトップ100人に入ったアメリカ人アーティストは20人である。もう1つの大きな変化は，数百人の画商が一堂に会して，最も質の高い作品を展示するアートフェアの台頭である。スイス発祥の現代アートのアートフェアである「アート・バーゼル」は，マイ

アミビーチ（アメリカ）や香港でも開催され，多くのコレクターや富裕層を引きつけている。

3　美術品価格の決定理論

　芸術・文化に関連した消費行動について最も単純に経済学的な説明を行うのであれば，通常の財・サービスと同様に，第1章で示したような需要曲線・供給曲線を用いて，価格変動を通じて，需要と供給のバランスが調整されるということになるであろう。美術品の需要・供給に関しても，一般的な財・サービスに関する説明と共通する部分もあるが，固有の問題も大きい。もちろん，美術品といっても，絵画，版画，彫刻，陶磁器，工芸品など多様なものがあり，また同じ絵画でも，ルノワールやゴッホといった世界的に有名な画家から，無名の現代アートの画家までさまざまであり，すべての取引を同じ原理で説明することは難しいであろう。以下では，そのような一般性と固有性を意識しながら，美術市場における需要と供給について考えていこう。

3.1　美術品の価格は何によって決まるか

　まず絵画の価格を考えてみよう。その絵画がいくらで取引されるのかは，まず絵画の大きさや保存状態，水彩画か油彩画かあるいはデッサンか，さらに作品の制作年等々の物理的・形式的な要素の影響が考えられるであろう。これは，たとえば牛肉の価格が，その部位や等級，重量，消費期限などによって価格が決まることと同様である。しかしながら，同じ大きさで同じ題材・構図の絵画であっても，ゴッホが描いた作品とそれを模倣した無名の画家の作品では，まったく価格が異なることは明らかであるし，同じゴッホの作品でも，美術史上での位置づけ，買い手の好み（嗜好）や評価によって，価格は異なるはずである。このように，美術品の価格には，形式的要素と知的要素の2つの側面がある。

　また，取引コストと情報コストという考え方がある。取引コストとは，購入者がある美術品を購入するために必要とされる費用で，その作品を探すためにかかった時間のほか，海外のオークションで購入するのであれば，そのための旅費や輸送費などが含まれる。一方，情報コストとは，ある美術品のもつ価値

に関する情報を得るためのコストが含まれる。たとえば，鑑定士にその作品の評価を依頼する際のコストがこれに対応し，こうしたコストを負担することによって価値のない作品に高い金額を支払うリスクを避けることができる。これらのコストも考慮しながら，いくらであればその作品に支払ってよいのかを購入者は考え，取引価格が決まってくるのである。

3.2 取引における売り手と買い手の関係

これまでにも述べたように，美術品市場では，新規の作品が取引される一次市場と二次市場（中古市場）を区別して考えることが多い。

一次市場とは，新人であまり名前の売れていない芸術家がその作品を売りたい場合や，ある程度名前が売れている芸術家でも新作を供給する場合の取引のことである。これに対して二次市場とは，新作ではなく過去に取引された既存の作品の取引が対象となる。もちろん，同じ作品が何度も取引されることもあり，二次市場では，一次市場に比べて，作家や作品に関してより多くの情報が得られることが多い。したがって，二次市場では一次市場に比べて，本来その作品がもっている価格よりも，高い価格で購入してしまうというリスクは低くなるといえよう。

今，ある新人画家が自分の作品を画廊に持ち込み，画廊の店主（画商）にその作品の販売を委託する場合を考えてみよう（一次市場）。画廊に来た顧客がその作品を購入する際には，画商と顧客が1対1で取引（相対取引という）することが多い。その場合，当然ではあるが，支払ってもよいと思う価格以下であれば購入するであろうし，それよりも高ければ購入されないことになる。売り手と買い手が画廊で相対し，価格によって需要と供給が調整されるとみることができる。しかしながら，新人画家の作品に関する情報が少ないことも多く，その場合，完全競争のもとでの価格と数量とは異なる説明が必要となるだろう[2]。

3.3 オークションでの美術品の取引

美術品（絵画）の価格を考える際に，オークションを思い浮かべる読者も多いだろう。オークションでは画廊とは異なり，1つの作品（供給）に対して複数の買い手（需要）が存在し，価格を通じて，需要と供給が調整される。

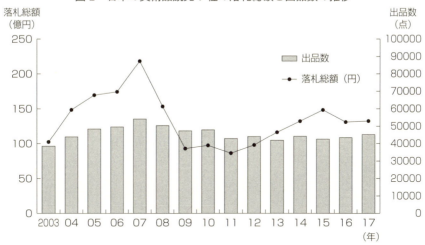

図2 日本の美術品競売9社の落札総額と出品数の推移

出所：サン・アート『月刊美術』No. 510（2018年3月）。

　これまでのオークションで最も高い価格がつけられたのは，レオナルド・ダ・ヴィンチの作とされる「サルバトール・ムンディ（救世主）」という作品であり，ニューヨークのクリスティーズで，4億5030万ドル（約510億円）で2017年に落札された。一般的には，オークションよりも相対取引の方が，高い価格で取引されやすいといわれている。また，前節でも述べたように，同じ作品でもニューヨークのオークション・ハウスの方がロンドンよりも高いなど，場所による差が存在することも指摘されている。こうした分析結果を含めて，美術品のオークション全般については，金武・阪本（2005）やAshenfelter and Graddy（2003, 2011）などを参照されたい。

　なお，日本の場合，オークションでの取引は以前に比べて増加しているが，それほど多くはなく，経済状況の影響も強く受ける。図2には，日本のオークションの落札総額が示されているが，2008年に起こったいわゆるリーマンショックによって，落札総額が大きく落ち込んでいる。また日本では海外に比べて，オークションよりも画廊などでの取引が多いともいわれている。

3.4　オークションでの美術品の価格決定

　美術品のオークションでは，周知のとおり，ある作品の購入者を決定するた

図 3 オークションにおける取引価格の決定

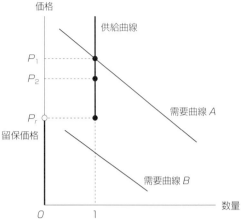

めに，低い価格からスタートして，オークションの参加者（需要側）がそれよりも高い価格で購入する意思があれば手を挙げ，価格が吊り上げられていく（手を下げた時点で，その参加者は落札する権利を失う）。そして，ある価格以上の購入希望者が出なければ，その価格が落札価格（hammer price）となって，価格が決定される[3]。ただし，ある価格未満の落札価格ではその作品を販売しないという最低落札価格（留保価格，reserve price という）が出品者（供給側）によって設定されていることが多く，落札価格が留保価格を上回るときに，価格について，取引が成立する。なお，留保価格は公表されないのが通常である。

ワインや工芸品とは違って絵画の場合，供給量は 1 であるから，供給曲線は図 3 の太線のようになる。他方，需要量はある価格で購入したいと考えるオークション参加者の数に対応するので，価格が低いほど購入希望者は多く，右下がりの需要曲線を描くことができる[4]。需要曲線が A であれば，両者の交点，すなわち図中の P_1 で取引価格が決定される（図 3 の需要曲線 A）。需要曲線が B のようにもっと下方に位置する，すなわち需要量 1 のところで留保価格 P_r を下回っていれば，両者は交わらず，取引は成立しないということになる。

また，美術市場に限らずオークションに関しては，ゲーム理論を応用するなど数理的な分析が行われている。たとえば上のようなオークションにおいて，参加者が自分の欲しい作品に払ってもよいと考える最大の価格，すなわちその作品に対する自分の評価額が決まっているのであれば，参加者はオークションでの価格が自分の評価額を下回っている場合は，現時点での最高値から少額だけ上乗せした価格で手を挙げ続け，評価額を超えたら手を下ろすというのが，自分の利得を最大にする最適な戦略であることがわかっている。興味のある読者は，横尾（2006）などを参照されたい。

4 美術品の価格変動の実証分析

4.1 美術品の価格指数の算出

　前節で述べたように，美術品の価格には，物理的・形式的な要素や文化的要素，嗜好的要素など多くの要因が影響を与える。そこで，実際にオークションなどで取引されたデータ，すなわち取引価格と，取引された作品の諸属性（作者，年代，大きさなど）や取引に関する諸要素（取引の場所，年など）を収集し，それらの関係をみることによって，さまざまな要因がどのように美術品の価格に影響を与えているのか（あるいは与えていないのか）を明らかにする多くの研究が行われ，文化経済学の主要な分野の1つになっている。

　価格の分析では，株価を考えればわかるように，その時系列変動を分析することが重要である。しかしながら，通常の財・サービスは同じものが時系列的に（あるいは地域的に）何度も取引されるのに対して，絵画などの美術品の場合は，同じ作品が毎年取引されるわけではなく，同じ作品の価格変動を継続的に把握することは困難である。また，ほとんどの美術品は1つしか存在しないので，通常の財・サービスの取引とは大きく異なっている。

　さらに，個々の作品の取引価格の水準やその変動だけでなく，取引される美術品全体の価格変動に興味がもたれることも多い。株価にたとえれば，個々の株価の変動だけでなく，株式市場全体の動きをみる日経平均株価などの株価指数といった指標に対応する。

　美術市場全体の価格動向をみるためには，取引される多くの美術品の価格の変動を平均して，指数化すればよい。以下では，回帰分析を利用して美術品価格全体の動向を推定する2つの方法を説明しよう[5]。

(1) 再販売された作品の価格に基づく方法——リピートセールス法

　この方法は，同じ作品が何度か取引された場合に，それらの価格を比較することによって価格の変動を把握する方法である。ある一定の対象期間（$t=1, 2, \cdots, T$）を設定し，その期間内で，同一の作品が2度以上取引された場合の作品の価格を取り出してデータを作成する。このようにすれば，同一の作品の価格が何％上昇（あるいは下落）したのかを変化率によって把握でき，2度の取

引間の期間が異なっていたとしても，後にみるような方法で単位期間（たとえば年）当たりの平均変化率等に合わせればよい。

さらにこのリピートセールス法によって価格指数を作成しようとする場合，2度以上取引された作品の価格データを用いて，次のような回帰式を推定する。

$$\log(p_{it2}/p_{it1}) = b_1 D_1 + b_2 D_2 + \cdots + b_T D_T + (u_{it2} - u_{it1})$$

ここで p_{it1} は時点 t で第 i 作品が1回目に取引された価格で，p_{it2} は最後に取引された価格である。D_t は t 時点で1回目の取引が行われた場合に -1，最後の取引が行われた場合に1，それ以外は0をとるダミー変数で，b はその係数，u は誤差項を表す。この式を利用可能なデータを用いて推定すれば，その係数 b_t が各時点における平均的な価格を表すことになり，それを用いて価格指数が算出される。この方法の詳細および結果については，Pesando（1993）や島田・駒井・小暮（2009）などを参照されたい。島田ほか（2009）は，日本のオークションのデータを用いて，リトグラフの価格指数を作成した日本における美術品価格に関する貴重な実証分析である。

(2) ヘドニック法

リピートセールス法の場合，同一作品が複数回取引された場合のデータだけを利用するため，対象期間全体の取引データを用いるわけではなく，すべての情報が活用されていない。これに対して，ここで説明するヘドニック法では，リピートセールス法のように複数回の取引が行われた作品に限る必要がなく，すべての取引データを推定に用いることが特徴である。なおヘドニック法は，物価指数における品質変化の調整のために開発された方法であるが，文化経済学を含む広い分野でも応用され，本書でも第10章，第14章などで取り上げている。

価格に影響を与える k 個の要因 x とする。x として絵画の大きさ，水彩画か油彩画かなどの作品の物理的な属性や，画家の名前やその画家が存命中かどうかといった画家の諸属性などを選出し，さらに取引された時点 t において1を取るダミー変数 D_t も説明変数として利用する。ヘドニック法では，それらのデータによって，取引された作品の価格（被説明変数）を説明する次のような回帰モデルを作成し，推定する。

$$\log p_{it} = \alpha + \beta_1 D_1 + \beta_2 D_2 + \cdots + \beta_T D_T + \gamma_1 x_{1it} + \gamma_2 x_{2it} + \cdots \gamma_k x_{kit} + u_{it}$$

α, β, γ は推定される係数であり, その他の変数や添え字はリピートセールス法におけるものと同様である。k 個の要因 $x_1, x_2, \cdots, x_k$ が同じである (さまざまな属性が変化しない) とすれば, D_t は取引のあった時点 t で 1, それ以外の時点で 0 をとるダミー変数であるから, $e^{\beta t}$ が t 時点での価格指数を表すことになり, それを用いて美術品市場全体の平均的な価格動向を表すことができる。

この方法を用いた研究については, たとえば, Buelens and Ginsburgh (1993), Higgs and Worthington (2005) などを参照されたい。

4.2 美術品の収益率の分析
(1) 美術品と金融商品

美術品を購入する理由としては, 主に次の2つが考えられる。第1はその作品を購入・所有し, 鑑賞することなどによって満足を得るためである。第2はその作品の資産としての価値であり, たとえば購入した後に値上がりしたら売却することによって利益を得よう, あるいは財産として美術品を所有しておこうとする動機である。購入者によってどちらの理由に重きをおくのかは異なるだろうが, 第2の理由, すなわち美術品を資産として購入した場合, どの程度の収益が得られるのかは購入者にとって重要である。また美術品は, 他の金融商品 (株式, 国債, 金, 土地等々) とは異なる特徴を有し, 両者の比較は非常に興味深いテーマであり, 文化経済学の対象としても注目されてきた。

ボウモル (Baumol, 1986) は, 美術品は, 他の金融商品とは, 次の点で異なると述べている。

- 金融市場には, 同質の財が数多くあるが, 美術市場では, 美術品1つひとつが唯一無二のため, 代替する財がゼロである。
- 金融市場には, 多数の所有者がいるが, 美術市場は, ある美術品の所有者は1人であり独占的である。
- 金融商品の取引は継続的に行われるが, 1つの美術品の取引は, 数十年に1度あるかないかという程度である。
- 金融資産の基礎的 (実体) 価値は知られているが, 美術品には, 長期の均衡価格がない。
- 美術品を所有し, 取引するコストは, 金融資産を所有し取引するコストよ

りはるかに大きい。なぜなら，美術品に対する保険料等が高いからである。
・美術品所有には，金融資産のような配当がない。

以上のことから，美術市場を金融市場と同等のものとして語ることができないことがわかる（Sagot-Duvauroux, 2011）。

(2) 美術品の収益率

一般に，ある資産の収益率 r_t は，その資産の価格をこれまでと同様に p_t とすれば，

$$r_t = \frac{p_t - p_{t-1}}{p_{t-1}} \quad \text{あるいは} \quad r_t = \log p_t - \log p_{t-1}$$

と表すことができる[6]。ただし，取引手数料，配当，税金などは無視することにする。

表1は，アメリカの Artprice 社が公表している四半期ごとの美術品価格指数（Art Global Index）と日経平均株価の最近のデータを示している。表の下には，そのデータから算出した変化率が提示してある（上の左の式で r_t を求めている。対数を用いた式でも算出し，両者の差を確認せよ）。そして，変化率の平均（リターン）と標準偏差（リスク）も示されている[7]。日経平均に比べて美術品の方がリターンが低く，リスクが大きいことが確認できる。

表1は四半期（3カ月）ごとのデータであるが，これから1か月当たりの平均収益率を算出するには，たとえば表1に示されている Artprice 社による Global Index という世界の美術市場の価格指数の2017年10〜12月から2018年1〜3月については，

$$\sqrt[3]{151.8/137.7} - 1 = 0.033$$

となり，1カ月当たり3.3％の上昇となる（10.2÷3とは異なることに注意せよ）。また，2017年10〜12月から2018年1〜3月にかけての3カ月で美術品価格は10.2％上昇しているが，これを年率に換算すると $1.102^4 - 1 = 0.476$ と47.6％の上昇となる。ただし，美術品の価格指数の変動は大きく，3カ月の変化率を年率に単純に延長する場合には，その解釈に十分注意が必要である。

Baumol（1986）では，分析対象期間内でリピートセールスされた作品の年次収益率の分布の特性，すなわちヒストグラムの形状，平均，中央値などが示

表1　美術品価格指数と日経平均株価

	2016年				2017年				2018年
	1〜3月	4〜6月	7〜9月	10〜12月	1〜3月	4〜6月	7〜9月	10〜12月	1〜3月
Global Index*	154.3	139.5	152.0	135.2	152.8	138.2	150.0	137.7	151.8
日経平均 (円)**	16758.7	15575.9	16449.8	19114.4	18909.3	20033.4	20356.3	22764.9	21454.3

変化率（％）										平均	標準偏差
Global Index		-9.6	9.0	-11.1	13.0	-9.6	8.5	-8.2	10.2	0.3	10.0
日経平均		-7.1	5.6	16.2	-1.1	5.9	1.6	11.8	-5.8	3.4	7.6

*1998年1〜3月=100，**終値
出所：Global Index: https://www.artprice.com/artprice-reports/the-art-market-in-2016/general-market-consolidation，日経平均：Yahooファイナンス．

されている．同論文では，美術品価格の収益率の平均は0.55％であり，それが国債など他の金融商品よりも収益率が低いことが明らかにされ，さらに収益率のヒストグラムから，その分布の散らばりが大きく，美術品のリスクが大きいことが指摘されている．

美術品と株式や国債などといった金融商品のリターンとリスクを比較することは，美術品の投資対象としての情報を提供することになる．とりわけ個別の作品ではなく，上記のような方法によって推定された美術品の価格指数に基づいて，リターンやリスクを算出し，比較することが多い．

両者を比較した結果，Baumol (1986) や表1の例のように，美術品は相対的にリターンは小さく，リスクは大きいといった結果が多く得られている．ただし，美術品についても近年はグローバル化が進み，取引において十分な情報が得られることによって，美術市場がより効率的になり，他の金融商品の特性に近づいているという指摘もある．また，美術品のリターンが小さいのは，美術品の購入は投資対象としてだけでなく，美術品自体を楽しむという嗜好としての動機があり，その分，金銭的リターンの数値は低くなりやすいという考え方もある．

美術品を所有することによる非金銭的な満足度を S と表すことができたとすると，収益率は，

$$r_t = \frac{p_t - p_{t-1} + S}{p_{t-1}}$$

と表すことができるので，これを変形し，

$$p_t = \frac{p_{t+1} + S}{1 + r_{t+1}}$$

が得られる[8]。この p_t という価格は，将来の予想価格 p_{t+1} などによって決まり，購入者が支払ってもよいという価格（willingness to pay）である。この価格が最も高い人がオークションで落札するとも考えられる。

　美術品の収益率の変動を分析するのに，その分布の基本的特性をみるだけでなく，より複雑なモデルに基づいた時系列解析も行われるようになってきている（勝浦，2006）。たとえば，さまざまな美術品や他の金融商品の価格変動について長期的・短期的関係の有無などが分析され，美術品を金融商品のポートフォリオの一部として組み込むことの是非なども議論されるようになっている。

5　美術市場と税制

　日本の美術市場が小さいのは，他国に比べて，美術品購入を促進する税制が整備されていないからであるという見方があるが，果たしてそうだろうか。本節では，美術市場に対して，どのような税制が整備されているのか，諸外国の制度をみていく（Hemels and Goto, 2017）。

5.1　現代アートへの減税

　美術品は，通常，減価償却[9]の対象とはならない。しかし，カナダでは，カナダ人が創作し，ある一定の価格以下のアート作品は，減価償却できる。ただし，この作品はビジネス目的，たとえば，顧客が見られる場所に置くこと等が，条件である。美術品を借りる場合も，ビジネス目的ならレンタル費用を控除できる。フランスでは，企業が現代アートを購入し，市民や従業員がアクセスできる場に恒久的に飾る場合，購入価格の5分の1（年間売上高の0.5%を限度として）を，法人税から控除できる。これらの税制は，アートの実質価格を下げる効果をもち，企業による現代アートの購入を促進する。

5.2 文化遺産への税制インセンティブ

フランスでは，重要文化財級の美術品が，海外に転売されそうになったとき，企業がそれを購入すると，法人所得税から，価格の90％を税額控除[10]できる（法人所得税から，価格×0.9を差し引ける）。ただし，この美術品を，市民に公開すること，控除は法人所得税の50％を上限とするという条件がつく（たとえば，法人税額が2000万円なら，差し引けるのは1000万円まで）。この税制は，重要な作品がフランス国内にとどまることにより，美術市場，とくに，グローバル化した二次市場に影響を与えていることになる。国宝級の作品の場合には，それを購入し，美術館や公文書館，国立図書館等に最低10年間貸し出す企業は，購入価格の40％を，課税利潤から控除できる。

5.3 美術品への付加価値税や関税の減税

アメリカでは，美術品は，関税の対象から除外されている。EUでは，美術品を輸入する場合，関税はゼロか，軽減税率が適用される。また，アーティストが作品を売る際，付加価値税を減税する国もある。たとえば，オランダでは，付加価値税は21％だが，現代アートには6％の軽減税率が適用されている。こうした税制インセンティブは，美術品の価格を下げ，アートの一次市場や二次市場に影響を与える。

5.4 フリーポート（無税港）

付加価値税も関税もかからない自由港（無税港）がある。スイスは，19世紀に自由港を開いた。そのため，スイスは，美術品の倉庫となった。アート・バーゼル（世界で最も有名なアートフェアの1つ）にとって，自由港は重要である。シンガポールでは，2010年に自由港が開かれ，2大オークション・ハウスの1つであるクリスティーズが，倉庫サービスを始めた。ほかにも，モナコ，ルクセンブルク，中国が自由港を開いている。しかし，自由港は，何が貯蔵されているのか，誰が貯蔵しているのか等の情報の透明性がなく，マネー・ロンダリングや税源浸食の温床，盗難品の隠れ家等になっているという批判もある。

以上でみたように，海外では，美術市場に影響を与える税制が導入されている。しかし，その中には正の効果をもつものと，負の効果をもつものが混在している。そのため，税制インセンティブを導入する際には，その効果を十分に

見極める必要がある。

5.5　政府主導の美術市場

　2017年に日本で策定された内閣官房および文化庁文化経済戦略，そして，それに続く文化経済戦略アクションプラン2018では，日本の美術市場の拡大を実現するために，日本人アーティストおよび近現代日本美術作品の国際的な評価を高めていくための調査研究と実験的な展示企画等の推進がうたわれている。美術市場の歴史の項でみたように，美術市場は需要があって初めて成立する。政府主導で美術市場が創出できるかどうかは，議論の分かれるところであろう。

注

1　本項と次項は，Velthuis（2011）に負うところが大きい。
2　価格水準の決定について，一定の仮定を設定した上で，ゲーム理論などを用いて説明することが可能である。
3　第1節でも示したように価格を低い方から高い方に上げていく方式はイギリス型オークションと呼ばれ，逆に高い価格から価格を下げていく方式はオランダ型オークションと呼ばれる。これ以外にも，合理的なオークションの方式が考えられている（横尾，2006参照）。
4　実際には参加者は整数であるので，滑らかな需要曲線ではなく階段状になるが，ここではわかりやすく直線で描いている。階段状の需要曲線については，Heilbrun and Gray（2001），金武・坂本（2005）などを参照のこと。
5　これ以外にも，もちろん，取引された作品の価格を単純平均あるいは加重平均する方法もある。たとえば日本の代表的なオークション・ハウスであるシンワアートオークションが提供している価格指数は，同社で落札された作品の平均落札価格を移動平均して算出される。ほかにも，代表的な作品をいくつか選定した上で，それらの取引金額の合計の比率を用いる方法などもある。
6　2つの式で表されるr_tは，r_tの値が十分に小さければ，近似できる（証明略）。
7　算出方法は第2章を参照のこと。美術品に限らず金融商品については，その収益率の平均値をリターン，収益率の散らばりである標準偏差をリスクとみなすことが多い。
8　Heilbrun and Gray（2001）の記述を若干修正して説明を行っている。
9　固定資産の価値が毎年減少しているとみなし，その分を経費として計上すること（第6章参照）。
10　所得控除と税額控除を区別する必要がある。所得控除は，（所得－控除額）×限界税率であるのに対して，税額控除は，税額から控除額（ここでは，価格×0.9）を差し引く。

参 考 文 献

勝浦正樹（2006）「文化・芸術の実証研究への統計分析の応用可能性」『文化経済学』第5巻第1号，17〜25頁

金武創・阪本崇（2005）『文化経済論』ミネルヴァ書房

島田式子・駒井正晶・小暮厚之（2009）「リトグラフ価格指数の作成と分析――アート市場における価格形成」『ファイナンシャル・プランニング研究』No. 9, 52～58 頁

フェルメイレン，フィリップ（河内華子訳）（2016）「ブリューゲルの時代の芸術と経済――16 世紀のアントウェルペン美術市場」『西洋美術研究』No. 19, 55～84 頁

横尾真（2006）『オークション理論の基礎――ゲーム理論と情報科学の先端領域』東京電機大学出版局

Ashenfelter, O. and K. Graddy (2003) "Auctions and the Price of Art," *Journal of Economic Literature*, 41(3), 763-787.

Ashenfelter, O. and K. Graddy (2011) "Art Auctions," in R. Towse ed., *A Handbook of Cultural Economics*, 2nd ed., Edward Elgar, 19-27.

Baumol, W. J. (1986) "Unnatural Value: Or Art Investment as Floating Crap Game," *American Economic Review*, 76(2), 10-14.

Buelens, N. and V. Ginsburgh (1993) "Revisiting Baumol's 'Art as Floating Crap Game', " *European Economic Review*, 37(7), 1351-1371.

Caves, R. E. (2000) *Creative Industries: Contracts between Art and Commerce*, Harvard University Press.

De Marchi, N. and H. J. Van Miegroet (2006) "The History of Art Market," in V. A. Ginsburgh, and D. Throsby eds., *Handbook of the Economics of Art and Culture*, vol. 1, North-Holland, 69-122.

Heilbrun, J. and C. M. Gray (2001) *The Economics of Art and Culture*, 2nd ed., Cambridge University Press.

Hemels, S. and K. Goto eds. (2017) *Tax Incentives for the Creative Industries*, Springer Science + Business Media Singapore.

Higgs, H. and A. C. Worthington (2005) "Financial Returns and Price Determinants in the Australian Art Market, 1973-2003," *The Economic Record*, 81(253), 113-123.

McAndrew, C. (2018) *The Art Market 2018*, An Art Basel and UBS Report.

Pesando, J. E. (1993) "Arts as an Investment: The Market for Modern Prints," *American Economic Review*, 83(5), 1075-1089.

Sagot-Duvauroux, D. (2011) "Art Prices," in R. Towse ed., *A Handbook of Cultural Economics*, 2nd. ed., Edward Elgar, 43-48.

Pownall, R. A. J. (2017) *TEFAF Art Market Report 2017*, The European Fine Art Foundation.

Velthuis, O. (2011) "Art Dealers," in R. Towse ed., *A Handbook of Cultural Economics*, 2nd ed., Edward Elgar, 28-32.

第9章

芸術家と労働
——伝統芸能から現代アートまで——

はじめに——なぜ芸術家の平均所得は低く，所得格差が大きいのか

　芸術・文化の継承は，人類にとって重要な課題である。そして，芸術・文化の多くは芸術家と呼ばれる人々によって継承されるため，その創作活動を支える所得がどのように確保されているのかを明らかにすることが重要となる。芸術活動からの所得が少なければ，生活を維持するために，副業をせざるをえなくなるが，それによって芸術創造活動に割くことができる時間は少なくなる。このような意味で，芸術家の創作活動と所得とは密接に結びついている。第1節で示すように，日本の芸術家の平均所得は，一般労働者よりも低く，このことが芸術家育成において，大きな問題となっている。多くの人々は，芸術家の道を志すことは厳しいと信じており，成功を得るまでは貧しさに耐えながら，研鑽を積み重ねることを求められる。

　芸術家の所得に関するもう1つの重要な問題は，芸術家の間での所得格差が大変に大きくなっていることである。この点は，直感的にも理解することができ，スーパースターが莫大な所得を得ているのに対し，売れていない芸術家は低所得に苦しんでいることは，よく知られている。このような所得格差は，ドラマや映画の制作現場でもギャラの格差として問題となる。ギャラの高いスターを登用することにより，高い集客力を期待できるが，スターに支払う高額なギャラのために，それほど有名ではない俳優に対するギャラは切り詰められ，それが多くの役者の低所得につながり，若手育成の妨げになっているという側面がある。

　芸術家の所得源泉と収入構造を明らかにすることは，芸術家として創作活動

を持続可能にしている要因を明らかにすることを意味する。これらは，伝統芸能，音楽等のコンテンツ産業，現代アートといった領域およびジャンルの間で異なった状況にある。これらの問題に関しては，スロスビー（2014）およびMenger（2006）等において包括的な解説が行われている。本章においてすべての領域およびジャンルについて詳細な議論を行うことはできないが，代表的な例を用いて，さまざまな構造の違いを理解できるように議論していく。

本章の第1節では芸術家の労働市場の特徴を議論し，第2節では芸術家の所得格差拡大のメカニズムを解明する。第3節では，伝統の継承を議論する。

1 芸術家の労働市場の特徴

1.1 芸術家の労働市場

日本の文化は，どのような人々によって担われているのだろうか。本章では，文化の長期的な盛衰を決定づける芸術家およびクリエーターといった文化関連労働者が，どのような構造の中で，どのような状況に置かれ，どのような問題点を抱えているのかを明らかにしていく。

文化を担う人々には，芸術家やクリエーターを支える人々も数多く存在する。ミュージカルの舞台公演を行う場合でも，脚本家，演出家，作曲家といった作品を創作する人々から始まり，資金調達からチケット販売のための広報戦略の策定までの公演全体を管理する総合プロデューサー，音楽監督，各分野のデザイナー，広報担当者，チケット・マネージャー，照明，音響，大道具，小道具，衣装を含めた舞台装置関連の裏方と呼ばれる人々もいる。表舞台に立ち脚光を浴びることができる俳優だけではミュージカルを作り上げることは不可能であり，厳密には劇場を設計する建築家までもがミュージカル制作を担う人々となる。

さらに，ミュージカルを支援する人々も存在する。ファンクラブを組織し運営する人々が存在することにより，安定的なチケット販売が可能となり，ファンと俳優を結びつける橋渡し的役割を果たす人々がいるからこそ，客席と舞台が一体となった質の高い舞台を生み出すことができるのである。その意味において，ミュージカルを担う人々は幅広く，すべての担い手が重要な役割を果たしている。

しかしながら，すべての担い手を本章において扱うことは難しく，対象を限定して考察していく必要がある．本章では，文化経済学の研究対象として，これまで最も研究の蓄積がある芸術家に焦点を絞り，分析を進めることとする．ただし，芸術家とクリエーターとの明確な区分は困難であり，どのような定義を行っても曖昧さが残る．クリエーターが被傭者で芸術家は自営業者というように就業形態で定義しても，クリエーターが被傭者であるとも限らず，芸術家が被傭者である場合もある．性質面で，芸術家は独創的かつ非商業的目的で創作活動を行うのに対し，クリエーターは商業目的で創作活動を行っていると定義しても，例外は常に存在している．そこで，本章ではクリエーターという言葉を用いず，国勢調査の職業分類にある「文筆家・芸術家・芸能家」を分析対象とする．

　日本の芸術家人口は国勢調査によって把握されており，図1のような時系列的推移をしている．この図で示されているように，芸術家人口は1985年から2000年までは増加しているものの，それ以降は2010年まで微減し，2015年に再び増加している．最も多いジャンルがデザイナーであり，次に音楽家となっている．デザイナーは，1985年から2010年まで一貫して増大しており，25年間に1.48倍と最も増加率が大きくなっている．同期間で次に増加率が大きいのが，俳優，舞踊家，演芸家であり，1.41倍と増大している．この人口は，1985年から2005年まで増大したものの，2010年には減少している．音楽家は1985年から2000年までは増大しているものの，それ以降は大きく減少しており，2010年の人口は1985年の人口よりも少ない．

　図2では，芸術家団体協議会が2014年に実施した『芸能実演家・スタッフの活動と生活実態』調査による実演家の総収入を同2009年調査の結果，および2014年に国税庁が公表した民間給与実態統計調査データで得られた一般給与所得者年収と比較した値を表している．図から示されているように，2014年調査での実演家収入は，30歳代および50歳代を除き，2009年度調査の値よりも低くなっている．また，一般給与所得者の年収との比較では，40歳代まで一般給与所得者の方が高い年収であるのに対し，50歳代以降は実演家の年収の方が高くなっていることが示されている．

　なお，この調査では報酬の形式別比率を調べており，月給・年俸などあらかじめ決められた報酬を得ている実演家の比率は40.1％しかなく，仕事に応じ

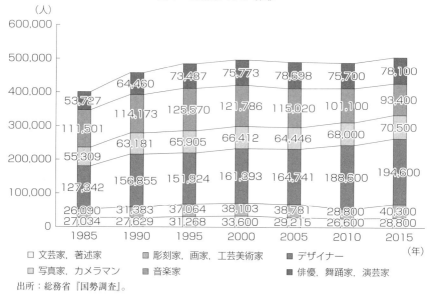

図1 芸術家の人口推移

□ 文芸家，著述家　　■ 彫刻家，画家，工芸美術家　　■ デザイナー
□ 写真家，カメラマン　■ 音楽家　　　　　　　　　　■ 俳優，舞踊家，演芸家

出所：総務省『国勢調査』。

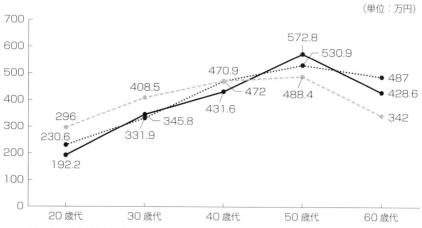

図2 実演家の年齢階級別年収

─●─ 2014年調査実演家年収　┄●┄ 2009年調査実演家年収　┄●┄ 2014年一般給与所得者年収

出所：日本芸能実演家団体協議会『芸能実演家・スタッフの活動と生活実態』(2009, 2014)，国税庁『平成26年度民間給与実態統計調査』。

て支払われる報酬を得ている実演家の比率56.9%、その他著作権料・隣接著作権料を得ている者の比率は1.8%となっている。

日本における芸術家の所得をミクロ・データによって分析したものとして周防（2011）がある。この研究は、1986年から20年間にわたって5年の周期で、音楽・演劇・舞踊のジャンルに属する日本のプロの演奏舞台芸術家を対象とした調査（「日本の芸術家4000人調査」）をデータに用いて精度の高い分析を行ったものである。これらの実証分析および国勢調査の結果から、芸術家の労働市場の特徴を次のようにまとめることができる。

(1) 芸術家の労働市場は新卒労働力が大量に供給されているにもかかわらず、芸術家として就業できているものが非常に少ない供給過剰の状態にある。
(2) 就業形態も自営業比率が高いジャンルも多くなっている。
(3) 60歳代を除いて、芸術家の平均所得は一般労働者平均よりも低く、成功した芸術家と成功していない芸術家との所得格差が大きい。

以下では、このような芸術家の労働市場の特徴を、理論的に解明していく。

1.2　労働供給行動の基礎モデル

まず初めに最も基礎的な労働経済学の労働供給モデルについて確認を行う。一般的に用いられているモデルは次のとおりである。労働者は1日の総時間 T（たとえば24時間）を、効用（満足）U を最大化するように、余暇 l_e と労働 l_a に配分すると考える。余暇には食事とか睡眠の時間も含まれており、労働時間以外の時間と理解してよい。

単位労働時間に受け取る賃金を時給（賃金率）と呼び w で表す。1日当たり l_a 時間働くと、時給×労働時間（wl_a）の賃金所得を受け取ることができる。余暇時間は、1日24時間から労働時間を引いたものであるので、賃金所得は $w(T-l_e)$ と書くことができる。

労働者の効用は、消費が増えれば増大し、余暇が増えれば増大する。また、余暇時間がなければ消費もできず、余暇ばかりでは所得がないため消費を行うことができない。そのため、余暇と消費をバランスよく配分する方が、偏った配分よりも効用は一般的に高くなると考えられる。このような性質をもった無差別曲線（同じ効用を与える余暇と消費の組み合わせ）は、図3のように描くことができる。余暇と消費が増えれば、効用も増大するため、無差別曲線は右上

図3 最適労働供給量の決定

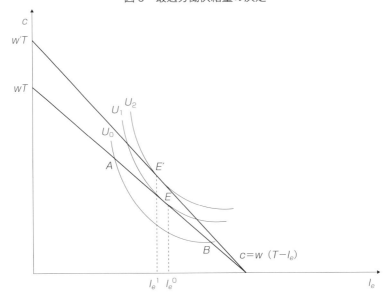

に位置するほど,高い効用水準を与えていると理解できる。

図3では,賃金所得が消費と等しいという予算制約の下で,最も大きな効用を与える,余暇と消費の組み合わせ(点E)を図示している。無差別曲線の接線の勾配は,限界的に1単位の余暇を増やす場合に,同じ効用を達成するために減少させる消費の大きさを意味しており,余暇と消費の限界代替率(MRS)と呼んでいる。この限界代替率の意味は,余暇を犠牲にどれほど消費を増大させたいのかという,労働者の労働に対する選好を表すものであり,この選好が無差別曲線の形状で反映されている点に注意する必要がある。このモデルから示されるように,余暇と消費の限界代替率が時給(賃金率)と一致するように,最適な労働供給量を決定することになる(章末の数学付録1参照)。

このような分析がなぜ重要かを考えることにする。まず,この分析によって,労働供給が時給の変化によってどのように変化するかを考えることができる。図3で示されているように,時給がwからw'まで高くなると,予算線の傾きが大きくなるため,無差別曲線と予算線の接点で与えられる最適な余暇量は,E点からE'まで減少する(余暇はl_e^0からl_e^1に減少)。これは,労働供給量が増大していることを意味する。ここで,時給が変化したときに増大する労働供給

量が，消費と余暇との無差別曲線の形状に依存して決定されている点に注意する必要がある。時給が上がっても，余暇を重視している労働者は，労働供給をそれほど増大させない。逆に，消費の価値が高い労働者は，時給上昇によって，労働供給量を多く増大させる。このように，この分析によって，労働供給と時給との関係が，どのような要因によって決定されているかを明確にできることになる。

1.3 金銭的報酬と創作活動の喜び──低い賃金率が成立する理由

芸術家の労働市場の特性を考える際に，通常の労働経済学では着目されていない，労働から得る満足および喜びが非常に重要な要素となる（Steiner and Schneider, 2013 参照）。前項で示した労働供給の基本モデルを考える過程で，労働（創作活動）は効用を下げるのみで，労働（創作活動）の喜びについては何ら議論されていない点に違和感をもった読者も多いであろう。この点を考慮したモデルを章末の数学付録 2 で展開している。

基本モデルとの違いは，効用関数の定式化において，労働時間のある比率 α が余暇のように効用を増大させる設定にしていることである。芸術家にとって創作活動は，喜びを与えるものであり，創作活動の増大は余暇の増大のように，効用を高めると考えられる。この点が，一般労働を想定した基本モデルと異なる点となる。モデルが示すように，創作活動が効用を高める場合には，時給（賃金率）が等しいという条件でも，芸術家の労働供給量は一般労働者に比べて多くなる。芸術家は，たとえ芸術活動からの所得が少なくとも，喜んで作品を制作することになる。しかし，このことは芸術家の所得を減少させる効果をもっている。

例として挙げれば，ギャラが安くとも，舞台で演奏する機会を探しているミュージシャンは存在しており，そのためしばしば出演料が低迷することも起きている。言い換えれば，労働市場の価格メカニズムを通じて，供給が増えれば市場均衡価格である時給（賃金率）は低下する。このことは，芸術家の労働市場の特徴の 1 つである，一般労働者に比して低い賃金率が市場で成立していることの理由であるといえよう。

芸術家の労働市場に関しては，これまで多くの研究蓄積があり，上述の理論モデルを含む幅広い議論が展開されている。代表的なものとして，Towse

(1992, 2006) がある。芸術家の低所得に関しては，Alper and Wassall（2006）などの実証研究があり，アメリカでは芸術家の所得は一般労働者よりも10%程度低くなっていることが示されている。ドイツでも，芸術家の失業率は一般労働者の失業率に比べて約1.5倍高くなっていることが報告されている（IAB, 2011）。この低所得を説明する研究として，Menger（1999）は高い仕事満足度に着目し，Adler（2006）および Rengers（2002）は心理的所得という概念を用いて説明を行っている。Abbing（2002）は，芸術家が受け取る名声等の非金銭的報酬が，低所得に甘んじて創作活動を行う理由である点を指摘しながらも，芸術家の労働市場で生じているメカニズムを注意深く考察する必要があることを主張している。

　実際に，芸術家が非金銭的報酬のみで生計を維持し，創作活動を継続することは困難であり，芸術家が再生産されるためには，創作活動を継続するための合理的理由が存在していると考える必要があろう。先に議論したように，図2では50歳以上において一般労働者よりも実演家が高い所得を得ていることを示しており，芸術家は若い頃の低所得に耐えながら技倆を磨くことにより，成功した暁には高い所得によって努力が報われることを期待しているとも解釈できよう。

　Renger and Plug（2001）では，オランダの芸術家の所得源泉に関して詳細な分析を行っている。とくに注目すべき点は，平均値でみると，オランダの画家の所得の43%が公的部門からのものとなっていることである。より詳細には，全所得に占める比率は，政府からの委託業務が13%，公的購入が7%，公的機関を通じた作品の貸出による報酬が4%，政府からの助成金および補助金が19%となっている。この数値は，オランダでは，公的部門の公的購入と助成金が画家にとってきわめて重要な所得源泉となっていることを示しており，芸術家の育成における公的支援の重要性を示唆している。Renger and Plug（2001）で示されている実証結果は，オランダをはじめとするヨーロッパ大陸諸国に特徴的である個人芸術家への支援の厚さを反映しているものであると考えられ，日本の芸術家の置かれている状況を評価する上で，重要な研究であるといえよう。

1.4 フリーランスで働く芸術家

　標準的な労働経済学の理論では，労働市場は企業組織内で成立している内部労働市場と企業組織外で成立する外部労働市場に分離でき，市場賃金率は外部労働市場における需給均衡によって決定されると考えている。昇進とか配置転換といった問題は，内部労働市場に関わる例であり，失業とか転職といった問題は外部労働市場に関わる例であろう。また，外部労働市場がどの企業でも通用する一般的な熟練を取引する市場であるのに対し，内部労働市場は企業独自の熟練等の存在によって外部労働市場とは異なる賃金率が成立する市場という解釈も存在している。

　内部労働市場が成立する理由はいくつか存在する。最も重要なのは，熟練が企業特殊的であり，熟練形成に企業が多くの費用と時間をかけなければならない場合である。ある製品をつくるのに特別な技能が必要であり，その技能を習得するのに長期間にわたる経験と研鑽が必要であれば，企業は莫大な訓練費用かけた労働者を容易に解雇することはできない。伝統工芸における職人などはこのような例に当たると考えられる。このような内部労働市場が成立している企業においては，若年期の賃金率を低く抑え，中高年期における賃金率を高くすることによって，労働者の離職行動を抑えることができる。日本の労働市場の特徴として，年功序列賃金と企業別労働組合が挙げられるが，このような特徴は，企業特殊的熟練の比重が大きく，内部労働市場がより広く成立している場合に，より強くなる。

　内部労働市場に対して，外部労働市場では，特定の企業のみで通用する企業特殊的熟練を評価しない。むしろ，どのような企業でも通用する一般熟練が価値をもつことになる。一般労働者の例でいえば，ワードやエクセルといったソフトの操作とか，法律，会計に関する知識等が代表的であろう。それでは，芸術家の熟練はどのような性質のものであろうか。たとえば，ある音楽家が音楽会社と契約しているとする。この場合，契約している音楽会社特有の企業特殊的熟練が存在している可能性は低い。もちろん，プロデューサーとの相性とか，音楽会社の理念といった，企業特有の要素は存在しており，それがゆえにその音楽家は当該会社と契約していると考えられる。しかしながら，このような要素は音楽家に備わった企業特殊的熟練とは異なる。この音楽家は，さまざまな音楽会社を変遷して契約を交わしていくことができ，音楽会社も音楽家の能力

を評価して契約を行う。

　上記の例が示すように，芸術家の熟練は一般熟練としての性質が強く，企業特殊的熟練としての性質は弱いと理解できる。そのため，芸術家の労働市場は，内部労働市場としての性質が弱くなる。内部労働市場としての性質が弱いことは，年功序列賃金体系が成立する必然性が弱いことを意味している。音楽会社が音楽家と契約を交わすときに，音楽家の年齢が高いからといって高い金額を提示するわけではない。あくまでも音楽家の市場での評価に基づき，金額の提示が行われることとなる。よく売れている音楽家であれば，いくら10代であっても高額の契約金が提示されることになる。しかしながら，いくら高齢であっても，市場の評価の低い音楽家に，高い契約金を提示することはない。

　上記の例において，音楽家の労働市場では，音楽という財の市場から派生する需要に基づいて賃金率が決定されており，2つの意味で競争的である。1つは音楽財の市場が競争的であることと，もう1つは音楽家の労働が外部労働市場において競争的であるということである。たとえば，ポップ音楽の人気があれば，ポップ音楽関係の音楽家に対する需要は増大する。ポップ音楽の需要が大きくても，ポップ音楽に関係する音楽家が多ければ，人気のある音楽家以外は高い所得を得ることはできない。逆に，あるジャンルの音楽に対する需要が少なければ，そのジャンルの音楽家に対する需要は少なく，高質の音楽を提供する能力をもっていても，高い所得を得ることはできない。

1.5　細分化された労働市場と非弾力的価格調整メカニズム

　芸術家の労働市場が内部労働市場的性質をあまりもたず，外部労働市場において競争的であることを述べた。しかしながら，芸術家の労働市場は，完全競争市場の条件の1つである，同質性（すべての財が同じ質をもつ）を満たしていない。ファストフード店でのアルバイトなどは，同じ業務をマニュアルに従ってこなすため，労働市場が完全競争市場の条件をかなり満たしており，労働の質も同質的であるといえる。絵画の例でいえば，パブロ・ピカソと葛飾北斎は別の性質をもった画家である。このような財の市場を，経済学では独占的競争市場と呼んでいる。ピカソは世界に唯一にしか存在せず，独占的供給を行っている。しかしながら，ある程度まで代替的な画家は存在しており，ポール・セザンヌとかジョルジュ・ブラックなどは広い意味で同じ絵画ジャンルにあると

いってよく，若干なりとも競合的関係にあるといってよい。

芸術家の労働市場の特性は，同じ領域であったとしても，ジャンル間での代替可能性がほとんどないことであろう。これは，労働市場が細分化されており，細分化された労働市場間での移動性が低いことを意味している。音楽の例では，ポップとロックといったジャンル間であれば移動することはあっても，ロックとクラシックとの間を移動することは稀であろう。クラシックの人気が上昇したからといって，ポップの音楽家がクラシックに参入することは容易ではない。これは，熟練がジャンルによって細分化されており，たとえばヴォーカルを専門にしている歌手でも，ポップ歌手がクラシック歌曲を歌うことが難しいことからも理解できよう。

細分化された労働市場が成立し，熟練が細分化されている場合には，労働力の市場間での移動が困難となり，財市場における需要変動から派生した労働需要変動を調整するメカニズムは弱くなる。芸術家の場合には，熟練形成にかかる時間は長く，熟練の到達点も存在しない。生涯を通じて熟練形成に研鑽し，労働市場での価値を高めていくことになる。そのため，財市場での需要変動に対応した労働市場の調整は，何十年にもわたり長期になる場合がある。

音楽の例としては，公益社団法人日本芸能実演家団体協議会（2015, 35 頁）でも指摘されているように，伝統邦楽市場の長期的低迷の中で，箏曲演奏家をはじめとした伝統邦楽従事者の減少が重要な課題となっている。同資料では，伝統邦楽実演家が演奏によって生計を立てることがきわめて困難であることを指摘している。伝統邦楽実演家は，邦楽市場が低迷しているからといって，別ジャンルの音楽に進出することは難しく，邦楽市場の低迷は，邦楽演奏家を志ざす若者を減少させる形で，長期にわたり実演家数を減少させることになる。

2 芸術家の所得格差拡大のメカニズム

2.1 スーパースター・モデル

芸術家の所得格差の大きさについては，多くの人が実感していると思われる。ビートルズのように成功を収めた音楽グループが巨額の所得を得るのに対し，メジャー・デビューできない音楽グループが稼ぐことができる所得との間には雲泥の差が存在する。Rosen（1981）は，スーパースターのように，特定の芸

術家に需要が集中し，それによって所得が集中する要因として次の2つを指摘している。第1は才能のヒエラルキーであり，第2は再現可能性である。この2つの要因が相互に関連して，スーパースターを生み出している。

　ここでも音楽家を例にとることにより，スーパースター・モデルの理解が容易になる。消費者は，同じお金を支払うのであれば，より質の高い音楽を求める。質の高い音楽は，優れた才能によって生み出されるため，最も優れた才能の音楽家の作品に需要が集中することになる。ここで第2の再現可能性が重要となる。もし，音楽をコンサートのみでしか享受できないのであれば，たとえ人々が最高の音楽を聴きたくとも，難しいことになる。コンサート会場の収容人数には上限があり，コンサートに行くことができる者の人数は限られる。そのため，最高の音楽を聴くことができない人々は，次に高い質の音楽を聴かざるをえず，所得が最高の才能の音楽家に集中することはない。

　しかしながら，音楽はCDまたはMP3ファイル等によってある程度まで再現できる。コンサートを完全に再現することはできないが，音楽を享受するのに十分なレベルにおいて再現可能である。そのため，CDまたはMP3という媒体を通じて，低コストで無限に再現できる音楽を消費者に届けることができ，著作権料という形で音楽家は収入を得ることができる。低コストでの無限の再現可能性によって，最も才能のある音楽家に需要が集中し，その需要に対応した供給が可能となるため，所得も最も才能のある音楽家に集中することとなる。

　再現可能性が高い芸術分野以外において，スーパースター・モデルは成立するのであろうか。舞台芸術などは，再現可能性は低いといえよう。舞台の場合には大道具を設置する費用も大きく，劇場を確保することも容易ではない。それでも，ミュージカル・スターのように，スターは存在する。スターは存在するが，ビートルズやマイケル・ジャクソンが獲得したような巨額の所得を舞台俳優が得ることは少ない。映画スターの場合には，映画の再現可能性が高く，ヒットすれば興行収入だけでなく，DVD等のメディアによる収入も存在する。そのため，スーパースターが出現し，巨額の所得を得ることもある。

　絵画芸術などでは，再現可能性は低く，たとえ精緻な模写であったとして，本物と模写の価値はまったく異なる。そのため，本物の絵画の稀少性は大きく，レオナルド・ダ・ヴィンチの「モナリザ」のように，秀逸な作品に対しては金銭価値では測れないほど高額な価格づけが行われる。このように，絵画のよう

な芸術財の市場は，音楽の市場とは構造が大きく異なる。絵画のような財は，供給独占であり，代替可能性がきわめて小さいものが多い。レオナルド・ダ・ヴィンチが書いた肖像画と，現代の画家が描いた肖像画が代替的と考える者は少ないであろう。このような性質をもつ財の取引は，オークション・ハウスでの競りによって価格づけが行われ，転売によって所有者が変遷する。そのため，Kawashima（2008）で議論されているように，転売時における著作権収入を法的にどのように保証するかは，画家の所得に大きな影響を与えることになる。

このように，スーパースター・モデルは，才能のヒエラルキーと再現可能性の2つの要因によって成立するか否かが決定され，分野によって要因の強さは異なり，それにより芸術家の所得格差の程度は大きく異なったものとなる。

スーパースターの存在が芸術家の所得格差を大きくしている点は，著作権のもつ本質的性質と密接に関連している（Towse, 1999；河島，2009；後藤，2013参照）。著作権は，本書第7章で議論したように，無体物であるが，それを消費する際にはメディアが必要となる。高い再現可能性は，このメディアの複製費用が低いことを意味している。Towse（2010, p.363）で示されている，一部の芸術家に偏った不平等な著作権使用料収入の実態は，低いメディアの複製費用と関係しているといってよいであろう。モーツァルトとかベートーヴェンが偉大な作曲家であることを否定する者はいないであろう。しかし，彼らが経済的に豊かであったとは考えられていない。当時は，著作権を市場で取引し，著作権収入を得るための制度が整っていなかったため，安定的な所得源泉を得ることができなかったと考えられる。また，たとえ著作権制度が存在していたとしても，レコードというメディアが発明されるまでは，コンサートと楽譜販売以外に著作権収入を得ることはできなかったであろう。

しかしながら，著作権制度は単に芸術家の不平等な所得分布を生み出しているだけではない。むしろ，著作権制度を活用することにより，文化の多様性を確保できるという考え方もある。ハリウッド映画産業のように，メジャー系企業が独占力を行使することにより，文化の多様性が少なくなることは，さまざまな理由から望ましくない（河島，2010参照）。規模の小さな企業でも市場参入が可能なように，著作権制度を整備することにより，市場で供給される文化財の文化多様性を保持することが可能となる。それにより，多様な芸術家が市場に生き残ることが可能となり，芸術の発展をもたらすことが可能となる。た

だし，Towse（1999）で議論されているように，コンテンツ供給企業の誘因と芸術家の誘因が市場において整合的になるように，著作権制度を設計することが重要となる．

2.2 非専業芸術家の悪循環

芸術家の所得格差と密接な関係にある重要な問題として，非専業芸術家の存在がある．芸術家の場合，Menger（1999）等の研究で主張されているように，芸術制作活動のみで収入を確保できないため，一般労働市場でパートタイム的に労働供給を行い，生活費の不足を補っている場合が多い．八木（2010）は，非専業芸術家のパート労働と創作活動との時間配分に関する理論モデルを構築し，創作活動によって生まれる作品の市場での期待評価値（限界収入）と，パートタイム労働からの所得増（創作活動の限界費用）が一致するように創作活動時間が決定されていることを示している．モデルを用いた分析結果では，作品の市場価値に関する不確実性が高くなると，創作活動時間が減少し，作品の質が低下する可能性が示されている．

画家を例に考えると，市場評価の低い画家は，生活のためにパート労働を行わざるをえないが，そのために創作活動が減少し，作品の質が低下し，それが画家の市場評価を引き下げる．それにより創作活動による収入の不確実性が高まり，創作活動の時間が減少するという悪循環に陥る危険性を示唆している．音楽家の場合でも同じであろう．音楽家としての収入が少ない場合には音楽教室の教師等のパート労働をせざるをえず，コンサートのための練習時間が削られていく．十分な練習ができないままコンサートで演奏をした場合には，音楽家としての評価が下がり，音楽家としての所得は減少する．このため，パート労働を増やさざるをえなくなり，悪循環に陥る危険性が存在する．このように，創作活動時間を確保できる芸術家と確保できない芸術家との間で，所得格差が拡大するメカニズムが働くことになる．

芸術家は市場での評価が確立するまでは，安定的な所得を得ることが難しい．芸術家を育成するためには，若手芸術家の所得保障を，適正な方法によって進めることが必要といえよう．芸術家に対する所得保障を考える場合には，創作活動時間の増大をもたらす誘因構造を組み込む必要がある．育英奨学金的なものは，プロジェクト型申請によって，創作活動と給付を結びつける必要があろ

う。また，創作場所賃料に対する補助とか，アーティスト・イン・レジデンスのように芸術家同士の交流を促進しながら，創作場所を提供するといった政策が重要となる。

　このほかにも，創作活動を高める方法として，公的な機関による若手芸術家への仕事の発注が政策として考えられる。これには，後藤（2005, 192頁）で紹介されている，パブリック・アート政策も含まれる。同書によると，スウェーデンでは，公的な建造物を建設する際の建築費の1%を現代芸術の購入に充てるという政策を採用している。これは，芸術家の所得変動を緩和し，創作活動を活性化させる上で有効な方法であるといえよう。

　これらの議論で重要な点は，芸術家には所得水準だけでなく，所得の不確実性が存在していることにより，有能な芸術家であったとして，創作活動時間を削り，パートタイム労働に時間を配分せざるをえない状況にあることである。このため，創作活動を増大させるような誘因と結びついた形で，所得の不確実性を減少させる政策が求められる。不確実性は年齢が若いほど大きく，若い芸術家がプロフェッショナルとなることを断念させる重要な要因にもなっている。優れた能力をもった若手芸術家が創作活動を諦めてしまうことは，文化・芸術の発展にとっては大きな損失となるため，若手育成を目的とした創造活動に対する公的助成を，さまざまな方法によって拡充することが重要となる。

3　伝統の継承と伝統文化の現代的創造

3.1　伝統芸能の所得源泉

　日本には，能楽，歌舞伎，文楽等の国際的に知られた演劇に加え，日本舞踊，邦楽等，多くの伝統芸能が存在する。このような伝統芸能は，日本人にとってアイデンティティを確保し，世界の人々に日本文化の秀逸性を認知してもらい，日本人が国際社会の中で尊厳を得る上において重要な資産であるといえよう。

　このような伝統芸能は，歌舞伎のような例外を除き，市場が成立しているとはいえない状況にある。たとえば，一般社団法人日本レコード協会（2017, 13頁）によると，2016年ジャンル別新譜数において，全ジャンル新譜数1万5267の中で，民謡・純邦楽の新譜数はわずか66しかなく，比率にすれば0.43%となっている。このように市場が成立しない理由として考えられるのが，

邦楽享受能力の育成が十分ではないことにあると考える。エンターテイメントの市場が成立するのは，多くの場合何ら教育を受けなくとも，楽しむことができるからであろう。楽しい音楽を聴けば，特別な教育を受けていなくとも自然と楽しくなる。

　しかしながら，伝統芸能の多くは，享受するための事前知識が必要な場合が多い。能楽などはその典型的な例であり，台詞，立ち居振る舞いの意味，謡いの歌詞等，事前に学習をしなければ十分に楽しむことは難しい。古典邦楽ではリズムの概念が弱いため，打楽器が入ることはあまりなく，三絃が打楽器的な意味をもっている。そのため，リズムを楽しむよりも，メロディとか音色，そして音と音との「間」を感じることにより，音楽のすばらしさを感じることになる。このような古典邦楽のすばらしさを理解するためには，作品等に関する事前の知識が必要となる。

　伝統芸能の市場が成立していない場合に，伝統芸能の芸術家が市場を通じて生計を立てるのに必要な所得を得ることは難しい。しかし，伝統芸能の芸術家が芸能活動を続け，将来にわたって芸能を継承していくためには，伝統芸能の芸術家の所得源泉が存在している必要がある。このような意味において，伝統芸能に携わる芸術家の労働市場を議論する意義は大きいと理解している。伝統芸能の労働市場については，国際的にも十分な議論が蓄積されているとはいえず，文化資産の保全という立場からも，その特徴を明確化する必要性は大きいと考えられる。

　伝統芸能の特徴は，著作権に基づいた所得の比重が高くないことにある。とくに古典を中心に上演される場合には，原作者の著作権は消滅している場合が多く，演奏者および演者が上演した場合の入場料収入とDVD等を制作した場合の隣接著作権料の収入が主要な芸術家の収入源泉となる。しかしながら，隣接著作権料収入は，市場規模が小さいことにより，多くを期待することはできない。このように，伝統芸能に従事する芸術家の場合には，市場での文化財取引から生じる所得は限られたものとなる。

　しかしながら，伝統芸能の場合には，それに従事する芸術家の所得を維持する独自のシステムが存在している。伝統芸能の多くは，家による継承，流派の形成を通して弟子を拡大し，弟子からの教授料等を受け取るという方法で所得を得ている。このような制度を「家元制度」と呼び，これにより伝統芸能を現

代まで継承・発展させてきている。

　家元制度は，西山（1982）において「生活のための専門職人たるものではなく，いわば趣味として，生活の余技，あるいはたしなみとして教えたり習うもの，そうした文化領域に家元は成立する」（西山，1982，17頁）ものと位置づけられており，教授者が趣味として習い事をする弟子をもち，弟子からの教授料を得ることにより成立すると理解していい。このような家元制度が長期にわたって成立し続けるためには，①家元への権限の集中化，②弟子の広範囲な広がり，③芸の伝承，といった条件が必要となる。家元の権限がなければ，教授者の権威を担保することができない。家元の権限により，教授者は「師範」，「大師範」といった職格を得ることができ，弟子を集める吸引力を得ることになる。弟子の広がりが広ければ広いほど，多くの弟子を集めることが可能となり，教授料収入を増やすことが可能となる。また，芸の伝承が家元制度で行われることにより，伝統を守る組織として家元の価値と権威は維持されることになる。「家元制度」が，伝統芸能の芸術家の所得源泉を付与しているという側面は，伝統芸能の継承を考える場合に重要な意味をもつことになる（詳細については，八木・臼井・高島，2012参照）。

3.2　伝統文化に従事する芸術家の新たなる労働市場

　伝統芸能を担ってきた「家元制度」が弱体化することにより，伝統芸能を継承する芸術家が少なくなってきている。弱体化の傾向は，女性の嗜みとして「茶道，華道，邦楽」といった日本文化の習い事が一般的であった時代から，「ピアノ，バレエ」といった西洋文化の習い事に移行する中で進んできたといってよい。また，舞台芸術も多様化し，能舞台のような日本文化を代表するものから，ミュージカルのような楽しみやすいものに嗜好が移ってきたことも理由として考えられる。

　しかしながら，グローバル化の進展は，「グローバル化のパラドックス」と呼ばれる状況を引き起こしていることも事実であろう。西洋文化が世界の標準文化として，グローバルに影響を強める傾向にある中，ローカル文化を国家アイデンティティの砦として守るべきであるといった議論も強まっているという印象もある。西洋の人々の中でも，日本文化のように，西洋文化とは異なる基盤の上で成立している文化に対して強い関心をもつ者も増えているといってよ

いであろう。自然を克服するといった西洋的思想ではなく，自然と対話しながら，自然との共生を求める東洋的思想が，これからの人類社会に求められている思想であると考える人も多い。

　Yagi（2005）では，日本的文化特性をもった文化財を海外に普及させることにより，日本に対する親和性が増大し，それが日本的文化特性をもった財に対する海外需要を増大させるメカニズムが存在していることを実証的に示している。そこでの実証結果は，Nye（1990, 2004）が提示した「ソフトパワー」の考え方や，McGray（2002）等によって議論された，「クールジャパン」の考え方と整合的なものとなっている。

　伝統芸能は，世界の人々に日本文化の真の秀逸性を理解する上で重要な役割を期待されている。これまで伝統芸能の市場が国内に限られてきたため，市場規模は縮小の傾向を強めていた。しかしながら，日本への関心が国際的に高まっている現在において，日本の伝統芸能は，世界の中で新たな市場を獲得することが可能となっている。日本が世界の中で尊厳を得る上で重要であるのであれば，現代的なコンテンツ財の輸出のみに依存する文化政策では不十分となる。そのため，国際交流基金を中心に，伝統文化の世界への発信を行っているが，それは文化遺産の紹介といったものだけであってはならない。伝統文化は，遺産ではなく，今なお発展している芸術である。このような考え方の下で，伝統文化の現代的創造を図り，国際的な市場を確立していくことによって，伝統文化に従事する芸術家の新たなる労働市場を作り出していくことが可能であるといえよう。

参 考 文 献

一般社団法人日本レコード協会（2017）『日本のレコード産業 2017：Statistics Trends』（http://www.riaj.or.jp/f/pdf/issue/industry/RIAJ2017.pdf）
河島伸子（2009）『コンテンツ産業論──文化創造の経済・法・マネジメント』ミネルヴァ書房
河島伸子（2010）「文化多様性と市場構造──メディア，エンタテインメント経済学からの検討」『知的財産法政策学研究』第 28 号，91〜116 頁
公益社団法人日本芸能実演家団体協議会編（2015）『芸術団体の経営基盤強化のための調査研究──実演芸術各分野の基盤と組織 2015』
後藤和子（2005）『文化と都市の公共政策──創造的産業と新しい都市政策の構想』有斐閣

後藤和子（2013）『クリエイティブ産業の経済学――契約，著作権，税制のインセンティブ設計』有斐閣

周防節雄（2011）「芸術家調査から見た 20 年間の日本の舞台演奏芸術家の所得分布」『文化経済学』第 8 巻第 2 号，11〜32 頁

スロスビー，デイビッド（後藤和子・阪本崇監訳）（2014）『文化政策の経済学』ミネルヴァ書房

西山松之助（1982）『家元の研究（西山松之助著作集 第 1 巻）』吉川弘文館

八木匡（2010）「芸術作品の公的購入と助成金の創作活動に与える影響分析」『文化経済学』第 7 巻第 2 号，31〜39 頁

八木匡・臼井喜法・高島知佐子（2012）「伝統芸能における実演家組織の収益システム」『文化経済学』第 9 巻第 1 号，23〜32 頁

Abbing, H. (2002) *Why are Artists Poor?: The Exceptional Economy of the Arts*, Amsterdam University Press.（山本和弘（2007）『金と芸術――なぜアーティストは貧乏なのか？』grambooks）

Adler, M. (2006) "Stardom and Talent," in V. A. Ginsburgh and D. Throsby eds., *Handbook of the Economics of Art and Culture*, vol. 1, 895-906, North-Holland.

Alper, N. and G. Wassall (2006) "Artists' Careers and their Labor Markets," in V. A. Ginsburgh and D. Throsby eds., *Handbook of the Economics of Arts and Culture*, vol. 1, 813-864, North-Holland.

IAB (2011) "Berufe im Spiegel der Statistik," http://bisds.iab.de/.

Indergaard, M. (2013) "Beyond the Bubbles: Creative New York in Boom, Bust and the Long Run," *Cities*, 33, 43-50.

Kawashima, N. (2008) "The Artist's Resale Right Revisited: A New Perspective," *International Journal of Cultural Policy*, 14(3), 299-313.

McGray, D. (2002) "Japan's Gross National Cool," *Foreign Policy*, 130.

Menger, P.-M. (1999) "Artistic Labour Markets and Careers," *Annual Review of Sociology*, 25, 541-574.

Menger, P.-M. (2006) "Artistic Labour Markets: Contingent Work, Excess Supply and Occupational Risk Management," in V. A. Ginsburgh and D. Throsby eds., *Handbook of Economics of Art and Culture*, vol. 1, 765-811, North-Holland.

Nye Jr., J. S. (1990) *Bound to Lend: The Changing Nature of American Power*, Basic Books.

Nye Jr., J. S. (2004) *Soft Power: The Means to Success in World Politics*, Public Affairs.

Rengers, M. (2002) *Economic Lives of Artists: Studies into Careers and the Labour Market in the Cultural Sector*, Doctoral Thesis. Utrecht University Repository.

Rengers, M. and E. Plug (2001) "Private or Public?: How Dutch Visual Artists Choose between Working for the Market and the Government," *Journal of Cultural Economics*, 25 (1), 1-20.

Rosen, S. (1981) "The Economics of Superstars," *American Economic Review*, 71(5), 845-

858.
Steiner, L. and L. Schneider (2013) "The Happy Artist: An Empirical Application of the Work-preference Model," *Journal of Cultural Economic*, 37(2), 225-246.
Towse, R. (1992) "The Earnings of Singers: An Economic Analysis," in R. Towse and A. Khakee eds., *Cultural Economics*, 209-219, Springer.
Towse, R. (1999) "Copyright and Economic Incentives: An Application to Performers' Rights in the Music Industry," *KYKLOS*, 52, 369-390.
Towse, R. (2006) "Human Capital and Artists' Labour Markets," in V. A. Ginsburgh and D. Throsby eds., *Handbook of the Economics of Art and Culture*, vol. 1, 865-894, North-Holland.
Towse, R. (2010) *A Textbook of Cultural Economics*, Cambridge University Press.
Yagi, T. (2005) "Effect of Cultural Influence on Expansion of Market: Empirical Evaluation of Economic Benefits of Cultural Social Infrastructure,"『経済学論叢』（同志社大学）第 57 巻第 2 号，117～143 頁

数学付録 1

労働供給量決定の基本モデルは，次のように表すことができる。

$$\text{Max} \, U = U(c, l_e) \tag{1}$$

$$\text{s.t.} \ w(T - l_e) = c \tag{2}$$

ラグランジュ関数を

$$L = U(c, l_e) + \lambda [w(T - l_e) - c] \tag{3}$$

1階の最適条件は，

$$\frac{\partial L}{\partial c} = \frac{\partial U}{\partial c} - \lambda = 0 \tag{4}$$

$$\frac{\partial L}{\partial l_e} = \frac{\partial U}{\partial l_e} - w\lambda = 0 \tag{5}$$

$$\frac{\partial L}{\partial \lambda} = w(T - l_e) - c = 0 \tag{6}$$

で与えられる。(4)式と(5)式より

$$\frac{\partial U / \partial l_e}{\partial U / \partial c} = w \tag{7}$$

を得る。なお，以下で，効用関数を全微分し，無差別曲線の接線勾配の意味を確認する。無差別曲線上では，効用変化は0であるため，

$$dU = \frac{\partial U}{\partial c} dc + \frac{\partial U}{\partial l_e} dl_e = 0 \tag{8}$$

より，

$$\text{MRS} = -\frac{dc}{dl_e} = \frac{\partial U / \partial l_e}{\partial U / \partial c} \tag{9}$$

となる。これは，無差別曲線の接線勾配によって示されている余暇と消費の限界代替率（MRS）が，消費と余暇の限界効用の比率に一致することを意味している。(7)式と(9)式より，限界代替率が賃金率と等しいことが最適労働供給の1階条件となっていることが示されたことになる。これは，図3において，傾きがwの予算線が無差別曲線に接している点で，最適労働供給が決定されることを，数学的に示している。

数学付録2

　数学付録1のモデルを拡張して，創作活動が効用を増大させるケースについて考察する。創作活動自体が余暇のように効用を増大させる点を反映させるために，効用関数を次のように定式化する。

$$U = U(c, l_e + \alpha(T - l_e)) \tag{10}$$

ここで α は，労働時間が効用増大をもたらす程度を表すパラメータとする。この効用関数のもとで得られる最適条件は，

$$(1-\alpha)\frac{\partial U/\partial l_e}{\partial U/\partial c} = w \tag{11}$$

となる。また，この効用関数に対する限界代替率は

$$\mathrm{MRS} = -\frac{dc}{dl_e} = (1-\alpha)\frac{\partial U/\partial l_e}{\partial U/\partial c} \tag{12}$$

となる。したがって，賃金率が限界代替率と等しくなる点で最適労働供給が決定される。賃金率 w は不変であるため，$\alpha > 0$ の場合には $\alpha = 0$ の場合よりも消費と余暇の限界効用の比率は大きくなっている必要がある。限界効用は逓減的であるため，$\alpha > 0$ の場合には $\alpha = 0$ の場合よりも，余暇の限界効用は大きく，消費の限界効用は小さくなっている必要がある。言い換えれば，$\alpha > 0$ の場合には $\alpha = 0$ の場合よりも，労働供給量が多くなっている必要がある。

　上式の展開で示されているように，労働時間の一部が余暇のように効用を増大させる設定にしても，賃金率と限界代替率が等しくなる点で最適労働供給量が決定する性質は変わらない。しかしながら，限界代替率の決定式が異なることから，基本モデルのケースに比べて，余暇の限界効用は大きくなっている必要があり，それは最適点において，労働供給量が多くなっている必要があることを示している。

第10章

文化と地域経済

はじめに

　文化芸術は地域の経済にどのような影響を与えるのだろうか。たとえば芸術祭による経済効果や，美術館ができると周辺の土地価格が上がるなどの影響はすぐに思い付くだろう。また，世界遺産登録によって，そこを訪問する観光客が増えれば経済効果が生じる。プロの野球やサッカーのチームが優勝すると，経済効果が何億円という試算もある。あるいは逆方向の考え方として，地域の経済が豊かになると芸術活動も盛んになるのだろうか（逆に貧しくなれば衰えるのだろうか）。

　以下，このような文化と地域経済の関係について，対象とする「地域」の概念，地域経済学という学問分野，一般的に用いられている経済効果の推計方法と，その事例などを順次説明する。

1　地域の定義と地域経済学

　地域とは，地理的なある一定の範囲を指す。よく似た言葉に「地方」があるが，都市部と地方部という対比があるように，都鄙（賑やかな都市とひなびた田舎）という価値観を含むことがあるのに対して，地域という言葉はニュートラルに用いられる点が異なる。地理的に一定の範囲を示すときには，全体に対する一部の範囲を意味する。たとえば日本全土に対して九州地域（あるいは九州地方），地球全体に対してアジア地域と区分する。

　地理区分を重層的に示す場合には，他の概念と使い分けなければならないが，

広狭を示す用例は一定していない。たとえば都市計画では，区域＞地域＞地区と使い分けている（用例としては，市街化区域＞用途地域＞特別用途地区）。他の分野では別の用法もみられるので，異なった分野の文献を読み比べる場合は注意が必要である。

さて，同じ地域という区分をしても，たとえば岐阜県の東濃地域とアジア地域で何かを比較することは難しい。本章では地域経済という事象をテーマとするため，地域経済に限って話を進めると，一般には一国全体の経済に対して，その国のある地理的な範囲の経済を指す場合に地域経済と呼ぶ（ただし，グローバル経済を論じる際に，アジア経済という区分を行うこともある）。国内の一地域の経済としての地域経済を考える場合は，基本的には都道府県などの行政区分に基づいた地域を想定する。もちろん行政区分と経済範囲は一致しないことがあり，むしろ一致しないことが多いが，経済統計のほとんどが都道府県単位ないし市町村単位であるため，行政区分に基づいて地域経済を検討することになる[1]。

地域経済をテーマとする学問分野としては，その名のとおり「地域経済学」という経済学の一分野が筆頭に挙げられる。よく似た分野として「都市経済学」があり，前者が応用マクロ経済学であり後者は応用ミクロ経済学だといえる。前者は後述するケインズの理論に基づいたモデルを想定するのに対し，後者は市場メカニズムを前提とする。たとえば地域経済学では地域の経済成長をテーマとし，都市経済学では地価の決定要因を検討する。ただし近年，両者の境界は低くなっており，入門書でも両方を紹介するようになっている（たとえば，山田・徳岡，2018）。

経済学以外では，経済地理学でも地域経済を取り上げることがある。地域経済学と違って，経済学的なモデルに立脚せず，実際の地域経済の状況を地理学的に考察することになる。地域を観察して何らかの発見や課題解決をめざす学問を統合して「地域科学」と呼ぼうと提唱する向きもあるが，今のところ一般的に流布しているとは言いがたい状況である。その他，行政体による地域への施策をテーマとした政策科学系の学問でも，地域経済を取り上げる。また当然ながら，文化経済学，文化政策学といった文化芸術を社会科学的に捉える分野でも，大切なテーマの1つである。

2 地域経済効果の理論と分析手法

2.1 経済波及効果

冒頭で例示したような各種の経済効果の算出には，産業連関分析（産業連関表分析ともいう）という分析手法（いわば「魔法のツール」）があり，各地の産業連関表を入手して解説本を読みながら計算すれば，経済効果が計算できる。産業連関分析については本節の後半以降で説明する。なお一般には「経済効果」という表現がよく用いられているが，何らかの支出による経済循環を含めた最終的な結果を産業連関分析によって推計したものは「経済波及効果」と呼ばれており，両者は厳密に区別されていない。

本章では主に地域経済学に立脚して文化と地域経済の関係を解き明かすので，まず地域経済学の理論について簡単に説明する。基本的には，一国の経済を国際的に考える構図を，一地域の経済を国内的に考える構図に置き換えると捉えればよい。

一国経済を考える場合に，輸出入のない一国だけで閉じた経済状態を考える閉鎖経済モデルが単純でわかりやすいが，現実には鎖国している国はほとんど存在しないから，輸出入を考慮しなければならない。同様に地域経済を考える場合も，実際には地域外との経済的な流出・流入があり，これを一国経済の場合と区別するため移出・移入と呼ぶ（ただし英語では輸出・輸入も移出・移入も同じ export, import）。一国経済の規模を示す指標として，GDP（国内総生産）を使うことが多い。地域経済の場合も同様の指標として県内総生産（都道府県別の GDP と考えればよい）などがあり，日本であれば県民経済計算が都道府県のすべてで算出されており（北海道であれば道民経済計算，東京都は都民経済計算，京都・大阪府は府民経済計算），主な市では市民経済計算も算出されている。

経済量にはフローという概念とストックという概念がある。フローとは一定の期間の流量であり，ストックとはある時点の存在量である。GDP や県内総生産はフローであり，地域経済のストックをどう考えるかは次々項で後述する。

まず移出入のない閉鎖経済を想定する。地域の経済成長を考える場合に鍵概念となるのが，乗数効果である。たとえば，ある地域の人々が所得の 8 割を消費に回すと仮定する（経済学ではこのことを「消費性向が 0.8」と記す）。この場

合，ある人の消費は他人の所得になり，受け取った人も8割を消費に回すのだから，最初の所得額を1とすると，この地域の総所得Yは巡り巡って下式の状況となる。

$$Y = 1 + 0.8 + 0.8^2 + 0.8^3 + \cdots \tag{1}$$

この循環は永遠に続くが，やがて無視できる小さい数値となる。一般化し，消費性向を $a(0<a<1)$ とすると（(2)式），この経済循環は以下の(4)式に収束する。

$$Y = 1 + a + a^2 + a^3 + \cdots \tag{2}$$

両辺に a をかけると，

$$aY = a + a^2 + a^3 + \cdots \tag{3}$$

(2)－(3)を計算する。

$$Y - aY = 1$$
$$Y(1-a) = 1$$
$$Y = \frac{1}{1-a} \tag{4}$$

a は定義上1より小さいので，最終的に当初の所得より大きな金額が生じる。結果として当初の金額より大きな金額を生むことを「乗数効果」と呼ぶ。これはマクロ経済学の始祖，ケインズの唱えた理論である[2]。

一方，産業についても，産業間（および産業内）で経済循環を考えることができる。たとえば飲食店は食料品等の原料を仕入れ，それらを売った食料品店や農家等は，次の生産のための原料を仕入れ，従業員の給料を支払う。それらがまた次の支出を生み……と経済循環を引き起こす。

ところで，実際には，産業の違い，あるいは個人が違えば，購入するもの（財・サービス）は異なるし，消費性向もさまざまであろう。飲食店でいえば，飲料や食品，家具調度品，店内で放映するためのDVD，年に1度のリノベーション，などさまざまな仕入れが考えられ，それぞれの業種ごとに他産業（あるいは同一産業）から購入する物の構成がばらついているはずである。そうした財やサービスの産業間取引が一定期間（通常，1年間）にどのように行われたかを1つのマトリックスにまとめることで，一国の実際の経済循環を数表化した体系が，レオンチェフによる産業連関表である[3]。作成方法は国際的な基準が定められており（何度か改定されている），主な国家で作成・公開されている。日本では総務省が中心となった関係省庁の共同事業として5年ごとに作成

されている（後述の総務省ウェブサイトの産業連関表コーナー参照）。また各都道府県や主な市で整備されている県民経済計算や市民経済計算も，この産業連関表で作成されている。

　表 1 は，2011 年の産業連関表（13 部門）をもとにした，その基本的な構造である。この表では日本一国の産業各部門の相互の取引量を金額で示している。すなわち，消費面では，どの部門の生産原料としてどのぐらい消費され，消費者等による最終消費の金額はいくらかとか，生産面では，どの部門からどのぐらい投入し，生産に携わる労働者に支払った賃金はどのぐらいなのか，を示す。

　表の見方は，横に見ていくか，縦に見ていくかの 2 方向になっている。まず横方向は「販路構成」と呼ばれる，各部門が「どの部門にどれだけの金額を販売したか」を示す。たとえば 01 部門の農林水産業を例にすると，2011 年の国内生産額は合計 12 兆 359 億円であり，その合計金額が最右欄と最下欄に記されている。横に見ていくと，まず中間需要（製品の原材料と考えていい）として同じ農林水産業の 1 兆 4566 億円，鉱業のそれに 7500 万円，製造業に 7 兆 7936 億円を売り，次に最終需要として消費に 3 兆 4524 億円，投資に 4174 億円，輸出に 478 億円を売っている。それらの販売額のうち 2 兆 5628 億円は輸入品だったため，その輸入金額を差し引いた 12 兆 359 億円が国内生産額となる。

　縦に見ていくと，各部門が生産するのに「どの部門からどれだけを必要としたか」という「費用構成（または投入構成）」が記されている。同じく農林水産業を見ると，中間投入として同じ農林水産業から 1 兆 4566 億円を必要とし，鉱業からは 1 億 8500 万円と進み，家計外消費支出（企業が支払う福利厚生費や旅費など家計消費に似た支出），労働者に支払った賃金等，そして営業余剰（いくら儲かったのか）の金額が示され，それらを合計した国内生産額が 12 兆 359 億円となっている。

　表 1 の形式が「取引基本表」と呼ばれる産業連関表の基本表で，各都道府県，主な市ごとに作成されている。実際に分析する際は，部門の分割数にバリエーションがあるためどれを用いるか，またこの取引基本表から発展させた形式のものを用いるなど，目的等によって使い分ける。経済波及効果を計算する際に必要なのは，この取引基本表と，そこから作成される投入係数表，逆行列係数表である。投入係数表は，ある産業が生産物を 1 単位生産するために必要な各部門からの投入額を表にしたものであり[4]，逆行列係数表はある産業の最終需

表1 2011年産業連関表 取引基本表（生産者価格評価）（13部門分類）

(単位：100万円)

		中間需要				最終需要				(控除)	A+B+C
		01 農林水産業	02 鉱業	03 製造業	...	A 中間需要計	消費	投資	輸出	B 最終需要計	C 輸入計	国内生産額
中間投入	01 農林水産業	1456611	75	7793613		10681006	3452472	417403	47890	3917765	-2562809	12035962
	02 鉱　業	185	1467	16857977		24092776	-11489	-47286	35575	-23200	-23309596	759980
	03 製 造 業	2644966	67499	128796467		193589087	57059640	33182200	54437698	144679538	-48364119	289904506
	D 内生部門計	6197591	419864	207337645		462769600	395191208	93927545	70944580	560063333	-83158077	939674856
粗付加価値	家計外消費支出	75593	36509	3319819		13633296						
	雇用者所得	1352308	143554	43270034		248421023						
	営業余剰	2857901	44464	7886224		86806105						
	...											
	E 粗付加価値部門計	5838371	340116	82566861		476905256						
	D+E 国内生産額	12035962	759980	289904506		939674856						

原材料等の費用構成（投入）← / 生産された財・サービスの販路構成（産出）↓

出所：総務省「平成23年（2011年）産業連関表」より作成。

要が1単位増加したら、各部門の生産水準がどのぐらいになるかを表にしたものである[5]。それらの具体的な使い方は、第3節で説明する。

2.2 産業連関分析の概要と問題点
(1) 産業連関分析の概要と文化への適用

　この産業連関表を用いれば、たとえば「ある県の野外球場で、48人のガールズ・グループが人気投票付きのコンサートを開いた場合に期待できる経済効果」が算出できる。さらに多くの県レベルの経済計算では、県外への移出率も算出されているため、その経済効果のうち、県外へ流出する金額も計算できることになる。これが前述の「魔法のツール」で、日本でも世界でも調査研究や政策評価などの実証例は多い[6]。たとえば2003年度におけるジブリ美術館では表2のような結果で、ミュージアム・グッズや喫茶店利用などの館内消費は12億8664万円で、それが東京都内に15億3342万円の生産を、日本全国では28億2979万円の生産を誘発すると推計している。同じく館外での飲食や買物などの消費は、4億6083万円であり、それが都内で5億8480万円、全国で10億1838万円の経済波及効果を及ぼすとしている[7,8]。

　産業連関表を用いた文化による経済効果算出は、アメリカのメリーランド州ボルティモア大都市圏での算定レポートで定式化している（Cwi and Lyall, 1977）[9]。本書のテーマに沿った論文例である木村（2016）では、2012年度のクールジャパン関連予算をもとに3施策を分析している。結果は表3のとおりで、3倍以上の経済波及効果が想定されている。

　産業連関表を用いた産業連関分析についての書籍はこれらのほかにも数多く出されていて、総務省のウェブサイトに「産業連関表」コーナーがあり、一通りの解説がなされている[10]。前出の木村（2016）でも簡単に説明されているので、参考になろう。また、実際の分析にあたっての、根拠とする金額等の入手

表2　ジブリ美術館の来館者による経済波及効果（2003年度）

来館者数	館内消費額	全国波及効果（うち東京都内の波及効果）	館外消費額	全国波及効果（うち東京都内の波及効果）
637,675人	12億8664万円	28億2979万円（15億3342万円）	4億6083万円	10億1838万円（5億8480万円）

注：データはジブリ美術館の所在する三鷹市が行ったアンケート結果による。
出所：安田（2008）。

表3 クールジャパンの経済波及効果

予算名	最終需要額	経済波及効果
コンテンツ海外展開支援施策事業	約170億円	約400億円
訪日外国人旅行者誘致強化事業	16億円	約41億5200万円
輸出拡大及び日本食・食文化発信緊急対策事業	約7億1600万円	約16億9300万円
合計	約139億1600万円	約458億4500万円

注:データは2012年度のクールジャパン施策関係予算金額。
出所:木村(2016)。

方法や産業連関表を用いた算出方法については,第3節で説明する。

(2) 経済波及効果分析の問題点

経済波及効果については,行政やシンクタンクによる計算事例も多いが,問題点も指摘されている。

主な問題点は,以下のとおりである。
(1) 産業連関表システム自体の仮定に起因する問題点。
(2) 前提の置き方によって結果が左右されること。
(3) 費用便益分析の場合,比較対照すべきプロジェクトが不在がちであること。
(4) 経済全体はゼロサムであること。

まず第1に産業連関表では,次のような仮定を置いている。①投入係数は一定で安定している,②在庫は存在しない,③生産能力に限界がない,などである。技術進歩や価格変化による代替品使用などが起これば,投入係数も変わる。また在庫があれば在庫を使い切るまで新たな生産を誘発しない。これらの仮定はモデル化のためであって,その産業連関表を用いた分析結果は,あくまで推計にすぎない。

第2に,それらの「○○の経済効果は××億円」という導出には,たとえば前提とする対象人数を多くする,各種単価を高くする,付随する消費項目を追加し誘発効果の需要効果を増やすなどによって,経済波及効果を大きく出そうとする場合も多いことに注意が必要である(アカデミックな算出は控えめな数値とする傾向にある)。Seaman(2003)は,データ収集時点で間違いが生じる可能性(収集する範囲の設定),関連した消費の範囲の難しさ(美術館来訪者が館外

で食事や宿泊を行う等），産業ごとの他産業からの投入の地域差（県内どこでも乗数が一定とは限らない），解釈の間違いなど，さまざまな問題を抱えた手法であると批判している。

　3点目であるが，たとえば大規模野外アート展を公共事業として何十億円かの税金を用いて開催し，その経済波及効果が開催費用を上回ったというだけでは成功とみなされない。つまり，その税金を他の事業に投入した場合の経済効果と比較したときに，大規模野外アート展が最も効果が大きかったのならば政策選択として成功したといえるのである。ただし，比較せずに単体事業としての収支のみで「損はしなかった」かどうかを判断することも可能である。

　最後に，地域外からの来訪者による支出，たとえば観光消費は，貿易における輸出と同じ効果をもち，その地域に経済効果があったといえる。だが，地域内の来訪者，すなわち調査対象地域の住民による支出は経済効果とみなすことはできない。なぜなら，文化芸術に支出するからといって消費支出全体が増えるわけではなく，その住民は文化芸術に支出しなくとも他の何かの消費に支出することになるから，地域内における消費金額に差は生じない（厳密には，何に消費したかで経済波及効果は変わる）。地域住民の支出のみを計上した「経済効果」に対しては，Seaman（2002, 2003）はナイーヴだと批判している。さらにいえば，一国全体の経済で見れば，どの地域でいくらの消費が発生したかが変わるのであって，全体の経済量は変わらず，ゼロサムである。

　とはいえ，産業連関分析による経済波及効果の推計は，概算であっても1つの可能性を示す手法であり，上記のように批判があれば，それに対して有効な反証を積み重ねる材料にもなるし，注6で紹介した安田（2008）をはじめ各種のテキストを用いれば，経済学の知識をもたずとも算出が可能な手法であるので，慎重に作業すれば有用であろう。

> **コラム⑩-1　経済波及効果の用語法**
>
> 　日本では，用語が統一されていないので，過去の実証例を比べる場合は注意が必要である。たとえば美術館を想定すると，英語では，来館者が美術館で消費する効果を直接効果（direct effects），美術館を訪れたついでに館外のレストランで食事する等の効果を誘発効果（induced effects），産業連関表を用いたそれらからの波及する効果を間接効果（indirect effects）と使い分ける。
> 　日本では英語の誘発効果（induced effects）を間接効果としたり，英語の間

2　地域経済効果の理論と分析手法

> 接効果 (indirect effects) を波及効果と呼んだり，直接効果・誘発効果を一次
> 効果，間接効果を二次効果とするなど，一定していない（さらに従業員等の所
> 得によって発生する間接効果を「所得効果」と呼ぶこともある）。ただし産業
> 連関分析の原理からすれば，直接効果（direct effects）と誘発効果（induced
> effects）は直接支出によるものであり，それらから波及する生産誘発額につい
> ては，間接効果（indirect effects）ないし波及効果と呼ぶべきである[11]。

2.3 経済価値の算出

　経済効果はフロー量の測定であり，ストック量，すなわち経済価値の測定には別の方法が必要である。美術館などの文化施設やパブリック・アートなどの芸術作品が地域経済のストック量に影響を与えているかを検討する1つの方法として，その地域の土地価格が上昇するかどうかを観察することで判断できる。一般的には，地下鉄の駅などができると利便性が増して地価が上昇することがある。文化施設ができると，周辺環境がよくなり，その場所のブランド力が上がれば，立地したいと考える企業や住みたいと考える人が増えるため，地価が上がると考えられる。

　土地価格の分析で広く使われている算定方法はヘドニック・アプローチである。地価を決める要因は，土地の広さ，交通の便，近隣環境などさまざまな要素があるが，要素の1つとして文化施設や文化遺産からの距離が含まれているかを検討する。これによって，文化芸術がその地域の土地の価値というストック量に影響を与えているかを知ることができる。

　通常のヘドニック・アプローチによる土地価格分析は，以下の(5)式による。

$$P = \alpha h_1 + \beta h_2 + \cdots \qquad (5)$$

ここで，土地価格 P は，土地の広さ（h_1），駅からの距離（h_2）などさまざまな属性が影響して決まるというモデルになっている。文化施設等から影響を受けるとするならば，その属性（c）を入れた(6)式を考える[12]。

$$P = \alpha h_1 + \beta h_2 + \cdots + \gamma c \cdots \qquad (6)$$

この手法で文化芸術による地域経済のストックへの影響を検証した研究例としては，神戸市立博物館の開館によって周辺の地価を約3.5%押し上げたという実証研究がある（林，2014。本書第13章と第14章でも取り上げているので，そちらも参照）[13]。

アイルランドのダブリンでは，数種類の文化遺産について，その近隣の地価が文化遺産に 100 m 近づくにつれ 0.6〜0.7% 上昇するという報告もある（2001 年から 2006 年にかけて。Moro et al., 2011）。これらはいずれもヘドニック・アプローチにより算出されている。しかし，ヘドニック・アプローチには，まず地価データを集められないと解析できず，近隣にほかにも地価に影響を及ぼす要因があると文化芸術の影響だけを独立評価することは難しいという側面がある。

　文化施設や芸術活動そのものの経済価値測定によく用いられる手法として，トラベル・コスト（旅行費用）法（Travel Cost Method：TCM）や擬制市場法（または仮想評価法, Contingent Valuation Method：CVM）が知られている。その分析の枠組みや手法の解説については，第 13 章第 7 節，第 14 章第 5 節を参照してほしい。

　近年，よく用いられるのは CVM である。本書のテーマに関する国内での分析事例としては，世界遺産となった富山県五箇山の合掌造り集落について，保存のために寄付金をいくら出す気があるかをアンケート調査に基づいて算出した，垣内（2005）がある。さまざまな推計結果が導かれているが，たとえば五箇山の合掌造り集落のために寄付してもいいと答えた全国の調査では，165 億円という金額が推計されている。

　CVM が経済学的に妥当であるかは盛んに議論されているが，ほかに有効な手法がないため，慎重さが必要ではあるが頼らざるをえない[14]（Throsby, 2001, 邦訳 50〜51 頁参照）。

　ただし日本では，文化施設や芸術活動の経済価値が，その地域の経済ストック量をどのぐらい変化させたかは考えないことが一般的である。なぜなら，日本全体の経済ストック量は「国富」という概念で統計が公表されているが，自治体ごとのストック量，たとえば「県富」などは調べられていないからである。

　文化芸術が地域経済に与える影響は，産業連関分析で推計できる経済波及効果だけではないのであるから，この CVM によって推計される経済価値とあわせて捉えるべきだとする考え方もある。いわば広義の経済価値，あるいは経済性とでも呼ぶべき概念である。CVM と産業連関分析を組み合わせた事例としては，ケンタッキー州の芸術と地域経済を分析した Thompson et al.（1998）がある。この分析によれば 1996 年において，州内の各種芸術活動が稼いだ収入は 7740 万ドル，それ以外に経済波及効果が 4150 万ドルで 2400 人分の雇用

に相当する。さらに州民が感じている州の芸術活動への経済価値として，州の芸術活動数が25%増えるなら1090万ドルを支払ってもよいと感じており（支払意思額，Willing To Pay：WTP），逆に25%減るならばそれを防ぐために2180万ドルを支払ってもよいと答えた，としている[15]。この産業連関分析とCVMを組み合わせることに関する理論的分析としては，Seaman（2002）がある。

3 文化の経済波及効果を計算する

3.1 経済波及効果を計算してみよう

　文化施設や芸術イベントなどのプロジェクトについて経済波及効果を計算する簡便な方法は，図1に示したフローに沿って行う。図1に記したように，以下の(1)(2)のデータや数表が必要である。(3)の産業連関表等は基本的に，前述のとおり，すべての都道府県や主な市の統計担当部署・観光担当部署が作成・管理しており，ほとんどの自治体のホームページからダウンロードできるようになっている。

(1) 文化施設の支出・芸術イベントの開催費用（図1の直接効果）
(2) 来訪者の消費内容等（アンケート等による）・来訪者数等の基礎データ（図1の直接効果と誘発効果[16]）
(3) 分析対象とする地域の産業連関表等

　まず(1)の直接効果は，調査対象とする文化施設やイベント（以下，調査対象）の管理者や開催者からデータを提供してもらうことになる。(2)の基礎データは，調査対象への来訪者アンケート調査などで，調査者自らが採取するのがいい。各自治体の観光統計等で来訪者の消費金額が調べられていれば，代替できるものとして，それを用いることも可能である。ただし観光統計等の消費金額は平均化された金額であるので，調査対象に合致しない可能性もある。

　たとえば対象プロジェクトが「ある県の野外球場で，48人のガールズ・グループが人気投票付きのコンサートを開いた場合に期待できる経済効果」だとしたら，県外からの来訪者の多くは夜行バスでやってきて，宿泊はネットカフェ，飲食はコンビニで済ませ，1円でも多くのガールズ・グループのグッズを買おうとするだろう。その県の平均的な観光客の交通費，宿泊費，飲食費より

図1 経済波及効果の流れと使用する数表等

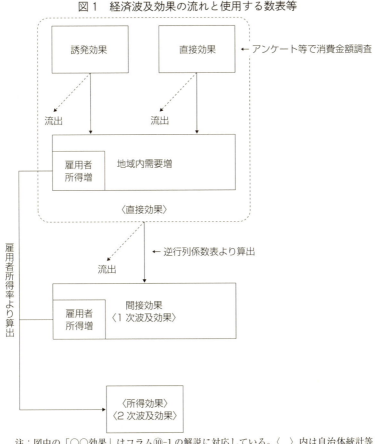

注：図中の「〇〇効果」はコラム⑩-1の解説に対応している。〈 〉内は自治体統計等での用語例を示す。

低額な消費だろうから，統計上の平均的な金額を用いても，実態に近い経済効果は推計できない。その意味でも，実地のアンケート調査等が望ましい。調査の留意点等は次節で説明する。

(3)の産業連関表としては，次の3点が必須である。

① 取引基本表
② 投入係数表
③ 逆行列係数表

図では③の逆行列係数表しか用いていないが，①②を必要とする理由は以下

のとおりである。逆行列係数表はすべての自治体で用意しているとは限らない。その場合，投入係数表から作成することになる[17]。また雇用者所得率は独立したデータとして用意されることは少なく，投入係数表に記載されていることが多い。だが，投入係数表に記載されていない場合は，取引基本表から算出しなければならない（表1参照）[18]。

　産業連関表に部門数のバリエーションがある場合，一般論でいえば部門数が多い方がきめ細かい効果推計が可能になる。ただし上記のように逆行列係数表等を自ら作成しなければならない場合は，部門数が多いと手間がかかることになる。

　また都道府県と市の産業連関表の使い分けについては，たとえばA県B市の県・市双方の産業連関表が利用可能だとして考えると，次のとおりとなる。調査対象がB市内のものとして，B市の経済波及効果を計算するのならばB市の産業連関表を用い，A県の経済波及効果をみたいのならばA県のものを用いる。B市における影響をみたいのにA県の産業連関表を使用すると，不正確な結果が出る。たとえば北海道と札幌市の平成23年産業連関表の逆行列係数表でみても，道では農林水産業の列和（表4参照）が1.31から1.59であるのに対し，札幌市では0.95に留まる[19]。都市部のみの経済と広域の経済とでは性質が異なるからであり，産業連関分析をもとにして，どの産業を重視すべきかという政策判断を行う場合には重要なポイントになる。

　なお厳密な計算では，各次元における地域外への流出を考慮する必要がある。たとえば原料の仕入れはすべて同じ地域内からとは限らず，地域外からの仕入れもありうるからである。自治体によっては産業連関表を閉鎖型・開放型の2種類を用意し，前者が地域内のみで循環していると想定，後者が地域外との出入りがあると想定している。あるいは各費目の自給率・流出率という数値で，地域内外との出入りの比率を表している自治体もある。また所得効果の算出についても，消費者所得率だけでなく，その消費者の所得から貯蓄に回される分を控除するため，消費性向を考慮している事例もある。

　逆行列係数表から間接効果を算出する方法を，表4に沿ってみてみよう。前述のように逆行列係数は，ある部門の需要が1単位増えたら，それが他の部門にどのぐらいの生産を引き起こすかを示している。表4の最下段「列和」は各部門に波及した生産増の合計を意味する。したがって，たとえば対象プロジェ

表4　長野県　2005（平成17）年逆行列係数表（開放型・部分）

部門名		01 農林水産業	02 鉱業	03 飲食料品
01	農林水産業	1.063730	0.000129	0.094490
02	鉱業	0.000307	1.000649	0.000363
03	飲食料品	0.022284	0.000061	1.068688
04	繊維製品	0.000135	0.000130	0.000062
05	パルプ・紙・木製品	0.010357	0.002233	0.008396
06	化学製品	0.003261	0.000516	0.001108
07	石油・石炭製品	0.000862	0.001496	0.000456
08	窯業・土石製品	0.000968	0.000344	0.001710
09	鉄鋼	0.000075	0.000230	0.000132
10	非鉄金属	0.000076	0.000121	0.000393
11	金属製品	0.000631	0.005125	0.005184
12	一般機械	0.000325	0.002733	0.000528
13	電気機械	0.000133	0.000318	0.000163
14	情報・通信機器	0.000013	0.000033	0.000018
15	電子部品	0.000056	0.000146	0.000091
16	輸送機械	0.000093	0.000299	0.000137
17	精密機械	0.000130	0.000052	0.000055
18	その他の製造工業製品	0.004409	0.003201	0.008500
19	建設	0.009404	0.011881	0.004889
20	電力・ガス・熱供給	0.008195	0.016392	0.011619
21	水道・廃棄物処理	0.002146	0.006752	0.005370
22	商業	0.039665	0.028945	0.071820
23	金融・保険	0.030726	0.086445	0.022619
24	不動産	0.003115	0.010482	0.005095
25	運輸	0.038834	0.213382	0.032317
26	情報通信	0.008202	0.017341	0.011530
27	公務	0.005501	0.002439	0.002121
28	教育・研究	0.004911	0.002942	0.009638
29	医療・保健・社会保障・介護	0.000103	0.000014	0.000015
30	その他の公共サービス	0.000392	0.002494	0.001148
31	対事業所サービス	0.028264	0.082236	0.048938
32	対個人サービス	0.000456	0.000592	0.000407
33	事務用品	0.000866	0.001684	0.001587
34	分類不明	0.019642	0.008708	0.007572
	列和	1.309266	1.510544	1.427158

3　文化の経済波及効果を計算する

クトの結果,飲食への最終需要額が来訪者数分の合計1000万円だったとしたら,表4の「03 飲食料品」列の列和,1427万円の間接効果を生むことになる。

同じように,基礎データの消費金額を,それぞれの品目が属する部門に当てはめ,その列和の数値を乗ずれば,その部門の間接効果金額が算出できる。たとえば宿泊費は対個人サービス,飲食費は飲食料品となろう[20]。それらの間接効果金額を足した金額が,図1の間接効果(一次波及効果)である。

> **コラム⑩-2　経済波及効果計算ツールの使用**
>
> 自治体によっては,経済波及効果計算ツールなどと称するExcelのファイル等を用意しているところがある。それらを用いて金額を入れれば経済波及効果が計算できるが,学習者には勧められない。
>
> 理由は以下の4つである。①上述のように域外流出をどうするか,消費性向を考慮するかなど,目的に応じカスタマイズする必要があっても対応できない。②理論を知らずにツールだけ使って結果を出すと,前提条件等の質疑に堪えられない。③多くはExcelのマクロを使用しており,大学の共用パソコン等では動作しない設定になっていることがある。④Excelのバージョンによっては正確に動作しない可能性がある。

3.2　調査実施上の留意点

ある地域で,何か具体的な文化芸術の施設やイベントが,その地域の経済にどういう効果をもたらしたかについて,産業連関表を用いて推計するためには,まずその調査対象に関する入場料などの直接支出,ついでに立ち寄ったレストランでの食事代などの誘発支出を把握しなければならない。一般的には,調査対象への来訪者に対するアンケート調査によって把握することが多い[21]。アンケート調査に関する一般的な留意点等は社会調査のテキストに譲り,以下では文化芸術分野で実施する場合に気をつけた方がいい点を紹介する。

複数箇所で開催される調査対象の場合,どこで調査を行うかがポイントになる。つい実施してしまいがちであるが避けるべき方法として,すべてないし複数の箇所でアンケート調査を行うことがある。避けるべきとする理由は,特定の同一人が複数回の回答を行う可能性が高いからである。たとえば来訪者の居住地を尋ねた場合,地域外からの来訪者数のみ2倍や3倍になってしまい,地

域外からの収入が実際よりも大きく算出されてしまう。

　同じ問題が，消費金額の尋ね方にも発生する。来訪者がすべて1人ならば，アンケート票に回答された消費金額に来訪者数を乗ずることで全金額が推計できる。だが家族やカップルやグループでの来訪もありうるのならば，消費金額は1人当たりの金額を記載するのか，その集団全体での金額を記載するのかを明示する必要がある。

3.3　観光統計上の問題

　また調査対象によっては，その調査対象を主目的とした来訪者ばかりでなく，仕事で訪れたついでとか，他の観光を目的としたついでということもあろう。これはアンケート票に「調査対象を主目的とした来訪かどうか」という設問を入れることで判断できる。このような注意点については，遺跡来訪者に対してアンケート調査を実施した澤村（2011）を参照されたい（アンケート票も掲載している）。実地に調査できない場合は，観光統計からある程度の類推も可能であるが，観光統計特有の問題があり，注意しなければならない。

　日本では2008年に観光庁が国土交通省の外局として設置され，観光立国をめざしてビジット・ジャパン・キャンペーンを実施するなど，主として外国人観光客を日本に呼び込む政策が進められている。観光経済面では，国外からの観光客，すなわちインバウンド観光による消費は輸出と同じく「海外からの収入」であるため，重視されている。これは国内の地域経済でも同じことである。

　観光統計を用いる場合に気をつけなければならないのは，人数の問題と金額の問題である。人数の問題では，最近まで自治体の観光統計の多くは，自治体内の主要な観光スポットへの来訪者数を単純に加算していた。たとえば奈良市であれば，東大寺大仏殿で拝観料を払った人数と，興福寺国宝館で阿修羅像を見ようと入場料を払った人数，その他さまざまな観光スポットの入場者数を足し合わせていた。つまり入場者が重複してカウントされ実数の数倍の人数が計上されており，この人数に依拠するのは問題がある。この問題は，観光庁が2009年に策定した「観光入込客統計に関する共通基準」によって，ある程度の解決が見込まれる[22]。

　観光統計の金額の問題とは，以下のようなものである。たとえば，自治体によっては，観光消費金額を調査して観光統計に掲載しているところもある。た

だ，先にガールズ・グループのイベントを例に触れたように，この金額はその自治体の各種消費金額を平均したものであるため，調査対象来訪者の支出と見なすのにふさわしいか否かは不明である。ガールズ・グループの例とは逆に，調査対象となった期間に大きなイベントがあれば，消費額は大きくなってしまうかもしれない。

最近になって，観光統計にビッグデータ等を活用する方法も導入され，経済産業省と内閣官房によって提供されている「地域経済分析システム」（RESAS：リーサス）といったデータベースでも利用されている。また観光について，全国統計を地域に分割するといった取り組みも行われている。

3.4 地域経済分析とフィールドワーク

一般に，大都市部の方が地方部より文化芸術活動が盛んであるという傾向は，日本だけでなく世界的にみられる。たとえばアメリカでは，都市圏の人口が多いほど芸術家の占める割合も増えるという傾向がみられる。ところが，その都市圏人口を多い順に並べると，都市圏人口のわりに芸術家の占める割合が突出して多い都市がある。それはナッシュビルで，アメリカの音楽シーンをよく知る人間であれば納得できるであろう。アメリカ南部，テネシー州第2の都市ナッシュビルは，カントリー・ミュージック発祥の地として著名であり，今なお中心地である（Heibrun and Gray, 2001, pp. 339-341）。

知識があれば何でもないことであるが，とくに統計データに依拠して分析した場合，思わぬ外れ値が出現することがある。その原因を探るには現地調査が必要である。またアンケート調査を行うにしても，どこでどのように実施するか，現地を知らなければ実施できない。外れ値が出る場合は，意外に興味深いケースであることも考えられるし，アンケート調査も見込んだ回答数が集まらなければ分析に堪えられない。筆者も現地を見ずにアンケート調査を行って失敗したことがある。その調査では結果として25通しか集まらず，しかもそのうち23通は近県のある高校の合宿参加生による回答であり，分析に堪えなかった。

フィールドワークの定番テキスト，佐藤（2006）の副題にあるように，まさに「書を持って街に出よう」である。なお文化経済に関するフィールドワークについては，第14章を参照してほしい。

4 経済波及効果の事例

4.1 「越後妻有大地の芸術祭」の経済波及効果

　主催者による調査事例を1つ紹介しよう。新潟県で2000年から3年おきに開催されている「アートトリエンナーレ　越後妻有大地の芸術祭」（以下「大地の芸術祭」）は，日本で開催される大規模野外芸術祭のはしりであり，その「成功」をみて瀬戸内など各地でも実施されるようになった（本節については，澤村，2014参照）。この大地の芸術祭は開催地域の自治体等が実行委員会を設立して開催しており，毎回の経済効果を算定している（表5）。基礎データとなる支出金額は来訪者へのアンケート調査であり，その金額と来訪者数から直接支出金額を算出し，新潟県産業連関表を用いて間接効果（波及効果）を推計する[23]。来訪者数はチケット等販売数を用いており，チケットを買わずに見学できる屋外展示アートの見学者まで考えると，経済効果はさらに大きくなる。

　なお第1回から第3回までは，建築物等の建設工事も伴っているため建設投資の比率が高いが，第4回以降はアート展示会場にする廃校の整備費や関連道路整備等のみになったため，来訪者の消費支出が大きな割合を占めている。芸術祭開催の費用と比べて，開催が「成功」だったかどうかを判断することは，やや難しい。なぜなら，芸術祭に関連して整備した公共施設は芸術祭のみに用いるためではなく，地元住民等の利便施設も兼ねているからである。また，芸術祭期間外の見学客の来訪はカウントされていない。さらに政策としての検証

表5　「越後妻有大地の芸術祭」経済波及効果の推移

（単位：百万円）

	第1回 (2000年)	第2回 (2003年)	第3回 (2006年)	第4回 (2009年)	第5回 (2012年)	第6回 (2015年)
経済波及効果	12,758	14,036	5,681	3,560	4,650	5,089
うち建設投資	(10,054)	(12,810)	(1,237)	(190)	(382)	(571)
消費支出	2,704	1,225	4,354	3,370	4,268	4,518
チケット等販売数	32,025	32,839	100,772	102,476	124,196	122,138
入込客数（人）	162,800	205,100	348,997	375,311	488,848	510,690

注：チケット等販売数はパスポートおよび個別鑑賞券の販売数。
出所：第3回～第6回　越後妻有アートトリエンナーレ　大地の芸術祭総括報告書，十日町市ウェブサイト「今までの大地の芸術祭の記録の紹介」を加工。

であるならば，上述のように単純な費用便益分析（Benefit/Costを略してビーバイシーと呼ぶ）に留まらない代替政策との比較が求められる。

4.2 その他の事例

　Frey（2008）は国際的にいえる一般論として，美術館関係者など実務家は経済効果の算出に興味をもち，文化芸術を経済学的に分析しようとする学者は経済価値の算出に興味をもちがちであると指摘する。この事情は日本国内でも同様である。

　日本国内での経済効果の算定事例としては，文化遺産を対象とした澤村（2010）がある。また山田ほか（1998）は，産業連関分析を用いて東京都では建設工事（交通インフラ建設）よりも文化芸術に投資した方が，経済波及効果が大きいこと，また文化芸術による経済波及効果は人口等で同規模のアメリカのニューヨーク・ニュージャージー大都市圏の方が東京都より大きいことを示している（1.67倍と2.07倍）。ただし日本の産業連関表が都道府県単位で作成されるのに対し，アメリカでは行政区分を越えた大都市統計圏（Metropolitan Statistical Areas：MSA）のデータであるため，地域として同じ区分での比較ではない。

　なお産業連関分析以外の研究事例もみられる。たとえば佐々木（1997）は，ニューヨーク市における文化芸術産業の経済効果を紹介し，さらに金沢市の文化芸術政策の基盤として地域産業の状況を分析しており，これも文化と地域経済に関する考察である。

　地域経済という観点ではなく消費の実態を調査研究した論文としては，有馬（2006）がある。同論文によれば，全国を6区分すると（6区分とは，北海道・東北，関東，北陸・東海，近畿，中国・四国，九州・沖縄），1年間の世帯当たりの映画・演劇・文化施設等の入場料支払いは，最大の関東地方と最小の中国・四国地方で2倍近い492.5円の差があるという（1028.98円と536.48円）。これも地域によって文化支出の内容に差があるという点では，地域経済の違いを示したともいえよう。

5　地域経済が文化に及ぼす影響

　地域経済は，その地域の文化にどのような影響を与えているのだろうか。これまでの説明とは逆方向の考え方である。第3章第2節「地域」を解説した項で示したように，一般に大都市部の方が地方部より劇場や博物館・美術館などが多く，コンサートやイベントも頻繁に開催され，文化芸術活動が盛んな傾向にある。

　それは経済的な原因ではなく人口が多いからではないかという意見もあろうが，地域経済と地域人口には強い正の相関があることが観察できる。また人口が多くても貧困層は文化芸術への支出は少ないので，人口との関係よりも経済との関係をみる方が適していよう。

　問題は2つある。まず，文化芸術へ影響を与えるであろう地域経済としてフローだけでなくストックも想定しなければならないが，地域経済のストック量は日本では明らかにされていない。

　もう1つは，地域経済がその地域の芸術活動に影響を与えるとしても，そもそも，ある地域の芸術活動が地域経済に影響を与えたために相乗効果で芸術活動が盛んになっている可能性がある。だとすれば卵とニワトリの議論になってしまう。

　前出の有馬（2006）などでも，地域ごとの経済規模などの違いと文化芸術への支出の違いがうかがわれた。今後，明らかにしていくべき課題であろう。

おわりに

　残された大きな課題としては，分配の問題がある。文化芸術活動が地域経済にプラスの効果があったとしても，具体的に地域内の誰が受益したのかは明らかにしにくい。経済効果は，個々の住民の実感が伴わないと，理解されづらい。とくに公共政策として文化芸術の振興策を行った結果を検証する場合，投資を行うのは行政であって，受益者は地域の官民双方であるため，民間企業のように一者の損益で捉えることはできない。しかし，地域内の誰がどれだけ受益したのかを調べるのは困難であり，不毛な論争につながりかねない。

　地域おこしの文化イベントにボランティアで参加する住民から「役所や観光

業者は嬉しいのかもしれないが，ボランティアは疲れるだけ」という声を聞くことがある。地域経済にプラスであるかどうかの次に，地域内での経済循環ないし分配の問題をどうすべきかも考える必要があるだろう。

　文化芸術が地域経済に与える影響については，日本ではまだ研究結果が多くない。今後の蓄積が待たれるとともに，地域経済が文化芸術に与える影響についても，日本のように歴史が長く伝統文化と外来文化，現代文化の融合がみられる国では，興味深い発見が期待できるのではないだろうか。

注───────
1　日本の場合，国による統計には，都道府県を越えた地域区分に基づく調査が存在する。ところが，管轄の省庁が異なっていたり，統計の目的が異なると地域区分も変わることが多く，複数の統計結果を用いて複合的なテーマを研究する場合には注意が必要となる。
2　本章のテーマに沿って簡略化した説明であるので，全体像をつかむには，マクロ経済学の入門書を一読されたい。大学の教科書としてよく使われているのは，伊藤（2012），福田・照山（2016）である。
3　現在の産業連関表を発明したのはレオンチェフであるが，このアイデアの源泉は，18世紀フランスの重農主義者であるケネーとされている。
4　表1の農林水産業でいえば，産業連関表を縦方向に見て，同じ農林水産業の投入係数は1456611÷12035962，鉱業の投入係数は185÷12035962で算出される。
5　逆行列係数表は投入係数表から，行列の演算で算出される（注17）。詳細は産業連関表の教科書や，自治体の産業連関表に付随する説明書などを参照のこと。
6　事例集や教科書類も出版されており，たとえば教科書としては，安田（2008）が産業連関表の解説から始め，事例としてジブリ美術館の来館者による経済波及効果を算定している（安田，2008，219〜266頁）。
7　なお同書では波及効果を原料仕入れ等の第一次波及効果，雇用者所得による第二次波及効果に分けているが，ここでは合計した金額を紹介している。また上記以外に交通費・宿泊費についても分析されているが，省略した。
8　日本での経済波及効果の事例をコンパクトに紹介する一冊として，宮本（2012）があり，阪神タイガースの優勝，AKB48や吉本興業，スポーツやイベントの経済波及効果の算出を紹介している。
9　Cwi and Lyall（1977）は参考文献欄に記したURLから閲覧可能であるが，タイプライター原稿をスキャンしたものであり，研究史上の事例として読むべきものであろう。
10　http://www.soumu.go.jp/toukei_toukatsu/data/io/index.htm，2017年7月27日閲覧。
11　厳密には注7に記したように，間接効果ないし波及効果には一次，二次とあり，理論上はさらに，雇用者所得からの支出である2次効果（所得効果）を受け取った者による支出という三次，それを受け取った者による4次……と続くが，金額が小さくなっていくため，統計実務では三次以上は計算しないのが，ほとんどである。
12　(5)式では文化施設等からの影響という属性を1つとしているが，複数の属性を当てはめることも当然可能である。
13　なお林（2014）ではもう一例，西宮市大谷記念美術館でも同様の影響を与えているとしているが，

14 本書のテーマに沿った手法の簡単な解説およびバイアスについては、Throsby（2001）邦訳131～135頁が有用である。
15 通常の経済学で想定する経済主体（消費者や生産者）であれば、25％増やすのでも減らすのを防ぐのでも、それに対して支払いたいと考える金額は同じになるはずである。ところが多くのCVM調査で差が出ており、そのことが心理学と経済学を統合した行動経済学という新しい分野で提唱されている理論の根拠となっている。
16 入場料などは直接効果になり、周辺での飲食費などは誘発効果になる。(1)で入場料などを調べられるとは限らず、(2)で調査することもあるので重複して記載している。
17 投入係数表を行列 A とし、単位行列 I を用い、$(I-A)^{-1}$ で表される行列が逆行列係数表になる。
18 取引基本表から雇用者所得率を算出する場合、雇用者所得だけでなく営業余剰も含める必要がある。後者は企業の利潤であるが個人業主や家族従業者の所得も含み、個人法人の所得を意味しているからである。
19 さらに、北海道のものは33部門表でも耕種農業・畜産・林業・漁業と分けているが、札幌市のものは36部門で農林水産業としているなどの違いがある。
20 厳密には飲食費は飲食料品だけでなく商業に振り分ける部分もあるはずであるが、単純化して説明している。また部門数が多い表では産業も細かく分類されるが、大分類の表では、具体の費目をどの部門にすべきかわかりづらいことがある。その場合は、部門分類表等という区分を示した資料があるので、それを参照することになる。
21 「アンケート」という言葉は日常的に使用されるようになったが、もとはフランス語である（enquête, 調査・質問のこと）。学術的には「質問紙」と呼ぶべきであるが、アンケートと表記する論文も多い。
22 ただし、この共通基準に依拠するようになると、共通基準利用以前と以後にわたる傾向を見ることが難しくなるという難点が残る。
23 ただし算出方法は途中で少々変更されている。詳細は澤村（2014）第3章参照。

参考文献

有馬昌宏（2006）「消費実態から見た芸術・文化の需要構造──平成11年度全国消費実態調査より」『文化経済学』第5巻第1号、49～60頁

井口貢編著（2011）『観光文化と地元学』古今書院

伊藤元重（2012）『マクロ経済学（第2版）』日本評論社

垣内恵美子（2005）『文化的景観を評価する──世界遺産富山県五箇山合掌造り集落の事例』水曜社

木村聡志（2016）「日本のコンテンツ産業振興策に関する産業連関分析」『南山論集』第42号、71～99頁

佐々木雅幸（1997）『創造都市の経済学』勁草書房

佐藤郁哉（2006）『フィールドワーク──書を持って街へ出よう（増訂版）』新曜社

澤村明（2010）『文化遺産と地域経済』同成社

澤村明（2011）『遺跡と観光』同成社

澤村明編著（2014）『アートは地域を変えたか——越後妻有大地の芸術祭の十三年』慶應義塾大学出版会

十日町市ウェブサイト「今までの大地の芸術祭の記録の紹介」（http://www.city.tokamachi.lg.jp/kanko/K001/K005/1454068600343.html）

林勇貴（2014）「地方公共財の間接便益とスピル・オーバー——芸術・文化資本へのヘドニック・アプローチの適用」『経済学論究』第 68 巻第 2 号，61～84 頁

福田慎一・照山博司（2016）『マクロ経済学・入門（第 5 版）』有斐閣

宮本勝浩（2012）『「経済効果」ってなんだろう？——阪神，吉本，東京スカイツリーからスポーツ，イベントまで』中央経済社

安田秀穂（2008）『自治体の経済波及効果の算出——パソコンでできる産業連関分析』学陽書房

山田浩之・新井益洋・安田秀穂（1998）「文化支出の経済効果」『文化経済学』第 1 巻第 2 号，49～55 頁

山田浩之・徳岡一幸編（2018）『地域経済学入門（第 3 版）』有斐閣

Cwi, D. and K. Lyall（1977）Economic Impacts of Arts and Cultural Institutions: A Model for Assesment and a Case Study in Baltimore, National Endowment for the Arts.（https://www.arts.gov/publications/economic-impact-arts-and-cultural-institutions-model-assessment-and-case-study，2017 年 4 月 1 日閲覧）

Frey, B.（2008）"What Values Should Count in the Arts?: The Tension between Economic Effects and Cultural Value," in M. Hutter and D. Throsby eds., *Beyond Price: Value in Culture, Economics, and the Arts*, Cambridge University Press, 261-269.

Heibrun, J. and C. M. Gray（2001）*The Economics of Art and Culture*, 2nd ed., Cambridge University Press.

Moro, M., K. Mayor, S. Lyons and R. S. J. Tol（2011）"Does the Housing Market Reflect Cultural heritage?: A Case Study of Greater Dublin," Stirling Economics Discussion Paper, University of Stirling.（https://www.stir.ac.uk/media/schools/management/documents/workingpapers/SEDP-2011-07-Moro-Mayor-Lyons-J.Tol-.pdf，2017 年 7 月 30 日閲覧）

Seaman, B. A.（2002）"CVM vs. Economic Impact: Substitutes or Complements?" paper presented at The Contingent Valuation of Culture Conference, Chicago, 1-2 February 2002.（https://culturalpolicy.uchicago.edu/sites/culturalpolicy.uchicago.edu/files/Seaman_0.pdf，2017 年 7 月 18 日閲覧）

Seaman, B. A.（2003）"Economic Impact of the Arts," in R. Towse ed., *A Handbook of Cultural Economics*, Edward Elgar, 224-231.

Thompson, E. C., M. C. Berger, and S. N. Allen（1998）"Arts and the Kentucky Economy," Center for Business and Economic Research, University of Kentucky.（http://www.e-archives.ky.gov/pubs/arts_council/artsecon.pdf，2017 年 7 月 18 日閲覧）

Throsby, D.（2001）*Economics and Culture*, Cambridge University Press.（中谷武雄・後藤和子監訳（2002）『文化経済学入門——創造性の探究から都市再生まで』日本経済新聞社）

第11章

観光と文化

はじめに

　バブル崩壊以降，日本経済が長期にわたり低迷している中，近年，観光が成長産業として脚光を浴びるようになっている。観光の形態には，その需要者の地域と供給地の関係から，図1のような3つが存在するが，その動向には大きな違いがある。国内の需要者が国内の供給地で観光する場合は，国内観光となる。国内の需要者が海外の供給地で観光する場合は，アウトバウンド観光（海外観光）となる。これとは逆に，海外の需要者が国内の供給地で観光する場合は，インバウンド観光（訪日観光）となる。

　2017年には2869万1000人の外国人旅行者が日本を訪れ，2012年の835万8000人と比較すると，5年間で3.4倍に拡大し，日本において外国人旅行者を見かけることは珍しくなくなった。図2の観光消費の推移をみると，訪日観光の観光消費は2011年以降に急増し，2016年に3.6兆円に達している。その一方で，2010年から2016年における国内観光は横ばい，海外観光は減少となっている。

　観光は近年成長産業として注目されているが，図2のように，その形態により事情は大きく異なっている。本章では，このような違いが生じた原因について，経済学的な観点から検討していく。

　本章では，まず，観光の経済学の議論に先立ち，国際的に広く用いられている観光の定義を紹介する。次に第2節で，これに基づき需要側からの観光の経済分析について言及し，さらに第3節では，観光の供給側からの論点について解説する。最後に第4節にて，文化が観光と結びつくことにより生じる経済効

図1　観光の形態

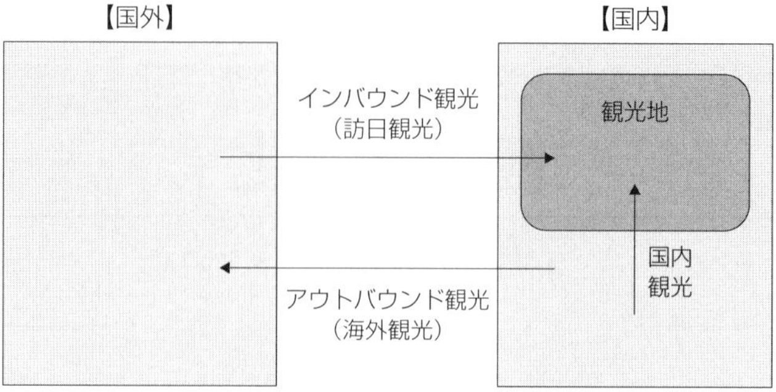
【国外】
【国内】
インバウンド観光
（訪日観光）
観光地
国内
観光
アウトバウンド観光
（海外観光）

図2　観光消費の推移

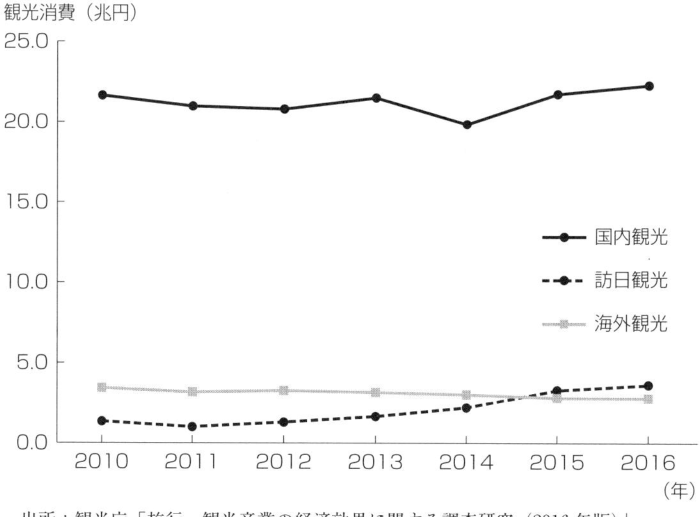
観光消費（兆円）
25.0
20.0
15.0
10.0
5.0
0.0
2010
2011
2012
2013
2014
2015
2016
（年）
国内観光
訪日観光
海外観光

出所：観光庁「旅行・観光産業の経済効果に関する調査研究（2016年版）」。

果について取りまとめる。

1　観光の定義

観光の定義として広く用いられているものは，国連経済社会局（United Nations Department of Economic and Social Affairs：UN DESA）が観光統計におけ

る国際的な基準を取りまとめた *International Recommendations for Tourism Statistics 2008* において示されている[1]。同書には，以下のような記述がある。

A visitor is a traveler taking a trip to a main destination outside his/her usual environment, for less than a year, for any main purpose (business, leisure or other personal purpose) other than to be employed by a resident entity in the country or place visited. These trips taken by visitors qualify as tourism trips. Tourism refers to the activity of visitors.

この記述に基づくと，観光は以下のような活動と定義できるであろう。

「継続して1年を超えない期間で，レジャーやビジネスあるいはその他の目的で，日常の生活圏の外に旅行したり，また滞在したりする人々の活動を指し，訪問地で報酬を得る活動と関連しない諸活動」[2]

この定義によると，観光とは需要者の地域間の移動，すなわち「旅行」を伴う行動であり，単に文化やレジャーを楽しむだけでは観光とはならない。たとえば，地元の美術館，博物館，コンサート・ホールで海外の絵画やアーティストの演奏等の異文化芸術を味わったり，レジャーを楽しんだりしたりしても，それは観光には該当しない。
以下では，この定義をもとに，観光の経済分析に関する論点を取りまとめる。

2　観光需要の経済分析

第1節で示したように，観光は個人の旅行を伴う行動と定義されていることから，観光の経済分析では需要側からの分析が広く行われてきた。

2.1　地域間の環境の違いが生む需要

観光には旅行という地域の移動を伴うため，観光においては供給面では域内，需要面では域外の地域に基づいており[3]，需給の地域が地理的に離れている。地理的な距離に基づく環境の違いが，観光という行動の動機を生むことになる。

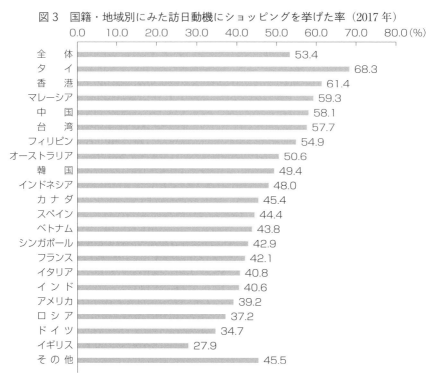

図3 国籍・地域別にみた訪日動機にショッピングを挙げた率（2017年）

出所：観光庁「訪日外国人消費動向調査」。

　観光の動機としては，供給先の非日常性を体験できること（コト消費）[4]が挙げられる。たとえば，非日常性の体験には，異なる地域の音楽，美術，芸能等の体験，文化財の鑑賞，食事等の日常生活・風習の体験が挙げられる。非日常性には，異文化性は強くないかもしれないが，都会の喧騒を離れ田舎のスローな生活を楽しむというような気分転換的なものも含まれる。

　また，需給の地域が異なることは，コト消費だけでなく財を購入するモノ消費を喚起させることもある。2014年頃に中国をはじめとするアジアからの訪日外国人旅行者による，いわゆる「爆買い」がブームになった。2017年の観光庁「訪日外国人消費動向調査」によると，図3のように，タイ，香港，マレーシア，中国，台湾，フィリピンを中心とするアジアからの外国人旅行者は，国籍・地域別の訪日動機にショッピングを挙げる割合が過半となっている。

　観光庁『平成27年版観光白書』によると，「品質が良い」だけでなく，「価

格が手頃・自国より安い」ことが，訪日外国人旅行者が満足した商品の購入理由として示されている。他国においてショッピングをしたいという動機は，自国における高い関税，付加価値税等の間接税や非効率な流通環境から，旅行先の国・地域の方が品質の良い財を安く購入できることに原因があると考えられる。日本貿易振興機構（2016）によると，中国の流通環境においては，中国の小売店において日本製品が販売される際の小売価格は日本の卸売価格の何倍にもなるケースがある試算されている。

　2016年になると，1人当たりの訪日中国人旅行者の買物代は，前年の16.2万円から12.3万円と24.1％もの減少となった（観光庁「訪日外国人消費動向調査」による）。この要因としては，中国国内において2016年4月に越境電子商取引の関連制度が改正され，越境電子商取引（個人輸入）に伴う関税，付加価値税等の負担が軽減され，個人輸入を通じての日本製品の購入環境が改善されたことにあるといわれている。

　このように，需要者は条件の良い購入手段を選択する傾向があり，自国での小売店舗での購入や個人輸入等と比較し，国外旅行でのショッピングの方が質の良い商品を安く購入できる手段であれば，それを選択することになる。

2.2　旅行者・旅行先による傾向の違い

　図1のように，観光の形態をインバウンド，国内，アウトバウンドに分類すると，その形態の違いにより，消費額の推移の動向について異なる傾向がみられた（図2）。すなわち，インバウンド観光は昨今急成長しているが，国内観光は横ばい，アウトバウンド観光は減少となっている。

　この違いは，その需要が依拠する地域にある。インバウンド観光では，その需要は国外の需要（詳しくは後述するが，とくに近隣諸国の需要）に依拠している。一方，国内観光，アウトバウンド観光は，日本国内の需要に依拠している。バブル崩壊以降，日本経済は少子高齢化の影響もあり，経済成長が停滞していて，その結果として国内観光，アウトバウンド観光が停滞することとなっている。

　第3節で詳述するように，このようなインバウンド観光の特徴から，消費税の税率引き上げの際に観光関連産業はその影響を受けにくかったという特異な現象をみせることになった。

2.3 情報の非対称性とプロモーション

前述のように,観光においては,需給の地域が地理的に離れているため,需要者に供給地の情報が十分に伝わらない可能性がある。需要側と供給側との間に情報の格差がある現象は,情報の非対称性として経済学で取り上げられることが多い。需要側において供給地の情報が不足すると,その需要が過少になる可能性がある。この解消には,供給者からの情報提供が必要で,域外,海外へのプロモーションが有効である。図4のように,競合する他地域,他国よりもプロモーションが奏功した場合には,需要曲線が DD から $D'D'$ にシフトし[5],観光需要を増加させる効果があり,逆の場合は $D''D''$ にシフトし,観光需要を減少させることにつながる。

プロモーションが有効に機能した例としては,日本のインバウンド観光振興策であるビジット・ジャパン・キャンペーンが挙げられるであろう。図5で示されているように,キャンペーン開始以前と比較して訪日外国人旅行者の数は急増している。1990年からキャンペーン開始の2003年までの年平均伸び率は3.7%であるのに対し,2003年から2017年までの年平均伸び率は13.0%となっている[6]。

プロモーションの成功には,伝達する対象者(Whom)に対し,適切な情報(What)を,適切な手法(How)で提供することが求められる。観光庁「訪日外国人消費動向調査」では,プロモーションの参考となる情報として「訪日前に期待していたこと」,手法として「出発前に得た旅行情報源で役に立ったもの」が調査されている。同調査に基づき,表1では2017年における上位項目を整理した。いずれの国でも「日本食を食べること」が訪日動機の第1位になっているものの,訪日観光の期待事項・関心事も,それを満たす情報源も,国籍・地域により異なっている。

シンガポールを除くアジアの国々では,「日本食を食べること」を除けば「ショッピング」がトップになっている。シンガポールも「ショッピング」は3位である。これに対し,欧米,オーストラリアでは,「日本の酒を飲むこと」に対する期待が高い。また,イギリス,ドイツ,フランス,アメリカでは,3割以上の旅行者が「日本の歴史・伝統文化体験」に関心を示している。

このように,観光における嗜好は国籍・地域(Whom)により異なり,文化であったり,ショッピングであったりと多様であるため,その点を考慮した上

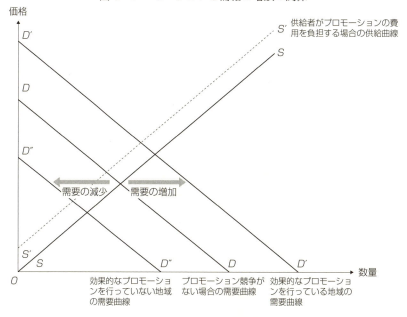

図4 プロモーションと需給の増減の関係

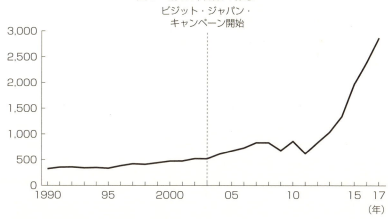

図5 訪日外客数の推移

出所：日本政府観光局（JNTO）資料。

でプロモーションの訴求内容（What）を決定する必要がある。

また，プロモーションの方法（How）は，マスメディアやホームページ等を活用した直接的な手法だけでなく，旅行代理店等の仲介機関，格付け・評価機

表1 国籍・地域別の主要な訪日動機，出発前の旅行情報源（2017年）

国名	訪日前に期待していたこと								出発前に得た旅行情報源で役に立ったもの					
	第1位	(%)	第2位	(%)	第3位	(%)	第4位	(%)	第1位	(%)	第2位	(%)	第3位	(%)
全体	日本食を食べること	68.3	ショッピング	53.4	自然・景勝地観光	45.4	繁華街の街歩き	39.9	個人のブログ	31.2	SNS	21.4	自国の親族・知人	17.5
韓国	日本食を食べること	70.9	ショッピング	49.4	自然・景勝地観光	34.4	繁華街の街歩き	31.3	個人のブログ	55.5	SNS	30.3	旅行ガイドブック	15.6
台湾	日本食を食べること	64.0	ショッピング	57.7	自然・景勝地観光	50.9	繁華街の街歩き	44.2	個人のブログ	36.8	日本政府観光局HP	23.8	旅行会社HP	23.1
香港	日本食を食べること	72.4	ショッピング	61.4	自然・景勝地観光	48.1	繁華街の街歩き	43.2	個人のブログ	33.2	日本政府観光局HP	31.2	旅行専門誌	27.0
中国	日本食を食べること	58.9	ショッピング	58.1	自然・景勝地観光	49.4	繁華街の街歩き	44.3	SNS	24.4	旅行会社HP	20.8	自国の親族・知人	17.5
タイ	日本食を食べること	81.9	ショッピング	68.3	自然・景勝地観光	54.4	繁華街の街歩き	49.3	日本政府観光局HP	24.3	自国の親族・知人	23.0	旅行会社HP	18.7
シンガポール	日本食を食べること	66.1	自然・景勝地観光	43.2	ショッピング	42.9	繁華街の街歩き	35.6	口コミサイト	28.7	個人のブログ	21.7	旅行会社HP	21.6
マレーシア	日本食を食べること	72.3	ショッピング	59.3	自然・景勝地観光	55.7	繁華街の街歩き	47.3	個人のブログ	27.8	旅行会社HP	24.1	日本政府観光局HP	20.9
イギリス	日本食を食べること	66.5	自然・景勝地観光	41.1	日本の歴史・伝統文化体験	39.7	日本の酒を飲むこと	35.0	日本在住の親族・知人	33.4	口コミサイト	30.5	自国の親族・知人	22.4
ドイツ	日本食を食べること	76.3	日本の酒を飲むこと	39.4	自然・景勝地観光	38.1	日本の歴史・伝統文化体験	35.1	日本在住の親族・知人	33.4	旅行ガイドブック	24.6	自国の親族・知人	21.0
フランス	日本食を食べること	81.9	自然・景勝地観光	44.9	日本の酒を飲むこと	43.8	日本の歴史・伝統文化体験	42.6	日本在住の親族・知人	31.8	自国の親族・知人	30.4	旅行ガイドブック	28.7
アメリカ	日本食を食べること	77.9	自然・景勝地観光	46.0	日本の酒を飲むこと	39.8	日本の歴史・伝統文化体験	39.7	日本在住の親族・知人	36.3	自国の親族・知人	28.2	口コミサイト	26.5
オーストラリア	日本食を食べること	80.4	自然・景勝地観光	56.9	ショッピング	50.6	日本の酒を飲むこと	49.1	口コミサイト	38.4	自国の親族・知人	36.6	旅行会社HP	29.9

注：観光庁「訪日外国人消費動向調査」の「訪日前に期待していたこと」の上位4項目．同調査の「出発前に得た旅行情報源で役に立ったもの」の上位3項目．
出所：観光庁「訪日外国人消費動向調査」．

関，ブロガー等を活用して行う方法も存在する。表1によると，情報源として役に立った手段は，韓国，台湾，香港，マレーシアでは「個人のブログ」の割合が最も高くなっている。ビジット・ジャパン・キャンペーンでも，韓国，台湾等に向けたプロモーションでは，ブロガーが活用されている。これに対し，欧米では，「日本在住の親族・知人」，「自国の親族・知人」のように，個人からの情報が役立っているとしている。

プロモーションの実施においては，このような違いを考慮して，国籍・地域ごとに多様な手法を用い適切な訴求内容を伝達することが求められる。

なお，観光における情報の非対称性を解消するには，上述のようなプロモーションだけでなく，需要者と供給者との取引を仲介する機能が一定の役割を果たすと考えられる。その点については第3節において言及する。

2.4 消費選好による経済分析

観光消費は非日常圏への移動を伴う消費と規定されるため，第1章で示したように一般的な消費の分析と同様に，所得，価格が影響を与えるが，旅行やサービスの消費においては時間も影響を与える。これらの要因が観光消費に影響を与えることを，Stabler et al.（2010）は予算制約線，無差別曲線に基づきモデル化している。ここではその内容を説明する。

(1) レジャー・パラドクス

まず，時間が関連する消費モデルに言及する。

レジャー・パラドクスは消費に時間が伴うコト消費を関するモデルで，コト消費のための時間と所得を稼ぐための労働時間のトレード・オフ関係を表現している。

一般に，消費量は所得に依存し，所得が増加すると消費量が増加する傾向にある。消費のためには所得を稼ぐ労働の時間（有給時間）が必要であるが，その時間が長すぎると旅行やスポーツ等の消費の時間がなくなる，あるいは短くなってしまう。そのため，労働をしない十分な時間（無給時間）＝余暇時間も必要になる。図6のグラフは，縦軸に消費・所得，横軸に無給時間・有給時間をとっている。横軸は右に進むと無給時間が長くなり，労働時間が減少することを示し，所得は有給時間が増加する（左に進む）に伴い増加すると設定して

図6 レジャー消費と有給時間・無給時間の関係

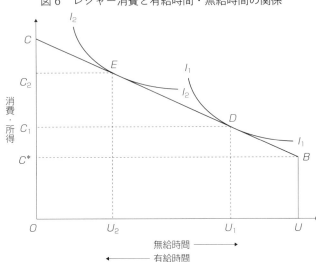

出所：Stabler et al. (2010) に基づき作成。

おり，右下がりの直線となる。なお，消費の最大値は，所得と一致すると仮定している。

余暇時間（＝無給時間）が最大となるのは OU であるが，その場合の消費は最小の OC^* になる。コト消費を増やしたい場合には無給時間を減らし有給時間を増やす必要があり，OC_1 まで消費を増やしたい場合には有給時間を U_1U （この場合の無給時間は OU_1）にしなければならない。

予算制約線 CBU は，最大労働時間（無給時間 0）の場合の消費 OC と労働時間がない場合に可能となる消費 OC^*（失業手当等による所得に基づく消費）を結んだものである。

なお，第 1 章で説明したように，一定の効用を提供する消費と無給時間の組み合わせは無数に存在し，無差別曲線として表現される。消費と有給時間の最適な組み合わせは，個人の無差別曲線の形状により異なるが，無差別曲線が I_1I_1 の場合は予算制約線 CBU との接点である D により決定され，I_2I_2 の場合は E により決定される。I_1I_1 の場合は，有給時間が U_1U，消費が OC_1 となり，I_2I_2 の場合は，有給時間が U_2U，消費が OC_2 となる。

このように，レジャー消費等のコト消費にとっては，所得と時間が消費の制

約になる。観光の消費量を増加させるためには，有給時間を増加させ所得を増加させる必要があるが，有給時間が長すぎると消費活動を行う時間が減少し，消費量は増加しない。逆に，無給時間が長くなり有給時間が短くなると，所得が減少することになり，やはり消費量は増加しない。このようなトレード・オフの関係は，レジャー・パラドクスと呼ばれるもので，時間の影響を考慮すると，旅行の移動距離は負の影響を与えることになる。また，旅行の移動距離が長くなると，同時に交通面でのコストもかかる傾向があるため，移動以外の消費の予算制約線が下方にシフトし，観光地の域内における消費を減少させるという影響を与えることになる[7]。

とくに，国際観光では，距離が顕著に影響することになる。魅力ある観光地を有する国・地域であっても，アメリカ，中国等のGDPの規模が大きな国・地域が上位にランキングしているわけではなく，近隣の国・地域が上位になっている。日本のインバウンド観光でも，旅行に伴う費用・時間が少ない近隣のアジア諸国からの訪日外国人旅行者による消費額の占める割合が大きい。観光庁「訪日外国人消費動向調査」の2017年のデータによると，中国，韓国，台湾，香港の東アジアの4つの国・地域からの訪日外国人旅行者による消費額が7割以上を占めている。

(2) 観光と他の財の消費選択

家計においては，多数の財・サービスに対する消費が行われており，観光はその中の1つの消費項目にすぎない。そのため，観光の消費量は，多数の消費項目の中からどのように決定されるかを分析する必要がある。その手法としても，第1章で説明した予算制約線と無差別曲線の理論を用いることができる。簡略化のために，観光と他の財の2つの財の消費を選択するモデルで検討する。

図7は，予算制約線がAB，無差別曲線がIIとすると，予算制約の中で最も効用の大きな消費となるのはその接点のCの組み合わせで，2つの財の消費量は観光がB_1，他の財がA_1となることを示している。

なお，家計の所得が増加した場合には，予算制約線が上方にシフトし$A'B'$になる。消費量は，上方にシフトした予算制約線に応じて増加させることができ，それに接する無差別曲線は効用が増加したII'となる。このようなシフトにより，消費量はこの接点C'の組み合わせであるB_2，A_2に増加することに

図7 観光と他の財の消費における所得効果

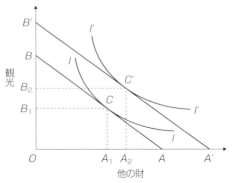

出所：Stabler et al.（2010）に基づき作成。

図8 観光と他の財の消費における価格効果

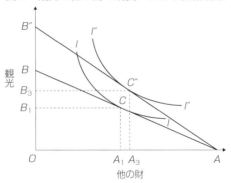

出所：図7に同じ。

なる。所得の増加により消費量が増加する効果は，所得効果と呼ばれている。

　日本の訪日外国人旅行者による観光消費は，東アジア・東南アジアからの割合が高く，昨今その額も急拡大しているが，これらの国々は経済成長率も高く，家計の所得も上昇してきていることから，所得効果が働いたものと考えられる。

　また，観光の消費量は，それに関連する価格，費用が低下した場合にも増加する。他の財の価格が不変で観光の価格が低下すると，同じ予算における観光の消費量を増加させることができるため，図8のように予算制約線が AB から AB'' になる。それに伴い，それに接する無差別曲線もより大きい効用をもつ上方にシフトした $I''I''$ となり，消費量はこの接点 C'' の組み合わせの B_3，A_3

268　第11章　観光と文化

に増加する。このように、価格の低下により消費量が増加する効果は、価格効果と呼ばれている。

　訪日外国人旅行者数が急増している韓国、中国、台湾、香港、タイ等では、近年、日本とのロー・コスト・キャリア（low-cost carrier、以下LCC）の便数が増加しているが、その結果として訪日旅行の費用が低下することになり、価格効果によってこれらの地域の観光消費が増加していることが説明できる。現在のところ、日本とのLCCの路線はそのほとんどが上記の地域とのものであり、LCCによる価格効果を享受できるのは東アジア、東南アジア等が中心となっている。

(3) 複数の観光地の選択

　観光においては複数の観光地を訪問する旅行も多いが、複数観光地の選択には観光地間の関係性が起因すると考えられる。

　複数の観光地は、個人の嗜好や旅行内容に応じて、補完的な関係になる場合も、代替的な関係になる場合もある。観光地選択における補完とは、観光地Aに旅行すると観光地Bにも旅行することである。近接する観光地の関係は、補完的になる可能性が高い。逆に、観光地選択における代替とは、観光地Aに旅行すると観光地Bには旅行しないことである。ニューヨークとロンドンのように、非常に離れた観光地の関係は代替的になるであろう。このように観光地選択は、観光地間の距離に影響を受ける傾向がある。

　なお、観光地の選好の補完性は、需要者の旅行形態にも依存すると考えられる。時間の制約がある日帰り旅行では東京と横浜の間でも補完性が成り立たないこともあるが、一方で訪日外国人旅行者による1週間のインバウンド観光では東京と大阪の間でも補完性が成り立つかもしれない。すなわち、需要者の旅行期間によって、観光地の選択基準が異なり、観光地の補完性、代替性の関係も変化すると考えられる。

　旅行者がどのような旅行を行っているかについて、統計データにより検証すると、日本人と外国人ではパターンが異なっている。2016年の1回の宿泊旅行における泊数をみると、日本人は2.2泊、外国人は10.1泊である[8]。

　訪日外国人旅行者の観光においては、いわゆる「ゴールデンルート」（東京、富士山、京都、大阪等をつないだルート）およびその周辺地域とそれ以外の地域

には入込客数における大きな格差がある。このように，多くの訪日外国人旅行者は，国内の有名観光地を点でつないだルートをとる傾向がある。

観光庁「平成26年訪日外国人観光客の地方訪問状況」（以下，「地方訪問状況調査」）によると，2014年において，首都圏と近畿圏をともに訪問した訪日外国人旅行者の割合は35％で，国籍別に割合が多いのは中国68％，東南アジア51％，欧米64％となっている。

これに対し，日本人の国内旅行では，東京に旅行したならば横浜等のその周辺には足を伸ばすことはあるだろうが，東京と大阪を一度に訪問する旅行を行うことはきわめて少ないであろう。日本人の国内旅行では，その期間の短さから，複数の県を訪問する割合は1割程度で，多くは1つの県のみを訪問している。

日本人と外国人の旅行者の間には，このような訪問先の違いがあるが，とくに，欧米からの訪日外国人旅行者の多くは，交通面での制約を受けやすく，入国・出国の場所は成田，羽田，関西等の少数の国際空港に限定されることもあり，旅行ルートがゴールデンルートになる必然性が高い。

ただし，訪日外国人旅行者の中でも，韓国からの旅行者は，全般的な傾向とは異なり，他の国に比べ旅行期間が短く，2016年の平均泊数は4.5泊であった。韓国からは日本の地方都市への航空の直行便も多く，他の国に比べ入国・出国の空港による制約が弱い。地方訪問状況調査によると，（首都圏，近畿圏以外の）地方のみの訪問が49％を占めており，地方を訪問する割合が高い。

したがって，韓国からの旅行者は，その旅行形態や直行便の多さから，2015年より観光庁が推進する「広域周遊観光ルート」に適応しやすい対象と考えられる。ちなみに，「広域周遊観光ルート」は，主にゴールデンルート以外の地方ブロックにおいて訪日外国人旅行者の誘客に向けテーマ・ストーリー性をもったルートの形成を促進している施策である。

さらに，近年，台湾や中国等からの地方空港への直行便も増加してきており，このような国・地域の旅行者を対象に「広域周遊観光ルート」の施策が機能していくことが期待される。

> **コラム⑪-1　観光消費のSNA，産業連関表における扱い**
>
> 　GDP統計の基礎となっている国民経済計算（System of National Account：SNA）（日本では，内閣府が「国民経済計算」として作成・公表している）や産業連関表の統計において，インバウンド観光に伴う消費は輸出にカウントされ，アウトバウンド観光に伴う消費は輸入にカウントされる。
> 　同様に，県民経済計算や県レベルの産業連関表において，県外旅行者による県内での消費は移出にカウントされ，県内旅行者の県外での消費は移入となる。産業連関表の詳しい説明は，第10章を参照してほしい。なお，このような観光関連の移出入の処理が適切になされていない県レベルの産業連関表も存在する。

3　観光供給の経済分析

　本節では，観光に関連する産業（以下，観光関連産業）についてその構造を整理する。とくに，インターネットの普及等で大きな変貌をみせている需給の取引の仲介機能について説明した上で，景気動向における観光関連産業と他産業との違いについて言及する。

3.1　観光関連産業の構造

　第2節で示したように，観光は個人の非日常圏への旅行に伴う行動と定義され，他産業のような生産される財・サービスの特性についての定義ではないため，統計の産業分類（例：日本産業標準分類）において観光産業なるものは明記されていない。そのため，前述の定義に基づき，観光との関連性の高いものを取り上げていくと，旅行に関連する産業である運輸業，旅行地において財・サービスを提供する産業（以下，旅行地産業），これらの産業と需要者である個人・企業等を仲介する機能を果たす産業（以下，仲介機能産業）から構成されると考えてよいであろう。これらの3つの産業に含まれる業種は以下のとおりで，図9のようになる。

(1) 運輸業——鉄道旅客輸送，道路旅客輸送，水運，航空輸送，その他の運輸業

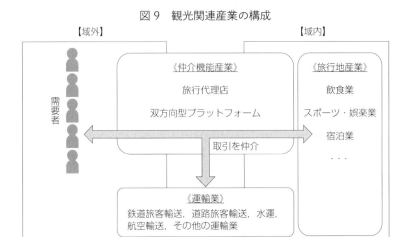

図9 観光関連産業の構成

(2) 仲介機能産業——旅行業ほか
(3) 旅行地産業——飲食業，スポーツ・娯楽業，宿泊業ほか

　温泉地や門前町等の観光地に立地する事業者を除いた多くの事業者（例：都市部の飲食業，小売業）は，観光客だけに財・サービスを提供しているわけではなく，非日常圏への旅行をしていない近隣住民にも財・サービスを提供している。そのため，こうした事業者にとっては，観光による売上はすべての売上の一部にすぎない。観光の供給側の分析には，産業の生産額のうち，観光消費に依拠した部分を導出する必要があり，それを導出するために，SNA等の関連する統計を用いて旅行・観光サテライト勘定（Tourism Satellite Account：TSA）が作成されている。

　日本におけるTSAは，国連経済社会局が公表した国際的な基準に基づき観光庁が作成しており，TSAの第6表「観光供給及び内部観光消費」[9]において観光に基づく付加価値額が示されている。ちなみに，サテライト勘定とは，GDPを算出するSNAの付属勘定で，観光以外でも環境，無償労働，非営利，介護・保健，R＆Dにおいて作成されている。TSAは，SNAの基本体系と整合性を保ちつつ，観光の分野についての消費額，付加価値額等の詳細な情報を提供できるように加工を施して作成されたものである。

　2016年のTSAの第5表，第6表（日本独自基準）によると，2016年の国内

表2　観光関連産業の産出額，国内観光供給，付加価値額

(単位：10億円)

	産出額	国内観光供給	付加価値額（うち観光分）
宿泊業	8,046	5,153	2,630
飲食業	24,430	3,104	1,174
鉄道旅客輸送	7,855	3,292	2,175
道路旅客輸送	3,308	638	461
水運	5,563	157	53
航空輸送	2,952	2,358	677
その他の運輸業	10,239	1,604	981
スポーツ・娯楽業	9,025	748	499
観光産業　計	71,417	17,052	8,649
その他の産業	928,241	8,085	4,342
国内産業　計	999,658	25,138	12,991

出所：観光庁「旅行・観光産業の経済効果に関する調査研究 2018年3月」。

観光供給[10]は25.1兆円，観光消費による付加価値額は13.0兆円[11]である。多くの産業のうち，旅行・観光との関連性が強い宿泊業，鉄道旅客輸送，航空輸送等については，産出額，国内観光供給，付加価値額（うち観光分）は表2のとおりである。

　なお，TSAにおいては，観光における仲介機能を担う旅行業は，その他の運輸業に含まれている。

3.2　仲介機能と双方向型プラットフォームの出現

　離れた需給地域における情報の非対称性を解消するために，旅行代理店のような仲介機能を有する業態が一定の役割を果たしている。観光における取引を仲介する機能としては，情報を提供するだけでなく，宿泊施設や交通手段の予約の手続きを行うことが挙げられる。国際観光では，上記に加え，パスポート，ビザ，現地通貨の手配等の手続きも必要になることがある。さらに，需要者に随行し，添乗員が旅行をサポートするサービスが求められることもある。これらの機能は，これまで主に旅行業（旅行代理店）の店舗が担ってきた。

　しかしながら，昨今の急速な情報化の進展により，テレビ，雑誌，インターネット等のメディアを通じて観光地，交通等の情報が行き渡るようになり，予約やその決済等の手続きもインターネットを通じて可能になっている。このよ

図10 双方向型プラットフォームによる取引の概要

出所：大橋ほか（2015），吉川（2017）等をもとに作成。

うな変化が生じたことから，観光における仲介機能は，店舗型の旅行業からインターネットにおける取引が担うようになってきている。

インターネットによる取引は，金融取引，ゲーム，音楽・映像配信，通信販売等の多様な分野で発生し，一般的になってきている。インターネットを活用することを通じ，仲介機能はスピード面でもコスト面でも効率的なものになった。観光においては，多くの需要者と多くの供給者の取引を仲介できるインターネットのサイトとして，楽天トラベル，じゃらん net 等の Online Travel Agency（OTA）が登場してきている。OTAをはじめインターネット取引を拡大させる枠組みとして，図10のような双方向型プラットフォームが広まってきている。

インターネットの普及等の情報化の進展は，新たな需給をマッチングさせる仲介機能も果たすようになっている。その一例として注目されているのが，既存の固定資産や施設・設備を有効活用するシェアリング・エコノミーである。このような動きは，とくに観光においてその浸透が目立っており，既存住宅の一部を宿泊用に活用する形態は，民泊として知られるようになった。また，移動に関連しては，カー・シェアリングだけでなくタクシーやマイカーを共同で利用する形態も出現している。

施設・設備等をシェアして利用する形態の普及は，小規模な投資でも市場参入を可能にし，とくに民泊においては，宿泊市場にとりわけ大きな影響を及ぼしたとみられている。2016年においては，訪日外国人旅行者数は前年よりも

21.8％の増加があったにもかかわらず,観光庁「宿泊旅行統計調査」によると,宿泊施設への延べ宿泊者数は,5月,8月,10月,11月,12月において前年同月比でマイナスを記録した。同調査は,ホテル,旅館,簡易宿所等の宿泊施設を対象としたもので民泊を行う事業者等を対象としたものではないため,2016年は民泊が急速に普及し,既存の宿泊施設の需要を奪った可能性が考えられる。

民泊については,2016年当時は日本では制度が未整備であったにもかかわらず,Airbnb[12]のようなインターネット仲介を行うプラットフォームが急速に普及したことが上記の要因であるとみられている。このような事態を受け,政府は法制度化を進め,2017年6月に「住宅宿泊事業法」が成立し,2018年6月に施行された。民泊が浸透し,宿泊用の客室の供給量が増加していくと,既存宿泊施設の収入が減少し,宿泊価格を低下させることが予想される。この結果,宿泊市場における供給曲線が右にシフトし,供給が増大する現象が発生する可能性もある。

なお,民泊,ライド・シェアをはじめとするシェアリング・エコノミーの普及に拍車をかけた背後には,Airbnb,Uber等のような双方向型プラットフォームの存在がある。双方向型プラットフォームは,インターネットを通じて,少ない供給量でも従来よりも迅速にその需要を見出し仲介させる機能を有するため,個人を含め小規模な事業者も多数市場参入できるようになった。

3.3 双方向型プラットフォームの特徴

双方向型プラットフォームは,B to C[13]型を中心に普及していったが,昨今ではシェアリング・エコノミーのように個人事業主等も含めた C to C[14]型も登場してきている。このような双方向型プラットフォームは,以下のように要件づけられるであろう。

(1) 2つ,あるいはそれ以上の異なるサイド(たとえば需要側と供給側)を有するプラットフォームにおいて参加者が存在する。
(2) 2つ,あるいはそれ以上の異なるサイドに対し,直接の情報のやりとり・取引等を可能にしている。

情報通信やインターネットによる取引においては,需要者数が増加すると,財・サービスの効用・価値が増加する「ネットワーク外部性」が発生する[15]。

3 観光供給の経済分析　275

プラットフォームに登録し，情報提供するホテル・旅館，民泊事業者等の供給者が増加した場合には，需要者の選択肢の増加と効率的な選択が可能になるという利便性（外部性）がもたらされる。

また，インターネット取引における「ネットワーク外部性」は，供給者側にも存在する。ブランド力がある有力なホテル・チェーンでは，自社のホームページでも十分な予約を受け付けることが可能であるかもしれないが，小規模なホテルや旅館，民泊事業者にとっては，このような双方向型プラットフォームに登録することにより多くの需要者との接点をもつことができる。とくに，紹介されている供給者数が多い双方向型プラットフォームの方が，需要者が検索のためにそれを活用する機会が高まるためである。

このように，双方向型プラットフォームにおいて需給の両サイドにおいてネットワーク外部性が働くことから，特定のプラットフォームの優劣が明確になると，需要者・供給者ともに地滑り的に有力プラットフォームに参加するようになり，一気に寡占化する傾向がある。民泊のケースでは，Airbnb が急速に拡大し，紹介可能な客室数は既存の大手ホテル・チェーンをはるかに超える水準に達している。

最近では，手荷物の預かり用のスペースをシェアする airlocker，海のレジャーのためにボートをシェアする ankaa のように施設・スペースだけでなく，Uber や notteco のように移動をシェアするものや，観光ガイドのような能力・スキル等をシェアする Huber．のようなプラットフォームも出現している。観光には，非日常圏の旅行に伴う多様なサービスが含まれるとともに，離れた需給の地域をつなぐ仲介機能が必要なため，今後はさらに多様な分野において双方向型プラットフォームが出現することが期待される。

なお，双方向型プラットフォームの有するこのような傾向から，Amazon.com のように，双方向型プラットフォームによる取引が独占禁止法上の問題となるケース（例：最恵国待遇[16]）も発生しており，シェアリング・エコノミーにおいても双方向型プラットフォームが市場において支配的地位[17]を有するようになると，同様な問題が発生する可能性がある。

3.4　観光の形態の違いによる景気変動への影響

前述のように，観光産業は統計の産業分類では存在しないが，観光に部分的

図11 消費税率引き上げ前後の景況の変化

出所:経済産業省「第3次産業活動指数」。

に関係している産業は多い。最近の訪日観光の拡大により，訪日観光との関係性の強い産業においては，国内の景気変動とは異なる動きをみせることがある。

　サービス業は国内の需要に依存するものが多いが，観光関連産業の中には訪日観光への依存度を高めているものも存在する。昨今の訪日観光の好調さを受け，これらの産業では他の産業よりも好調に推移しているものがあり，2014年4月の消費税の税率が5%から8%に引き上げられた際に，景況面で他産業との違いがみられた。

　一般に，消費税の税率引き上げにより，2013年第4四半期，2014年第1四半期に駆け込みによる需要増があった反動で，2014年第2四半期以降は大きく景気が後退した。経済産業省「第3次産業活動指数」によると，第3次産業の総合指数は2014年第1四半期には104.1であったが，消費税率引き上げ直後の第2四半期には101.2にまで落ち込んでいる（図11）。2014年第1四半期の水準を超えるまでにはかなりの時間を要し，2016年第4四半期になってようやくその水準を超えている。

　これに対し，観光関連産業[18]は，2014年第1四半期には104.6で，第2四半期には102.4にまで落ち込んだものの，2015年第1四半期には2014年第1

四半期の水準を超えている。ホテル，航空旅客運送業においては，消費税率が引き上げられた 2014 年第 2 四半期においても，その指数は上昇している。

この原因としては，観光関連産業は近年では国内需要より訪日外国人旅行者の海外需要に依存する傾向を強めていることが考えられる。ちなみに，観光庁「訪日外国人消費動向調査」によると，訪日外国人旅行者による観光消費は，対前年同期比で 2014 年第 2 四半期に 32.5% 増，2014 年第 3 四半期に 41.2% 増であった。

しかしながら，観光関連産業の海外需要への高い依存度は，円高局面等のように訪日観光の伸びにブレーキがかかった場合には，国内需要に依拠しているサービス業よりも景況が悪化しやすくなる可能性がある[19]。

4 文化と観光

本節では，観光が有する稼ぐ力について，ここまでの観光の需要および供給の議論をもとに整理するとともに，観光が文化と結びつくことにより，それをより高めることができるかどうかについて言及する。

4.1 観光の稼ぐ力

これまで説明してきたとおり，観光消費は域外需要者による域内での消費であることから，域内需要者の消費とは異なり，観光消費の発生から他の財・サービスの消費機会が消滅することがなく，域内経済でみると消費のすべてが直接的な経済効果としてカウントできる。これに対し，域内需要者の消費の域内経済における効果は，域内で実施された消費とその実施によって域内需要者が諦めた消費の差分と考えるべきで，場合によってはマイナスになることもある。したがって，観光消費は域内需要者による域内消費よりも域内経済全体に及ぼす影響が大きい。

さらに，消費がもたらす域内経済における経済波及効果[20]については，総務省「産業連関表」によると，観光に関連する産業には，他のサービス業に比べ，影響力係数[21]が大きい産業が存在する（表3）。日本国内における飛行機による移動や飲食，宿泊のサービスの消費があった場合には，比較的に大きな経済波及効果が発生することになる。

4.2 観光消費を増大させるための課題

このように，観光はとくにサービス業の中では大きな稼ぐ力を有しているが，これは観光消費が域外需要者による域内での消費であることに起因している。観光消費を拡大するためには第2節で言及したように情報の非対称性を解消するプロモーションが重要な要素であるが，その対象が域外需要者であるため，域内需要者に対するものよりも難易度が高いと考えられる。プロモーションを効果的なものにするには，的確な方法で観光の動機になるものを対象の域外居住者に訴求することが必要であろう。

表3 主たる観光関連産業の影響力係数

	影響力係数
航空輸送	1.042253
飲食サービス	0.988051
宿泊業	0.935498
サービス業平均	0.842883

出所：総務省「平成23年（2011年）産業連関表」。

4.3 観光の動機としての文化

すでにみてきたように「モノ消費」も「コト消費」も，非日常性が感じられると，それは観光の動機となりうる。訪日動機については，観光庁「訪日外国人消費動向調査」によると，2017年の訪日外国人旅行者は1人当たり3.84の項目を挙げており，複数の動機のもとに訪日旅行が実施されている[22]。その動機には，いくつかの文化的要素が含まれている。

食文化を体験する「日本食を食べること」を挙げる割合は，2017年においては71.2%に達しており，主要な20の国・地域のすべてにおいてトップとなっている。国・地域により傾向が異なる訪日動機もある。「日本の歴史・伝統文化体験」を挙げる割合は，訪日外国人旅行者全体では25.2%であるが，スペイン，カナダ，フランス，オーストラリア，アメリカ，イギリス，イタリア，ドイツの欧米の国々では3分の1を超えている。また，「日本の日常生活体験」，「美術館・博物館」等でも，欧米の国々が相対的に高いという同様な傾向が示されている。逆にアジアの国・地域が訪日動機として挙げる割合が高いものとしては，「繁華街の街歩き」がある。

Guccio, Sacerdotti, and Rizzo（2017）では，文化観光（cultural tourism）はどのような特性をもった人々が多く行っているのかを実証的に分析されている。その結果によると，海外からの観光客やリラックスすることを目的とした人々は文化観光を行う割合が高く，また環境や食に興味をもつ人の文化観光への消費が相対的に多いことなどが示されている。

このように，文化的な要素を含んだ動機が存在するため，これらを適切な対象に適切な手法でプロモーションすることで，インバウンド観光を通じた文化関連の消費が発生すると予想される[23]。

4.4 文化観光がもたらす効果

文化が来訪の動機となり観光消費が発生する場合には，先に言及したように域内需要者の消費よりも大きな直接的経済効果が域内経済にもたらされるとともに，旅行者が旅客輸送，飲食，宿泊のサービスを消費する場合には他のサービス業よりも大きな経済波及効果が得られる。

観光と地域の文化活動との関係については，Guccio, Lisi, Martorana, and Mignosa（2017）がイタリアの各州のデータをもとに，文化活動の活発さと観光がもたらす経済効果について検討した分析がある。この研究によると，地元住民が劇場，映画館，美術館・博物館等における鑑賞等の，文化活動により熱心な州の方が，文化イベント等において規模が大きく魅力的なものを実施することができるため，観光地のパフォーマンスが良くなる傾向があり，宿泊客数等に関して有意義な正の効果をもたらすという結果が導かれている。

また，Cuccia et al.（2016）は，ユネスコの世界遺産に登録されたイタリアの地域のデータを用いて，来訪者数と収容可能な宿泊客数をインプット，実際の宿泊客数をアウトプットとして包絡分析法（Data Envelopment Analysis：DEA）（末吉，2001 などを参照）を適用することによって各世界遺産の効率性を数量化し，さらにその効率性の違いに影響を与える要因について実証的に分析している（効率性は，アウトプットをインプットで割ったもの）。

また，観光の消費における問題点が文化と結びつくことにより，解消される可能性も存在する。観光需要は，一般的に季節変動が大きいという問題を孕んでいることが多い。とくに，観光資源としての自然は，観光の動機になるものの，桜，紅葉等の旬や盛りの時期に需要が集中する傾向がある。これに対し，有形の文化財の鑑賞や生活習慣の体験等が来訪の動機になる観光では，通年において安定した需要が見込める。また，閑散期に需要を喚起できる文化イベントがあれば，通年での施設稼働の平準化につながる。客層に関しては，異文化に関心をもちやすい訪日外国人旅行者は休暇時期が日本人とは異なるため，その需要を取り込むと需要の平準化を図ることができる。

表4 高山市の宿泊客数の推移とその月平均,標準偏差,変動係数
(毎月の宿泊客数,年合計,月平均,標準偏差:千人,変動係数:無名数)

年	1月	2月	3月	4月	5月	6月	7月	8月	9月	10月	11月	12月	年合計	平均	標準偏差	変動係数
2012	140	159	146	140	170	131	176	299	175	187	145	93	1,961	163	47	0.290
2013	136	154	149	149	171	131	177	302	177	181	149	105	1,981	165	46	0.281
2014	142	154	155	152	183	136	178	293	174	178	146	110	2,001	167	43	0.258
2015	139	158	158	156	192	136	181	292	191	194	153	121	2,071	173	43	0.246
2016	150	168	171	166	200	147	187	308	198	208	163	128	2,194	183	44	0.241
2017	165	161	169	195	207	144	181	260	182	217	179	153	2,213	184	31	0.166

出所:高山市商工観光部観光課「平成29年 観光統計」。

たとえば,中華圏の旧暦の正月にあたる春節による休暇は,現在の暦の1月後半から2月前半の時期にあたるが,日本の多くの地域では閑散期にあたる。また,中国については,10月初旬頃の国慶節でも長期連休をとるが,この時期も日本の宿泊施設の稼働率が高い時期ではない。このような訪日外国人旅行者の需要を喚起することにより,平準化が見込まれる。

なお,文化をベースにした観光により地域振興を図るためには,通年で地元の観光資源を有効に活用するプランが必要であり,地域にDMO[24]等の機関を設置し,プランを取りまとめることが求められる。

たとえば,高山市では,一般社団法人飛騨・高山観光コンベンション協会が,通年での誘客が可能になるような活動を行っている。四季ごとの自然を活用するとともに,高山祭(春,秋),宮川中橋ライトアップ(夏,秋の紅葉時),酒蔵めぐり(冬)等のイベントを行うことにより,観光都市としての評価を高めてきている。その結果,高山市の年間宿泊客数は,2012年196万人から2017年には221万人に増加するとともに,月ごとの宿泊客数の標準偏差,変動係数[25]は年々縮小しており,需要の平準化が進んでいる(表4)。

その一方で,Cuccia and Rizzo(2011,2014)では,文化遺産が季節変動を平準化させるのかどうかをイタリアの世界遺産を例に分析しているが,あまり大きな効果はみられなかったという結果が示されている。この論文では,海辺にあるかどうかといった地域の特性によっても平準化の効果が異なることが示されている。

平準化の成否について異なる結果が出ているが,その要因(例:講じられた振興策の違い等)の検討を今後深めていく必要があるだろう。

注

1 観光統計，観光施策等の検討・取りまとめは，世界観光機関（World Tourism Organization：UNWTO）により行われ，国連経済社会局より公表されている。
2 観光の定義は研究者による異なっており，多様なものが存在するが，紙幅の制限から本章では広く用いられている国連経済社会局の定義により議論を進める。
3 域内，域外は，供給者の観点から規定している。
4 ある商品やサービスを購入することで得られる，使用価値を重視した消費行動を「コト消費」という。これに対し，モノの所有価値を重視した消費行動を「モノ消費」という。
5 需要曲線・供給曲線のシフトについては，第1章を参照。
6 直接的なキャンペーンではないが，オリンピック・パラリンピックの開催地となることは，間接的にインバウンド観光のプロモーションに寄与するという指摘もある。みずほ総合研究所（2013）によると，過去の夏季オリンピック・パラリンピック開催都市がある国では，開催決定後から開催までの期間は，外国人旅行者の増加トレンドが上方にシフトしていることが示唆されている。
7 距離は，時間・コスト面では消費を減少させる傾向をもつが，観光の動機となる非日常性を高め，効用増加の要因になる可能性もある。移動費用の増減が価格効果を生じさせることについては次項で言及する。
8 日本人については観光庁「旅行・観光消費動向調査」，外国人については観光庁「訪日外国人消費動向調査」にそれぞれ基づく。
9 TSAの作成方法や統計表は，観光庁「旅行・観光産業の経済効果に関する調査研究 2018年3月」に掲載されている。
10 国内観光供給は，内部観光消費に対応して国内で供給された額である。内部観光消費には，訪日観光支出，国内観光支出，別荘の帰属家賃が含まれる。
11 国連経済社会局の基準から観光庁が産業分類等において修正した独自基準に基づくTSAによる。
12 Airbnb（エアビーアンドビー）は，民泊などの宿泊施設を提供するためのウェブサイト等を運営するサービス企業である。
13 business-to-consumerの略。企業と個人（消費者）間の商取引，あるいは，企業が個人向けに行う事業やサービスなどのこと。
14 consumer-to-consumerの略。商取引の分類を表す用語の1つで，個人間，とりわけ一般消費者同士の間で行われる商取引のこと。また，個人間の取引を仲介する事業やサービスなどのこと。
15 ネットワーク外部性の特徴について，電話を例に説明する。電話サービスでは，加入者が1者しかいない電話網は誰とも通話できず無価値だが，このネットワークに新たに1者が加入すると相互に通話できるという利用価値が発生する。さらにもう1者が加入すれば，2者の相手に通話できる状態となり，利用価値が増加したといえる。このようにネットワークのシステムでは，加入者が多ければ多いほど利用価値は増加し，最終的には「加入しないと不便なので加入しないわけにはいかない」という強制力が働くことになる。ネットワーク外部性とは，上記のように，財そのものの性能には関係なく加入者の数によって利用価値が変化することで発生する外部性である。
16 双方向型プラットフォーム事業者が，取引業者に対し価格や品揃えについて他のストアやプラットフォームと同等以上の扱いを求めること。
17 事業者が，市場において財・サービスの価格や供給量等を自由に決定できる立場にあること。
18 観光関連産業には，鉄道，バス，タクシー，飛行機，船舶などの旅客運送業，道路施設提供業（高速道路），旅館，ホテルなどの宿泊業，旅行業，遊園地・テーマパークが含まれる。
19 国内の需要に依存する国内観光の観光消費は，対前年同期比で2014年第2四半期に12.8%減，

2014年第3四半期に11.8%減であった。
20　経済波及効果とは，ある財・サービスに需要が発生したときに，域内経済におけるさまざまな取引の連鎖によって他の財・サービスの需要が生み出され，その生産がさまざまな産業において誘発されることである。
21　影響力係数とは，ある産業の最終需要1単位が増加した場合に，全部門の生産額にどの程度影響を及ぼすかという度合いを表した係数である。影響力係数が1より高いと，他部門の産業に与える影響力が平均よりも大きいということになる。
22　複数の動機から観光消費が行われていることについては，van Loon and Rouwendal（2017）でもアムステルダムへの観光客のデータに基づき言及されている。
23　文化人類学では，文化観光を，歴史観光（過去の文化を体験），文化観光（建築物，衣装等の人工物を介し間接的に文化的要素を体験），エスニック観光（直接的に文化的要素を体験）に分類する例がある（大橋，2001，179頁）。
24　destination management organizationの略で，地域の多様な関係者と協同しながら，観光地域づくりを実現するための舵取り役となる法人のことをいう。destination marketing organizationと呼ばれることもある。
25　標準偏差を平均で割ったもので，平均の大きさを調整した各月のばらつきを判断する指標として用いている。

参考文献

大橋健一（2001）「観光と文化」岡本伸之編『観光学入門――ポスト・マス・ツーリズムの観光学』有斐閣，169～186頁
大橋弘・大久保直樹・池田千鶴・大木良子・荒井弘毅・品川武・橋本庄一郎・瀬戸口丈博・工藤恭嗣（2015）「プラットフォームビジネスの特性の分析と合併審査上の課題」CPRCディスカッション・ペーパー，公正取引委員会競争政策研究センター
観光庁（2018）「旅行・観光産業の経済効果に関する調査研究（2016年版）」観光庁
末吉俊幸（2001）『DEA――経営効率分析法』朝倉書店
高山市商工観光部観光課（2013）「高山市の観光振興について」高山市
日本貿易振興機構（2016）「中国における越境ECの動向（2016年）」日本貿易振興機構
みずほ総合研究所（2013）「2020東京オリンピックの経済効果――五輪開催を触媒に成長戦略の推進を」みずほ総合研究所
吉川満（2017）「シェアリングエコノミーにおける競争政策上の論点」CPRCディスカッション・ペーパー，公正取引委員会競争政策研究センター
Cuccia, T., C. Guccio and I. Rizzo (2016) "The Effects of UNESCO World Heritage List Inscription on Tourism Destinations Performance in Italian Regions," *Economic Modelling*, 53, 494-508.
Cuccia, T. and I. Rizzo (2011) "Tourism Seasonality in Cultural Destinations: Empirical Evidence from Sicily," *Tourism Management*, 32(3), 589-595.
Cuccia, T. and I. Rizzo (2014) "Seasonal Tourism Flows in UNESCO Sites: The Case of Sicily," in J. Kaminski, A. M. Benson and D. Arnold eds., *Contemporary Issues in Cultural Heritage Tourism*, Routledge, 179-199.

Guccio, C., D. Lisi, M. Martorana, and A. Mignosa (2017) "On the Role of Cultural Participation in Tourism Destination Performance: An Assessment Using Robust Conditional Efficiency Approach," *Journal of Cultural Economics*, 41(2), 129-154.

Guccio, C., S. L. Sacerdotti and I. Rizzo (2017) "An Empirical Investigation of Cultural Travellers' Preferences and Behaviours in a Destination with Mixed Environmental Features," in V. M. Ateca-Amestoy, V. Ginsburgh, I. Mazza, J. O'Hagan, and J. Prieto-Rodriguez eds., *Enhancing Participation in the Arts in the EU: Challenges and Methods*, Spriger, 249-265.

Stabler, M. J., A. Papatheodorou, and M. T. Sinclair (2010) *The Economics of Tourism*, 2nd ed., Routledge.

Stiglitz, J. E. and C. E. Walsh (2006) *Economics*, 4th ed, W. W. Norton.（藪下史郎・秋山太郎・蟻川靖浩・大阿久博・木立力・宮田亮・清野一治訳（2013）『スティグリッツ ミクロ経済学（第4版）』東洋経済新報社）

van Loon, R. and J. Rouwendal (2017) "Travel Purpose and Expenditure Patterns in City Tourism: Evidence from the Amsterdam Metropolitan Area," *Journal of Cultural Economics*, 41(2), 109-127.

Weiss, P. J. (2016) "The Impact of Shared Accommodation for Overall Accommodation Industry," Paper presented in the 14th Global Forum on Tourism Statistics, Venice.

United Nations, Department of Economic and Social Affairs (2010a) *International Recommendations for Tourism Statistics 2008*, United Nations.

United Nations, Department of Economic and Social Affairs (2010b) *Tourism Satellite Account: Recommended Methodological Framework 2008*, United Nations.

第12章

文化と国際貿易

はじめに

 グローバル化(あるいはグローバリゼーション)という言葉が浸透し,われわれが日常的に用いるようになって久しい。グローバル化という用語は社会的,文化的,経済的活動においてさまざまな使われ方があるが,『広辞苑(第六版)』(岩波書店)によると,「国を超えて地球規模で交流や通商が拡大すること。世界全体にわたるようになること」と定義されている。

 交通技術や情報・コミュニケーションの技術(ICT)が発達した現代においては,文化・経済・政治の過程は国民や国家の境界線を越えて拡張し続け,ある場所で起こったことや決定が,他に重大な影響を及ぼすようになる(Cochrane and Pain, 2000)。このような中では,ある国民や国家の事柄と別の国民や国家の事柄が相互に浸透するようになり,地球上で距離を置いているようにみえた国民や国家の文化と社会が,他の文化や社会と直面するようになる。社会的,文化的観点からは,グローバル化をこのようにとらえることができるだろう。

 グローバル化が進展すれば,当然のことながら,文化に対しても大きな影響を与える。それは文化的な財・サービスの貿易への影響という形でも表れるし,各国の文化そのものにも多かれ少なかれ影響を与えることになるだろう。第7章の図6には,日本の知的財産使用料のうち著作権等使用料徴収額を示したが,本章図1では,その輸出(受取)と輸入(支払)の推移が示されている。ここで国際貿易の対象となる著作権等使用料とは,ソフトウェア,音楽,映像等の使用権料,著作物(文芸,音楽,映像,キャラクター等)の使用料,上映・放映

図1 日本の著作権等使用料の受取と支払の推移

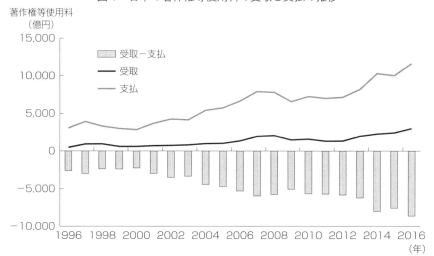

出所：財務省「国際収支統計」。

権料等々に関する代金である。グローバル化の進展とともに著作権等使用料の受取・支払という文化的サービスの貿易は，ともに増加傾向にある。しかし，支払の方が増加の伸びが大きく，ネット（差額）としての両者の収支は赤字が拡大していることがわかる。

本章では，このような文化に関する国際貿易が理論的にどのように説明されるのかとともに，近年の動向についてみていくことにする。まず，国際貿易における文化的財の特徴を説明した上で，文化的財の貿易が，一般的な財の貿易とどのように異なっているのかについての理論的な考察を行う。さらに文化的財の貿易に関して，日本と世界の状況を統計データを用いて解説し，最後に，インターネットの文化的財の貿易への影響について考えていく。

1 国際貿易における文化的財の特徴

まず，国際貿易における文化的財の特徴について考えていこう。文化的財とは，これまでも述べてきたとおり，芸術的・創造的な内容を含むさまざまな財を指し，それらは有形・無形の遺産や自然遺産から，文化教育，ツーリズムに至るまで多岐にわたっている[1]。以下では，国際貿易における文化的財につい

て，Schulze (1999) に従って，その特徴から3つに分類してみよう。

　第1は，ライブで行われる舞台芸術（live performing arts）で，コンサートや演劇などといった舞台芸術や祝祭（フェスティバルやカーニバル）などがこれにあたる。これらは，国際貿易においてサービス貿易として把握される。いま，海外のオーケストラが，来日して演奏することを考えよう。そのオーケストラが日本のオーケストラと同じようなレベルで，たとえばベートーヴェンを演奏するのであれば，国内のオーケストラと競合することになり，他の条件を一定とすると，価格弾力的になると考えられる。しかし，ベルリン・フィルハーモニー・オーケストラのように超有名な海外のオーケストラであれば，国内のオーケストラとは差別化されるため，独自性が高く，競争的ではなくなり，価格弾力的ではなくなるであろう。

　第2は，ユニークな複製不可能な芸術（unique, non-reproducible art）で，物体としては存在するが，オリジナルにのみ価値が認められる財である。絵画や彫刻，銀塩写真のオリジナル・プリント，工芸品といった美術品などは，芸術家が創り出した絵や彫刻等そのものには高い価値が認められるが，その模写や模造品にはあまり価値が認められない。またこうした財は，上で述べたサービスとは異なって保存が可能であり，二次市場（secondary market）での取引を通じて貿易されることも多い[2]。

　第3は，複製品が文化的財としてオリジナルと同等の価値が認められる複製可能な芸術（reproducible art）である。書籍などの印刷物（出版による写真集を含む），映画，録音された音楽，オーディオ・ビジュアル，インタラクティブ（双方向）・メディア[3]などがこれに該当する。映画や音楽CDのような複製可能な文化的財は，一度原盤を制作してしまえば，複製によって同じ財を生産できる。このような産業では，原盤から複製を生産して販売するほど利益が発生することになり，これを規模の経済性という（第6章参照）。したがって，こうした文化的財の貿易に関しては，規模の経済が強く働くことが特徴的であり，それによって文化的財の輸出あるいは輸入が，特定の地域に集中することを説明できる。

　その他，デザイン・サービス，文化教育，ツーリズムが文化的財のカテゴリーに入る。アニメ制作の原画工程や仕上げ工程の外国企業への発注も同様である。

2 文化的財の国際貿易の経済理論

本節では，文化的財の国際貿易に関して経済理論的な観点から説明する。まず，一般的な財の貿易について伝統的な理論によって説明した上で，一般的な財と文化的財の特徴の違いを踏まえて，文化的財の国際貿易について説明する。

2.1 一般的な財の貿易理論の枠組み

もし文化的財が一般的な財と性質が変わらないならば，文化的財に関しても一般的な貿易取引の理論を当てはめて説明すればよい。第1章で説明したように，消費者（需要者）は財の種類と財への自分の選好をすべて知っていて，市場から取り込んだ情報（一般的には価格）をもとに，自らの満足度（効用）が最大になるように財の購入の是非と購入量を決めるとし[4]，さらに自国の消費者と外国の消費者は同じ選好をもっていると仮定しよう。ここで伝統的な貿易理論では，生産者（供給者）に関して，生産技術あるいは資本・労働などの生産要素の賦存量（どの程度豊富であるか）が，自国と外国の間で違いがある場合に注目して，国際貿易を説明しようとする。すなわち国際貿易は，自国と外国の生産技術や生産要素の賦存量の格差によって引き起こされると考えるのである。

2.2 機会費用と比較優位

国際貿易を説明する際の鍵となる考え方に，比較優位（comparative advantage）がある。比較優位を説明するために，次のような簡単なモデルを考えてみよう。

いま，A国とB国という2カ国について，両国とも，農業において農作物（たとえば小麦）と文化産業において文化的財（たとえば楽器）を生産しているという例を考える。ここで単純化のために，農作物と文化的財の生産には労働のみが必要であるとし，両国間で労働者の移動はないと仮定する。このときに生産にかかる費用をそれぞれの国の通貨で表示すると面倒なので，1単位の財の生産に必要な労働時間をそれぞれの費用と考える。A国では，農作物1単位を作るのに20時間，文化的財1単位を作るのに10時間が必要であるとし，

表1 2国モデルにおける財の生産1単位当たりに必要な費用(労働時間)

	農　業	文化産業
A国	20	10
B国	50	100

表2 2国モデルにおける機会費用と比較優位

	農業の機会費用	文化産業の機会費用
A国	$\dfrac{20}{10}=2$	$\dfrac{10}{20}=\dfrac{1}{2}$
B国	$\dfrac{50}{100}=\dfrac{1}{2}$	$\dfrac{100}{50}=2$

一方，B国では，農作物1単位作るのに50時間，文化的財1単位作るのに100時間かかるとすれば，両国での各財の生産にかかる費用は，表1のように表すことができる。表1における数字が小さいほど技術が進んでいると考えられるので，A国はB国よりも農業でも文化産業でも優位をもつ（絶対優位）。

ここで，機会費用という考え方を使って，A国とB国が貿易を行うならば，どのような生産・輸出のパターンが望ましいかについて考えてみよう。

表2の表中の分数は，分子が財x（xは農作物，文化的財のいずれか）を生産することを諦める際に発生する時間を示し，分母が他の財1単位を生産するために必要な時間であるので，機会費用を示している。つまり，財xの機会費用とはもし財xを生産しなければ，もう片方の財をどれだけ生産できるかを指す[5]。表2の左上のセルの数値は，A国において農作物を1単位生産することをあきらめれば20時間がよけいに使えるため，その時間を文化的財の生産に使えば，20/10＝2単位の文化的財が生産できることを意味する。各国にとって，他国よりも機会費用が小さい財を生産すれば，それぞれの国がもっている生産要素である労働を，より能率よく活用することができる。このとき，それぞれの国は機会費用が小さい財の生産に比較優位をもつという。表2の農業の列に注目すると，A国は農作物を1単位生産しなければ2単位の文化的財を生産することができるが，B国は2分の1単位しか文化的財を生産することができないため，農産物を生産しないことはB国にとって有利ではない（農産物を生産した方が有利である）。したがって，B国は農業に比較優位をもつ。逆に文化産業の列を見れば，A国は機会費用の小さい文化的財を生産した方が得なので，文化産業に比較優位をもつことになる。

ここで，A国がB国と貿易を行う場合，A国はB国に比較して機会費用が小さな財のみを生産・輸出し，機会費用がB国に比較して相対的に大きな財をB国から輸入をすれば，両国とも能率よく生産できる財を輸出することになる。上の例の場合，A国は文化的財を生産・輸出し，B国は農産物の生産・

輸出することになる。つまりここで，両国の産業における技術の差が貿易を発生させることが導出される。A国は農業も文化産業も絶対優位をもつが，比較優位の考え方からするとA国は文化産業に，B国は農業に特化した方が望ましい。その前提として，労働力がA国とB国で移動がないことがポイントとなる（もし移動が自由であれば，B国の労働者がA国に移動し，絶対優位をもつ農産物も文化的財も生産すればよい）。

2.3　一般的な財の貿易理論とその進展[6]

　このような比較優位によって貿易を説明する伝統的な貿易理論として，自国と外国の技術（生産性）の格差に貿易の発生を求めたリカード・モデルと，その国に存在する生産要素賦存量の格差に貿易の発生を求めたヘクシャー・オリーン・モデルがある。

　さらに，Krugman（1980）は，このような伝統的な理論において貿易を発生させる条件が同一であったとしても，すなわち自国と外国で技術（表1でいう労働時間）や嗜好，さらには生産要素の相対的な賦存量に差異がなかったとしても，貿易が生じることを示した上で，規模の経済が働く収穫逓増や消費者の嗜好の多様性を考慮して，産業内での貿易の発生を説明した。こうした理論は，新貿易理論と呼ばれている。

　Krugman（1980）の新貿易理論（および伝統的貿易理論）では，企業の生産性は同一であると仮定しているが，Melitz（2003）は，企業が異質であることを仮定し，それをもとに少数の生産性の高い企業のみが輸出を行うことを説明する理論を提示した。こうした新しい貿易理論は，新々貿易理論と呼ばれている。

2.4　文化的財の特殊性と国際貿易の理論

(1)　消費資本と中毒性

　Seaman（1992）は，文化的財と一般の財がそれほど大きく異ならないという観点に立てば，伝統的な貿易理論や産業組織論を文化的財に適用することができることを示している。一方で，これまでの研究から，文化的財は国際貿易において一般的な財とは異なるいくつかの固有の性質を備えていると考えられるようになっている。

　文化的財の性質とは何だろうか。今，ある文化のもとで生活している人が，

まったく異なる文化に関する財に出会った場合を考えてみよう。たとえば，これまで聴いたことがない異国の音楽が録音されているCDなどを想像すればよい。このとき，この人，すなわち消費者が異なる文化の文化的財をすべて知っていて，各文化的財に対する自分の選好をあらかじめわかっているとは考えられない。むしろ消費者は，最初は財への選好どころか，財の存在すら知らないであろう。しかしながら，その財（上の例ではCD）を購入し，その音楽が気に入り，異国の音楽CDを聴いていく，つまり消費を重ねていくと，嗜好が形成されていくであろう。このような財を経験財と呼び，文化的財は経験財であることが多い。したがって文化的財は，消費量が増加していくにつれてその財の消費の限界効用は増加すると考えられる（Schulze, 1999, 2003）。このことを消費における正の中毒性（positive addiction）という。

経験財の消費が増大するほどその経験財への需要が増加するという性質において，蓄積された過去の消費の累積は消費資本と呼ばれ，消費資本が蓄積されるにつれて現在の消費が増加する。こうした文化的財の需要曲線を考えてみると，他の条件を一定とすれば，消費資本が増加すると，第1章図2のように需要曲線は右にシフトし，同じ価格であったとしても，その需要量は増加すると考えられる。消費資本は，個々人の過去の消費およびその財に関連するさまざまな経験から形成される個人資本と，友人や近所に住んでいる人などによって受けた影響によって形成される社会資本という2つの資本で構成されると考えられる。

(2) 文化的割引と履歴効果

文化的財に正の中毒性が存在するとき，国際貿易においては，2つの性質があることが知られている。第1に，上の異国の音楽の例のように文化的財が外国から輸入されるとき，消費資本が十分に蓄積されるまでは，その文化的財は低く評価される。これを文化的割引（cultural discount）という。この文化的割引から，国際貿易では当初，輸入が低く抑えられるだろう。

第2は，現在の文化的財の貿易には過去の輸入の履歴効果（hysteresis effect）がみられ，過去の輸入量が蓄積するほど文化的割引が小さくなることである。たとえば，新しいジャンルの音楽が自国に紹介された場合，その耳慣れなさから当初は大衆における評価は低いだろう。しかしその音楽がさまざまな

メディアで繰り返し流されることで，消費者の間でこの音楽に対する消費資本が蓄積され，履歴効果が生じることによってその音楽は消費が増大し，輸入は増加するであろう。このように文化的財の貿易は，文化的近接性が近いほど増加し，履歴効果から過去の文化的財の貿易が多くなるほど増加することになる。

2.5 実証分析

(1) 重力モデル

文化的財の国際貿易に関しては，実証的な研究も多く行われている。実証的な研究の全般的な動向については，田中（2016），神事・田中（2013）やDisdier et al.（2010）などを参照してほしい。

以下では，Schulze（1999）や神事・田中（2013）などでも用いられている重力モデル（gravity model）を説明しよう。そこでは，次のモデル（重力モデル）によって文化的財の国際貿易が分析されている：

$$TRADE_{ij} = A \frac{GDP_i GDP_j}{DISTANCE_{ij}} D_{ij}^L D_{ij}^C.$$

ここで，iとjは貿易を行っている国を表し，左辺の$TRADE_{ij}$はi国とj国の貿易額を表す変数である（Schulze, 1999では美術品の取引額）。上の式は，文化的財の取引額が，i国とj国それぞれの国内総生産GDP_i，GDP_j，i国とj国の距離$DISTANCE_{ij}$，i国とj国が共通の言語であるかどうかを表す変数であるD_{ij}^L（共通であれば1，そうでなければ0をとるダミー変数），i国とj国が国境を接しているかどうかを表す変数であるD_{ij}^C（接していれば1，そうでなければ0をとるダミー変数）によって決定されることを意味している。

この式を実際に推定するためには，両辺の対数をとり（ダミー変数を除く），それぞれの変数に対する係数を考えることによって，次のような線形の式が得られる。

$$trade_{ij} = a + b_1 gdp_i + b_2 gdp_j - b_3 distance_{ij} + b_4 D_{ij}^L + b_5 D_{ij}^C$$

なお，小文字の変数は対数変換した変数であることを示している。この式に誤差項を考え，それぞれの変数のデータを利用すれば，第2章で説明したような重回帰分析によって重力モデルを推定することが可能であり，各変数の有意性を検定することができる。Schulze（1999）の結果では，言語の共通性を表すダミー変数D_{ij}^Lの係数がプラスで有意であることが示され，共通の言語をも

つことは美術品の貿易を増加させることが示されている（距離はマイナスで有意であった）。なお、重力モデルは、もともと物理学の天体同士の重力に関するモデルを参考につくられており、このモデルを適用することによって文化的近接性を実証的に分析することが可能となっている。

(2) 文化多様性と国際貿易

文化的割引の項で述べたように、国が異なれば文化や言語が異なるため、文化的財は通常の財よりも、受け入れられるのに時間がかかる。これは、各国の文化が多様であるからである。

ユネスコは2005年に、「文化多様性条約」（Convention on Cultural Diversity）を採択し、批准国はその文化多様性を保護するために、さまざまな措置をとることができることになった。したがって、この条約が文化的財を含んだ国際貿易に何らかの影響を与えるのではないか、とりわけ各国が保護主義的な政策を採用することを助長するのではないかといった問題意識が生じることになった。つまり、文化的多様性は、文化的財を含めた国際貿易に影響を与える可能性があることが示唆されている。

文化多様性と国際貿易に関しては、Benhamou and Peltier（2007）や神事・田中（2013）をはじめとする多くの研究があり、文化多様性条約が国際貿易に影響を与えたのかについては、条約締結前後での比較や重力モデルなどにおいて文化多様性条約の前後をダミー変数で処理するなどといった方法がとられる。神事・田中（2013）によれば、文化多様性条約の採択によって保護主義が強化され、文化的財の国際貿易を阻害するといった現象はみられず、むしろ、国際貿易が促進されたであろうことが示されている。

3 文化的財の貿易の動向

本節では、文化的財の国際貿易の状況について、日本と世界全体の状況について、それぞれ統計データを用いて説明する。

3.1 国際収支統計からみる日本の文化サービスの輸出入

以下では、財務省が作成している国際収支統計から、文化に関連するサービ

ス収支とその内訳を抜粋して掲載する。国際収支統計とは，一定期間における一国のあらゆる対外経済取引を体系的に記録した統計である。居住者と非居住者との間で行われた取引は，その内容に応じて，財・サービス・所得の取引や経常移転を記録する経常収支，対外金融資産・負債の増減に関する取引を記録する金融収支，生産資産（財，サービス）・金融資産以外の資産の取引や資本移転を記録する資本移転等収支に計上される[7]。

表3では，経常収支のうち，第一次，第二次の所得収支を除いた金額が貿易・サービス収支になり，貿易・サービス収支は貿易収支とサービス収支に分類されるが，とくに文化に関係が深いサービス収支を抜粋し，その細目に分類したものが提示されている。文化に関連する項目は，⑴旅行，⑵知的財産等使用料の中の著作権等使用料，⑶音響映像・関連サービス，⑷その他個人・文化・娯楽サービスが該当する。以下，項目ごとに収支の推移をみていこう。

⑴ 旅　　行

旅行の項目には，ある国の国民が海外に旅行した際の宿泊費や，旅行先でのショッピング額が計上される。1996年には3兆5880億円の赤字（日本から海外への旅行者の消費額が，海外から日本へ来る旅行者の消費額を上回る状況）だったのが，年々赤字は減少し，2015年には黒字へ転換している。このことは，第11章で述べたように，来日する外国人客（インバウンド）が増加していることを裏づけている。また近年は円安傾向が続いており，外国の観光客にとって日本は安価に旅行できる国になっているといえる。また，世界経済フォーラム（https://www.weforum.org/）の「旅行・観光競争力指数」をみると，日本は世界の中で第9位に位置しており，とくに自然遺産，安全，公衆衛生といった点で競争力を有しているとされる。

⑵ 著作権等使用料

著作権等使用料には，第1節で挙げた文化的財のうち，複製品が文化的財としてオリジナルと同等の価値を認める財に関係して，ソフトウェア，音楽，映像，文学作品などを複製・頒布するための使用権料の支払が計上される。1996年から2016年にかけての著作権等使用料は受取が479億円から2990億円に増加しているのに対して，支払も1996年の3076億円から2016年の1兆1633億

表 3　文化に関連するサービス収支

(単位：億円)

暦年	経常収支 (a+b+c)	(a) 貿易・サービス収支	貿易収支	サービス収支	輸送	旅行	その他サービス	知的財産権等使用料	うち著作権等使用料 受取	支払	ネット	個人・文化・娯楽サービス	音響映像・関連サービス 受取	支払	ネット	その他個人・文化・娯楽サービス 受取	支払	ネット	(b) 第一次所得収支	(c) 第二次所得収支
1996	74,943	23,174	90,346	−67,172	−10,588	−35,880	−20,704	−3,427	479	3,076	−2,593	−1,123	96	637	−545	100	681	−579	61,544	−9,775
1997	115,700	57,680	123,709	−66,029	−9,078	−34,651	−22,300	−2,794	931	3,924	−2,993	−1,031	144	706	−561	140	610	−471	68,733	−10,713
1998	149,981	95,299	160,782	−65,483	−7,018	−32,739	−25,726	−2,047	944	3,314	−2,369	−1,092	414	1,002	−587	140	642	−505	66,146	−11,463
1999	129,734	78,650	141,370	−62,720	−6,354	−33,287	−23,080	−1,903	600	2,999	−2,401	−1,007	153	832	−678	123	453	−329	64,953	−13,869
2000	140,616	74,298	126,983	−52,685	−8,324	−30,730	−13,630	−838	594	2,855	−2,260	−1,250	61	934	−873	63	442	−376	76,914	−10,596
2001	104,524	32,120	88,469	−56,349	−8,909	−28,168	−19,272	−800	706	3,695	−2,987	−1,547	73	1,283	−1,211	71	407	−337	82,009	−9,604
2002	136,837	64,690	121,211	−56,521	−7,512	−28,879	−20,130	−733	745	4,246	−3,501	−1,104	98	1,049	−951	297	450	−153	78,105	−5,958
2003	161,254	83,553	124,631	−41,078	−6,058	−23,190	−11,830	1,491	810	4,148	−3,339	−930	96	862	−766	66	231	−164	86,398	−8,697
2004	196,941	101,961	144,235	−42,274	−7,483	−29,189	−5,603	2,231	983	5,415	−4,430	−1,091	66	933	−865	11	239	−226	103,488	−8,509
2005	187,277	76,930	117,712	−40,782	−5,021	−27,659	−8,102	3,289	1,015	5,741	−4,729	−1,122	89	996	−905	16	236	−219	118,503	−8,157
2006	203,307	73,460	110,701	−37,241	−6,032	−21,409	−9,799	5,358	1,340	6,640	−5,302	−1,350	122	1,142	−1,021	40	371	−331	142,277	−12,429
2007	249,490	98,253	141,873	−43,620	−8,264	−20,199	−15,157	7,729	1,949	7,899	−5,951	−1,368	150	1,230	−1,080	35	323	−287	164,818	−13,581
2008	148,786	18,899	58,031	−39,131	−7,316	−17,631	−14,184	7,644	2,046	7,801	−5,755	−1,099	124	966	−843	33	291	−254	143,402	−13,515
2009	135,925	21,249	53,876	−32,627	−8,383	−13,886	−10,358	4,527	1,489	6,569	−5,082	−833	104	767	−664	47	217	−170	126,312	−11,635
2010	193,828	68,571	95,160	−26,588	−3,698	−12,875	−10,015	6,943	1,588	7,243	−5,656	−690	77	646	−566	52	176	−123	136,173	−10,917
2011	104,013	−31,101	−3,302	−27,799	−6,202	−12,963	−8,634	7,901	1,317	7,007	−5,692	−653	73	639	−566	54	142	−87	146,210	−11,096
2012	47,640	−80,829	−42,719	−38,110	−9,907	−10,617	−17,586	9,569	1,320	7,142	−5,823	−812	112	763	−653	31	194	−159	139,914	−11,445
2013	44,566	−122,521	−87,734	−34,786	−7,183	−6,545	−21,058	13,422	1,972	8,192	−6,222	−948	98	854	−756	55	249	−194	176,978	−9,892
2014	39,215	−134,988	−104,653	−30,335	−6,653	−444	−23,239	17,502	2,265	10,284	−8,020	−401	98	740	−325	86	162	−76	194,148	−19,945
2015	162,351	−28,169	−8,862	−19,307	−6,831	10,902	−23,378	23,508	2,412	10,012	−7,599	−766	414	1,221	−569	133	330	−197	210,189	−19,669
2016	203,421	43,771	55,251	−11,480	−6,837	13,266	−17,909	21,190	2,990	11,633	−8,645	−632	706	1,221	−515	174	293	−120	181,011	−21,361

出所：財務省「国際収支状況」。

3　文化的財の貿易の動向　　295

円と増加傾向であるが，ネット（受取額マイナス支払額）の著作権等使用料は一貫して支払超過である。この項目では，ソフトウェア関連の比率が圧倒的に大きく，ソフトウェアの海外への支払が大きいことを反映している。

(3) 音響映像・関連サービス

音響映像・関連サービスには，映画，テレビ番組，音楽録音の制作，演劇・音楽の公演，スポーツ・イベントなどに関連するサービス取引が計上され，第1節で挙げた分類のうちライブで行われる舞台芸術などに関連する。1996年から2016年にかけての音響映像・関連サービスは受取が96億円から706億円に増加しているのに対して，支払が637億円から1221億円でともに増加しているが，ネットの金額は一貫して支払超過である。しかし，音響映像・関連サービスは著作権等使用料と異なり，2013年以前は一貫した傾向が観察できず，2014年以降，受取・支払ともに金額が増加傾向となっている。またネットでは，2002年からリーマンショックが発生した2008年までは700億円台から1000億円台の支払超過で推移していたのに対して，2009年以降は支払超過額がやや減少している。

(4) その他個人・文化・娯楽サービス

この項目には美術館・博物館などに関する取引が計上され，たとえば第1節で挙げた分類のうち，純粋芸術や銀塩写真のオリジナル・プリント，工芸といった美術品を，日本の博物館が外国の博物館と貸借関係を結んだときなどはこの項目に計上される。その他個人・文化・娯楽サービスの受取は，2002年の297億円を除いては，1996年の100億円から2004年の11億円まで減少したのち，一貫して増加傾向にある。一方，支払は681億円から2002年を境に減少し，その後は100億円台から300億円台である。またネットでは，1996年の579億円の支払超過から2011年まで減少傾向にあったものの，その後は支払超過額が増加しつつある。

(5) 財に関する貿易

これまで表3でみてきたのは，文化に関するサービスの貿易の動向であるが，文化の国際貿易をみるためには，もちろん財，すなわち形のあるモノについて

もみていく必要がある。国際収支統計には，文化的財といった分類はないので，財の貿易の動向をみるためには，品目別の貿易統計の中から，文化に関連すると思われる財を抽出して，集計していく必要がある。

そのためには，文化的財とは何かを定義する必要があり，その定義に対応する標準的な分類があれば便利であるが，残念ながら日本にはそうした分類がない。海外の例としてオーストラリアでは，Australian Culture and Leisure Classifications[8]（ACLC：オーストラリア文化レジャー分類）という標準分類がオーストラリア統計局から提示されており，そうした分類をもとに，そこから該当する商品の輸出・輸入のデータを収集すればよい[9]。

寺崎・勝浦・西郷（2004）では，ACLCを参考にして文化芸術に関連する財を規定した上で，該当する財について財務省「貿易統計」から輸出・輸入のデータを収集して，文化に関連する財に関する輸出額・輸入額を算出している。そこにおいて用いられた財は，映像機器，音響機器，映像・音響機器の部分品，写真機用レンズ，写真機，楽器，美術品および骨董，レコードおよびテープ類，写真用または映画用材料，書籍および雑誌であり，やや広い範囲がとられている。

3.2 世界の文化的財の輸出入額の推移

次に，全世界の文化的財の国際貿易の動向を，ユネスコ（国連教育科学文化機関）統計研究所が集計した輸出入に関する報告書のデータ（UNESCO Institute for Statistics, 2016）を用いて見ていこう（2004～13年）。なお同報告書における文化的財は，以下のように定義されている。

A. 文化遺産および自然遺産（有形・無形遺産，自然遺産，博物館など）
B. 舞台芸術およびフェスティバル（音楽を含めた舞台芸術に関連する財・サービス，フェスティバル，カーニバルなど）
C. 美術品および工芸品（絵画，彫刻，写真，工芸品など）
D. 書籍および出版（書籍，図書館サービスなど）
E. オーディオ・ビジュアルおよびインタラクティブ・メディア（ビデオ，映画，テレビゲームなど）
F. デザインおよびクリエイティブ・サービス（デザイン，観光，文化教育など）

図2 国別にみた文化的財の輸出額（全世界および2013年上位10ヵ国）

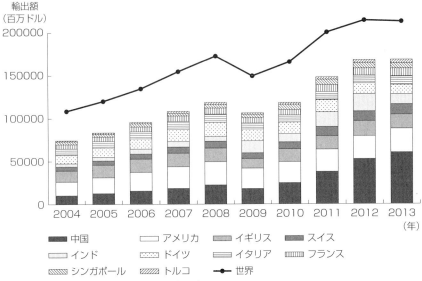

出所：UNESCO Institute for Statistics（2016）.

図3 国別にみた文化的財の輸入額（全世界および2013年上位10ヵ国）

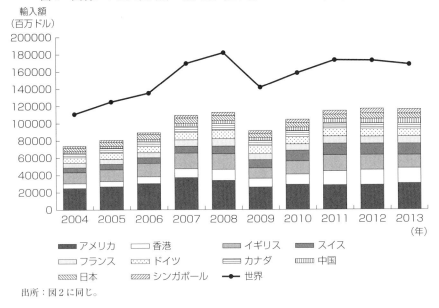

出所：図2に同じ。

UNESCO Institute for Statistics（2016）で示されているデータは，国・地域別，文化的財の分類別などごとに輸出・輸入の額およびシェアが提示されており，非常に有用な報告書である。

図2は，世界における文化的財の輸出額および2013年の輸出額の上位10カ国の動向である。世界の文化的財の輸出額は，2009年にリーマン・ショックの影響で一時的に落ち込んだもののすぐに回復し，増加傾向を示している。2013年の世界の輸出額は2128億ドルであり，2004年からの10年間で約2倍になっている。

国別にみると，2004年から2009年まではアメリカの輸出額が最も多かったが，中国の文化的財の輸出額は非常に速いペースで増加しており，2011年以降の輸出額は中国が最も多く，2013年にはアメリカの2倍以上となっている。2013年において，中国，アメリカに続くのは，イギリス，スイス，インドの順となっている[10]。

図3は，同様に，世界における文化的財の輸入額および2013年のその上位10カ国の動向を示している。世界の文化的財の輸入額は，輸出と同様に，リーマン・ショックの影響で一時的に落ち込んだもののすぐに回復し，増加傾向を示している。しかしながら，2013年の世界の輸入額は1683億ドルであり，2004年からの10年間で約1.5倍になっているものの，2013年時点ではリーマン・ショック前の水準までには回復していない。

国別にみると，2004年から2013年にかけての文化的財の輸入では，一貫してアメリカが最も多い輸入額を占め続けている。2013年の第2位は香港で，それまで第2位であったイギリスの輸入額を2012年に超えている。イギリスのこの期間での輸入額は50億ドル前後で推移している。一方，文化的財の輸入額の伸びが著しいのは中国（香港を含む），次いでスイスである。文化的財の輸出額ではトップ10に入らなかった日本も，輸入額では2013年は56億ドルで9位となっている。

これらより，文化的財は主に中国やアメリカから多くが輸出され，アメリカや香港に多く輸入されているという大まかな図式を読み取ることができる。

3.3 世界の文化的財別の輸出入の推移

本項では，文化的財の輸出入額を財の分類別にみていこう。表4が輸出，表

表4　文化的財の項目別輸出額およびシェアの推移

(単位：輸出額は10億ドル，シェアは％)

年	A. 文化遺産・自然遺産		B. 舞台芸術とフェスティバル		C. 美術品・工芸品		D. 書籍・出版		E. AVと双方向メディア		F. デザインとクリエイティブ・サービス	
	輸出額	シェア	輸出額	シェア	輸出額	シェア	輸出額	シェア	輸出額	シェア	輸出額	シェア
2004	2.56	2.36	26.44	24.38	53.14	49.00	20.69	19.08	5.34	4.92	0.27	0.25
2005	2.87	2.39	28.77	23.98	59.62	49.69	21.76	18.14	6.71	5.59	0.24	0.20
2006	3.07	2.28	28.94	21.52	70.00	52.04	22.85	16.99	9.39	6.98	0.26	0.20
2007	2.88	1.86	26.84	17.38	84.08	54.46	25.72	16.66	14.47	9.37	0.42	0.27
2008	2.84	1.64	30.46	17.65	90.91	52.67	26.89	15.58	21.04	12.19	0.44	0.25
2009	2.05	1.37	25.58	17.14	82.39	55.20	23.38	15.67	15.48	10.37	0.36	0.24
2010	2.47	1.49	28.95	17.47	96.82	58.44	23.50	14.19	13.66	8.25	0.27	0.16
2011	3.09	1.55	30.34	15.16	128.79	64.34	25.06	12.52	12.67	6.33	0.22	0.11
2012	3.58	1.67	25.42	11.87	147.69	68.99	23.63	11.04	13.53	6.32	0.23	0.11
2013	3.73	1.75	21.74	10.21	151.77	71.32	24.06	11.31	11.31	5.32	0.19	0.09

出所：UNESCO Institute for Statistics (2016).

表5　文化的財の項目別輸入額およびシェアの推移

(単位：輸入額は10億ドル，シェアは％)

年	A. 文化遺産・自然遺産		B. 舞台芸術とフェスティバル		C. 美術品・工芸品		D. 書籍・出版		E. AVと双方向メディア		F. デザインとクリエイティブ・サービス	
	輸入額	シェア	輸入額	シェア	輸入額	シェア	輸入額	シェア	輸入額	シェア	輸入額	シェア
2004	3.20	2.89	28.44	25.68	49.31	44.51	22.28	20.11	7.36	6.65	0.18	0.16
2005	3.32	2.66	30.83	24.66	57.58	46.05	23.84	19.06	9.29	7.43	0.17	0.14
2006	3.49	2.58	31.31	23.16	62.02	45.89	25.47	18.85	12.73	9.42	0.14	0.11
2007	4.68	2.76	31.67	18.68	78.75	46.45	28.74	16.95	25.49	15.03	0.19	0.11
2008	3.70	2.04	34.95	19.22	79.42	43.66	30.62	16.84	32.98	18.13	0.21	0.11
2009	2.73	1.93	27.21	19.22	59.04	41.68	25.94	18.32	26.56	18.75	0.14	0.10
2010	3.15	1.99	30.22	19.07	75.24	47.50	26.37	16.65	23.24	14.67	0.20	0.13
2011	5.00	2.89	31.50	18.18	90.95	52.50	27.49	15.87	18.15	10.48	0.14	0.08
2012	4.70	2.72	25.25	14.61	99.44	57.52	25.63	14.83	17.69	10.24	0.16	0.09
2013	5.03	2.99	23.37	13.89	99.11	58.88	25.05	14.88	15.60	9.27	0.16	0.09

出所：表3に同じ。

5が輸入を示している。

　輸出額・輸入額とともに美術品・工芸品のシェアが最も大きく，そのシェアは2013年にかけてほぼ一貫して上昇していることがわかる。とくに，リーマン・ショック以降で，上昇の度合いが大きい。2013年の輸出額において，美術品・工芸品のシェアは7割を超えているが，輸入額では6割弱である。

輸出で次に大きなシェアを占めているのは，舞台芸術・フェスティバルと書籍・出版であるが，いずれもシェアを低下させている。とくに舞台芸術・フェスティバルは2004年に24%程度あったシェアが10%程度に大きく落ち込んでいる。シェアを低下させている両項目では，書籍・出版の輸出額はやや増加しているものの，舞台芸術・フェスティバルは輸出額の水準自体が減少している。また，オーディオ・ビジュアル（AV）とインタラクティブ・メディアは，リーマン・ショックまでは，輸出額・シェアともに伸ばしていったが，その後は低下している。他方，文化遺産・自然遺産やデザイン等は，輸出額の水準自体が他の文化的財に比べて少ないため，シェア自体は小さく，低下傾向がみられる。したがって，近年，輸出において増加しているのは美術品・工芸品が中心であり，これは中国の経済発展と関係があると思われる。

　輸入については，美術品・工芸品のシェアは輸出ほど高くない分，他の文化的財の割合がやや高くなっているが，傾向として輸出とほぼ同様である。

4　文化的財のデジタル化，ネットの普及と国際貿易

4.1　文化的財の制作・頒布のデジタル化とインターネット

　現在では，写真，出版，音楽，ビデオなど広い範囲の文化的財がデジタル媒体で記録されている。そして，文化的財がデジタル媒体で記録される場合，その財は完璧な複製品を作ることが可能になる。

　インターネットは1990年半ば以降に商業利用化が可能になった。そして，インターネットはパーソナル・コンピュータ（PC）やスマートフォンの出現および性能向上と相まって，デジタル化した文化的財の公共財化に大きな影響を与えたと言っても過言ではないだろう。PCにデジタル化された文化的財を扱えるユーザー・インターフェイスと処理速度が備わったのは，1990年代以降である。2000年代に入り，無線を通じたインターネット接続が広く普及し，2000年代後半には携帯しながらインターネットを利用できるスマートフォンやタブレット端末が出現した。無線を通じたインターネット接続の上でPCからスマートフォン・携帯端末に至るまでのハードウェアが使われ，そのハードウェアにはさまざまな能力が付与されていく。このような状況が成立したことでインターネットは，デジタル化した文化的財の流通経路を確立したといえる。

この文化的財のデジタル化は，文化的財の生産の立地に大きな影響を与えることになる。以下ではその一例として，映画制作を取り上げる。

4.2 ハリウッド効果とその変移

インターネットが出現する以前の文化的財の生産の一例として，映画制作とハリウッドという都市を考えてみよう。なぜ映画という文化的財の制作が，フランスやイタリアなどヨーロッパの各国などに分散せず，アメリカ西海岸のハリウッドに集中していったのだろうか。

映画制作には，制作に伴うさまざまなリスクの担保，特撮技術などの高度な専門技術の開発，役者からスタッフに至るまでの柔軟で短期的な雇用などが重要である。これらを実現させるためには，異なる場所において小規模に散発的に制作を行うよりも，1つの場所に集中して制作した方がそうした条件を実現しやすいし，役者やスタッフに関しても募集の場所が1カ所である方が，効率が良い。西洋における映画という文化的財の制作のハリウッドへの集中については，こうした説明が使われることが多い（Caves, 2002, 2003）。

ところが，映画の制作にデジタル技術が導入されると，映画制作はいくつかの制約から解放されることになる。映画には，プリプロダクション（構想，予算集め，シナリオ制作，キャスト選定，ロケ地選定），撮影，ポストプロダクション（編集など）といった工程が存在する。デジタル化とインターネットの出現以前は，これらの作業の効率化と各種リスクを最小化するためには，そうした工程を含めて制作拠点を1カ所に集中することが効率的であった。しかし，インターネットの出現以降は，各種制作工程や制作のための会議などに対して，立地の影響が小さくなっている。

フランス人のリュック・ベッソンが監督した「Lucy」という題名の映画（2014年）では，フランス，イギリス，アメリカ，韓国その他のキャストで3カ国にまたがる10カ所で撮影され，ポストプロダクションの作業はカナダで行われた。これは，映画がデジタルカメラで撮影され，インターネットを使うことによって撮影した画像データの質を落とすことなく，伝送することが可能になったからである。

以上は，映画という文化的財の制作過程の国際化の一例であり，インターネットの普及を背景とする映画の制作過程のグローバル化は，従来の映画制作の

ハリウッドへの集中を覆すものなのである。

4.3 文化的財の国際貿易への影響

いまや，きわめて低コストで瞬く間にデジタル情報を伝達できるインターネットが，全世界で浸透してきている。ソフトウェア，音楽，映像といった文化的財が，従来の書籍や書物といった形態や，CD あるいは DVD 規格の直径 12 cm の樹脂製のディスクといった形態で流通するならば，それらの文化的財の取引は伝統的な経済学の知識で説明できるであろう。しかし，書籍や樹脂製のディスクから剥ぎ取られたデジタル・データ化した文化的財が，インターネットを通じて流通するようになると，その性格は大きく変わる。デジタル・データは原理的に完全な複製が可能であり，しかも複製には金銭的費用はほとんど発生せず，複製の機会費用はほぼゼロだからである。

こうして複製され続け，多数の消費者が同時に消費できるデジタル・データ化した文化的財はいわゆる純粋な公共財（第 1 章参照）の性質を帯びることになる。このとき，限界便益に相当する価格を自ら支払う誘因がなくなり，フリーライダー（第 1 章参照）が出現する。つまり，いったんメディアから剥がれ出してデジタル・データ化した文化的財が流通し始めると，そのデータは複製され続け，ばらまかれ続けることになる。このとき，文化的財への金銭的対価が支払われなくなる状況が発生することは，容易に想像できるだろう。

しかしその反面，フリーライダーによる海賊版の「デジタル化した文化的財」の国際的な流通は，副次的な作用ももたらしている。たとえば，外国のフリーライダーに複製された自国の映画や放送コンテンツの海賊版が視聴されることによって，外国における自国の文化資本の蓄積が起こると考えられるからである。そして，外国に蓄積された自国の文化資本は，外国で自国の映画や放送コンテンツ，場合によってはそれらに登場した衣服や食への需要を引き起こすことになるだろう。

このようにインターネットの出現により，音楽や映像，書籍といった文化的財の限界費用が 0 に近づくと，フリーライダーが出現し，金額を支払わずに外国からも文化的財の視聴等を行えることになり，そのことによって貿易額が減少し，マイナスの効果をもたらすことになる。他方，はじめは無料で視聴していたとしても，そうした文化的財を（無料ではあるが）消費することによって，

消費資本が蓄積されることにより，文化的財の実体的な消費が増加するというプラスの効果もあると考えられる。こうした二面性は，国際貿易の例ではないが，あるミュージシャンの音楽が違法にダウンロードされると，そのミュージシャンのCD等の売上は減少するというマイナスの効果がある反面，そうしたダウンロードによってそのミュージシャンの音楽がより視聴されるようになり（消費資本の増加），CD等の購入につながるというプラスの効果も考えられるといった例と同様である。このようなプラスの効果とマイナスの効果のどちらが大きいのかによって，文化的財の輸出や輸入の動向が決まってくると考えられる。

注

1 本章で用いる文化的財という用語には，サービスも含まれる。文化的財の定義については，Throsby（2001）や田中（2016），市川（2015）などを参照されたい。なお，文化的財に関する具体的なデータ等については，第3節で提示される。
2 一次市場と二次市場などの説明を含めて，美術品市場に関しては，第8章を参照されたい。
3 インタラクティブ・メディアとは，双方向メディア，対話型（参加型）メディアとも呼ばれ，発信者と受信者が相互に情報を発信できるメディアをいう。受信者と送信者の国が異なり，料金等が発生すれば貿易となる。たとえば，海外で課金される対戦型のオンライン・ゲームなどを想定すればよい。
4 たとえば，毎日夕飯のために買い物に行くスーパーマーケットの野菜売り場で，コーナーのポップの値札を見て，必要な野菜を必要なだけ買う状況をイメージしてほしい。
5 機会費用とは，ある目的を達成するために放棄せざるをえない選択肢の中で最も大きな利益を与える選択肢を指す。ここでは，ある財を生産することを選択したときに，放棄した別の財を生産したことによって得られたであろう利益と理解すればいい（第1章参照）。
6 本項の説明は，田中（2015）に負うところが大きい。田中（2015，3～19頁）には，貿易理論の流れが非常にわかりやすくまとめられている。
7 日本銀行の「国際収支統計（IMF国際収支マニュアル第6版ベース）」の解説のウェブサイト（http://www.boj.or.jp/statistics/br/bop_06/index.htm/）（最終アクセス：2019年1月31日。注8も同様）参照。
8 http://www.abs.gov.au/ausstats/abs@.nsf/mf/4902.0 参照。ACLCには，文化レジャーに関する産業分類，商品分類，職業分類などがある。
9 次項ではユネスコ統計研究所による文化的財の分類が示される。
10 このグラフには現れていないが，この時期，日本はオーディオ・ビジュアルとインタラクティブ・メディアの輸出額の増加が著しかった。

参考文献

市川哲郎（2015）「文化と国際貿易——課題と展望」『駿河台経済論集』第24巻第2号，

49〜60 頁
神事直人・田中鮎夢（2013）「文化的財の国際貿易に関する実証的分析」RIETI Discussion Paper Series, 13-J-059
田中鮎夢（2015）『新々貿易理論とは何か――企業の異質性と 21 世紀の国際経済』ミネルヴァ書房
田中鮎夢（2016）「文化的財の国際貿易――課題と展望」『文化経済学』第 13 巻第 2 号, 29〜39 頁
寺崎康博・勝浦正樹・西郷浩（2004）「統計からみたわが国における文化芸術の動向」文部科学省科学研究費・特別研究推進費（1）『芸術・文化政策のための統計指標の開発と体系化に関する研究』（研究代表者：2001-2002 年度・若松美黄, 2003 年度・周防節雄, 研究課題番号 13800007）報告書, 39〜142 頁
中田一良（2015）「日本のサービス貿易の特徴と課題」三菱 UFJ リサーチ＆コンサルティング『調査と展望』No. 25
Benhamou, F. and S. Peltier (2007) "How Should Cultural Diversity be Measured? An Application Using the French Publishing Industry," *Journal of Cultural Economics*, 31(2), 85-107.
Caves, R. E. (2000) *Creative Industries: Contracts between Art and Commerce*, Harvard University Press.
Caves, R. E. (2003) "Contracts between Art and Commerce," *Journal of Economic Perspectives*, 17(2), 75-83.
Cochrane, A. and K. Pain (2000) "A Globalizing Society?" in D. Held ed., *A Globalizing World?: Culture, Economics, Politics*, Routledge.（中谷義和監訳（2002）『グローバル化とは何か――文化・経済・政治』法律文化社, 5〜45 頁）
Disdier, A.-C., S. H. T. Tai, L. Fontagné, and T. Mayer (2010) "Bilateral Trade of Cultural Goods," *Review of World Economics*, 145(4), 575-595.
Krugman, P. (1980) "Scale Economies, Product Differentiation, and the Pattern of Trade," *American Economic Review*, 70(5), 950-959.
Melitz, M. J. (2003) "The Impact of Trade on Intra-Industry Reallocations and Aggregate Industry Productivity," *Econometrica*, 71(6), 1695-1725.
Schulze, G. G. (1999) "International Trade in Art," *Journal of Cultural Economics*, 23(1-2), 109-136.
Schulze, G. G. (2003) "International Trade," in R. Towse ed., *A Handbook of Cultural Economics*, Edward Elgar, 269-275.
Seaman, B. A. (1992) "Considerations in Adapting Industrial Organization Theory to the International Trade in Cultural Goods," in R. Towse and A. Khakee eds., *Cultural Economics*, Springer-Verlag, 153-162.
Throsby, D. (2001) *Economics and Culture*, Cambridge University Press.（中谷武雄・後藤和子監訳（2002）『文化経済学入門――創造性の探究から都市再生まで』日本経済新聞社）
Throsby, D. (2010) *The Economics of Cultural Policy*, Cambridge University Press.（後藤

和子・阪本崇監訳(2014)『文化政策の経済学』ミネルヴァ書房)
UNESCO Institute for Statistics (2016) *The Globalisation of Cultural Trade: A Shift in Consumption, International Flows of Cultural Goods and Services 2004-2013*, USESCO.

第13章

ミュージアムの文化経済学

はじめに

　1980年代後半から日本では国民の関心の高まりとともに芸術・文化への行政の関与が急増し，全国各地に博物館・美術館（ミュージアム）が建設され，まちづくりや地域活性化への貢献といった視点から注目されていた。しかし，財政悪化の影響によって多くのミュージアムが閉館を迫られたりするなど，近年のミュージアム政策はきわめて不安定である。さらに，老朽化によるインフラの更新時期が迫っていることに加えて，地域活性化に資するインフラ整備も期待されており，これからのミュージアム政策は限られた資源で最大の効果をもたらすことがよりいっそう重要になる。しかし，多くの自治体は「これから検討を行う」段階であり，ハコモノ行政と呼ばれてきたミュージアム政策の最適化はきわめて不十分である。以上の問題の背景の1つには，ミュージアムの評価に対して社会的価値が考慮されておらず，政策判断への科学的な基準がないことがある。

　社会的価値に対する評価の重要性は近年，多くのところで認識されつつある。たとえば，内閣府はNPOによる社会的課題解決の取り組みによって生じる社会的価値を可視化し，説明責任と資金調達につなげるために，社会的インパクト評価の定着が不可欠であるとしている。また，2015年11月にユネスコが発表した「ミュージアム勧告」には，「財政的価値には換算できないミュージアム機能の認識」，「ミュージアムを利用しない人々を含めた市民とのコミュニケーションの充実」が謳われており，社会的価値が重要視されている。にもかかわらず，現在のミュージアム評価が社会的価値を考慮できていない原因は，ミ

ュージアムの社会的価値の顕在化が困難であることが挙げられる。

以上を踏まえて，本章では，ミュージアムの現状や役割の変遷，経済学の視点からみたミュージアムの特性を手がかりに，ミュージアムの社会的価値を明らかにし，これからのミュージアムのあり方を考える指針を提示することを目的とする。

1 ミュージアムの定義と基本的な活動

1.1 ミュージアムの定義と5つの機能

本章において「ミュージアム」とは，日本の「博物館法」第2条の定義に基づき，「歴史，芸術，民俗，産業，自然科学等に関する資料を収集し，保管（育成を含む）し，展示して教育的配慮の下に一般公衆の利用に供し，その教養，調査研究，レクリエーション等に資するために必要な事業を行い，あわせてこれらの資料に関する調査研究をすることを目的とする機関」とする。つまり，ミュージアムは，①資料の収集，②資料の保管（育成），③資料の展示，④利用者への教育普及活動（一般公衆の教養，調査研究，レクリエーション等に資するために必要な事業），⑤資料の調査研究といった5つの基本的機能をもった施設である。しかも，その資料（コレクション）は，考古学の遺物や歴史的な文書や史料，絵画や彫刻，人々が日常的に使用している衣食住や生業，儀礼に関する道具類，企業が産業の発達を示す製品や工作機械類，動植物の進化や多様性がわかる標本，および動植物園や水族館で飼育されている生きた動植物まで，きわめて範囲が広いのが特徴である。

1.2 フロント・ヤードを支えるバック・ヤード

5つの基本的機能のうち，①資料の収集，②資料の保管（育成），⑤資料の調査研究は，いわゆるバック・ヤードで行われる活動であり，通常は一般の人々の眼に触れる機会がない。一方，フロント・ヤードで公開される③資料の展示，④利用者への教育普及活動は，ミュージアム活動の主要な活動と思われがちである。しかし，収集された資料が良いコンディションで保管され，さらにその資料の学術的な位置づけや価値を，学術的なエビデンスをもとに裏づける調査研究があって初めて，展示も教育普及活動も，ミュージアムの活動として提供

できる。たとえていうならば、地上にみえている花の部分が展示や教育普及活動であり、それを支える根の部分が資料の収集・保管・調査研究であるといえる。

2 ミュージアムのデータと役割の変遷

2.1 データでみるミュージアムの現況

2015年度の社会教育調査等によると、ミュージアム数は全国で5690館に上る。1984（昭和59）年度からのミュージアム数の推移をみると、図1のとおりである。1984年度から2008年度まで毎年増加していることがわかる。しかし、それ以降の2011年度、2015年度の調査では減少傾向がみられる[1]。

では、ミュージアムのデータをさらに細かくみてみよう。設置者（設立した主体）別にみると、図2のとおりである。最も多い設置者は公立の4293館（76％）であり、日本のミュージアムの4分の3を占めている。また、国立の2％、独立行政法人の1％をあわせると、79％のミュージアムは公の組織が設置者であることがわかる。ミュージアムを館種別でみると（図3）、歴史博物館が58％と最も多く、美術博物館（美術館）が19％、総合博物館、科学博物館が

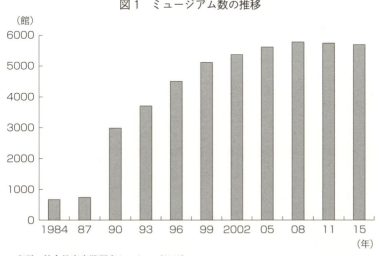

図1 ミュージアム数の推移

出所：社会教育実践研究センター（2017）。

図2 ミュージアム設置者の割合

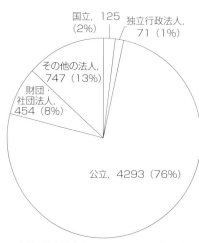

出所：社会教育実践研究センター（2017）。

図3 ミュージアムの館種別の割合

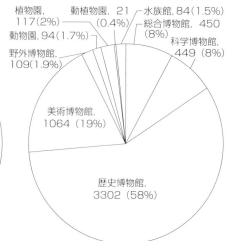

出所：図2に同じ。

図4 全ミュージアムの入場者数の推移

出所：図2に同じ。

図5 設置者別の年間支出総額（予算）の推移

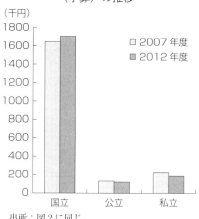

出所：図2に同じ。

それぞれ8％の順になっている。

　ミュージアムの年間入場者数の推移をみると，図4のとおりであり，2.5億～3億人の間でほぼ横ばいである。次に，年間支出総額（予算）の推移をみると（図5），国立ミュージアムでは2007年度から2012年度の間に3％増である

が，公立ミュージアムは10%減，私立は16%減であり，ともに予算が減少していることがわかる。

2.2 「望ましい基準」からみるミュージアムの役割

「博物館法」第8条で，公立ミュージアムに対して「博物館の健全な発達を図るために，博物館の設置及び運営上望ましい基準」(以下「望ましい基準」と略す)を定めることとされている。博物館法が制定されたのが1951年であり，「望ましい基準」として約20年後の1973年に「公立博物館の設置及び運営に関する基準」が文部省(当時)により初めて告示された。

博物館法で規定されたミュージアムの基本的機能である，資料の「収集」「保存」「展示」「調査研究」をし，「教育普及活動」を行うため，基本的な考え方や要件が記されているのが，この「望ましい基準」である。1973年の「望ましい基準」では，博物館の設置，博物館内の施設および設備，延床面積，学芸員数，職員の研修について，都道府県立博物館(政令指定都市立博物館を含む)と市町村立博物館を区分し，「望ましい基準」について具体的な数字や例を挙げている。そのほか，博物館で収集・保管すべき資料，展示方法，教育活動，開館日数，延床面積など具体的に書かれた。

1973年に出された「望ましい基準」は，その後2003年に大幅に改正された。この改正では，1973年に掲げられていた具体的な数字や例が明示されなくなった。その一方で，基準として新たに加えられた項目である「学校，家庭及び地域社会との連携等」では，青少年，高齢者，障害者，乳幼児の保護者，外国人等の参加や利用の促進に努めるように記されている。また，利用者の便宜を図るためインターネットを活用したり，博物館の目的を達成するために，事業を自己評価し，その結果を公開したりするように記されている。

さらに，2011年には，2003年に改正された「望ましい基準」が再び改正された。この改正では，基準から「公立」の文言が削除され，公立博物館に加え，私立博物館もこの基準の新たな対象となった。さらに，利用者ニーズの多様化・高度化，ミュージアムの運営環境の変化などを踏まえた上で各ミュージアムが設定すべき「基本的運営方針」(使命や目標など)が重要視され，それに基づいて資料の収集・保管，調査研究，展示といった事業を展開すべきであるとしている。

このように，基準に関する1回目の改正（2003年）では，これまでの博物館利用者の枠を広げ，より多様な層の方にミュージアムに近づいてもらおうという意図が窺える。また，事業の自己評価を行い，その結果を公開することは，ミュージアムの価値を広く市民に認識してもらおうとする行為といえる。第2回目の改正（2011年）では，それぞれのミュージアムが使命や目標といった「基本的運営方針」を，単にミュージアム側の意向のみで決めるのではなく，多様化・高度化している利用者ニーズやミュージアムの社会的な位置づけの変化を見定めた上で設定するようにとしている。これは，第1回目の改正と同様，ミュージアムの外の社会，集団，人々の存在とその意向を重要視すべきであるという方向を示したものであるといえる。

　前述したミュージアム数の推移と重ね合わせ，館数がピークである2008年の直後の2011年に，第2回目の「望ましい基準」改正が行われたことを考慮すると，数による成熟から，質による成熟への移行を国の博物館政策として掲げているといえるであろう。

3 ミュージアム建設とリニューアルにおけるビジョン作成

3.1　現在のミュージアム建設と新たなビジョン

　近年，ミュージアムの数は横ばいまたは減少傾向にあるが，その中でも新設されるミュージアムやリニューアルされるミュージアムがいくつかある。たとえば，2014年に開館した三重県総合博物館，2015年に基本計画が発表され，2017年に設置場所が公表された札幌博物館（仮称），また，大阪市では，2019年に同市立ミュージアム5館を地方独立行政法人の経営傘下に統合する計画があり，それに伴い，新たな大阪市ミュージアムビジョンが作成されるなどである。以下では，大阪市のミュージアムビジョンについてみていく。

3.2　大阪市ミュージアムビジョンが意味するもの

　大阪市立美術館，大阪市立東洋陶磁美術館，大阪歴史博物館，大阪市立自然史博物館，大阪市立科学館の5館は，大阪市が設置者となっているミュージアムである。2018年度までは，この5館の経営は指定管理者である大阪市博物館協会と科学振興協会が行っていた。

2013年に政令が改正され，ミュージアムにも地方独立行政法人が適用できるようになった。つまり，直営で経営する必要がないミュージアム事業のうち，指定管理者制度によって選ばれた民間組織（地方公共団体が出資する財団法人も含まれる）に経営を委ねた際，そのミュージアムが本来実施すべき事業がうまく行われない可能性がある場合には，効率的かつ効果的に事業を実施する目的で地方独立行政法人を設置できるようになった。そのため，大阪市は2019年度からの地方独立行政法人化に向けて，これらのミュージアムがめざすべき姿として，「大阪市ミュージアムビジョン」を策定した（大阪市経済戦略局, 2016）。

　このビジョンには，全体のキーワードとして「都市のコアとしてのミュージアム」を掲げ，以下に3つの目標を記している。

(1) 「大阪の知を拓く」――ミュージアムは，大阪が有する自然や歴史，文化・芸術，科学の伝統のすばらしさをさまざまな博物館活動を通じて発掘し，戦略的に発信することで，都市格の向上に寄与する。

(2) 「大阪を元気に」――ミュージアムは，都市大阪に立地する特徴を活かし，内外から幅広い利用者を獲得するとともに，周辺エリアや多様なパートナーとの連携を図ることで，都市の活性化と発展に貢献する。

(3) 「学びと活動の拠点へ」――ミュージアムは，人々が探究心を抱き，感受性や創造性を育み，多様なニーズに応える学びや活動の拠点となることで，大阪を担う市民力の向上に貢献する。

　各目標の最終的なゴールは，(1)ではミュージアムが大阪市の格（ランキング）の上昇への貢献，(2)では都市の活性化への貢献，(3)では大阪を担う市民力向上への貢献である。いずれもミュージアムが所蔵する資料やミュージアム自身がもつ学術的・文化的価値（本質的価値）だけではなく，ミュージアムを手段とした経済的価値と社会的価値（2つあわせて手段的価値）が発揮されることを期待したビジョンとなっている。

4　新たな評価の必要性

4.1　これまでのミュージアム評価

　ここで，ミュージアム評価の現状について概観する。従来のミュージアム評

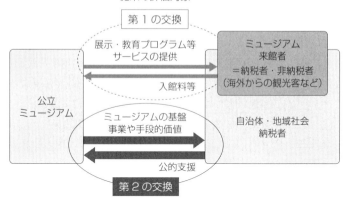

図6 公立ミュージアムにおける2つの交換

価では，ミュージアムとその来館者間の交換がその対象であった。つまり，展示を見に来た来館者や教育プログラムの参加者に与えられるミュージアムからの便益や価値が測定されてきた（図6「第1の交換」の部分）。

その一方で，当該地域の来館者を含む社会全体への貢献といった社会的価値と経済的価値，および資産・価値を保存，共有するためにバック・ヤードで行われている調査研究など，ミュージアムの基盤となる活動は，評価を通して顕在化されてこなかった（図6「第2の交換」の部分）。

つまり，①1回目と2回目の「望ましい基準」の改正でみられた，ミュージアムの外の社会，集団，人々の存在とその意向を重要視すべきであるという方向，および②「大阪市ミュージアムビジョン」で示された，所蔵する資料やミュージアム自身がもつ学術的・文化的価値（本質的価値）だけではなく，ミュージアムを手段とした経済的価値と社会的価値が発揮されることを重視する方向は，図6の「第2の交換」に対する評価と同じ文脈の中にあるといえる。

4.2 静岡県立美術館からみた「第2の交換」の評価

このことを具体的なデータで捉えるため，ここでは歳出項目で人件費を含めた詳細を公開している静岡県立美術館の「年報」から，過去5カ年度の歳出に占める歳入の割合を表1に整理する。なお，表2は2016年度の歳入・歳出決

表 1　静岡県立美術館　歳入／歳出

年　　度	割合（％）
2012 年度	14.4
2013 年度	11.4
2014 年度	10.6
2015 年度	9.9
2016 年度	12.1

出所：静岡県立美術館（2013）（2014）（2015）（2016）（2017）のデータに基づき算出。

表 2　静岡県立美術館の歳入・歳出決算（2016〔平成 28〕年度）

歳入決算項目	金額（千円）	歳出決算項目	金額（千円）
美術館観覧料	39,128	人　件　費	188,539
共催展収入	20,792	管理費	268,633
県民ギャラリー等使用料	4,282	運営費	54,882
財産売払・貸付・運用収入	5,585	施設管理費	213,751
助成金等	0	事　業　費	96,931
その他	6,068	企画展事業費	63,167
計	75,855	常設展事業費	8,896
		資料・普及事業費	24,868
		館蔵品取得費	3,000
		施設整備費	69,498
		基金積立	84
		計	626,685

出所：静岡県立美術館（2016）。

算の内訳であり，厳密にみていくと歳入では「財産売払・貸付・運用収入」「その他」のように必ずしも「第 1 の交換」に関係しないものも含まれているが，ここでは単純に歳出に占める歳入の割合として計算した。

ここでの歳入のほとんどは，図 6 の「第 1 の交換」の入館料等にあたるものであり，歳出は「第 2 の交換」の公的資金とほぼ同額になる。つまり，公的資金（歳出）総額の約 1～2 割を入館料等で賄っている構造であることがわかる。

さらに，静岡県立美術館評価委員会が作成した提言書（本編）（静岡県立美術館評価委員会，2005）では，同館を含む，全国の主要な都道府県立美術館 10 館

の歳出に占める収入（観覧料・図録売上・貸室使用料）の割合を算出している。これによると，この割合が10%以下の美術館が5館，10～20%が3館，20%以上が2館（最大38%）となっており，数値にかなりばらつきがあるものの，10館中8館の美術館が20%以下であることがわかる。

したがって，ミュージアムを評価する場合，「第2の交換」に対する評価はなくてはならないと考える。このことは，ミュージアムとその来館者間で完結する活動を測定し，評価結果を通していくら活動のよさをアピールしても，ミュージアムに足を運ばない大多数の地域住民や納税者にはその存在価値を理解できないことを意味している。

5 経済学の視点からみたミュージアム

5.1 非競合性と非排除性

ミュージアムの価値を考察するために，経済学の観点からミュージアムの特性について見ていこう。ミュージアムは展示品の鑑賞や教育プログラムへの参加のように来館者や参加者の直接的な消費体験によって個人に直接的な便益（以下，私的便益とする）を与える。この便益は図6の「第1の交換」の便益にあたる。私的便益に対し，入館や参加の際に入館料や受講料などの料金を課すことが比較的容易にできることから，対価を支払わない人の消費を排除できないという「非排除性」（第1章参照）をもたない。したがって，ミュージアムは「私的財」（第1章参照）の性格をもっているといえる。また，ミュージアムの展示は誰かが鑑賞しても他者も見ることができる。このようにミュージアムは，誰かが消費したからといって他者の消費を減らすことはない，つまり同じサービスを複数人が同時に消費できるという「非競合性」（第1章参照）をもつ。しかし，利用者が一定数以上に増えれば混雑現象が発生するという意味で非競合性は限定的であるといえる。

5.2 正の外部性

ミュージアムは学校の教育サービスのように，展示や教育プログラムに参加した人々に私的便益を与えるのと同時に，ミュージアムを利用しない人にも良い影響を与える可能性がある。たとえば，社会問題を取り上げた展示を見に行

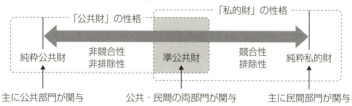

図7 準公共財（混合財）の位置づけ

った場合，人々は社会問題を理解でき，社会が円滑に機能する1つの要因になるかもしれない。また，ミュージアムの基本的機能である資料の収集や保管，調査研究などのバックヤードの活動においても，将来世代への文化継承，周辺の文化的環境の向上などの便益をもたらすかもしれない。このようにミュージアムは利用者以外の第三者や社会に「正の外部性」を与える可能性がある（正の外部性については第1章第4節を参照）。正の外部性は「外部便益」とも呼ばれ，図6の「第2の交換」の便益にあたる。このような外部便益は，対価を支払わない第三者や社会まで享受できるという「非排除性」をもつことから「公共財」の性格をもつといえる。

以上を図7にまとめると，ミュージアムは限定的に非排除性，非競合性の性質をもち，言い換えると純粋私的財（排除性と競合性の両方を満たし，私的財的側面しかもたない）と純粋公共財（非排除性と非競合性の両方を満たし，公共財的側面しかもたない）の間に位置づけられる「混合財」または「準公共財」である。こうした私的財と公共財の性格をあわせもつことから，ミュージアムには公共と民間が併存しているといえる。しかし設置者がどうであれ，ミュージアムが準公共財であり，私的便益に加えて外部便益を発生させる可能性があることに変わりはない。

6 ミュージアムに関する政府の役割

6.1 ピグーの理論からみた政府の介入の必要性

前節で述べたとおり，ミュージアムから生じる便益は，消費者にとっての個人への「私的便益」と第三者や社会に与える「外部便益」の合計である。したがって，供給を完全に市場に頼った場合，供給量が最適にならないという「市場の失敗」が発生する。なぜ「市場の失敗」が生じるのかについては，第1章

で示したピグーの理論から明らかにできる。ここでは要点のみを述べ，詳細は第1章の図13（ピグーによる最適供給のルール）の解説を改めて読んでほしい。

　厚生を最大化する社会的に効率的な供給を実現するには，利用者や社会に対する限界社会的便益（限界私的便益＋限界外部便益）とミュージアムが負担する限界私的費用の一致によって得られる価格と供給量でなければならない。しかし，民間市場に任せた場合，限界私的便益と限界私的費用を考慮して人々に提供されるため，ミュージアムの供給量は社会的に望ましい供給量に比べて過少になる。つまり，政府は社会的便益と私的費用が一致するように介入すべきであるといえる。

6.2　政府の介入──補助金

　政府の介入の手段としてミュージアムへの公的支援（補助金）がある。補助金は，ミュージアムが負担する費用を低下させ，その分だけ利用者への市場価格（入館料や参加料）を低下させる。その結果，利用者が増えることで，社会的便益（私的便益＋外部便益）の最大化が達成される。このことから，ミュージアムの最適な供給を実現するには，私的便益に対しては最適な価格を利用者から徴収すること，そして外部便益に対しては，外部便益の享受者から財源を集め，最適な補助金を設定し，ミュージアムに提供することが重要である。しかし，実際のミュージアムは公共部門と民間部門によって提供が可能であることから，公共部門で提供されたミュージアムは公共性を重視し，料金設定を無償あるいは低く抑えようとするのに対し[2]，民間部門によって提供されるミュージアムは赤字経営にならないようにするため，収益性を重視し，高い料金を設定しがちである。このように，たとえ同じ施設，同じ活動内容であり，利用者や社会へ与える影響や便益が同じであっても，公共と民間では運営や経営の動機や重視する点が違うために，異なった価格や補助金を設定するかもしれない。その結果，最適な価格や補助金を実現せず，地域の厚生水準の最大化が達成されない可能性がある。

　以上のことから，最適な価格や補助金を設定するには，私的便益や外部便益がどの程度の大きさなのかを数量的に導くというやっかいな作業が必要である。なお，さまざまな便益の把握や数値化を行うことは，最適な供給量の実現に加え，さまざまな便益を無視した政策判断を行う可能性を避けることができるし，

足を運ばない地域住民や納税者に対し，公的関与の正当性を示すことが可能になる。

7 ミュージアムの便益

7.1 ミュージアムの便益の体系化

ミュージアムの便益を把握するには，ミュージアムの便益が具体的にどのようなものなのかを知ることが前提となる。文化経済学ではミュージアムの便益に対し，使用価値や未使用価値，外部性などに分類し，それぞれの価値はさらに遺贈価値や威信価値，経済への波及効果などに分類されるが，その分類方法は論者によってさまざまである。ここでは，ミュージアムのほか，図書館や自然景観，歴史的建造物を対象に便益を類型化した多くの論者によって指摘された点を踏まえ，ミュージアムから発生する多様な価値を明確化し，体系的に整理する。

第1章では，排除性と競合性によって私的財と公共財を区別しているが，その区別は便益が対価を支払う個人に及ぶか（私的便益），対価を支払わない第三者や社会に及ぶか（外部便益）による区別でもある。では，私的便益，外部便益は具体的にどのような価値を示すのだろうか。

個人が現時点でミュージアムを使用する場合，直接使用することで得られる価値，すなわち「使用価値」を有する。たとえば，展示を見に来た来館者や教育プログラムの参加者である個人Aは現時点でミュージアムを利用した場合に直接的に便益を享受し，私的財としての部分を評価する。この価値は「直接利用価値」と定義できる。なお，直接利用価値は受付カウンターなどで対価を徴収できることから排除可能であるが，「博物館法」第23条によって公共のミュージアムは「原則無償」と定められており，経費は公的資金に大きく依存していることから，価格（ミュージアムの入館料や参加料）が価値の直接的な尺度ではないことに注意しなければならない。

それに対し，現時点で個人Aは使用していないが「いずれ使うであろう」「望むべきときにすぐに利用できる」という選択肢（オプション）をもつことから価値が発生する。これは将来のミュージアムの利用可能性を保持することから得られる価値であり「オプション価値」（option value）と呼ばれる。一方で，

自己利益という動機から生まれる価値に対し，次世代の利用への期待から発生する価値である「遺贈価値」(bequest value) や，他者がミュージアムを利用することを期待することから発生する価値である「代位価値」(vicarious value) のような利他的な動機から発生する価値が存在する。なお，林 (2016a) では，神戸市立博物館の価値として直接利用価値に加えて，遺贈価値や代位価値が重要な要素であることが示された。

これらの3つの価値は対象者の現在の利用に伴う価値と想定していないことから，Throsby (2001) 等では「不使用価値」とされ，公共財的な側面に起因する外部便益の1つ（後述の技術的外部性）であるとした[3]。しかし，オプション価値は，将来に個人Aが消費した際に及ぶであろう便益の価値であるし，遺贈価値は，個人Aが「次世代に引き継がれることを望む価値」と評価して得られる個人Aの便益と考えられる。同様に，代位価値も同時代の他人の使用によって得られる便益を個人Aが評価して得られる個人Aの便益と考えられる。したがって，評価する者は個人Aであり，価値は個人Aに関するものといえることから，私的便益とも解釈できる。以上のように，便益を類型化した論者によって便益の分類方法は異なるが，いずれの価値も当該者が現時点で利用していない場合に生じる施設の価値であることから，対象者がいまだに使用していない価値，つまり「未使用価値」に分類できる。

未使用価値に対し，「今後も使用することがない人にとっても価値」として，確実に不使用（非利用）価値と判断できる価値が存在する。不使用価値は，利用者以外の第三者や社会に及ぶことから外部便益に含まれる。不使用価値には，たとえば，地域のイメージアップや文化的環境の向上，地域のアイデンティティや誇りの強化などがあり，寺田・垣内 (2007) による検証の結果，倉敷市の大原美術館には「威信価値」(prestige value) が存在することが明らかになった。また，ミュージアムの基盤の活動となる資料の収集や保管，調査研究なども地域社会に対して知識という公共財的な価値を提供するかもしれない。以上のような周辺の人々や社会にプラスの影響を与える公共財的側面から生じた価値を「技術的外部性」(technical externality) と呼ぶ。これらの技術的外部性は，市場で処理されない価値であり，最適供給を実現するためには便益として計上すべきものであるといえる。

また，外部便益には，ミュージアムによる雇用の促進や所得の増加など，市

場を通すことで発生する，直接の利用者が意図しない副次的な効果が存在する。このような価値を「金銭的外部性」(pecuniary externality) と呼び，金銭的外部性はさらに「短期的効果」と「長期的効果」に区分できる。「短期的効果」は，たとえば，ミュージアムが存在することで観光客が増加し，周辺の商店の販売額が増加するといった経済波及効果を示す[4,5]。また「長期的効果」とは，ミュージアムが存在することで長期的にわたって生じる副次的な効果である[6]。1992年に来日したアメリカのBCA (Business Commission for Arts) のジョン・オング会長（当時）が「芸術と接することは企業の働く人の創造性を高める」と述べたことや（池上・植木・福原, 1998, 194頁参照），アメリカの社会学者であるFlorida (2004) が「文化的に裕福な街がそこにある企業を成功に導くことを手助けするクリエイティブな労働者を引きつける」と主張していることからも，ミュージアムは労働力の誘致や人的資本の強化等を通じて，長期的に地域経済のポテンシャルを強化する可能性がある。

　この効果を考える際に注目すべき点は，図8のように家計や企業が相互に影響し合い，複数の市場が相互に関連していることである。ミュージアムによる教育効果やクリエイティブな労働者の誘致によって，企業で働く労働者の生産性が向上すれば，企業の活動環境が改善され，それによって所得が増加し，消費拡大につながり，地域経済の成長や社会の発展をもたらすかもしれない。また地域経済の成長は，その地域の財政力を向上させ，ミュージアムなどの文化政策他の政策にさらに力を入れることができ，正の循環をもたらす可能性がある。つまり，長期的な経済波及効果は複数の経済主体に及ぼす影響を多面的に捉え，それぞれの市場に与える影響をトータルに把握することが重要である[7]。以上で述べた金銭的外部性は，市場を経由することから，ミュージアム供給の非効率をもたらすことにはならない。

　多様な価値の分類方法は論者によって異なるが[8]，以上をまとめると図9のように類型化できる[9]。ここで注意しなければならない点は，次のとおりである。第5節から経済学の視点でミュージアムの特性を考えてきたが，ミュージアムであることが必ずしも支援などの公的関与を正当化するものではなく，図9のような市場に表れることのないさまざまな価値を含み，社会的な価値が拡大されることで，公的関与が正当化されるのである。また，ミュージアムの価値を直接利用価値のみで捉える，あるいは収支バランスといった直接的な金銭

図8 ミュージアムが複数の市場に与える影響

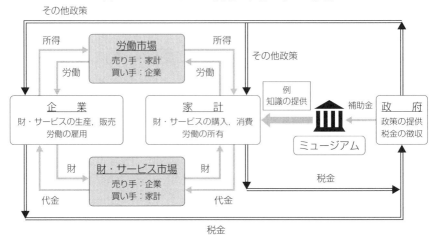

図9 便益の体系化

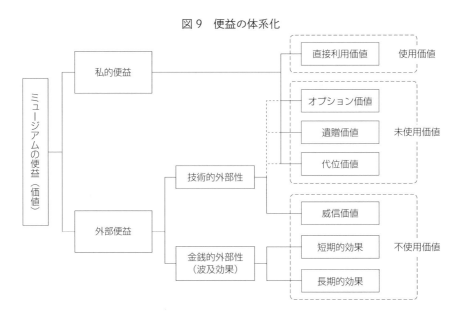

322 第13章 ミュージアムの文化経済学

的利益のみで判断すると，価値を過小評価する可能性があることからも，さまざまな価値を定量的に評価することが求められる。

7.2 ミュージアムのスピル・オーバー

　第4章では，便益が地方自治体の境界を越えて他の地域に漏れ出す「スピル・オーバー」について触れた。自治体の行政区域は歴史的な産物であり，ミュージアムの多様な便益においても同様に「スピル・オーバー」は避けられない。たとえば，A市立ミュージアムはA市以外の住民も訪れるだろうし，A市に加えて他市の文化環境を向上させるかもしれない。とくに交通機関が発達したり，生活圏が行政区域を越えて広がっている大都市圏においては，便益が行政区域を越えて拡散する可能性が高い。たとえば，林（2014）では，周辺地域の生活環境を改善することによって住民に与える外部便益の大きさとその地理的範囲を推定した結果，神戸市立博物館は行政区域を越えて便益が発生していることが明らかになった。

　しかし，図10のように，A市以外が外部便益を無償で享受しているのにもかかわらず，A市のみでA市立ミュージアムを負担しているならば，受益地域と負担地域の不一致が生じ，ミュージアムの最適水準が実現できない。したがって，スピル・オーバーが発生する場合，受益地域全体を視野に入れた経営が必要であり，受益地域からの負担（補助金）が不可欠である。逆に，便益が行政区域全域に行き渡らなかった場合は，自治体内分権が必要であるように，便益の及ぶ特定エリアと負担エリアを一致させることが前提となる。そのためには，どの地域のどの経済主体にどの程度の便益が帰着しているのかを把握することがきわめて重要となってくる。

図10　行政区域を越えた外部便益

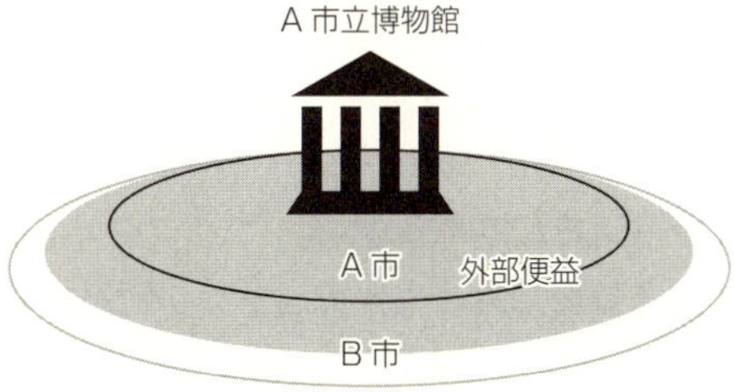

8 供給面の効率性

　ミュージアムの最適供給を実現するには，便益の大きさや広がりだけでなく，費用などの供給面への配慮も欠かせない。ミュージアムのサービスを提供するには，サービス相当の規模が必要である。その施設が多くの人々で利用できれば，受益者数が増えるにつれて，受益者1人当たりの費用が小さくなる。この効果を「規模の経済性」という。一方で，第4章で触れたように，ミュージアムはある一定数の利用者を超えると「混雑現象」が生じる。混雑現象は，受益者1人当たりの便益を小さくすることから「規模の不経済」が働く。日本の文化行政は施設ばかりが立派で中身が伴わないハコモノ行政と揶揄されていることは，第4章でも触れた。それによって，費用がかかり，さらに利用者が少なくなっているなら「費用対効果」が小さくなってしまう。この問題の解決方法の1つは，複数の自治体が共同でミュージアムを建設し，利用者を増やすことが挙げられる。このことは受益範囲を広げ，利用者1人当たりの費用の低下を導く。つまり，供給面での効率性を考えるならば，エリアを広げる方がよいということになる。

　一方で，供給エリアの拡大は，アクセスのための利用者の移動コスト（機会費用を含む）を大きくし，利用者が増えると混雑現象が発生する可能性がある。また，第4章で解説したように，ミュージアムに対するニーズは地域によって異なることから，複数の自治体によるミュージアムの共同建設は，ミュージアムへのニーズが低い地域も費用を負担することになり，効率的な資源配分が実現できない。このように供給エリアは狭いほどよいという側面もある。供給エリアには広げる方が効率的であるという力と狭くする方が効率的であるという力の両方がかかることから，バランスを考慮して決定する必要がある。

9 今後のミュージアム政策

9.1 求められるミュージアムの効率性

　ミュージアムは，使用価値以外に未使用価値，非利用者への外部性など，多様かつ広範囲に及ぶ便益を発生させる。このような便益は「市場の失敗」を引

き起こす要因となり，公費の投入など政府の介入が正当化される。しかし，それは地方自治法第2条第14項が「地方公共団体は，その事務を処理するに当つては，住民の福祉の増進に努めるとともに，最少の経費で最大の効果を挙げるようにしなければならない」と指摘するように，非効率性を生む要因をできる限り排除し，便益を最大にするために限られた資源を有効活用することが前提となる。とくに近年，高度経済成長以降に蓄積された道路や公共施設などの社会資本の老朽化が進み，維持管理費用は年々増加していることや，公共インフラの財源確保が難しくなり，住民ニーズに対応した施設の機能移転や統合等を内容とする「公共施設等総合管理計画」を策定中であることからも，ミュージアムの効率性がさらに求められている。

9.2 ミュージアム評価の必要性

しかし，政府の介入は社会厚生の最大化を実現せず非効率な社会を生む「政府の失敗」を引き起こす可能性がある。たとえば，受益者負担を適正にしないことから生じるサービスの過大要求，つまり受益者による「モラル・ハザード」（倫理の欠如）もその1つである。もし，将来世代の負担が大きくなるならば現役世代は過大な要求をするかもしれないし，スピル・オーバーが生じるミュージアムに対しては，負担をしていない他地域の住民が過剰な供給を求める可能性がある。自治体がこのような過剰な需要に応えようとすると，便益が費用よりも小さくなり，非効率な資源配分が生じる。以上の点を踏まえると，やはり最適なミュージアム政策には，①意思決定を受益地域の住民で行うことや，②受益（地域）と負担（地域）を一致させることが必要であり，その便益がどこの誰に帰着するかなど，便益を総合的に判断することが求められる。

さらに，近年，ミュージアムは不便な場所での建設，自治体の規模に相応しない大規模な施設の建設などが問題になっている。前述のとおり，ミュージアムの経営は限られた資源を用いて最大限の便益を発生させることが前提であり，「費用対効果」を考えなければならない。たとえば，利用者を増やすためにアクセスしやすい都心へ立地すると，用地コストがかかるという費用面の問題が発生する。このことからも，ミュージアムの効率性を考えるには便益と費用を総合的に判断することが重要であるといえよう。

費用対効果を大きくする効果的なプロジェクトの選択には，便益が何によっ

て決まっているのかについて把握することが求められる。便益を決定づける要因として，労働（スタッフ）や資本（施設，設備，コレクション）などのミュージアム自体の努力次第で改善できる要因のほかに，アクセスのしやすさや近くに他の施設が併設されているかなどの周辺環境といったミュージアム自体の力では動かせない要因も考えられる。このような便益を決定する要因を明らかにすることでミュージアムがとるべき方向性の糸口を効率的に見出すことができるのである。

以上のように，ミュージアム評価を実践することで，利用者や地域住民のミュージアムに対する社会的関心・社会的理解が高まるとともに，適切な公的支援の投入など公的関与のあり方や社会的価値を生かしたミュージアムのさらなる有効活用に対する議論が可能になる。

注

1　ミュージアム数の推移は，「登録・相当」と「類似」をまとめたものである。なお，「登録・相当」とは，博物館法によって登録博物館を認められたミュージアムが「登録」，登録博物館に類する事業を行うために必要な職員・施設・事業内容等にかかる審査を経た上で，博物館に相当する施設として指定されたミュージアムが「相当」である。この2つは博物館法の下のミュージアムということができる。一方「類似」とは，博物館法の適用を受けない施設であり，登録博物館と同種の事業を行うものとして都道府県教育委員会が把握しているミュージアムである。
2　「博物館法」第23条では，「公立博物館は，入館料その他博物館資料の利用に対する対価を徴収してはならない。但し，博物館の維持運営のためにやむを得ない事情のある場合は，必要な対価を徴収することができる」とされ，公立博物館の入館料等の料金は無償，または低く設定されている。
3　Throsby（2001）が示した外部性はミュージアムによる雇用の促進，所得の増加などの経済波及効果を表しており，本章でいう金銭的外部性と同義である。
4　Throsby（2001）は，「都市部に美術館が存在することで，雇用や所得を生み出すかもしれないし，他の経済にインパクトを与えるかもしれない」とした。
5　需要創出による短期的な経済波及効果の推計には，産業連関分析などが用いられることが多い。ミュージアムを対象に産業連関表を使って短期的な需要創出効果を計測した研究に梅棹（1983）等がある。
6　ミュージアムの企業活動環境に与える影響を示した研究に林（2015）がある。またミュージアム以外ではRauch（1993）が教育水準と限界生産性の関係性を導き，Florida（2012）が労働者の才能が所得に影響されることを示した。
7　長期的な効果を計測するには，家計や企業などの各経済主体の行動がいかに変化するのか，それによって実体経済がどのように変化するのかを把握する必要がある。その方法として，ミュージアムの中期的効果を計測した林（2016b）や，税制の変化や交通施設の効果を計測した橘木・市岡・中島（1990），佐藤（2005）で用いられた応用一般均衡分析がある。
8　Throsby（2001），Snowball（2010）はミュージアムの便益を使用価値・不使用価値（非使用価

値)・外部性の3種類に分類し, Bille and Schulze (2006) は市場財・非市場財に分類している。
9 なお, 遺贈価値, 代位価値, 威信価値を包括する価値として, 利用しなくてもミュージアムの存在によってもたらされることから存在価値 (existence value) とも定義できる。存在価値の定義も論者によってさまざまである。横田ほか (2002) は「その施設が, 地域コミュニティにとって価値あるものと見なされ, 自分の住む街の魅力を向上させる価値」であると定義し, 大阪府豊中市の千里ニュータウン内に美術館を建設すると想定した場合, 美術館は図書館よりも「存在価値」を多くもつことを示した。

参 考 文 献

池上惇・植木浩・福原義春編 (1998)『文化経済学』有斐閣
梅棹忠夫監修 (1983)『文化経済学事始め――文化施設の経済効果と自治体の施設づくり』学陽書房
大阪市経済戦略局 (2016)『大阪市ミュージアムビジョン――都市のコアとしてのミュージアム』
佐藤淳司 (2005)「経済均衡モデルによる公共事業評価――地域の変化を測る」『運輸政策研究』第8巻第2号, 72~73頁
静岡県立美術館 (2013)『静岡県立美術館年報 平成24年度』
静岡県立美術館 (2014)『静岡県立美術館年報 平成25年度』
静岡県立美術館 (2015)『静岡県立美術館年報 平成26年度』
静岡県立美術館 (2016)『静岡県立美術館年報 平成27年度』
静岡県立美術館 (2017)『静岡県立美術館年報 平成28年度』
静岡県立美術館評価委員会 (2005)『提言:評価と経営の確立に向けて』
社会教育実践研究センター (2017)『博物館に関する基礎資料』
総務省 (2012)「公共施設及びインフラ資産の将来の更新費用の比較分析に関する調査結果」
橘木俊詔・市岡修・中島栄一 (1990)「応用一般均衡モデルと公共政策」『経済分析』第120号
寺田鮎美・垣内恵美子 (2007)「文化施設の便益計測と来館者の価値意識に関する実証分析――大原美術館を例に」『日本都市計画学会論文集』第44巻第3号, 1~8頁
林勇貴 (2012)「消費財型準公共財の便益と評価――芸術・文化施設を中心に」『関西学院経済学研究』第43号, 51~72頁
林勇貴 (2013)「ヘドニック法による芸術・文化資本の便益評価」『関西学院経済学研究』第44号, 61~81頁
林勇貴 (2014)「地方公共財の間接便益とスピル・オーバー――芸術・文化資本へのヘドニック・アプローチの適用」『経済学論究』第68巻第2号, 61~84頁
林勇貴 (2015)「芸術・文化政策と企業活動――ヘドニック・アプローチを用いた間接便益の計測」『経済学論究』第69巻第3号, 69~92頁
林勇貴 (2016a)「仮想評価法を用いた博物館の実証的研究」『日本経済研究』第73号, 84~110頁

林勇貴（2016b）「応用一般均衡モデルを用いた大阪府における芸術・文化政策の効果分析」『経済学論究』第 70 巻第 2 号，57〜78 頁

横田隆司・柏原士郎・吉村英祐・阪田弘一（2002）「公共文化施設の建設計画に対する住民意識とその評価分析における仮想評価法の有効性に関する研究」『日本建築学会計画系論文集』第 67 巻第 553 号，155〜162 頁

Bille, T. and G. G. Schulze (2006) "Culture in Urban and Regional Development," in V. A. Ginsburgh and D. Throsby eds., *Handbook of the Economics of Art and Culture*, vol. 1, North-Holland, 1051-1099.

Florida, R. (2004) *Cities and the Creative Class*, Routledge.（小長谷一之訳（2010）『クリエイティブ都市経済論──地域活性化の条件』日本評論社）

Florida, R. (2012) *The Rise of Creative Class, Revisited*, Basic Books.（井口典夫訳（2014）『新クリエイティブ資本論──才能が経済と都市の主役となる』ダイヤモンド社）

Rauch, J. E. (1993) "Productivity Gains from Geographic Concentration of Human Capital: Evidence from the Cities," *Journal of Urban Economics*, 34(3), 380-400.

Snowball, J. D. (2010) *Measuring the Value of Culture: Methods and Examples in Cultural Economics*, Springer.

Throsby, D. (2001) *Economics and Culture*, Cambridge University Press.（中谷武雄・後藤和子監訳（2002）『文化経済学入門──創造性の探究から都市再生まで』日本経済新聞社）

第14章
フィールドワークに出かけよう

はじめに

みなさんやみなさんの周りには，こんな人がいないだろうか。調べごとはインターネットを使って手早く済ませたい。人の話よりも，すでに文字になっている情報の方が信頼でき，価値が高いと思っている。見聞きしたことをこまめにメモするのが苦手である，という人である。

しかし一方で，インターネットや本の情報よりは，直接自分で見聞きした情報を大切にし，しかもその記録を文字や写真，動画でしっかり残している人もいるはずである。このようなタイプの人は，1世紀以上前の時代では，たとえば，太平洋諸島を舟で回り，欧米ではまだ知られていない未開の先住民文化に初めて触れ，長期間生活を共にし，先住民文化に関する記録を書くフィールドワーカーが典型であろう。

しかし，今の時代は，もうすでに人間が暮らす未知な地域はなく，初めて触れる先住民文化もこの地球上には存在しないといわれている。では，1世紀以上前の時代では必要であったフィールドワークは「ロスト・アート」（失われた技）になってしまったのだろうか。

筆者はそうとは考えない。これまで当たり前と思われていた現象や怪しまれていた事象に，あえて自分自身の身を置いて，内部者の一員として現象を捉え直してみる場合がある。たとえば，あるブラック企業の経営実態を外から調査するだけではなく，その企業のスタッフの1人として事業に関わりながら，経営者・他のスタッフ・顧客との関係性を実証的に明らかにする潜入ルポルタージュは，フィールドワーカーが得意とするジャンルの1つであろう。また，あ

る野生動物に関して，これまで知られている生態に疑問を抱いた人が，その正しい生態を解明する目的で，動物の生息域に長期間テントを張って滞在し，動物の定点観測やトラッキング（追跡調査）を続け，記録を大量に蓄積し，ついにこれまで知られていなかった生態を明らかにする。このことは，まさにフィールドワークによって生み出された学術的な成果といえる。

実は，われわれが普段耳にするネットやTV・新聞の衝撃的な記事，および学問的な新発見のニュースの多くは，フィールドワークによって得られたデータから，新たな知見を組み立て，最終的に社会的な問題を暴露したり，大きな学術的発見を導いたりしたものが少なくないことに気づくであろう。

ここで紹介するフィールドワークは，ミュージアムを対象としたものである。第1〜4節では，日本のミュージアム（5690館）の約75％を占める公立ミュージアムを調査研究の対象とした，レポートや論文作成を前提として説明していく。公立ミュージアムを対象として調査を実施する際のフィールドワークを想定し，その手順を具体的な事例とともに説明し，その際に有益な情報源をコンパクトにまとめた。第5節では，地域や非ミュージアム利用者に対する便益の数量化における，ミュージアム調査によるデータ活用の方法を紹介する。

1 公立ミュージアムに関する研究テーマとフィールドワーク

ここでは，公立ミュージアム研究の動向とそこで用いられる一般的な調査方法について概観する。

1.1 公立ミュージアムを対象とした研究テーマ

第13章で述べたように，ミュージアムの活動は実にさまざまな要素から成り立っている。「博物館法」によれば，ミュージアムは資料（コレクション）を収集し，ミュージアムが所蔵するコレクションとしてそれを保管し，さらに資料に関する調査研究を経て，それらを展示する。あわせて，資料に関する教育的なプログラム（教育普及）を展開するとしている。このことがミュージアム活動の最も基本的な要素であり，基本的な機能である。そのため，従来の博物館学（ミュージアム・スタディーズ）では，資料管理方法やデータベース化および資料保存の科学的方法に関する研究，展示技術の研究，博物館における調査

研究のあり方に関する研究，教育普及の一環としての学校連携やボランティア組織と博物館との関係などが，主要な研究テーマであった。

しかし近年，ミュージアム，とくに多くの税金が投入されている公立ミュージアムが来館者だけでなく，当該地域にどれくらいの便益を与えているのかに関する議論が盛んに行われるようになった。そのため，ミュージアムの手段的価値として，経済的価値や社会的価値を明確にしたり，公立ミュージアムの財政状況を明らかにしたりする調査研究が盛んになってきた。

一方で，民間企業の経営手法を公共部門にも適用して，マネジメント能力を高め，行政の効率化・活性化を図る「ニュー・パブリック・マネジメント」の考え方が，2000年前後から日本においても定着してきた。この考え方は公立ミュージアムにも浸透した。

以上2つの変化に伴い，最近では公立ミュージアムが掲げている従来の設置目的を今日的な文脈で発展的に解釈し，どのような使命や社会的役割をもつべきか，それを実現するためにどのような経営方針や経営手法を採用すべきかといった研究が盛んに行われるようになってきた。また，そのように新たな使命を帯びた公立ミュージアムが実施した事業を検証・評価し，どのような改善が進んだのか，または情報公開が進み，地域住民のミュージアムへの理解がどのように進んだのかについても，学術的な関心が向けられている。

1.2　調査方法とフィールドワーク

先に書いた新旧の研究テーマでミュージアムを研究対象とする場合，どんな調査方法が考えられるだろうか。ここでは調査方法の種類に着目して説明していく。なお，後述するように，ミュージアムを対象とする，フィールドワークを含む調査は，事前調査・予備調査・本調査と段階的に進んでいくのが一般的である。以下の調査方法は複数の調査段階で用いられる。

(1) 文献調査——ここでいう文献調査とは，ミュージアム職員やそこへの来館者に直接接触することはせず，研究テーマに関係する内容が記されている論文やレポート・報告書により，知見を深めていく調査方法である。そのため，この調査は「非干渉的技法」（佐藤，2006，140～143頁）ともいわれている。以下に説明する「質問紙法」「面接法」「観察法」では，調査する側の調査設計能力や調査実施時の技術が，収集できる情報の量と質に大

きく影響する。しかし，文献調査では文献を検索する技術だけを身につければ，得られる情報はどの調査者にとっても同じである点が特徴である。

(2) 質問紙法——設問が印刷された質問紙（アンケート用紙）を配布し回答してもらう手法で，ミュージアム来館者を調査する際，最もよく行われている手法である。事前に設問という形で調査者の問題意識が系統的にリスト化されており，すべての被調査者に同じ項目を尋ねることができるのが利点である。一方，設問以外のことに関する情報を期待できないこと，調査者と被調査者間のコミュニケーションが一往復のため，次に説明する面接法のように，何往復かのやりとりにより，不明確な部分を確認するということができないという欠点がある。

(3) 面接法——個人およびグループを対象とし，感じたことを自由に発言してもらったり，事前にリストアップした項目に沿ってインタビューしたりしてデータを収集する手法であり，調査対象を固定し，一定期間繰り返し面接を行う場合もある。先に述べた質問紙法と比べ，一般に質を重視したテキストを収集するのに有効な手法とされているが，収集する情報が調査者の態度やインタビュー・テクニックに左右されやすい欠点がある。

(4) 観察法——ミュージアム来館者の動線や展示を観覧した際の反応，ミュージアム内で発せられる会話などが調査の対象となる。調査者が被調査者の行動そのものを直接とらえるので，実際に行われている事実を把握できることが，大きな特徴である。しかし，調査者の存在が被調査者の言動に影響を与え，実施に際して多くの時間を要する方法である。また，「質問紙法」「面接法」では，被調査者に接する際に調査許可を得ることになるが，「観察法」では被調査者から調査許可を得なくても観察することが時に可能となる。そのため，プライバシー保護の観点から，被調査者への事前説明と了解を怠らないようにすることがとくに重要である。

(5) ミュージアムが所有する既存データの収集——ミュージアムには，日常業務の中で継続して蓄積しているデータが存在する。たとえば，展示における日々の来館者数（一般・大学生・子ども・入館料免除者などの区分別）と売上額，年間の歳入・歳出額とその詳細な内訳といった数量的なものから，特別展における広報計画とその実行過程，教育プログラムの企画・計画・実施・終了後の振り返りまでを記録した事業報告書など定性的情報が

中心のものまでさまざまである。しかし，これらは通常公開されていないので，以下に紹介する予備調査や本調査の段階（事前調査では通常，この調査方法を用いない）で，調査対象ミュージアムの担当者に自身の調査目的・調査計画を説明し，さらに調査完成後どのようにレポート・論文を公開するのか（または公開しないのか）を伝えた上で，これら資料の閲覧・使用許可を得る必要がある。あくまでミュージアム外部への公開を前提としないで，日々蓄積されている内部資料であるため，調査者が誠意をもって説明し，担当者から信頼されたのちに閲覧が許可されるものである。

なお，このような資料や情報の閲覧・使用に関しては，地方自治体の情報公開条例によって制度化されている公文書公開制度を利用することもできる。この制度は市民の請求に基づいて，自治体が保有する公文書を公開する制度である。ここでいう「公文書」とは，実施機関の職員が職務上作成し，または取得した文書，図画，写真，フィルムまたは電磁的記録であって，実施機関の職員が組織的に用いるものとして，実施機関が保有しているものである。条例上非公開と定められている場合を除き，原則として公開することが条例によって義務づけられているため，先に説明したような資料が入手できる可能性がある。

本章では，佐藤（2006, 33頁）の定義に基づいて，「フィールドワーク」をデスクワークや図書館で行う文献研究，あるいは実験室での実験など室内で行われる研究活動とは異なる，現場（ミュージアム）における調査でデータを集める研究活動と捉える。この場合だと，上記の調査方法のうち，「質問紙法」「面接法」「観察法」，および「ミュージアムが所有する既存データの収集」のうち調査者がミュージアムから資料を直接入手するケースをフィールドワークと呼ぶことができる。なお，フィールドワークを予備調査・本調査に先立つ事前調査で行うことは通常ない。

2　事前調査

ここでは，ミュージアムを対象とする調査における最初の段階である事前調査について，その目的や進め方について説明する。つまり，フィールドワークを含むさまざまな調査を実施する以前の準備段階の調査についてである。

2.1　進め方と仮の研究テーマ設定

　ミュージアムに関する事前調査を進める際，研究テーマを設定する必要がある。しかし，事前調査が進行すると研究テーマがまったく変わったり，修正されたりすることがあるため，研究テーマや調査対象が確定するまでは，あくまで暫定的な研究テーマで調査を進めることになる。

　研究テーマを設定する方法として，たとえば，『レポートの組み立て方』（木下，1994）の第3章「ペンを執る前に」では，課題・話題・主題（この3つの説明は次項参照）という手順で研究テーマを絞り込んでいく方法が紹介されている。この本では，研究テーマ（「話題」に相当）は次の4つの条件を満たしている必要があると説明している。その研究テーマについて，①自分は強い関心があるか，②自分の意見を立てられるか，③自分の予備知識はあるか，④レポートや論文の指定された長さにまとめられるか，という4条件である。この③を十分に満たすために行うのが，ここで説明する事前調査である。また，④は卒業論文や修士論文では，文字数の下限はあっても上限がない場合が多いので，ここではとくに重要ではないと考える。そうすると大事なことは，事前調査によって③の予備知識を得たのち，設定しようとする研究テーマに関して①と②にある「強い関心」と「意見」を自分自身がもてるかどうかであるといえる。つまり，事前調査とは，自分が強い関心をもつことができ，結論として具体的に自分の意見を立てることができる研究テーマを探すための準備作業と位置づけることができる。

　さらに，レポートや論文において研究テーマを設定する際，もう1つ重要な要件があると考える。それは，そもそもレポートや論文とはいかなるものであるかという定義である。酒井（2007，4頁）は以下の2点を挙げている。

（1）　何らかの学術的問題を提起している。
（2）　それに対する解答を示している。

　論文では，さらに以下の3点が必要であるとしている（酒井，2007，4頁；酒井，2015，3頁）。

（3）　未解決の学術的問題に取り組んでいる。
（4）　その問題の解決を多くの人が望んでいる。
（5）　その問題の解決に，何らかの新しい貢献をしている。

　つまり，レポート・論文とは，学術的問題を提起し，それに対する解答を具

体的なデータやエビデンスとともに提示する文章ということができる。さらに論文では，提起する学術的問題について条件が付されている。未解決であり，多くの人が解決を望み，その解決に何らかの貢献をすることである。このことは論文において，先行研究の吟味と当該研究分野における自身の研究の位置づけを明確にすることが，いかに重要かを示している。

2.2 課題・話題・主題

　先の紹介した木下（1994）の方法をもとに考えると，たとえば，ミュージアムにおける広報活動の現状と問題点について研究したいと漠然と考えているとする。「ミュージアムにおける広報活動」というレベルは「課題」に相当する内容である。そして，この課題に関することで「強い関心」と「意見」をもつことができる研究テーマが「話題」に相当する。木下（1994）では，調査者が課題に関連する事項として，思いつく疑問や問題点を列挙することを奨めている。例として以下に書き出してみるが，枚挙に暇がない。

- ミュージアムでは，どのような広報活動が行われているのか。
- 広報に必要な予算は年間いくらぐらいか。
- 広報の内容を届けたい対象（利用者層）ごとに，広報媒体を選択しているのか。
- ミュージアム全体の広報計画立案は，ミュージアム職員が行うのか，または，外部の専門業者か。さらに，特別展示または教育プログラムごとでは，どうか。
- 広報の効果測定を行っているのか。行っているのであれば，どのような方法か。
- 公立ミュージアムは一般的に広報が上手ではないと思われているが，その原因は何か。
- ミュージアムの広報は，来館者や地域住民に対して，ミュージアムのどのようなイメージを植え付けているか。
- SNSなどの新しいメディアは，本当に有効な広報手段なのか。
- SNSの出現によって，これまでの広報活動，広報戦略に変化があったか。

　これらの疑問や問題点を調べる行為が事前調査であり，この過程こそが研究テーマを探ることだと考える。ひととおり調べたのちに，たとえば「ミュージ

アムにおける広報活動と受け手が抱くミュージアムのイメージとの関係性」という内容に、「強い関心」と「意見」を自分自身がもてるならば、これが話題であり研究テーマとなる。さらに、この「話題」をどのように展開するかを述べた「主題」文を書く。この場合であれば、たとえば、

　「ミュージアムが発信する情報とそれを受け取る市民が抱くミュージアムのイメージとは必ずしも一致していない。ミュージアムが市民にうまく情報を伝えることができなければ、市民はミュージアムに対する関心を高めることができない。ミュージアムと利用者とのコミュニケーションをうまくとるためには、ミュージアムが一方的にメッセージを発信し、『いかにして利用者にメッセージを伝えるか』に関心をもつだけでなく、『いかにして利用者がメッセージを受け取るか』についても考慮しなければならない（ここまでは前提で、以下が主題文となる）。

　この研究では、ミュージアムと市民とのコミュニケーションの現状を調査し、ミュージアム広報に対する市民の認識やその後の行動との関係性を明らかにする。そのことにより、ミュージアムにおける広報活動は、双方向コミュニケーションに基づくべきであることを主張する。」

という主題文を書くことができる。

3　事前調査の際に活用できる主な情報源

　ここでは、事前調査の際に役に立つ情報源とそこから得ることができる情報やデータの内容を紹介する。なお、以下の情報源は、事前調査以降の予備調査、本調査でも活用するものである。

3.1　ミュージアムの概要がわかる印刷物

(1) 「年報」・「要覧」——どちらもミュージアムの使命や設置目的、具体的な事業に関する情報が掲載された冊子である。一般的に「年報」は原則、毎年度刊行され、使命や設置目的とともに当該年度の活動内容（展示、教育普及、資料収集、調査研究など）、歳入・歳出、組織、諸規則などが掲載されている報告書である。一方、「要覧」はミュージアムの使命や設置目的のほか、写真を多く使って、ミュージアムの施設を中心に紹介している

ものであり，開館時やリニューアル時に刊行されることが多い。どちらの冊子も当該ミュージアムの図書室などで閲覧できる。また，全国の関係諸機関や公立図書館などにも所蔵されている。最近では，冊子体だけでなく，多くのミュージアムでホームページからダウンロードできるようになってきた。

(2) 「所蔵資料目録」・「図録」・「展示解説書」・「研究紀要」——ミュージアム活動の基礎をなす資料収集や調査研究成果に関する情報が掲載された冊子である。ミュージアムの使命を達成するために諸事業を実施していくには，資料・作品・標本（コレクション）の収集や調査研究活動は欠かせない。「所蔵資料目録」はコレクションの収蔵状況を網羅的に紹介する重要なものであり，常設展示で列品されているコレクションは通常この目録に掲載されている。また，年に数回開催され，通常1〜2カ月行われる特別展示（または企画展示）の際に発行される「図録」（または「カタログ」）は，特別展示の趣旨とともに，展示しているコレクションの主な写真と全リスト，および特別展示のテーマに関する学芸員などの論考が掲載されており，この「図録」自体がミュージアムとしての調査研究成果である。常設展示の内容を写真とともに紹介した常時販売されている「展示解説書」も調査研究成果を表したものである。「研究紀要」（または「研究報告」）と呼ばれる冊子は，当該ミュージアムの学芸員および外部の研究者が学術的な研究成果を公開する場であり，査読後の論文や研究ノート，資料紹介，調査報告などからなる。通常は年1回刊行される。

(3) 「行事案内パンフレット」・「利用案内パンフレット」・「ニューズレター」——来館の際に必要な情報を掲載したパンフレット，および最近の催しの報告を中心にした軽い読み物で構成された印刷物である。「行事案内パンフレット」は，特別展示や常設展示および教育プログラムに関するテーマや講師をはじめ，その開催期間・時間，観覧・参加料金などを伝えるもので，「年間行事カレンダー」などの名称でも配布されている。来館者にとって最も利用頻度が高い印刷物かもしれない。ミュージアムを利用する際の注意事項，たとえば展示室での写真撮影や飲食，再入場のルール，また提供しているサービス，たとえばボランティアによる展示解説，授乳室や託児，車いすの貸出などについてまとめた「利用案内パンフレット」を作

っている館もある。「ニューズレター」は，館によっては「たより」という名称で，年3〜4回程度発行される印刷物であり，ミュージアム入口のパンフレット・スタンドに置かれていることがある。すでに終了した特別展示や教育プログラムの概要が報告されたり，今後予定されている特別展示の担当学芸員のコメント，収蔵資料に関する連載記事などが掲載されたりしている。

　ここで紹介したミュージアムの概要がわかる印刷物の内容をひととおりチェックすることにより，そのミュージアムの経営実態およびコレクション構成，事業の内容と構成，スタッフ構成といった基本的な情報を手に入れることができる。とくに「年報」は，調査対象になる可能性のあるミュージアムに関して，最新のものから数年分を閲覧し，経営および事業の現状や変遷を把握することが必須である。

3.2　ミュージアムに関する学術雑誌・事典類

　ミュージアムに関する論文は，次のような学術雑誌に掲載されている。まず，ミュージアムを研究対象としている主な学術雑誌として，以下のものがある。

『博物館研究』（公益財団法人日本博物館協会，1928年設立）

『博物館学雑誌』（全日本博物館学会，1973年設立）

『日本ミュージアム・マネージメント学会研究紀要』（同学会，1995年設立）

『エコミュージアム研究』（日本エコミュージアム研究会，1995年設立）

　ミュージアムだけが研究対象ではなく，関連する対象を包含している主な学術雑誌を挙げると以下のとおりである。

『展示学』（日本展示学会，1982年設立）

『アート・ドキュメンテーション研究』（アート・ドキュメンテーション学会，1989年設立）

『文化経済学』（文化経済学会〈日本〉，1992年設立）

『アート・マネジメント研究』（日本アート・マネジメント学会，1998年設立）

『文化政策研究』（日本文化政策学会，2007年設立）

　また，学術雑誌ではないが，『ミュゼ』（アム・プロモーション，年4回発行）では，日本のミュージアムに関する動向，たとえば大学と地元住民との連携事業の紹介，さらに海外ミュージアムからの通信，新刊書の紹介などが掲載され

ている。

ミュージアム全般に関する事典として，以下のものが刊行されている。

『博物館学事典』（倉田公裕監修，東京堂出版，1996 年刊）

『展示学事典』（日本展示学会「展示学事典」編集委員会編，ぎょうせい，1996 年刊）

『博物館学事典』（全日本博物館学会編，雄山閣，2011 年刊）

『ミュージアム・マネージメント学事典』（日本ミュージアム・マネージメント学会事典編集委員会編，学文社，2015 年刊）

3.3　ミュージアムに関する各種組織・団体

　日本博物館協会（https://www.j-muse.or.jp）は，「博物館に関する諸事業の実施を通じて，博物館の健全な発達を図り，社会教育の進展に資するとともに，我が国の教育，学術及び文化の発展に寄与することを目的」とした公益財団法人で，設立は 1928 年に遡り，現在，会員数が 1240（2017〔平成 29〕年度）である。この協会が編集した，全国の約 3000 館のミュージアム（博物館，美術館，資料館，記念館，動植物園，水族館など）の概要を記した『全国博物館総覧』（全 4 巻）（日本博物館協会編，ぎょうせい，1986 年刊）がある。これは，数年に 1 度情報が更新される加除式の冊子であり，広く調査対象を探すときに便利な冊子である。

　『総覧』編集のほか，同協会が発行した報告書として『日本の博物館総合調査研究報告書』（2009 年）があった。この報告書は 2008 年度まで，過去 3 回 5 年ごとに実施したミュージアムに対する総合調査をもとに，『博物館白書』として刊行されてきた。そして，2013〜15 年度は，文部科学省科学研究費基盤研究 B「日本の博物館総合調査研究」の成果として，同名の報告書が中間報告・最終報告として 2 冊刊行されている。前者の日本博物館協会の方では，調査項目として，現在の博物館の姿，経営の基礎，マンパワー，施設・設備，展示公開，資料，展示・教育普及活動，地域・社会等との連携，人材育成，財政，コンプライアンス・危機管理・情報の保護管理といった博物館の抱える課題が挙がっている。一方，後者の科研費の最終報告（篠原，2016）では章立てとして，博物館の概況，指定管理者制度，人材，市民協働，危機管理，諸課題などとなっている。両者の調査項目が統一されていないため時系列での比較は難し

いが，後者では今日的なテーマにより踏み込んでおり，しかも白書的な位置づけだけでなく，博物館をめぐる諸問題に対する研究成果としての主張が記述されている点が特徴である。日本博物館協会はこのほかにも，『博物館評価制度等の構築に関する調査研究報告書』（2009 年），『博物館倫理規程に関する調査研究報告書』（2011 年）など，さまざまな報告書を刊行している。

　日本博物館協会は館種を問わない全国規模の組織であるが，このほかに館種別の団体も存在し，活動を行っている。たとえば，自然史博物館，科学館，動物園，水族館，植物園，プラネタリウムなどを会員とする「全国科学博物館協議会」，動物園・水族館が会員となっている「日本動物園水族館協会」，また「全国美術館会議」，「全国歴史民俗系博物館協議会」なども存在する。一方，都道府県単位の博物館の団体も存在する。たとえば，「北海道博物館協会」では，地域ブロック別の連絡協議会や学芸職員部会の開催，ニュースの発行など，同じ地域のミュージアムや学芸員の連携や情報交換を中心とした活動を行っている。

　国際博物館会議（ICOM）（https://www.j-muse.or.jp/icom/ja/）の存在も忘れてはならない。1946 年に創設された国際的な非政府機関で，世界 136 カ国・地域から，約 3 万 5000 人のミュージアムの専門家が参加している。日本では，日本博物館協会が ICOM 日本委員会の事務局を務めていて，同協会ホームページからさまざまな情報が入手できる。

3.4　ミュージアムに関する資料集

　最後に紹介するのは資料集である。先の『総覧』と同様，日本のミュージアムの動向を把握したいときに有効な冊子として，毎年 3 月に文部科学省国立教育政策研究所社会教育実践研究センターが刊行する『博物館に関する基礎資料』がある。統計データは第Ⅶ章に掲載されており，これ以外の章では関連法規が整理されている。現在は，最新版から過去 10 年度分までの基礎資料がウェブ上で閲覧可能となっている（https://www.nier.go.jp/jissen/book/）。なお，この「基礎資料」には，ミュージアムのほか，公民館，図書館，ボランティアに関するものもあり，同じサイトから閲覧が可能である。

　『博物館に関する基礎資料』（平成 28〔2016〕年度版）は 7 章から構成されており，各章の内容は以下のとおりである。第Ⅰ章では博物館に関する法律とし

て，教育基本法，社会教育法，博物館法など28の法律・政令・省令・告示・報告などが全文記載されている。ミュージアムについて調査を進めるにあたり，この章に掲載されている「博物館法」と「博物館の設置及び運営上望ましい基準」は一読すべきと考える。当該ミュージアムが博物館法による「登録博物館」または「博物館相当施設」として認定されているか。認定されている場合は，博物館法がミュージアムの整備や活動の際の根拠となる。なお，平成28年度「基礎資料」では，日本のミュージアム5690館のうち，登録博物館が895館，博物館相当施設が361館であり，全体の22.1%である。そのどちらにも該当しない，つまり博物館法の適用を受けない「博物館類似施設」が4434館（77.9%）存在していることがわかる。あわせて，「博物館の設置及び運営上望ましい基準」は第13章第2節で説明したように，博物館法が1951年に制定されて約20年後の1973年に文部省（当時）により初めて告示された。その後，2003年と2011年に改正されたが，この望ましい基準の変遷を概観することで，日本の博物館政策として，ミュージアムをどのような方向に導こうとしているかが理解できる。

　基礎資料の第Ⅱ，Ⅲ章では，地方自治法や文化芸術振興基本法，文化財保護法，展覧会における美術品損害に関する法律，21世紀に向けての美術館のあり方についてなど，博物館関連の法律・政令・告示・報告などが掲載されている。また，第Ⅳ章では博物館の設置・活動等に対する主な補助制度，第Ⅴ章では博物館に関連する答申・建議・報告などとして，ユニバーシティ・ミュージアムの設置について，自然科学系学芸員の体系的な現職研修の実施について，新しい時代の博物館制度のあり方についてなどが挙げられている。第Ⅵ章では国際的な規程・条約として，ICOM規約，絶滅のおそれのある野生動植物の種の国際取引に関する条約（ワシントン条約）などが紹介されている。

　最終章である第Ⅶ章「基礎データ」では，直近の社会教育調査などの結果として，全国における設置者別・登録別・種類別の博物館数，職員数，入館者数とそれらの推移，事業実施状況，博物館開館状況などのデータが挙げられている。調査を予定しているミュージアムが，同じ館種のミュージアムやその都道府県でどのような位置づけにあるのかを見る際に，有効なデータが揃っている。

4 予備調査と本調査の実際と調査方法

　ここでは，第2節に書いた「ミュージアムにおける広報活動と受け手が抱くミュージアムのイメージとの関係性」を研究テーマとした事例を，引き続き取り上げる。この事例は，実際に北海道内のミュージアムで予備調査・本調査を実施した学生の研究事例をベースにしている。ただし，一部分はよりふさわしい内容に修正した。以下では，予備調査の必要性，および本調査計画の立て方，実際の調査方法を説明する。

　なお，事前調査のプロセスにおいて，主に活用した情報源は，先の紹介した「3.2 ミュージアムに関する学術雑誌・事典類」であった。調査内容は，ミュージアムのプロモーションやイメージ構築に関する先行研究，利用者が抱くミュージアムに対するイメージや意識に関する先行研究，マーケティング・コミュニケーションに関する先行研究についての吟味である。あわせて，「3.1 ミュージアムの概要がわかる印刷物」にある「年報」を，予備調査の対象となりそうな複数のミュージアムのものに限って閲覧し，数年間の広報活動の内容を整理した。

4.1　予備調査の実施

　予備調査を実施するにあたり，「予備調査協力のお願い」という文書を作成した。主な内容は以下の①～④のとおりであり，複数のミュージアムの広報担当者に送付した。予備調査対象館を選定する際に活用した情報源は，先に紹介した「3.1 ミュージアムの概要がわかる印刷物」，および「3.3 ミュージアムに関する各種組織・団体」のホームページであった。また，調査結果を分析する枠組みを検討するために「3.2　ミュージアムに関する学術雑誌・事典類」を活用した。その結果，コトラーの「マーケティング・コミュニケーション理論」が，今回の調査において適用できる枠組みであることがわかった。

①研究テーマ——研究テーマおよび重要な概念（コトラーのマーケティング・コミュニケーション理論）の説明

②予備調査の概要——ミュージアム担当者に対する面接法による聞き取り内容（案），利用者側への質問紙法による調査内容（案）の説明

③予備調査の位置づけ——論文作成のための本調査に向けて、以下の事項を修正，確認，確定する作業であることを説明
・先に書いた主題文の内容が妥当なものか，または調査可能なものかを確認する。
・調査設問案（面接法の聞き取り内容や質問紙法の設問）が妥当なものか，または調査可能なものかを確認する。
・事前調査で調べた項目に不足がないか確認する。
・本調査時の調査対象館を検討する（本調査受入の意向を探る）。
④本調査の概要——本調査をお願いする場合のスケジュール（本調査内容の了承，実施，集計・分析，論文作成など），および本調査結果に関する当該ミュージアムへのフィードバックの方法を説明

この事例では，複数のミュージアムにおいて予備調査を実施したことで，以下のことが判明し，本調査の計画に反映させた。

(1) 調査対象範囲の絞り込み——当初，ミュージアムにおける広報活動全体を調査対象としていたが，全体ではあまりに多岐にわたることがわかった。学生の論文提出締切までの期間を考慮すると対象を絞り込む必要がある。また，予備調査を行ったあるミュージアムでは，そのミュージアムを含む公園全体としての広報活動とミュージアムのそれとの切り分けが困難であることがわかった。以上のことから，ミュージアムの広報活動のうち，開催期間が限定されている特別展示における広報活動のみを調査対象にすることとした。

(2) 「利用者」の絞り込み——当初は，「利用者」として，来館者と地域住民を想定していたが，特別展示における広報活動に調査対象を限定したことにより，特別展示を直接観覧した来館者に絞り込んだ。

以上2点は修正点であるが，このほかに予備調査によって確認できた主なこととして，以下の2つがあった。

(3) あるミュージアムでは，来館者への質問紙調査を試行的に実施させていただき，その設問がおおむね妥当であることが確認できた。あわせて，設問の言葉遣いが適当でなく，こちらの期待した回答を得ることができなかった設問を発見し，質問文を修正した。

(4) あるミュージアムでは，この研究テーマや調査内容は本来，館として行

うべきことであるが，実際はできていないのが現状である．そのため，この機会に調査に協力し，研究成果をフィードバックしてもらい，今後の広報活動の参考としたいという積極的な協力への意向を示してくれた．

このように，机上の事前調査だけに基づく調査や準備では気づかなかった，本調査実施に向けて修正すべきことがいくつか見つかった．あわせて，ミュージアム担当者にこの研究の概要や意義を直接会って説明することで，研究の重要性を現場の視線から改めて確認ができたことは大きな収穫であった．論文が学術研究の成果としてだけでなく，当該ミュージアムの広報活動の立案に影響を及ぼす可能性があることもわかり，この研究をしている学生にとって大きな動機づけになるとともに，研究遂行の励みとなった．

4.2　本調査の計画書

最終的にこの事例では，先の(4)で説明した，調査への積極的な協力の意向を示してくれた A 美術館を本調査先に決定した．

その際，予備調査結果を A 美術館の担当者に説明し，本調査を受け入れていただきたいという希望を伝え，以下のような調査計画書を手渡した．

〈調査計画書〉
  1. 研究テーマ
    A 美術館特別展示における広報活動と来館者が抱くそのイメージおよび情報源との関係性
    ——P 展と Q 展を対象として
  2. 調査の趣旨
    　特別展示やそこで展示される作品の魅力を，ミュージアムが来館者にうまく伝えることができなければ，来館者はミュージアムに対する関心を高めることができず，作品についても十分に理解することができない．ミュージアムが来館者とのコミュニケーションをうまくとるためには，ミュージアムが一方的にメッセージを発信し，「いかにして利用者にメッセージを伝えるか」に関心をもつだけでなく，「いかにして利用者のメッセージを受け取るか」についても考慮しなければならない．
    　この研究では A 美術館と来館者のコミュニケーション・プロセスを，

コトラーの「マーケティング・コミュニケーション理論」に基づいて，調査・検証する。そのことによって，A美術館の広報に対する来館者の認識やその後の行動との関係性を明らかにする。そのことにより，A美術館における今後の広報のあり方（コミュニケーション・プラン）を提案する。
3. 調査内容
①A美術館で開催する特別展示P展およびQ展における担当者に〈別添資料1〉（章末に掲載）の項目を聞き取り調査する。
②P展およびQ展への来館者に質問紙を配付して基本的な属性（性別・年代・居住地・来館回数など）を記入していただくとともに，〈別添資料2〉（章末に掲載）の項目は調査者が説明しながら，回答を記入する。
4. ②の調査スケジュール
・P展の会期　4/29～7/23，調査期間　7/7（金）～7/9（日）
・Q展の会期　6/3～7/23，調査期間　7/15（土）～7/17（月・祝）
・各展100人程度の質問紙を回収する。
・本調査を実施する学生のほか，調査スタッフとしてもう1人学生が参加（2名体制で実施）。
・天候が悪く調査できない日があることを想定し，予備の期間として7/21（金）～7/23（日）を設定。

4.3　各調査段階で用いた調査方法と調査時の留意点

　事前調査・予備調査・本調査とその進め方をみてきた。ここで改めて，それぞれの調査段階でどのような調査方法を用いてきたのか，この事例に基づいて整理してみると表1のようになる。
　ここで注目してほしいことが2つある。1つは，ミュージアムの担当者に直接会って話を伺う，または調査依頼をする前に，事前調査として十分な文献調査が必要であるということである。先述したように，文献を検索する技術を身につければ，得られる情報は調査者の技術や関わった年数に関係なく，等しく同じ情報が入手できる。ミュージアムを訪問する前に，自らが調べられる事項に関して極力調べておくことは，先方に対する礼儀でもあると考える。
　もう1つは，予備調査における「来館者」を対象とした調査が2つの調査方法で行われ，また本調査における「P展・Q展の担当者」を対象とした調査で

表1 事前調査・予備調査・本調査と実施した調査方法

調査方法	事前調査		予備調査		本調査	
	有無	調査対象／内容	有無	調査対象／内容	有無	調査対象／内容
文献調査	○	・当該テーマに関する先行研究／論文内容の吟味 ・予備調査対象となるミュージアムの年報／広報に関する掲載内容のチェック	○	・予備調査対象となるミュージアムの年報／広報に関する掲載内容のチェック ・コミュニケーションやマーケティング理論に関する文献／分析の枠組みの検討	○	・当該テーマに関する先行研究／論文内容のさらなる吟味
質問紙法	×		○	・来館者／本調査の試行を通して,調査設問案の確認	○	・P展・Q展の来館者／〈別添資料2〉参照
面接法	×		○	・広報担当者／本調査における聞き取り内容の確認	○	・P展・Q展の担当者／〈別添資料1〉参照
観察法	×		○	・来館者／本調査の準備として来館者の行動を観察（ただし,ここでは計画的に調査を実施したのではなく,本調査に向けた調査ポイント特定のために観察を行った）	×	
ミュージアムが所有する既存データ収集	×		×		○	・P展・Q展の担当者〈別添資料1〉に関する非公開データを担当者から入手

注：アミかけ部分は，ミュージアムの現場におけるフィールドワークを指す。

も2つの調査方法で行われている点である。これは，佐藤（2006, 138～146頁）が「トライアンギュレーション」（方法論的複眼）と呼んでその有効性を力説しているように，どのような調査方法でも，それを単独で用いるだけでは主張の根拠としては脆弱なものでしかない。個々の調査方法がもつ強みと弱みについて認識した上で，複数の方法を組み合わせて調査を行うことで，それぞれの方法の弱点を補強し合うとともに，長所をより有効に生かすという考え方である。

最後に，ミュージアムを対象とした調査における留意点を2つ述べたい。

1つめは，ミュージアムにおける調査依頼の位置づけである。ミュージアムの同業者から来る調査依頼以外，たとえば大学の先生・学生などからの調査依頼は年間何十件も舞い込んでくる。しかし，展示の企画・制作や教育プログラムの企画・実施，資料収集・保管といったミュージアムにとって重要な業務に比べると，現実問題として，同業者から来る調査依頼以外のものは優先順位が決して高いとはいえない。つまり，調査依頼はミュージアムにとっては非常に面倒な案件なのである。学術的な調査であるから，すべからく協力すべきであるというのは調査者側の一方的な論理である。ミュージアム側にも事情があることを想像すべきである。

　2つめは，ミュージアムにとって協力したくなる調査内容とは，どのようなものであるかを考えることである。重要な業務に忙殺される中，多くの調査依頼を受けた際にミュージアム経営にとって有益な調査への協力は惜しまないものである。しかも，調査結果のフィードバックをもらえるという条件があるならば，ミュージアムが興味を示さないはずがない。ミュージアムにおける調査は表1をみてもわかるように，現場におけるフィールドワークが伴う。文化人類学におけるフィールドワークでは，文化人類学研究における当該研究の意義と，調査対象となる社会や民族における研究の意義の両方を検討する。それと同様に，実施する調査の意義を2つの面から主張できる必要があると考える。1つは当然のことながら，研究テーマが拠って立つ学問分野，たとえばマーケティング研究やミュージアム経営学研究においてどんな意義があるかである。もう1つは，当該ミュージアムの経営にとって，その調査研究がどんな意義をもつかである。

5　ミュージアム調査の活用例——どれほどの便益を与えているか

　ミュージアムは利用者に対して直接的な便益を与えるだけでなく，地域や非利用者に対しても文化的環境の向上や将来世代への文化の継承など，間接的に便益（外部便益）を与えると考えられる（第13章参照）。このような便益の評価の必要性は近年議論され始めているが，数値化が困難であることから，顕在化されてこなかった。

　では，これまで述べた現場における調査研究は便益の議論においてどのよう

に活用すべきであろうか。ここではいくつかの便益計測方法を取り上げ，フィールドワークを含む現場調査や収集した既存データの活用方法を示す。

5.1 便益の計測方法

　市場を通して処理されない価値を金銭的に換算して計測する方法は大きく分けて，「顕示選好法」と「表明選好法」がある。顕示選好法とは，個人の実際の行動結果に基づいた分析方法であり，他のデータから間接的に便益を評価する。その顕示選好法には，表2で示したように①代替法，②ヘドニック・アプローチ，③トラベル・コスト法がある。また，表明選好法は，アンケート調査などを通じて，個人が実際に行動していないが，仮に行動するとしたら，どのような結果を想定するかを尋ねることによって，便益を評価する方法である。表明選好法には，④仮想評価法，⑤コンジョイント法がある。

　それぞれの分析方法は，表2のように強みと弱みをもっている。したがって，便益の計測には，(1)計測対象とする便益の内容を慎重に見極め，(2)各手法の強みと弱みを踏まえて，その便益に適した計測方法を選択しなければならない。顕示選好法であるヘドニック・アプローチは，ミュージアムの立地による文化的環境の向上といった便益を計測する際に使用する。ミュージアムの立地によって周辺住民の土地需要が上昇し，その結果，地価が上昇することを用いた手法であり，地価の上昇額が便益となる[1]。このようにヘドニック・アプローチは周辺地域に及ぼす便益の存在を地価や賃金といった代理市場データによって検証できるという強みをもっている。しかし，第13章で示した「オプション価値」（将来のミュージアムの利用可能性を保持することから得られる価値）といった価値を詳細に区分できないという弱みや，「遺贈価値」（将来のために残したいという次世代の利用への期待から発生する価値）などは自ら利用するためのものとは限らないため，代理データを用いた間接的な計測が困難であるという弱みをもつ。

　オプション価値や遺贈価値を詳細に分析できる方法として，表明選好法である仮想評価法が挙げられる[2]。仮想評価法は，利用者に対してアンケート調査等の手段を用いて現状と仮想の状況を比較させ，仮想の状況を達成する，もしくは現状を保つために支払ってもいいと考える金額（これを支払意思額〔willingness to pay〕という）を尋ね，それを便益とする方法である。仮想評価法は，

表2 各分析方法とメリット，デメリット
(a) 顕示選好法

	手法		強み	弱み
①	代替法	対象を私的財に置き換えたときに必要となる費用から評価する。	調査や分析を伴わないので容易に適用できる。	適切な代替市場財の選定が難しい。
②	ヘドニック・アプローチ	便益が土地市場や労働市場に影響することに着目し，地価や賃金をもとに評価する。	地価などデータを集めやすい。	地価や賃金を決定する変数同士が密接な関係にある場合（多重共線性）は，安定性が損なわれる。
③	トラベル・コスト法	対象を旅行費用，時間で表される「価格」を支払って購入すると考え，評価する。	利用価値の評価に適する。	外部不経済が測れない。複数目的地での行動が含まれ，過大評価になる恐れがある。

(b) 表明選好法

	手法		強み	弱み
④	仮想評価法	対象の現状と仮想の状況を比較させ，仮想の状況を達成するため，もしくは現状を保つために支払ってもいいと考える「支払意思額」を尋ねる。	最も適用範囲が広く，原理的にあらゆる効果を評価できる。	適切な手順を踏まないとバイアスが生じ，推定精度が低下する。調査の段階でプラスの効果かマイナスの効果かを設定しなければならない。
⑤	コンジョイント法	対象の状況を変化させた代替案と負担金を組み合わせた複数の仮想状況の中から，どれが良いかを選んでもらい，「支払意思額」を評価する。	同上。効果のプラス・マイナスに関係なく，複数の効果を同時に評価できる。	適切な手順を踏まないとバイアスが生じ，推定精度が低下する。

注：林（2012）を参考に作成。

遺贈価値なども評価できる強みをもっているが，アンケート調査によって支払意思額の情報を収集しなければならないことから弱みも生じる。たとえば，アンケート調査には質問者（本調査の実施者や調査スタッフ）を喜ばすような回答をする「追従バイアス」などのバイアスが発生する。したがって，アンケート調査時にはさまざまなバイアスに対しての留意が必要であり，文献研究などの「事前調査」や本調査の試行などの「予備調査」を踏まえた調査設問の設計が重要になる[3]。

また，地域の文化的環境の向上など，間接的に享受する非利用者の便益を計

測するには，非利用者に対してアンケート調査をしなければならない。しかし，受益範囲は行政区域を越えている場合もあることから（第13章参照），非利用者へのアンケート調査は容易ではない。このような地域に与えるミュージアムの便益を計測する場合は，上述のヘドニック・アプローチが適しているといえる。このようにミュージアムの便益を評価するには，調査や分析の実行可能性や便益（価値）の種類に応じて適した計測方法を選択することが重要である。

5.2　便益の決定要因

　公共財の面をもつミュージアムは（第13章第5節参照），供給や費用負担において政府が関与する必要性を示唆しているが，それが直ちに公的供給や公的支援を正当化するものではない。ミュージアムから生じるさまざまな便益を大きくすることによって，公的な関与が正当化されるかもしれない。それではミュージアムの便益を大きくするには何が必要なのか。

　ミュージアムの便益の拡大方法を知るには，便益を決める要因（決定要因）を探ることが前提となる。それでは便益の決定要因には何が考えられるだろうか。ここではいくつかの例を挙げる。たとえば，スタッフやミュージアムの大きさ，設備などのインプットや，特別展示の日数や回数，出版物の数など，ミュージアムの裁量可能な要因が挙げられる。これらの情報は，ミュージアムに関する基礎資料（要覧や年報）やミュージアムへのヒアリングから得ることができる。さらに，特別展示の回数やミュージアムの規模といった量だけでなく，ミュージアムの質も便益を決定する要因であると考えられる。質に関する情報を得るには，来館者調査といった現場へのフィールドワークを活用すべきであろう。また，性別や年齢などの来館者や周辺住民の属性のほか，ミュージアムまでの交通アクセスや所要時間，近隣の文化関連施設の集積度といった地理的条件や地域特性も便益に影響するかもしれない。たとえば，利用しやすい立地の場合は便益が大きくなると予想できる。

　ここでは考えられる以上の要因をいくつか挙げたが，実際にそれらが決定要因なのかを分析によって明らかにし，それらをミュージアムの運営戦略と結びつけることで最大の効果を実現できる。

　しかし，ミュージアムの運営戦略の実行にはコスト・パフォーマンスを考慮すべきである。たとえば，市民が満足するからといってミュージアムのサービ

スを手厚く提供すると過大な運用費用がかかるだろうし，有能なスタッフを充実させようとすると，育成や人材開発のための専用予算が必要になる。また，人口密集地での施設立地はアクセスなどの利便性を高め，便益を大きくするかもしれないが，用地コストが嵩む。したがって，より効果的・効率的な運営を行うには，費用（財務）の面と便益の面のトレード・オフの関係を理解し，総合的・包括的に適切な判断をすることが求められる。

注

1 ヘドニック・アプローチは1970年代からRosen（1974）等によって展開された。ミュージアムへ適用した研究は，国外ではClark and Kahn（1988），Halsey（2005），Sheppard（2010, 2014），国内では唐鎌・石坂（2009），林（2014）がある。
2 仮想評価法は環境経済学の分野を中心に発展してきた方法であるが，国外では歴史遺産や劇場，図書館など文化関連分野での適用事例も増えている。国内においても，合掌造り集落といった文化関連分野への適用も行われてきている。ミュージアムを対象とした研究はMartin（1994），Tohmo（2004）や有川ほか（2000），林（2016）がみられる。
3 仮想評価法では，バイアス回避のために作成されたNOAA（The National Oceanic and Atmospheric Administration；アメリカ海洋大気庁）ガイドラインがある。そのガイドラインを参考にすることでアンケート調査のバイアス回避につながる。なお，仮想評価法については栗山（1997），肥田野（1999）などに詳しい。

参考文献

有川智・工藤勝仁・三橋博三（2000）「仮想価値評価法による公共美術館の評価——美術館施設の維持保全に関する調査研究 3」『日本建築学会大会学術講演梗概集』1127～1128頁
唐鎌新・石坂公一（2009）「ヘドニックアプローチによる公益施設の評価手法に関する研究」『日本建築学会技術報告集』第15巻第29号，271～274頁
木下是雄（1994）『レポートの組み立て方』筑摩書房
栗山浩一（1997）『公共事業と環境の価値——CVMガイドブック』築地書館
酒井聡樹（2007）『これからレポート・卒論を書く若者のために』共立出版
酒井聡樹（2015）『これから論文を書く若者のために（究極の大改訂版）』共立出版
佐藤郁哉（2006）『フィールドワーク——書を持って街へ出よう（増訂版）』新曜社
篠原徹（2016）『日本の博物館総合調査研究 平成27年度報告書』（科学研究費補助金研究成果報告書：基盤B課題番号 25282079）
社会教育実践研究センター（2017）『博物館に関する基礎資料』
日本博物館協会編（1986）『全国博物館総覧』（全4巻）ぎょうせい
日本博物館協会編（2009）『日本の博物館総合調査研究報告書——地域と共に歩む博物館育成事業』日本博物館協会
林勇貴（2012）「消費財型準公共財の便益と評価——芸術・文化施設を中心に」『関西学院経

済学研究』第 43 号,51〜72 頁
林勇貴(2014)「地方公共財の間接便益とスピル・オーバー——芸術・文化資本へのヘドニック・アプローチの適用」『経済学論究』第 68 巻第 2 号,61〜84 頁
林勇貴(2016)「仮想評価法を用いた博物館の実証的研究」『日本経済研究』第 73 号,84〜110 頁
肥田野登編(1999)『環境と行政の経済評価——CVM「仮想市場法」マニュアル』勁草書房
Clark, D. E. and J. R. Kahn (1988) "The Social Benefits of Urban Cultural Amenities," *Journal of Regional Science*, 28(3), 363-377.
Halsey, M. (2005) "Economic Impact Analysis of Cultural Institutions: A Comparison of Martin Fernand 1994 'Determining the Size of Museum Subsidies'," *Journal of Cultural Economics*, 18, 255-270.
Martin, F. (1994) "Determining the Size of Museum Subsidies," *Journal of Cultural Economics*, 18(4), 255-270.
Mass MoCA and the Dia: Beacon Riggio Galleries, *Williams College*, May.
Rosen, S. (1974) "Hedonic Prices and Implicit Markets: Product Differentiation in Pure Competition," *Journal of Political Economy*, 82(1) 34-55.
Sheppard, S. (2010) "Measuring the Impact of Culture Using Hedonic Analysis," C3D Publications.
Sheppard, S. (2013) "Museums in the Neighborhood: The Local Economic Impact of Museums," in F. Giarratani, G. J. D. Hewings, and P. McCann eds., *Handbook of Economic Geography and Industry Studies*, Edward Elgar, 191-204.
Tohmo, T. (2004) "Economic Value of a Local Museum: Factors of Willingness-to-Pay," *Journal of Socio-Economics*, 33(2), 229-240.

〈別添資料1〉
A　基礎情報
  1. 美術館における広報の対象事業範囲
  2. 美術館における広報の定義
  3. 美術館の広報部門の構成
B　広報活動について
  1. 特定の層（ターゲット）に対する広報を行っているか
    （ex. 家族連れ，学校，イベントの参加経験者，利用経験者…）
  2. 広報活動の手段とその特徴
    （ex. インターネット，チラシ，イベント，メディアを用いる，直接訪問…）
  3. 広報する媒体の選び方はどのようにされているか
  4. 広報活動の時期
    （ex. 定期的，企画展に合わせる，イベントに合わせる…）
  5. 広報活動を通してPRしたい項目
    （ex. 常設展示，企画展，イベント，教育普及活動，資料，景色，ミュージアム・ショップ…）
  6. 広報活動の目的
    （ex. 入館者数の増加，入館料収入の増加，館の認知度の向上，リピーターの増加，イベント参加者の増加…）
  7. 広報活動によるイメージ構築を行っているか
  8. 広報活動の効果検証を行っているか
  9. 広報の主な仕事の流れ
  10. 広報活動において不足している部分は何か
  11. 担当者が考える理想的な広報の方法とはどのようなものか

〈別添資料2〉
1. この展覧会をどの情報源で知りましたか。
　　①新聞（新聞名：　　　　　）　②テレビ（CM/番組名：　　　　）
　　③ラジオ（番組名：　　　　）　④ウェブサイト（展覧会HP）
　　⑤Twitter（当美術館/その他）　⑥Facebook
　　⑦Instagram　⑧チラシ（場所：　　　　　　　　）
　　⑨ポスター（場所：　　　　）　⑩雑誌（雑誌名：　　　　　）
　　⑪市の広報誌　⑫知人から聞いて
　　⑬ここに来て　⑭その他（　　　　　　　　　　）
2. どの順番でこれらの情報を得ましたか。
　　_____ → _____ → _____ → _____ → _____ → 来館
3. これらの情報にいつ触れましたか。
4. この中で最も来館に影響を受けた情報はどれですか。
5. これらの情報について，いま何が記憶されていますか。
6. これらの情報源を通して，来館前に展覧会にどんなイメージをもちましたか。
7. この展覧会を「見たい」と思った理由は何ですか。
8. この展覧会をご覧になっての感想，および最も印象的な部分は何ですか。
9. この展覧会について，SNSに投稿したり，知人へ来館を勧めたりしますか。

リーディング・リスト

本書は，経済学をこれまで専門的に学んでこなかった読者にも，1冊で文化経済学を理解できるように構成されている。以下で挙げる文献は，文化経済学の基礎的理論についての理解を深め，文化経済学の諸分野についてより詳細に学びたい読者のためのものである。なお，本書の各章末にも詳細な参考文献が掲載されているので，あわせて参照されたい。

まず，文化経済学の基本的なテキストおよび文化経済学全般を概観する文献として，以下の4冊を挙げておく。

[1] 池上惇・植木浩・福原義春編（1998）『文化経済学』有斐閣
[2] 金武創・阪本崇（2005）『文化経済論』ミネルヴァ書房
[3] デイヴィッド・スロスビー（中谷武雄・後藤和子監訳）（2002）『文化経済学入門──創造性の探究から都市再生まで』日本経済新聞社
[4] 文化経済学会〈日本〉編（2016）『文化経済学──軌跡と展望』ミネルヴァ書房

[1]は，日本で最初の本格的な文化経済学のテキストである。[2]は，文化経済学の経済理論的な基礎について，詳しく説明されている。[3]は，国際的にも著名な文化経済学のテキストであり，価値論などについても詳しく説明されている。[4]は本書に比べてレベルが高いが，文化経済学の各分野について解説するとともに，新しい研究動向についてもサーベイ（関連文献の調査・解説）されている。

本書は，第1章で文化経済学を学ぶために必要な経済学の基礎的知識を説明している。経済学の基本的なテキストは非常に多く出版されているが，経済学の基礎を学ぶための文献として以下の2冊を挙げておく。

[5] 井堀利宏（2015）『大学4年間の経済学が10時間でざっと学べる』KADOKAWA
[6] ジョセフ・E. スティグリッツ，カール・E. ウォルシュ（藪下史郎ほか訳）（2012）『スティグリッツ入門経済学（第4版）』東洋経済新報社

[5]は短時間で経済学全体を概観することができる良書である。[6]は，本書でも参考にした部分が多く，世界的にも有名な経済学の標準的なテキストである。

本書では，文化経済学の理論的な側面だけでなく，実際のデータを提示しながら文化経済の現状を示すとともに，データ分析の基本的な方法についても学ぶことができる。データ分析の基本的なテキストとして以下の2冊をあげておく。

[7] 倉田博史（2017）『大学4年間の統計学が10時間でざっと学べる』KADOKAWA

〔8〕山本拓・竹内明香（2013）『入門計量経済学——Excel による実証分析のガイド』新世社

〔7〕は，〔5〕と同じシリーズで，基本的な統計学の知識をざっと学べるコンパクトな文献である。〔8〕は，計量経済学の基本的なテキストであるが，本書でも用いられている回帰分析のことを詳しく学ぶことができ，Excel で自習できるように工夫されている。

以下では，第3章以下の文化経済学の諸分野をより深く学ぶための代表的な文献をあげておく。

まず，文化政策に関する文献として，

〔9〕デイヴィッド・スロスビー（後藤和子・阪本崇監訳）（2014）『文化政策の経済学』ミネルヴァ書房

をあげておく。この文献は国際的にも広く読まれている文化政策のテキストであるといえよう。文化政策の広がりや，その経済的側面に焦点を合わせている。

また，クリエイティブ産業や著作権については，

〔10〕河島伸子（2009）『コンテンツ産業論——文化創造の経済・法・マネジメント』ミネルヴァ書房

〔11〕後藤和子（2013）『クリエイティブ産業の経済学——契約，著作権，税制のインセンティブ設計』有斐閣

などが参考になる。芸術家の所得や労働について，たとえば，

〔12〕ハンス・アビング（山本和弘訳）（2007）『金と芸術——なぜアーティストは貧乏なのか？』grambooks

は分量は多いものの，読み応えのある文献である。また，観光について経済学の視点から書かれている文献として，

〔13〕M. T. シンクレア，M. スタブラー（小沢健市監訳）（2001）『観光の経済学』学文社

をあげておく。地域経済については，

〔14〕山田浩之・徳岡一幸編（2018）『地域経済学入門（第3版）』有斐閣

などが参考になるだろう。美術館・博物館（ミュージアム）については，

〔15〕佐々木亨・亀井修・竹内有理（2008）『博物館経営・情報論』放送大学教育振興会

において，博物館について経営的な側面から考察されている。

以上は，日本語の文献および翻訳書に限ったが，英語で書かれたわかりやすい文化経済学のテキストもあるので，以下で3冊あげておく。

〔16〕Heilbrun, J. and C. M. Gray (2006) *The Economics of Art and Culture*, 2nd ed., Cambridge University Press.

〔17〕Towse, R. (2010) *A Textbook of Cultural Economics*, Cambridge University Press.

〔18〕Towse, R. ed. (2011) *A Handbook of Cultural Economics*, 2nd ed., Edward Elgar.

　〔16〕と〔17〕は，国際的にも広く読まれている文化経済学のテキストである。〔18〕は，国際文化経済学会の欧米を中心としたメンバー等が執筆者となり，文化経済学の60のテーマについて解説したものである。文化経済学の諸分野や，研究史を知る上でも参考になるだろう。最後に，文化経済学の古典ともいえる文献を2冊あげておく。

〔19〕Baumol, W. J. and W. G. Bowen (1966) *Performing Arts: The Economic Dilemma, A Study of Problems common to Theater, Opera, Music, and Dance*, MIT Press.（池上惇・渡辺守章監訳（1994）『舞台芸術――芸術と経済のジレンマ』芸団協出版部）

〔20〕Frey B. S. and W. W. Pommerehne (1989) *Muses and Markets: Explorations in the Economics of the Arts*, Blackwell.

　〔19〕は，舞台芸術を産業として分析し，政府支援の必要性を経済学の立場から明らかにした古典的著書であり，〔20〕は，文化支援の非効率等について，鋭く問題提起をする B. S. フライと W. W. ポメレーネの名著である。フライは，芸術家の労働の内的動機など文化固有の視点を，文化経済学に導入した。

索　引

○ アルファベット

A&R　158
ACLC（オーストラリア文化レジャー分類）　297, 304
Airbnb　275, 276, 282
B to C　275
C to C　275
CISAC（著作権協会国際連合）　182
DMO　281
GATS（サービス貿易に関する一般協定）　174
GDP（国内総生産）　43, 115, 141, 235
JASRAC（日本音楽著作権協会）　178, 181, 182
NEA　121
OTA　274
P 値　57
RESAS（地域経済分析システム）　250
SNA（国民経済計算）　43, 83, 114, 271, 272
TRIPS協定　174
t 値　57
Uber　275, 276
UNCTAD（国連貿易開発会議）　139, 142
UNWTO（世界観光機関）　282
VAT（付加価値税）　102, 103, 207
WIPO（世界知的所有権機関）　139, 142, 169
　——実演・レコード条約　174
　——著作権条約　173
χ^2 分布　60

○ あ　行

相対取引　198
アウトバウンド　257, 261
アーツ・カウンシル　96, 121, 175
アーツ・マネジメント　113, 121, 122, 129
アーティスト・イン・レジデンス　225
アート・ディーラー　193
アート・バーゼル　196
アビング, H.　110
アームズ・レングスの原則　96, 97

アントワープ　8, 189-191
暗黙の契約　195
家　元　10
　——制度　10, 226
移　出　235
威信価値　319, 320, 322, 327
遺贈価値　319, 320, 322, 327, 348
委託取引　189
委託販売制度　164
一次市場　155, 158, 177, 190, 193, 198
一次収入　161
一般財団法人　114
移　入　235
イノベーション　146, 185
因果関係　52
インカム・ギャップ　120, 128
印　税　157, 177
インセンティブ　15, 40, 125, 146, 149, 150, 169, 175, 177, 185, 207
インセンティブ契約　150
インバウンド　249, 257, 261, 294
インフラストラクチャー　93, 94
運輸業　271
映画産業　158
影響力係数　278
越後妻有大地の芸術祭　251
大阪市ミュージアムビジョン　313
オークション　192, 198, 208
オークション・ハウス　192, 196
オーストラリア文化レジャー分類　→ACLC
オプション価値　319, 322, 348
オプション契約　151
音楽産業　152

○ か　行

回帰係数の検定　56
回帰直線　53
回帰分析　53
外部性　39, 107, 123, 319, 324

外部便益　318, 320, 322, 323, 347
外部労働市場　219, 220
価格効果　269
価格弾力性　101, 160, 164
学　歴　74
家計調査　62, 70
影の価格　31
画　商　193, 194, 196
寡　占　38, 147
仮想評価法　7, 40, 348, 349, 351
価値財　92
可変費用　24, 36
画　廊　193, 194, 198
観　光　257
観光関連産業　271, 277, 278, 282
観察法　331-333
鑑賞率　48
間接効果　241
完全競争市場　27
機会集合　39
機会費用　22, 31, 289, 303, 304
技術的外部性　320, 322
擬制市場法　243
季節変動　280, 281
期待度数　60
規模の経済性　287, 290
規模の不経済　25, 324
基本的競争モデル　16, 38
帰無仮説　57
逆行列係数表　237, 245, 246
ギャラリー　193
キュレーター　193
教育普及活動　308, 311
供給曲線　23
競合性　319
均衡価格　31
金銭的外部性　321, 322
クラブ財　91, 92
クリエイティブ産業　26, 135, 150, 170, 185, 194
クリスティーズ　192, 207
クールジャパン　228
　──政策　104

──戦略　139
クロスセクション　76
　──分析　76
グローバル化　227, 285, 302
　──のパラドックス　227
経験財　291
軽減税率　207
経済地理学　234
経済的価値　6, 8, 314, 331
経済波及効果　235, 241, 278, 321, 326
経常収支　294, 295
ケイブズ，R. E.　136, 145, 149, 155, 158
契約理論　149
ケインズ，J. M.　96, 236
決定係数　54
ゲートキーパー　10, 151, 195
ゲーム理論　200
限界収入　28, 29, 146, 147, 224
限界代替率　34, 216
限界費用　24, 25, 29, 30, 36, 145, 147, 175, 224, 303
　──曲線　24, 25, 118
減価償却　141, 206
研究紀要　337
顕示選好法　348
公益財団法人　114, 115
公共財　40, 89, 90, 119, 123, 124, 171, 303, 319
興行収入　159-163
公貸権　166
公文書　333
広報活動　335
効　用　33-35, 215, 216, 288
効用関数　217
効率性　280, 324
公立ミュージアムの望ましい基準　311
国際収支統計　293, 294
国際博物館会議　340, 341
国際貿易　285, 286, 293
国内総生産　→GDP
国民経済計算　→SNA
国連貿易開発会議　→UNCTAD
コスト・パフォーマンス　350
コスト病　137

固定費　117, 121
固定費用　24, 36, 39, 145, 175
コト消費　260, 266, 279, 282
コーホート　79
コミッション取引　189
ゴールデンルート　269
混合経済　83, 84, 90
混合財　317
混雑現象　324
コンジョイント法　348, 349
コンテンツ産業　139, 152

○ さ　行

財産権アプローチ　149
最小2乗法　53
財政の3機能　88
再販売価格維持制度　164
最頻値　51
細分化された労働市場　220
再分配　42
阪本崇　23
サザビーズ　192
サービス収支　294, 295
差別価格　118, 127, 128
参　加　16, 65, 66
参加率　66, 67
産業財産権法　170
産業政策　104
産業組織論　143-146
産業連関　136
産業連関表　236, 246, 278
産業連関分析　143, 235, 243, 252, 326
サンクコスト　→埋没費用
散布図　51, 52
サンプル　68
三面等価　141
シェアリング・エコノミー　274, 275
事業収入　129
時系列分析　76
市場の失敗　38, 40, 89, 93, 107, 124, 317, 324
事前調査　331, 333, 336, 343-346, 349
自然独占　28, 38, 180

質的変数　69
質問紙調査　343
質問紙法　331, 332
指定管理者制度　116, 313, 339
指定管理団体　184
私的財　171, 316, 319
私的便益　41, 317-320, 322
私的録音録画補償金制度　184
支払意思額　7, 12, 206, 348
シフト　32, 262, 267, 268, 275
社会教育調査　309, 341
社会生活基本調査　48, 61, 62, 66
社会的価値　307, 314, 331
社会的限界費用　89, 92
社会的限界便益　89, 92
社会の便益　41, 318
社会の包摂　3
収益率　204, 205, 208
重回帰分析　55
収穫逓減　35, 36
収穫逓増　290
自由度修正済決定係数　56
重力モデル　292
宿泊旅行統計調査　275
出版産業　163
需要曲線　17, 47, 70, 118
　　──のシフト　21
需要の価格弾力性　19
需要の所得弾力性　21
準公共財　90, 119, 123, 124, 317
純粋公共財　40, 317
純粋私的財　317
使用価値　319, 324
乗　数　144, 236
常設展示　337
消費資本　11, 290, 291
消費者余剰　17, 30, 36, 37, 146
情報公開条例　333
情報コスト　197
情報の非対称性　126, 262, 265, 279
所蔵資料目録　337
所得格差　211, 223, 224

所得効果　268
所得弾力性　101, 164
新貿易理論　290
垂直的統合　148
水平的統合　148
スティグラー，G. J.　111
ストック　8, 235, 242, 243, 253
ストリーミング　153, 154, 158, 167
スーパースター　157
　　——現象　162
　　——・モデル　221-223
スピル・イン　91
スピル・オーバー　91, 323, 325
図　録　337
スロスビー，D.　6, 7, 20, 93, 137, 139, 143
税額控除　207
製作委員会　161
　　——方式　163
生産可能性曲線　35
生産関数　24
生産者余剰　30, 36, 37, 146
生産性　137
　　——格差　120
生産要素の賦存量　288
正の外部性　40, 94, 316, 317
正の相関　52, 253
政府の失敗　107, 110, 111
世界遺産　233, 243, 280
世界観光機関　→UNWTO
世界知的所有権機関　→WIPO
絶対優位　289, 290
説明変数　55
全要素生産性　138
相関関係　52
相関係数　51, 52
創造的破壊　146
総費用　24, 25, 36, 117, 121
双方向型プラットフォーム　273, 275, 276
ソフトパワー　228

○ た 行

代位価値　320, 322, 327

第1の交換　314-316
第2の交換　314, 316
第3次産業活動指数　277
代替材　21
代替法　348
タウス，R.　1, 139, 149
多重共線性　63, 81, 349
タックス・インセンティブ　98
ダミー変数　80, 202, 292
地域経済　234
地域経済学　233-235
地域経済分析システム（RESAS）　250
知的財産権　185
　　——制度　172
知的財産法　169-171
地方公共財　91
地方独立行政法人　313
中央値　51
仲介機能産業　271, 272
中毒性　6, 290, 291
超過需要　126
直接効果　241
直接利用価値　319, 321, 322
著作権　142, 145, 169, 171, 174, 175, 178, 223, 226
　　狭義の——　172
著作権管理団体　178, 180, 181
著作権協会国際連合　→CISAC
著作権産業　139, 142, 169
著作権使用料　180, 182-184, 215, 223
著作権等使用料　285, 294
著作権法　41, 170, 171
著作者人格権　171-173, 176,
著作隣接権　142, 171, 178
賃金率　24, 215, 216, 220
追及権　184
追従バイアス　349
展示解説書　337
伝統芸能　225, 226, 228
投入係数表　237, 245, 246
登録博物館　341
独　占　38, 147
独占禁止法　158, 164

索引　361

独占的競争　38, 147, 175
　　――市場　220
特定非営利活動法人　114
特別展示　337, 344, 345, 350
独立性の検定　59
都市経済学　234
度数分布　50
度数分布表　49
トライアンギュレーション　346
トラッキング　330
トラベル・コスト法（旅行費用法）　7, 243, 348, 349
とりこ理論　111
取　次　163, 165
取引基本表　237, 245, 246
取引費用　149, 158, 197
トレード・オフ　185, 351

◯ な　行

内部労働市場　219, 220
二次市場　155, 158, 159, 177, 178, 190, 192, 193, 196, 198, 287
日本音楽著作権協会　→JASRAC
日本博物館協会　339
ニュー・パブリック・マネジメント　331
任意団体　114
ネットワーク外部性　11, 275, 276, 282
年　報　336, 338, 342, 350

◯ は　行

排除性　319
ハイルブラン, J.　147
バウチャー　97
博物館　307, 309, 311
　　――相当施設　341
　　――に関する基礎資料　340
　　――類似施設　341
博物館学　330
博物館法　308, 311, 319, 326, 330, 341
バック・ヤード　308, 314
ハリウッド効果　302
パリ協定　173

パント　191
販路構成　237
非営利組織　28-30, 114, 121, 122, 124-126, 141, 148, 178
比較優位　288-290
非干渉的技法　331
非競合性　40, 89, 90, 316
ピグー的補助金　95
ピグーの理論　318
非効率性　325
ビジット・ジャパン・キャンペーン　262, 265
美術館　307
美術市場　187
ヒストグラム　49, 50
被説明変数　55
非専業芸術家　224
非排除性　40, 89, 90, 316, 317
費用構成　237
標準正規分布　58
標準偏差　51, 204, 208
費用対効果　324, 325
費用逓減産業　147
費用便益分析　252
標　本　58, 68
表明選好法　348, 349
比率の検定　58
比率の差の検定　58
ファンド・レイジング　128
フィールドワーク　329, 331, 333, 350
フィレンツェ　190
フェア・ユース　175
付加価値税（VAT）　102, 103, 207
不完全競争　38
不完全情報　39
複製可能な芸術　287
複製不可能な芸術　287
不使用（非利用）価値　320
舞台芸術　113, 117, 126, 136, 222, 287
負の外部性　40
負の相関　52
プリプロダクション　302
フリーポート　207

フリーライダー　40, 119, 123, 303
プリンシパル・エージェント問題　150
プリンシパル・エージェント理論　149
ブルージュ　190
ブルデュー, P.　8
フロー　8, 235, 242, 253
プロモーション　262, 279, 280
フロント・ヤード　308
文化 GDP　43
文化観光　279, 280
文化芸術基本法　84, 88
文化芸術振興基本法　88, 98, 138, 341
文化権　119, 120, 124
文化財　4, 85, 86, 123
文化財保護　84
文化財保護法　41, 94, 341
文化サテライト勘定　7, 43
文化産業　139
文化資本　7, 8, 135, 303
文化政策　83, 104
文化多様性　149, 159, 166, 293
文化多様性条約　293
文化庁　83, 86
文化的価値　6-8, 92, 314
文化的財　5, 6, 140, 286, 303
文化的需要　66
文化的割引　291
文献調査　331, 332
分　散　51
平均値　51
平均費用　24, 25, 39, 117, 147, 180
平均費用曲線　24, 25
ベッカー, G. S.　23
ヘドニック・アプローチ（ヘドニック価格法）　7, 202, 242, 348-351
ベルヌ条約　172, 173
変動費　121
貿易収支　294, 295
ボウエン, W. G.　3, 42, 104, 136
訪日外国人消費動向調査　260-262, 267, 278, 279
ボウモル, W. J.　3, 22, 23, 42, 104, 136, 203
包絡分析法　280

補完財　21
母集団　58, 68
補助金　102, 105, 318
ポストプロダクション　302
ボランティア　115
本調査　331, 333, 342-346

○ま行

埋没費用（サンクコスト）　26, 149, 158, 195
マーケティング・コミュニケーション　345
マスグレイブ, R. A.　88, 92
ミクロ・データ　81
未使用価値　319, 324
見せかけの相関　52
みなし寄付金制度　127
ミュージアム　307-309, 312, 318, 319, 321, 323, 326, 330, 331, 343, 345, 350
ミュージアム・スタディーズ　330
　　──評価　313, 325
民間非営利組織　114-116, 124, 125
民　泊　274-276
無給時間　265-267
無差別曲線　32, 34, 215, 216, 266-268
無相関　52
メセナ活動　99
面接法　331-333
モノ消費　279, 282
モラル・ハザード　325

○や行

山田浩之　136
有意水準　57
有給時間　265-267
誘発効果　241
ユネスコ　297, 307
要　覧　336, 350
余暇時間　266
予算制約線　32, 35, 266, 267
予備調査　331, 333, 342, 343, 345, 346, 349

○ら行

落札価格　200

リスク　204, 205, 208
リターン　204, 205, 208
リピートセールス法　201
留保価格　200
旅行・観光サテライト勘定　272
旅行・観光消費動向調査　282
旅行地産業　271, 272
旅行費用法　→トラベル・コスト法
履歴効果　291

隣接著作権料　215, 226
レオンチェフ，W.　236
レジャー・パラドクス　265, 267
レント・シーキング　128, 129
労働時間　212, 265, 266
労働生産性　138
ロー・コスト・キャリア　269
ロスト・アート　329

◎編者紹介

後藤 和子（ごとう かずこ）
摂南大学経済学部教授

京都大学大学院経済学研究科博士課程修了。埼玉大学経済学部教授，エラスムス大学（オランダ）客員教授等を経て，現職。

主著：『芸術文化の公共政策』勁草書房，1998年；『文化と都市の公共政策』有斐閣，2005年；『クリエイティブ産業の経済学』有斐閣，2013年；*Tax Incentives for the Creative Industries*, Springer, 2017（共編著）

勝浦 正樹（かつうら まさき）
名城大学経済学部教授

早稲田大学大学院経済学研究科博士後期課程単位取得満期退学。名古屋商科大学専任講師等を経て，現職。

主著：『統計学』（共著）東洋経済新報社，1994年（第2版，2008年）；『ワーク・ライフ・バランスと日本人の生活行動』（共編著）日本統計協会，2010年；"Lead-lag Relationship between Household Cultural Expenditures and Business Cycles," *Journal of Cultural Economics*, 36(1), 2012.

文化経済学──理論と実際を学ぶ
Cultural Economics

2019年3月30日 初版第1刷発行

編 者	後 藤 和 子	
	勝 浦 正 樹	
発行者	江 草 貞 治	
発行所	株式会社 有 斐 閣	

郵便番号101-0051
東京都千代田区神田神保町2-17
電話 (03) 3264-1315〔編集〕
　　 (03) 3265-6811〔営業〕
http://www.yuhikaku.co.jp/

印刷・大日本法令印刷株式会社／製本・大口製本印刷株式会社
©2019, Kazuko Goto, Masaki Katsuura. Printed in Japan
落丁・乱丁本はお取替えいたします。
★定価はカバーに表示してあります。
ISBN 978-4-641-16541-0

JCOPY　本書の無断複写（コピー）は，著作権法上での例外を除き，禁じられています。複写される場合は，そのつど事前に（一社）出版者著作権管理機構（電話03-5244-5088，FAX03-5244-5089，e-mail:info@jcopy.or.jp）の許諾を得てください。